经济刑法案例教程

主编 陈萍

副主编 时方 高诚刚

图书在版编目(CIP)数据

经济刑法案例教程 / 陈萍主编.—上海：立信会计出版社，2022.12
ISBN 978-7-5429-7014-5

Ⅰ.①经… Ⅱ.①陈… Ⅲ.①经济犯罪—刑法—案例—中国—教材 Ⅳ.①D924.335

中国国家版本馆 CIP 数据核字(2023)第 018804 号

策划编辑　　方士华　毕芸芸
责任编辑　　方士华　毕芸芸

经济刑法案例教程
JINGJI XINGFA ANLI JIAOCHENG

出版发行	立信会计出版社			
地　　址	上海市中山西路 2230 号	邮政编码	200235	
电　　话	(021)64411389	传　真	(021)64411325	
网　　址	www.lixinaph.com	电子邮箱	lixinaph2019@126.com	
网上书店	http://lixin.jd.com		http://lxkjcbs.tmall.com	
经　　销	各地新华书店			
印　　刷	常熟市华顺印刷有限公司			
开　　本	787 毫米×1092 毫米	1/16		
印　　张	19			
字　　数	428 千字			
版　　次	2022 年 12 月第 1 版			
印　　次	2022 年 12 月第 1 次			
书　　号	ISBN 978-7-5429-7014-5/D			
定　　价	55.00 元			

如有印订差错，请与本社联系调换

推荐序

《经济刑法案例教程》付梓,请我作序,欣然应允。

这既是基于"个人利益",更是基于"公共利益"。一方面,该教材是由我近些年指导的博士、硕士们自发组织编写而成的。他们目前都在高等院校或公检法系统任职,工作内容都与经济刑法密切相关,工作之余依然能够花费精力对经济刑法的主要问题进行梳理、反思和交流,作为导师,我深感欣慰。另一方面,该教材确实能够满足经济刑法教学研究的特殊需求。在法学教育中,案例教学独具价值,教师可以通过具体案例的研讨、交流,激发学生的学习潜能。经济刑法的教学,尤其如此。经济犯罪不同于传统犯罪,因涉及公司组织、金融证券、税收票据等专业领域,单向讲授往往宽泛、枯燥,难以保证教学效果。介绍分析典型案例,鼓励学生主动学习、自主思考,可有效提升教学效率。本教材可谓经济刑法案例教学与研习的优选之项。

在我看来,该教材具有如下特色:

一是在内容分配上,注重理论体系性。该教材分为导论、总论和分论三部分。导论部分通过典型案例,阐述经济刑法的基础知识,包括经济犯罪和经济刑法的概念、特征、范围。总论部分围绕经济刑法主要理论选取案例进行论述,涉及经济刑法的效力、原则,单位犯罪、共同经济犯罪、经济犯罪未遂、经济犯罪处罚等重要内容。分论部分对破坏社会主义市场经济秩序的绝大部分罪名都结合热点案例,进行逐一分析。导论、总论部分以理论问题为线,分论部分以罪名适用为线。根据不同内容需求,采取不同案例选择标准和理论分析角度。

二是在案例选择上,注重实践典型性。该教材各节内容均以司法机关的真实判决书为原材料,保留客观事实;针对争议的难点问题,分析不同观点,结合具体法条,做出独立判断。该教材中的案例主要来自"两高"的公报案例、指导案例、刑事审判参考等权威来源,也有来自编写者亲自处理的实际案例。该教材所选的案例有的较为久远,有的较为新鲜,但都服务于所论述章节内容需要,导论、总论部分优先选择经典案例,用以说明理论演化发展。分论部分优先选择热点案例,用以解释相关罪名适用疑难。甚至有的案例因其独特性和代表性,同时出现在不同章节。这既能说明该案件本身的复杂疑难性,也能体现经济刑法分析研究的多角度性和多元性。

三是在编写方式上,注重知识趣味性。该教材各节均编有案情简介、主要问题、法律分析、法条链接、课后思考、延伸阅读6个部分。该教材对案情简介部分,严格控制篇幅,尽量简明扼要,主要侧重争议问题的法律分析。各章节中的思考题、法条和推荐文章,旨在引导读者针对相关问题进行拓展思考和深入研究。这种编写安排能避免案例教材只注重个案分析和个别说理,忽视法律索引、理论渊源的缺漏,方便读者进行相应查找和研究,激发读者的阅读兴趣和研究热情。

  当然,该教材肯定存在不足之处。比如,某些罪名的案例选择可能有其他更优选项;某些章节的法律分析略浮于表面,不够深入;各位编者对各个罪名具体构成要件的判定可能并不统一。不过,瑕不掩瑜。作为高等院校法学本科生的教材、作为理论界经济刑法研究者的资料、作为实务界疑难案例处理的参考,该教材都是值得推荐的。期待教材编写组能够保住热情,持续深耕,对经济刑法研究"不忘初心,赓续前行"!

  是为序。

孙国祥

2022 年 12 月

于南京

前　　言

　　刑法学是实践性、理论性较强的应用科学,刑法学教育应当紧密联系立法与司法实践,经济刑法更是如此。案例教学是提高学生能力、培养合格的法律专门人才行之有效的教学方法。本教材正是基于此而研发,以案例研析和实务操作为主题,以高等学校和实务部门的共同开发为特点,以培养应用型、复合型法律人才为目标。

　　本教材使用案例以"择要而举"为原则,案例筛选先要切题,又能说明或概括理论问题,还要有一定难度,能启发开拓学生的思维能力。本教材选用案例着眼于说明经济刑法学的理论、原则和观点,训练学生运用刑法理论分析和解决实际问题的能力。本教材案例选择主要基于阐明理论原理、引导学生思考、培养学生鉴别能力的需要。本教材所选案例主要包括全国范围内具有较大影响受到普遍关注的案例、代表特定经济犯罪概念及其严重危害的案例、反映经济犯罪罪与非罪界限的案例、突出经济犯罪此罪与彼罪界限的案例等。

　　本教材分为导论、总论、分论三个部分,以经济刑法的基本理论和经济犯罪的各罪适用为线索,每个章节均设案情简介、主要问题、法律分析、法条链接、课后思考、延伸阅读6个部分。本教材编写具有以下特色:一是立足基础,突出应用。本教材既整体反映经济刑法的专业知识点,又彰显经济犯罪案件处理重点问题,突出应用性和实务特色,避免与理论教材之间的内容重复。二是表述准确,言简意明。本教材控制各章节的篇幅,均衡各章之间的权重,以简洁的语言阐明基本概念和知识要点,明确问题,解析实例。三是理论实践,融会贯通。本教材突出案例与知识的互动,将知识讲授与案例评析有机结合,紧密结合法律规定,反映理论前沿和实务经验,强化经济刑法理论和原理的综合,强调实践应用环节。

　　本教材编写分工如下:陈萍,法学博士,上海立信会计金融学院法学院常任轨讲师,华东政法大学博士后流动站研究人员,负责本教材的整体构思、章节分配、稿件统筹等工作,具体编写第一章、第二章、第三章、第四章、第八章;时方,法学博士、博士后,中国政法大学刑事司法学院副教授、硕士生导师,负责本教材的有关章节编写、稿件统筹工作,具体编写第十二章、第十三章;高诚刚,法学博士,常州大学史良法学院副教授、硕士生导师,负责本教材的有关章节编写、稿件统筹工作,具体编写第六章、第七章;尉琳,法学博士,西北大学法学院副教授、硕士生导师,具体编写第十六章;张书琴,法学博士,南京航空航天大学人文与社会科学学院法律系副教授、硕士生导师,具体编写第十五章;吴进娥,法学博士,江苏大学法学院讲师,具体编写第九章;毕海燕,法学博士生,复旦大学与德国慕尼黑大学联合培养在读,具体编写第五章;周剑,法学硕士,常州市人民检察院检委会委员、法律政策研究室主任,具体编写第十四章;葛晨亮,法学博士,天津市人民检察院第一分院四级高级检察官,具体编写第十章;姜金良,法学博士,南京信息工程大学法政学院讲师,兼任大数据法治研究院研究员,原扬州市中级人民法院研究室副主任、审判员(员额法官),具体编写第十一章。

  本教材能够顺利完成,离不开南京大学法学院孙国祥教授和同门师友的鼎力支持。本教材全体编写成员都是孙老师的博士生、硕士生,在孙老师的带领下,投身经济刑法的教学与科研工作。入门十载,孙老师学术之树常青,是我们后辈的学术榜样和人生楷模,谨以本教材聊表感恩之情！特别感谢编写组的同门兄弟姐妹,有幸能以本教材为契机,大家互相交流学习,深深为各位的认真、严谨、负责所感动,相信我们"聚是一团火,散是满天星"！特别感谢立信会计出版社的编辑老师们精心为本教材审校设计、协调筹划,工作严谨细致、勤勉高效令人敬佩！特别感谢我的家人,感谢他们的理解、支持与鼓励！

  本教材由我担任主编,时方、高诚刚担任副主编,编写组成员均是具有一定教学或实务经验、有较高法学理论水平的中青年法律工作者。当然,由于编写案例教材经验不足,不妥之处在所难免,我们真诚希望广大读者批评指正,以期使本教材能够更好地适应法学教学、法律适用的需要。

陈 萍

2022 年 12 月

于上海

目 录

第一编 导 论

第一章 经济犯罪 ··· 3
第一节 经济犯罪的概念——陈恩等人损害商品声誉案 ·························· 3
第二节 经济犯罪的特征——李飞、杨乐非法吸收公众存款案 ·················· 7
第三节 经济犯罪的范围——唐沛文强迫交易案 ································· 10

第二章 经济刑法 ··· 15
第一节 经济刑法的概念——马乐利用未公开信息交易案 ····················· 15
第二节 经济刑法的特征——王力军非法经营案 ································· 19
第三节 经济刑法的范围——袁碧芳洗钱案 ·· 23

第二编 总 论

第三章 经济刑法的效力 ·· 31
第一节 时间效力——焦会强违法发放贷款案 ···································· 31
第二节 空间效力——沈容焕合同诈骗案 ·· 35

第四章 经济刑法的原则 ·· 39
第一节 罪刑法定原则——李明华非法经营案 ···································· 39
第二节 刑法平等原则——杜宗理、陈浩诺非国家工作人员受贿案 ········· 42
第三节 罪责刑相适应原则——彭荣松洗钱案 ···································· 47

第五章 单位经济犯罪 ··· 51
第一节 单位经济犯罪的认定前提——刘强非法吸收公众存款案 ············ 51
第二节 单位经济犯罪主体的基本特征——泰安市高新区房村镇磨山峪村村民委员会、高广银等非法转让、倒卖土地使用权案 ···························· 54
第三节 单位经济犯罪中的特殊主体——兴证期货有限公司大连营业部等背信运用受托财产案 ·· 57
第四节 单位经济犯罪中单位行为的识别——邓某某行贿、受贿案 ········· 60
第五节 单位经济犯罪中的"数额"问题——泗阳绅信纺织有限公司等虚开增值税专用发票、用于骗取出口退税、抵扣税款发票案 ························ 64

第六章　共同经济犯罪 ··· 67

第一节　共同经济犯罪的概念和成立条件——柳立国等生产、销售有毒、有害食品，生产、销售伪劣产品案 ··· 67
第二节　共同经济犯罪的认定——杨智勇等生产、销售假药案 ······················ 69
第三节　共同经济犯罪参与人的刑事责任——普宁市流沙经济发展公司等单位虚开增值税专用发票案 ··· 72
第四节　共同经济犯罪的出罪认定——陈宏德、李铁石为亲友非法牟利案 ······ 76
第五节　单位与自然人共同经济犯罪的认定——马汝方等贷款诈骗、违法发放贷款、挪用资金案 ··· 79

第七章　经济犯罪的未遂 ··· 83

第一节　经济犯罪未遂形态的概念和特征——韩俊杰等生产伪劣产品案 ········· 83
第二节　经济犯罪既遂与未遂的界限区分——唐某凯、唐某伪造货币案 ········· 86
第三节　经济犯罪未遂形态的司法认定——潘昌军等三人出售假币案 ············ 88
第四节　经济犯罪未遂形态的认定因素——杨昌君销售假冒注册商标的商品案 ··· 90
第五节　经济犯罪未遂部分的量刑考量——王新明合同诈骗案 ······················ 93

第八章　经济犯罪的处罚 ··· 98

第一节　经济犯罪的一罪与数罪——王小禹、鞠井田虚开增值税专用发票案 ··· 98
第二节　经济犯罪的此罪与彼罪——赵喆操纵证券交易价格案 ···················· 102
第三节　经济犯罪的数额认定——郭鑫信用卡诈骗案 ································ 106
第四节　经济犯罪的死刑——唐美群集资诈骗案 ······································ 110
第五节　经济犯罪的禁止令——张启永等非法经营案 ································ 114

第三编　分　论

第九章　生产销售伪劣商品罪 ·· 121

第一节　"伪劣产品"的界定——陈顺林、王国美生产、销售伪劣产品案 ······ 121
第二节　"无欺骗售假"行为的定性——邱进特等销售假冒注册商标的商品案 ······ 124
第三节　主观罪过形式及其判断规则——王长兵等生产、销售有毒食品，生产、销售伪劣产品案 ··· 127
第四节　因果关系的判断规则——王桂平以危险方法危害公共安全、销售伪劣产品、虚报注册资本案 ··· 131
第五节　想象竞合问题——周玉前、单某等生产、销售伪劣产品案 ·············· 134

第十章　走私罪 ··· 139

第一节　走私贵重金属罪——曾某某走私贵重金属案 ································ 139
第二节　走私珍贵动物、珍贵动物制品罪——吴某某走私珍贵动物制品案 ···· 143

第三节	走私国家禁止进出口的货物、物品罪——朱某某走私国家禁止出口物品案	147
第四节	走私废物罪——李某聪、李某成走私废物案	151
第五节	走私普通货物物品罪——焉某某走私普通货物案	154

第十一章 妨害对公司、企业的管理秩序罪 159

第一节	虚报注册资本罪——顾雏军等人虚报注册资本等再审案	159
第二节	违规披露、不披露重要信息罪——于在青案件违规不披露重要信息案	166
第三节	非国家工作人员受贿罪——高杨、赵小光非国家工作人员受贿案	170
第四节	非法经营同类营业罪——杨文康非法经营同类营业案	178
第五节	签订、履行合同失职被骗罪——赵晨签订合同失职被骗案	182

第十二章 破坏金融管理秩序罪 188

第一节	危害货币管理制度犯罪——段某某出售、购买假币、伪造货币案	188
第二节	危害金融机构设立管理制度犯罪——何某甲擅自设立金融机构案	192
第三节	危害金融机构存贷款管理制度犯罪——某酒业有限公司、彭某骗取贷款案	195
第四节	危害金融票证、有价证券管理制度犯罪——顾裔胤伪造金融票证案	198
第五节	危害证券、期货管理制度犯罪——汪建中操纵证券市场案	201
第六节	危害客户、公众资金管理制度犯罪——兴证期货有限公司大连营业部等背信运用受托财产案	206
第七节	危害外汇管理制度犯罪——波驷贸易(上海)有限公司、尼某、陈某逃汇案	210
第八节	洗钱犯罪——潘儒民等洗钱案	212

第十三章 金融诈骗罪 217

第一节	集资诈骗罪——吴英集资诈骗案	217
第二节	贷款诈骗罪——蔡玉明骗取贷款、贷款诈骗案	221
第三节	信用卡诈骗罪——张洪信用卡诈骗案	224
第四节	保险诈骗罪——莫建兵等保险诈骗案	227

第十四章 危害税收征管罪 232

第一节	逃税罪——某公司、罗某等逃税案	232
第二节	逃避追缴欠税罪——张某某逃避追缴欠税案	234
第三节	骗取出口退税罪——刘某等骗取出口退税案	236
第四节	虚开增值税发票罪——王某某、鞠某某虚开增值税专用发票案	238
第五节	虚开发票罪之一——崔某某虚开发票案	241

第六节　虚开发票罪之二——某建设有限公司等七家公司及经营者虚开发票
　　　　　系列案 ……………………………………………………………… 243
　第七节　非法出售增值税发票罪——赵某某、尤某某非法出售增值税发票案 …… 246

第十五章　侵犯知识产权罪 …………………………………………………………… 248
　第一节　假冒注册商标罪——叶某某假冒注册商标案 …………………………… 248
　第二节　销售假冒注册商标的商品罪——杨昌君销售假冒注册商标的商品案 …… 252
　第三节　非法制造、销售非法制造的注册商标标识罪——肖某某非法制造、销售
　　　　　非法制造的注册商标标识案 ……………………………………………… 256
　第四节　假冒专利罪——张某等假冒专利案 ……………………………………… 259
　第五节　侵犯著作权罪——张顺等侵犯著作权案 ………………………………… 263
　第六节　销售侵权复制品罪——霍国章销售侵权复制品案 ……………………… 268
　第七节　侵犯商业秘密罪——伊特克斯公司、郭书周等侵犯商业秘密案 ……… 271

第十六章　扰乱市场秩序罪 …………………………………………………………… 277
　第一节　损害商业信誉、商品声誉罪——訾某损害商品声誉案 ………………… 277
　第二节　合同诈骗罪——刘某合同诈骗案 ………………………………………… 280
　第三节　组织、领导传销活动罪——唐某某等组织、领导传销活动案 ………… 284
　第四节　非法经营罪——古某某等非法经营案 …………………………………… 288
　第五节　强迫交易罪——孙某强迫交易案 ………………………………………… 291

第一编 导论

第一卷

目
录

第一章

经 济 犯 罪

第一节 经济犯罪的概念
——陈恩等人损害商品声誉案

一、案情简介

2001年4月,被告人陈恩租赁经营的度假村客房部向广源公司购买了84台双菱牌空调器,共计价值人民币27万余元。至同年8月,度假村客房部已支付货款10万余元。期间,广源公司对个别出现故障的空调器进行了检修。同年11月,陈恩以空调器存在质量问题为由,向双菱公司投诉,双菱公司即派员赴连云港进行检测和协商。协商过程中,陈恩一方认为上述空调器质量低劣,要求双菱公司赔偿;双菱公司则认为空调器总体质量没有问题,双方未达成一致意见。此后,陈恩一方多次发函至双菱公司,提出巨额索赔,并声称若不出面解决,就要到南京、上海等地砸毁空调,进行新闻曝光。

2002年3月14日,被告人陈恩、金月根、金家祥持连云港市环境监测中心站现场监理记录和江苏省产品质量监督检验中心检验报告,在南京市中山东路太平北路路口打出"双菱空调,质量低劣,投诉无门,砸毁有理"的宣传语,当众砸毁壁挂式双菱牌空调一台。3月28日,上述三人又在上海市轻轨明珠线镇坪路站附近打出"双菱空调,质量低劣,路人愿砸,奖励十元"的宣传语,悬赏路人砸毁壁挂式双菱牌空调一台。5月1日,三人打出"上海双菱空调,质量低劣,8个月来,投诉无门,不要赔偿,只要公理"的宣传语,在南京市乐富来广场再次当众砸毁壁挂式双菱牌空调一台。上述事件发生后,南京、上海等地媒体分别作了报道,国内其他一些地方的媒体也作了转载或报道。之后,南京腾远冷气设备有限公司、瑞安市康华家用电器有限公司、金坛市帝豪视听有限公司等销售商基于上述报道,纷纷退回库存。据审计报告,自2001年12月至2002年8月7日,仅退货就造成产品可销售毛利损失597 297.71元。[1]

二、主要问题

被告人陈恩等人是否捏造、散布虚伪事实以及其行为的性质。

三、法律分析

第一种观点认为,陈恩等人的行为构成损害商品声誉罪,其采取砸毁空调等方式,故

---

[1]《最高人民法院公报》2004年第6期(总92期)。

意捏造、散布双菱牌空调质量低劣的事实,其行为的目的不是维护自身权益,而是图谋私利、贬低双菱牌空调的商品声誉。首先,陈恩等被告人以双菱牌空调存在质量问题为由,向双菱公司提出索赔,当双菱公司提议双方共同将空调送交质量鉴定之后再作决定时,陈恩等人予以拒绝,继而又提出上百万元的索赔要求,并以媒体曝光、砸毁空调、搞臭双菱品牌相威胁,向双菱公司施加压力。其次,陈恩等人砸空调最初的动机是想通过搞垮双菱牌空调品牌,从而逼迫双菱公司赔款。最后,陈恩等人砸空调的实况录像表明其意在损害双菱牌空调声誉,主观动机已由索赔转化为泄愤和诋毁双菱牌空调的声誉。

第二种观点认为,陈恩等人的行为不构成损害商品声誉罪。首先,度假村客房部购买的双菱牌空调确实存在噪声等质量问题,陈恩等人认为该品牌空调是劣质产品,并非蓄意捏造虚假事实,当众砸毁空调、向群众和媒体进行宣传,是正常的维权行为,目的是要双菱公司出面解决问题,并不具有损害商品声誉的故意。其次,损害商品声誉罪的立法本意在于制裁不正当竞争,陈恩等人作为消费者,并非竞争主体,指控被告人的行为构成损害商品声誉罪与立法本意不符。

我们认为,本案被告人为诋毁他人商品的声誉,故意歪曲、夸大事实,在公共场所砸毁他人商品,对他人的生产经营活动造成重大损失的,符合《中华人民共和国刑法》(以下简称《刑法》)第二百二十一条"捏造并散布虚伪事实,损害他人的商业信誉、商品声誉,给他人造成重大损失或者有其他严重情节的"的规定,构成损害商品声誉罪。

第一,损害商品声誉罪的构罪要素不包括行为人的动机。一般而言,行为人捏造并散布虚伪事实损害他人商品声誉,动机在于降低他人的竞争能力,从而使自己战胜竞争对手获得经济利益。但是,这并不排除行为人具有嫉妒、泄愤报复、非法牟利等其他动机,特定的动机不是构成损害商品声誉罪必要构成条件,不影响定罪。本案中,尽管被告人当众砸空调的动机是迫使广源公司同意赔偿要求,但其行为客观上导致众多销售商纷纷退货,客观上使社会公众对双菱牌空调的商品品质产生负面评价。损害商品声誉罪的立法原意,不仅仅在于维护正常的市场竞争秩序,还体现了对商品声誉的保护。行为人无论是出于恶意竞争还是其他动机,只要实施了捏造并散布虚伪事实、损害他人商品声誉的行为,即构成损害商品声誉罪,构成本罪的主体既可以是参与市场竞争的商品生产者、经营者,也可以是消费者或者其他单位及个人。

第二,"捏造并散布虚假事实"的判定应以"商品声誉是否受到损害"为标准进行。商品质量纠纷中的谈判手段行为不得损害他人合法利益。本案中,涉案的双菱牌空调是否存在质量问题,是控辩双方的争议焦点。如果属实,则不存在"虚假事实"。"商品声誉"是指商品在质量、品牌、风格等方面的可信赖程度和知名度,即该商品在经济生活中的地位。"虚假事实",是规范的构成要件要素,应解释为未达到客观上有相当的材料、根据而叙述的事实,是指贬低、毁坏他人商品声誉的虚假情况,包括完全虚构的事实和部分虚构的事实。"捏造"是指虚构编造不存在的事实,或者歪曲部分事实以偏概全。被告人声称"双菱牌空调质量低劣",主要依据的是环境监测部门检测结论和质检中心的检验结论。第一份材料只评价空调产生的噪声是否符合标准,无法证实空调是否存在质量问题;第二份检验结论的得出不符合程序规范,且声明不能用于质量鉴定和质量仲裁。案发后,经公安机关会同上海市产品质量监督部门按合法程序对涉案空调进行抽样鉴定,并送国家日用电器质量监督检验中心检验,结论均为符合国家标准。可见,双菱牌空调的产品质量是合格的、稳定的,并享有一定的商品声誉。因此,只因个别商品可能存在瑕疵,被告人就夸大事实声称双菱牌空调质量"低劣",没有事实依据,在尚未通过其他合法途径解决纠纷的情况下,在公共场所砸毁他人商品向社会公众散布上述言论,属于捏造并散布虚假事实的行为。

第三,损害商品声誉罪损害后果的判断。陈恩等人先后三次在上海、南京等地公开砸毁双菱牌空调,散布、捏造诋毁双菱牌空调声誉的言论,致使多家媒体进行了新闻报道,对双菱牌空调的声誉造成了严重恶劣影响,众多商家质疑、终止、变更销售合同,直接导致双菱牌空调销量下滑,导致双菱公司的商品声誉受损、销售量下滑的后果。从商家退货理由可见,被告人的行为与双菱公司的直接经济损失之间存在内在、必然的联系。对于本案双菱公司的经济损失认定,除现有的审计结论计算出的直接财产损失外,还应考虑包括企业商誉价值的降低等因素,故应认定被告人的行为对双菱牌空调的声誉造成了重大恶劣影响。

本案在事实认定和规范判断上并不复杂,却是切入经济犯罪概念研究的典型案例。本案涉及的是发生在商品经济的运行领域中,违反国家法律规定,破坏社会经济秩序,依法应负刑事责任的行为。德国法学家 K. 林德曼(K. Lindeman)认为,经济犯罪是一种针对国家整体经济及其重要部门与制度而违犯的可罚性的行为。① 我国台湾刑法学者林山田教授认为,经济犯罪是指意图谋取不法利益,利用法律交往与经济交易所允许的经济活动方式,滥用经济秩序赖以为存的诚实信用原则,违反所有直接或间接规范经济活动之有关法令,而足以危害正常经济活动与干扰经济生活秩序,甚至于破坏整个经济结构的财产犯罪或图利犯罪。②

我国法学界从 20 世纪 80 年代开始逐步重视对经济犯罪问题的研究。这与我国经济改革发展和伴之而来的经济犯罪现象增多相适应。1982 年 3 月 8 日全国人民代表大会常务委员会通过《关于严惩严重破坏经济的犯罪的决定》,4 月 13 日中共中央、国务院出台《关于打击经济领域中严重犯罪活动的决定》,被认为是推动我国经济犯罪问题研究的法律上、政策上的动因。虽然在上述两项决定中出现了"经济犯罪"一词,但迄今我国立法上对什么是经济犯罪仍未作出明确的界定。因此,经济犯罪是一个学理概念,是刑法学者们为了研究便利,对法律所规定的与经济有关的犯罪的类称。经济犯罪是指在社会主义经济的生产、分配、交换、消费领域,为谋取不法利益,违反国家经济、行政法规,直接危害国家的经济管理活动,依照《刑法》应受刑罚处罚的行为。综合来看,经济犯罪是商品经济运作当中严重经济失范行为在刑事法律规范中的直接体现,应包括如下内容:

第一,发生在经济领域或者活动中。经济犯罪总是发生在生产、分配、交换、消费领域,以及与此相关的经济管理活动中。但这并不意味着在经济领域中发生的一切犯罪都是经济犯罪。

第二,违反经济法规。一般而言,任何一种经济犯罪都会相应地违犯有关的经济法规。例如,走私违反海关法、偷税违反税收征管法、金融犯罪违反金融管理法规等。这一特征可将经济犯罪与其他侵犯财产的犯罪区别开来。例如,盗窃、诈骗、抢劫、抢夺、敲诈

---

① 林山田.经济犯罪与经济刑法[M].台北:台湾三民书局,1981:5-12.
② 林山田.经济犯罪与经济刑法[M].台北:台湾三民书局,1981:13.

勒索等犯罪，就不存在违反经济法规的问题。但是，由于立法滞后性等原因，有关经济犯罪的规定先于相关的经济法规出台的情况也有。譬如，1997年，《中华人民共和国证券法》(以下简称《证券法》)还难以出台，但《刑法》仍规定"内幕交易罪""编造并传播影响证券交易的虚假信息罪""操纵证券交易价格罪"等证券犯罪。

第三，破坏经济秩序。经济秩序包括生产秩序、分配秩序、交换秩序和消费秩序。经济秩序的维系，有赖于法律的规范、制度的调节和国家经济部门的管理活动。因此，经济秩序也常被称为经济管理秩序。任何经济犯罪，均会造成对特定经济管理秩序的破坏。例如，金融犯罪破坏金融管理秩序，涉税犯罪危害税收征管秩序等。另外，从经济作为生产、分配、交换、消费过程的角度来看，生产伪劣产品等犯罪破坏生产秩序，侵占、金融诈骗、偷税、骗税等犯罪破坏分配秩序，强迫交易等犯罪破坏商品交换秩序，销售伪劣商品等犯罪既是对交换秩序的破坏也是对消费秩序的破坏。

当然，这些是经济犯罪与一般犯罪相比的特殊内容。经济犯罪本身必然是犯罪，因此，它还应当符合犯罪的概念要求。《刑法》规定："一切危害国家主权、领土完整和安全，分裂国家、颠覆人民民主专政的政权和推翻社会主义制度，破坏社会秩序和经济秩序，侵犯国有财产或者劳动群众集体所有的财产，侵犯公民私人所有的财产，侵犯公民的人身权利、民主权利和其他权利，以及其他危害社会的行为，依照法律应当受刑罚处罚的，都是犯罪，但是情节显著轻微，危害不大的，不认为是犯罪。"该犯罪概念的基本结构是：……行为，依照法律应当受到刑罚处罚的，都是犯罪。刑法总则规定的犯罪的一般概念体现出我国犯罪概念的定量因素的创新性。该创新性同时体现在刑法分则规定的诸多具体犯罪的概念之中，比如"数额较大""数额巨大""情节严重""造成严重后果""造成重大损失"等规定。该犯罪概念在经济犯罪的立法界定和政策调整方面表现出较高的优越性。经济犯罪的"过程"同经济发展运动相联系，合法与非法、罪与非罪的界定具有很强的政策性，不断在遏止经济违法犯罪活动和保障市场经济主体积极参与经济活动之间保持平衡。

四、法条链接[①]

1.《中华人民共和国刑法》

第十三条【犯罪概念】 一切危害国家主权、领土完整和安全，分裂国家、颠覆人民民主专政的政权和推翻社会主义制度，破坏社会秩序和经济秩序，侵犯国有财产或者劳动群众集体所有的财产，侵犯公民私人所有的财产，侵犯公民的人身权利、民主权利和其他权利，以及其他危害社会的行为，依照法律应当受刑罚处罚的，都是犯罪，但是情节显著轻微危害不大的，不认为是犯罪。

第二百二十一条【损害商业信誉、商品声誉罪】 捏造并散布虚伪事实，损害他人的商业信誉、商品声誉，给他人造成重大损失或者有其他严重情节的，处二年以下有期徒刑或者拘役，并处或者单处罚金。

2.《最高人民检察院 公安部关于公安机关管辖的刑事案件立案追诉标准的规定(二)》

第七十四条 捏造并散布虚伪事实，损害他人的商业信誉、商品声誉，涉嫌下列情形

[①] 本书案例所涉法条均为案件审理时适用版本。

之一的,应予立案追诉:(一)给他人造成直接经济损失数额在五十万元以上的;(二)虽未达到上述数额标准,但具有下列情形之一的:1.利用互联网或者其他媒体公开损害他人商业信誉、商品声誉的;2.造成公司、企业等单位停业、停产六个月以上,或者破产的。(三)其他给他人造成重大损失或者有其他严重情节的情形。

3.《中华人民共和国治安管理处罚法》

第二条 扰乱公共秩序,妨害公共安全,侵犯人身权利、财产权利,妨害社会管理,具有社会危害性,依照《中华人民共和国刑法》的规定构成犯罪的,依法追究刑事责任;尚不够刑事处罚的,由公安机关依照本法给予治安管理处罚。

五、课后思考

1. 经济犯罪与经济纠纷的区别与联系。
2. 结合本节内容,分析鸿茅药酒事件中的损害商品声誉问题。

六、延伸阅读

1. 杨绪峰.损害商业信誉、商品声誉罪的教义学检讨[J].政治与法律,2019(02):53-65.
2. 孙国祥.集体法益的刑法保护及其边界[J].法学研究,2018,40(06):37-52.
3. 于同志.损害商品声誉罪的司法认定[J].法学杂志,2007(06):102-105.
4. 肖中华.经济犯罪的规范解释[J].法学研究,2006(05):58-70.
5. 杜宇.再论经济犯罪的概念[J].学术交流,2003(10):26-32.

第二节 经济犯罪的特征
——李飞、杨乐非法吸收公众存款案

一、案情简介

2009年至2011年,李飞、杨乐违反国家金融管理法规,未经国家金融主管部门依法批准,承诺给付月利率3%的高额回报,以投资煤矿、锡矿为由,通过亲友间口口相传的方式向社会公开宣传,先后在鄂尔多斯市东胜区向张某、庞某等20名集资参与人非法吸收公众存款681万元。截至案发,被告人共向上述20名集资参与人支付利息170.22万元,退还本金70.145万元,另有部分用于投资饭店、美容会所等。立案后,被告人用抵顶白酒和现金的方式,给20名集资参与人全部结清债务,并取得了对方的谅解。①

二、主要问题

行为人非法吸收公众存款后主要用于生产经营活动,且能够及时清退所吸收资金的,是否构成非法吸收公众存款罪。

---

① (2015)东刑二初字第00349号。

三、法律分析

第一种观点认为,被告人的行为构成非法吸收公众存款罪。本案中,被告人违反国家金融管理法规,向社会公众公开宣传,承诺给付高额利息作为回报,向社会不特定对象以存款的方式吸收资金,数额巨大,其行为触犯《刑法》第一百七十六条之规定,应当以非法吸收公众存款罪追究其刑事责任。

第二种观点认为,被告人的行为不构成非法吸收公众存款罪。首先,本案中,李飞、杨乐所吸收的存款,全部用于正常的生产经营活动,并未挥霍浪费;其次,这些人中有 19 名系其妻子杨乐的同事,客观上没有造成危害社会的严重后果;最后,案发后两名被告人将 20 名存款人的本金和利息全部进行归还,退赔率达 100%。

我们认为,被告人李飞、杨乐虽然在案发后给集资参与人清偿损失,但其违反国家金融管理法规,未经有关部门依法批准,采取承诺到期还本付息的方法,通过自己或他人用口口相传的方式,向社会公开宣传,从社会公众处非法吸收资金,数额巨大,侵犯国家金融管理制度,扰乱金融秩序,已构成非法吸收公众存款罪。被告人吸收资金除退本付息外,部分用于生产经营,也未进行挥霍浪费,且大部分集资参与人系杨乐的同事及同事的亲朋,又能在案发后全部清偿集资参与人的损失,犯罪情节轻微,可以免予刑事处罚。

经济犯罪作为在经济领域内发生的犯罪,其侵害的客体是社会整体利益下的社会整体经济秩序。国家之所以对特定的经济违法行为进行刑法规制,是因为此类行为不仅在形式上违反国家的相关制度规范,而且在实质上损害正常经济秩序蕴含的自由、公平、诚信、有序的经济价值。

依据从普遍到具体的演绎方法,我们将经济犯罪定义为刑法规定的依法应受刑罚惩罚的破坏市场经济秩序的行为。定义越简单,越具通用性。根据前文所述,经济犯罪一般以市场经济为平台,侵犯超个人法益并危害社会整体经济秩序,以牟取不正当经济利益为目的。因此,我们不采取传统的犯罪客体、主体、客观方面、主观方面的分析框架,而是将经济犯罪的规范特征归结为:侵害市场经济秩序、违反工商管理和经济法规、背离市场信用与滥用经济权利。

第一,侵害市场经济秩序。经济制度的变迁直接影响着经济犯罪所侵犯的法益内容的变化。古代所谓"经济犯罪"大都表现为偷盗、抢劫、欺诈等结构简单且容易认定的财产犯罪。中国古代与当代最相类似的经济犯罪乃是官员职务犯罪,特别是针对国家贸易管制的犯罪。盐铁专卖是中国古代最重要的贸易管制,私盐、走私盐铁以及铸私钱等是中国古代与现代最具关联性和相似性的经济犯罪。现代经济犯罪是一个与市场经济紧密相连的概念。市场经济秩序表现为一种超个人、超社会的公共利益,一种无形而抽象的信用,其背后是平等、自由、竞争与公平交易等基本价值,经济犯罪则是扭曲乃至摧毁市场经济。中国的市场经济前面有"社会主义"一词限定,刑法管制经济的特色和许多经济犯罪与"社会主义"有着历史与现实的联系。例如,中国目前依然存在着为政府垄断、国有企业行业垄断而实施的贸易管制,但是,市场经济发展的内在机制推动贸易管制不断地松动,无照经营和超范围经营的非犯罪化最为典型,不正当竞争行为的犯罪化会成为未来的发展趋势。经济政策经常在自由与管制之间摇摆不定,骗购外汇罪的设立是典型的例子。

可以肯定,以维护平等、自由、竞争和公平交易秩序为目的的刑法管制必将进一步加强。1997年《刑法》颁布实施以来,经济犯罪新罪名的增加突出地反映了该特点。

第二,违反工商管理和经济法规。刑法是保障法,作为整个法律规范体系有效性的最后保障而存在,其他法律部门作为一个法律规范体系最终依靠刑法维持其规范效力。因此,只有当民事法律、行政法律等法律部门不足以制止某种危害社会的行为从而保护某种重要利益时,立法者才会考虑动用刑法,司法者才会考虑适用刑法。所以,相对于民法与行政法而言,刑法具有保守性和谦抑性,这是它的一个基本特点。经济犯罪,首先是违反管理、干预、管制市场经济的工商管理、经济法律、法规与规章的行为,经济活动没有违反工商管理和经济法规,不可能是经济犯罪。如此,我们可以将一般性的侵犯财产的盗窃、抢劫、敲诈勒索以及诈骗等犯罪排除出经济犯罪的范围——尽管这些犯罪传统上经常被归入经济犯罪的范围。经济犯罪以"违反工商管理、经济法规"为规范特征,这就告诉我们,经济危害行为犯罪化是以行为违法为前提的。任何一种危害市场经济秩序的行为,若要将其犯罪化从而归入经济犯罪的范围,其前提是根据工商管理与经济法规的相关规定,认定这种行为是否属于违法行为。

第三,背离市场信用与滥用经济权利。在市场经济条件下,经济犯罪表现为在市场经济内部滥用经济权利与背离市场信用破坏市场经济本身的行为。背离市场信用与滥用经济权利是经济犯罪的两个基本方式。信用是指用契约关系保障财富流转和增值的价值运动,人类社会自出现了货币经营和商品经济以来就出现了信用关系。市场经济就是通过信用关系构筑起来的人类活动,市场经济就是信用经济。

总而言之,在学理上,经济犯罪属于法定犯,以违反特定的经济行政法规为前提。与自然犯相比,法定犯在违法性认识、判断方面都较为困难。某些行为在原来都没有被视为犯罪,但是由于社会情况发生变化,在一些非刑法规范性法律文件中先对其作否定性评价,后根据需要在刑法修订中予以吸收而规定为犯罪。例如,金融类犯罪、证券类犯罪等就属于典型的法定犯。经济犯罪是一个动态化、开放性概念,其犯罪化与非犯罪化呈现出一种彼此渗透、相互转化的过程。正确认识经济犯罪的法定犯特征,对其保持一种开放态度、用一种相对发展的眼光具有重要意义。经济活动的合法与非法、罪与非罪的界限之确定具有较强的政策性。如果界限过死,那么可能在遏制经济违法犯罪活动的同时,也遏制了商品经济活动积极性的结果;如果界限过宽,那么在刺激商品经济参与者积极性的同时,必将刺激违法犯罪活动,从而损害国民经济。尤其是在我们这样一个实行全方位改革和加速市场化进程的国家,经济行为的复杂多变性常常表现得更为突出,突出经济犯罪的相对性特征对于我们来说就显得尤为重要。因此,对于经济犯罪,在立法上,应当对其犯罪构成作更为清晰的规定,确立实用性、操作性更强的标准,应当注重法律改革,对不合时宜的罪名,应当及时予以修改;在司法上,应当坚持严格的"罪刑法定主义"。在市场经济高速发展的今天,经济犯罪的内容往往更为复杂,因而需要更仔细、慎重地判断。

四、法条链接

1.《中华人民共和国刑法》

第一百七十六条【非法吸收公众存款罪】 非法吸收公众存款或者变相吸收公众存

款,扰乱金融秩序的,处三年以下有期徒刑或者拘役,并处或者单处罚金;数额巨大或者有其他严重情节的,处三年以上十年以下有期徒刑,并处罚金;数额特别巨大或者有其他特别严重情节的,处十年以上有期徒刑,并处罚金。单位犯前款罪的,对单位判处罚金,并对其直接负责的主管人员和其他直接责任人员,依照前款的规定处罚。有前两款行为,在提起公诉前积极退赃退赔,减少损害结果发生的,可以从轻或者减轻处罚。

2.《最高人民法院关于审理非法集资刑事案件具体应用法律若干问题的解释》

第一条　违反国家金融管理法律规定,向社会公众(包括单位和个人)吸收资金的行为,同时具备下列四个条件的,除刑法另有规定的以外,应当认定为刑法第一百七十六条规定的"非法吸收公众存款或者变相吸收公众存款":(一)未经有关部门依法批准或者借用合法经营的形式吸收资金;(二)通过媒体、推介会、传单、手机短信等途径向社会公开宣传;(三)承诺在一定期限内以货币、实物、股权等方式还本付息或者给付回报;(四)向社会公众即社会不特定对象吸收资金。未向社会公开宣传,在亲友或者单位内部针对特定对象吸收资金的,不属于非法吸收或者变相吸收公众存款。

第三条　非法吸收或者变相吸收公众存款,具有下列情形之一的,应当依法追究刑事责任:(一)个人非法吸收或者变相吸收公众存款,数额在20万元以上的,单位非法吸收或者变相吸收公众存款,数额在100万元以上的;(二)个人非法吸收或者变相吸收公众存款对象30人以上的,单位非法吸收或者变相吸收公众存款对象150人以上的;(三)个人非法吸收或者变相吸收公众存款,给存款人造成直接经济损失数额在10万元以上的,单位非法吸收或者变相吸收公众存款,给存款人造成直接经济损失数额在50万元以上的;(四)造成恶劣社会影响或者其他严重后果的。

五、课后思考

1. 经济犯罪领域中,定罪免罚裁判适用的范围及其限制。
2. 从超个人法益角度,分析金融秩序的刑法保护价值。

六、延伸阅读

1. 刘伟.非法吸收公众存款罪的扩张与限缩[J].政治与法律,2012(11):40-49.
2. 肖晚祥.非法吸收公众存款罪的司法认定研究[J].东方法学,2010(05):42-52.
3. 彭冰.非法集资活动规制研究[J].中国法学,2008(04):43-55.
4. 曲新久.对当前经济犯罪特征的再认识[J].河北学刊,2007(04):165-169.

第三节　经济犯罪的范围
——唐沛文强迫交易案

一、案情简介

2000年4月26日下午,被告人唐沛文与李某合伙,至城区某大楼其同乡邰某、武某夫妇经营的五金商店内,以语言相威胁,将 12 小袋茶叶以人民币 1 800 元的高价强卖给邰、武夫妇。同年 4 月 28 日、6 月 6 日,被告人唐沛文与丁某合伙,先后至其同乡徐某经营的五金电料供应站及同乡杨某所租借的机电物资有限公司柜台处,用语言对徐某、杨某相威胁,将 4 小袋、10 小袋茶叶分别以人民币 600 元、1 500 元的价格强卖给徐某、杨某。同年 6 月 9 日下午,当唐沛文与丁某再次至某机电设备有限公司葛某店内,欲以人民币 1 500 元的价格将 10 小袋茶叶强卖给葛某时,被公安人员人赃俱获。经某价格事务所物品财产估价鉴定:唐某等人强卖的茶叶每小袋价值人民币 16 元。[①]

二、主要问题

强迫交易罪与抢劫罪的界分。

三、法律分析

第一种观点认为,被告人以非法占有为目的,多次对受害人进行威胁,强迫受害人以人民币 1 800 元、600 元、1 500 元的价格购买原价为每小袋价值人民币 16 元茶叶,这里的不公平价格明显超出正常价格,其行为已触犯《刑法》第二百六十三条之规定,构成抢劫罪。

第二种观点认为,被告人以非法占有为目的,采取威胁手段多次强迫他人以高价购买其低廉的茶叶,情节严重,其行为已构成强迫交易罪。

我们认为,本案中被告人的行为构成强迫交易罪。强迫交易罪与抢劫罪的行为特征都包括采取暴力、威胁手段,但是,两罪的差别也较突出:抢劫罪是对公私财物的所有者、保管者或者守护者当场使用暴力、胁迫或者其他对人身实施强制的方法,立即抢走财物或者迫使被害人立即交出财物;强迫交易罪则是向交易相对方施以暴力、威胁手段,强迫交易相对方买卖商品、提供或者接受服务。抢劫罪侵犯的法益是公私财物所有权和公民人身权利,强迫交易罪侵犯的法益是交易相对方的合法权益和商品交易市场秩序。因此,虽然两罪都有暴力、胁迫内容,但抢劫罪的暴力、胁迫手段,一般都足以危及被害人的身体健康或生命安全,其强度要大于强迫交易罪的暴力、威胁手段。

市场交易的安全和稳定依赖于对公平、意思自治和诚实信用的基本原则的遵循,强迫交易罪对于保护交易当事人之间的平等协商权、维护公平的市场交易秩序起了非常重要的作用。2005 年 7 月 16 日最高人民法院出台的《关于审理抢劫、抢夺刑事案件适用法律若干问题的意见》第九条第二款规定:"从事正常商品买卖、交易或者劳动服务的人,以暴力、胁迫手段迫使他人交出与合理价钱、费用相差不大钱物,情节严重的,以强迫交易罪定罪处罚;以非法占有为目的,以买卖、交易、服务为幌子采用暴力、胁迫手段迫使他人交出与合理价钱、费用相差悬殊的钱物的,以抢劫罪定罪处刑。"可见,区分强迫交易罪与抢劫罪,主要应结合"是否存在特定的交易""所牟取的非法经济利益超出合理价钱、费用的绝对数额和比例""使用暴力、威胁手段的程度"等方面综合判断。本案中,被告人在商品交易中违反法律、法规和商品交易规则,不顾交易对方是否同意,以暴力、威胁手段强行卖出

[①] (2000)黄浦刑初字第 173 号。

商品。被告人以语言相威胁程度较低,强迫被害人以不公平价格购买商品,从商品价格上看,购买价格和实际价格的绝对数额和比例悬殊不是特别巨大,构成强迫交易罪。①

强迫交易罪属于刑法分则第三章中的"破坏社会主义市场经济秩序罪",抢劫罪则属于刑法分则第五章中的"侵犯财产罪",明确这两章罪名是否都属于经济犯罪,对于司法实践工作是十分有益的。

对于经济犯罪的范围在理论上有不同观点。第一种观点是广义说,即大经济犯罪观。这种观点认为,经济犯罪包括以下三个方面:一是刑法分则第三章中的"破坏社会主义市场经济秩序罪"和第五章中的"侵犯财产罪"的全部犯罪;二是刑法分则第八章中的"贪污贿赂罪"的全部犯罪;三是刑法分则其他各章中的以牟取经济利益为目的的各种犯罪,例如,赌博罪,走私、贩卖、运输和制造毒品罪,组织与引诱妇女卖淫罪,制作贩卖淫秽物品罪等。第二种观点是狭义说,即小经济犯罪观。这种观点认为,经济犯罪只能发生在动态的社会经济活动和管理之中,经济犯罪表现为行为人滥用市场经济的活动方式和经济权限,直接或间接违反经济管理法规,危害社会主义市场经济秩序的犯罪,因而经济犯罪仅限于刑法分则第三章中规定的犯罪。第三种观点是折中说,即中经济犯罪观。经济犯罪只限于广义说的一、二项两类,而且应当排除盗窃和抢劫等传统的财产犯罪。

我们认为,认定经济犯罪的范围,应当从事实与规范两个角度来分析和把握。

从历史发展角度来看,经济犯罪包括盗窃、贪污、受贿和诈骗,乃至于抢劫与抢夺,这是符合事实的。1982年颁布的《关于严惩严重破坏经济的罪犯的决定》明示了修改补充刑法有关条文之宗旨:"鉴于当前走私、套汇、投机倒把牟取暴利、盗窃公共财物、盗卖珍贵文物和索贿受贿等经济犯罪活动猖獗,对社会主义建设事业和人民利益危害严重,为了坚决打击这些犯罪活动,严厉惩处这些犯罪分子和参与、包庇或者纵容这些犯罪活动的国家工作人员……"盗窃公共财物是财产犯罪,索贿受贿是职务犯罪,但是,在当时的历史条件下,它们确实是发生于经济领域且破坏经济的犯罪。另外,从规范层面上讲,在1997年《刑法》颁布实施之前,金融诈骗、合同诈骗等经济诈骗犯罪均以普通的诈骗罪论处。20世纪90年代中后期,金融体制改革基本完成,金融机构开始成为独立自主、自负盈亏的经济主体,金融活动逐渐活跃之后,金融犯罪才呈现大量增加的趋势。

因此,大经济犯罪观具有其历史的真实性。但是,在当下市场经济发展状况下,其中许多犯罪侵犯的法益不再具有"经济性",不宜再将其作为经济犯罪对待。所以,抢劫、盗窃、抢夺等财产犯罪应当被排除在经济犯罪之外,在确定经济犯罪范围的时候,就会向中经济犯罪观乃至于小经济犯罪观倾斜。我们认为,折中说是将经济犯罪严格地局限于刑法分则第三、第八章的定性,这也有不妥之处。刑法分则第八章中的"贪污贿赂罪"并非都属于经济犯罪,其中只有侵害国有公司和企业利益的贪污、挪用及受贿罪才可以归入经济犯罪的范围。

也许,确立一个包罗所有现代经济犯罪,而且具有明确的内容统一性的经济刑法概

---

① 本案裁判时适用的是1997年《刑法》第二百二十六条规定:"以暴力、威胁手段强买强卖商品、强迫他人提供服务或者强迫他人接受服务,情节严重的,处三年以下有期徒刑或者拘役,并处或者单处罚金。"2011年《刑法修正案八》对其进行修订,新增"强迫他人参与或者退出投标、拍卖的;强迫他人转让或者收购公司、企业的股份、债券或者其他资产的;强迫他人参与或者退出特定的经营活动的"的行为类型,以及"情节特别严重的,处三年以上七年以下有期徒刑,并处罚金"的量刑档次。

念,对于具体解释个别经济犯罪的处罚规定,并不一定那么重要。经济犯罪没有——可能也不必过于追求——统一的理论概念和范围。但是,我们必须关注和界定经济犯罪的规范特征。我们认为,目前较为可行的是,确定当代中国的经济犯罪大致范围应以"破坏社会主义市场经济秩序罪"为核心,逐步缩小经济犯罪的外延,逐渐将其限定为与市场经济活动本身相关联的犯罪形态。据此,根据理论和实践的发展,扩大或缩小经济犯罪的范围,都不至于"失之毫厘,谬以千里"。毫无疑问,以刑法分则第三章中的"破坏社会主义市场经济秩序罪"为我国经济犯罪体系的核心,对构建社会主义市场经济法治和谐环境具有十分深远的现实意义。

四、法条链接

1.《中华人民共和国刑法》

第二百二十六条【强迫交易罪】 以暴力、威胁手段,实施下列行为之一,情节严重的,处三年以下有期徒刑或者拘役,并处或者单处罚金;情节特别严重的,处三年以上七年以下有期徒刑,并处罚金:(一)强买强卖商品的;(二)强迫他人提供或者接受服务的;(三)强迫他人参与或者退出投标、拍卖的;(四)强迫他人转让或者收购公司、企业的股份、债券或者其他资产的;(五)强迫他人参与或者退出特定的经营活动的。

第二百六十三条【抢劫罪】 以暴力、胁迫或者其他方法抢劫公私财物的,处三年以上十年以下有期徒刑,并处罚金;有下列情形之一的,处十年以上有期徒刑、无期徒刑或者死刑,并处罚金或者没收财产:(一)入户抢劫的;(二)在公共交通工具上抢劫的;(三)抢劫银行或者其他金融机构的;(四)多次抢劫或者抢劫数额巨大的;(五)抢劫致人重伤、死亡的;(六)冒充军警人员抢劫的;(七)持枪抢劫的;(八)抢劫军用物资或者抢险、救灾、救济物资的。

2.《最高人民法院关于审理抢劫案件具体应用法律若干问题的解释》

第四条 刑法第二百六十三条第(四)项规定的'抢劫数额巨大'的认定标准,参照各地确定的盗窃罪数额巨大的认定标准执行。

3.《最高人民检察院 公安部关于公安机关管辖的刑事案件立案追诉标准的规定(一)的补充规定》

第二十八条 以暴力、威胁手段强买强卖商品,强迫他人提供服务或者接受服务,涉嫌下列情形之一的,应予立案追诉:(一)造成被害人轻微伤的;(二)造成直接经济损失2千元以上的;(三)强迫交易3次以上或者强迫3人以上交易的;(四)强迫交易数额1万元以上,或者违法所得数额2千元以上的;(五)强迫他人购买伪劣商品数额5千元以上,或者违法所得数额1千元以上的;(六)其他情节严重的情形。

以暴力、威胁手段强迫他人参与或者退出投标、拍卖,强迫他人转让或者收购公司、企业的股份、债券或者其他资产,强迫他人参与或者退出特定的经营活动,具有多次实施、手段恶劣、造成严重后果或者恶劣社会影响等情形之一的,应予立案追诉。

4.《最高人民法院关于审理抢劫、抢夺刑事案件适用法律若干问题的意见》

第九条 从事正常商品买卖、交易或者劳动服务的人,以暴力、胁迫手段迫使他人交出与合理价钱、费用相差不大钱物,情节严重的,以强迫交易罪定罪处罚;以非法占有为目的,以买卖、交易、服务为幌子采用暴力、胁迫手段迫使他人交出与合理价钱、费用相差悬殊的钱物的,以抢劫罪定罪处刑。在具体认定时,既要考虑超出合理价钱、费用的绝对数额,还要考虑超出合理价钱、费用的比例,加以综合判断。

五、课后思考

1. 结合本节内容,试析强迫交易罪与敲诈勒索罪的界分。

2. 从理论角度分析刑法分则第三章"破坏社会主义市场经济秩序罪"中是否有不属于经济犯罪的罪名?

六、延伸阅读

1. 孙国祥.新时代刑法发展的基本立场[J].法学家,2019(06):1-14+191.

2. 周啸天.论强迫交易罪中的若干问题[J].政治与法律,2011(08):51-59.

3. 张勇.强迫交易及其关联罪的体系解释[J].中国刑事法杂志,2011(05):27-32.

4. 华伟.论强迫交易罪[J].法律科学(西北政法学院学报),2000(04):123-128.

第二章 经济刑法

第一节 经济刑法的概念
——马乐利用未公开信息交易案

一、案情简介

2011年3月9日至2013年5月30日,被告人马乐担任博时基金管理有限公司旗下的博时精选股票证券投资经理,全权负责投资基金和股票市场,掌握了博时精选股票证券投资基金交易的标的股票、交易时间和交易数量等未公开信息。马乐在任职期间利用其掌控的上述未公开信息,从事与该信息相关的证券交易活动,操作自己控制的"金某""严某甲""严某乙"3个股票账户,通过临时购买的不记名神州行电话卡下单,先于(1~5个交易日)、同期或稍晚于(1~2个交易日)其管理的"博时精选"基金账户买卖相同股票76只,累计成交金额10.5亿余元,非法获利18 833 374.74元。2013年7月17日,马乐主动到深圳市公安局投案,且到案之后能如实供述其所犯罪行。马乐认罪态度良好,违法所得能从扣押、冻结的财产中全额返还。[①]

二、主要问题

如何正确理解《刑法》第一百八十条第四款对于第一款的援引以及利用未公开信息交易罪"情节特别严重"的认定标准。

三、法律分析

第一种观点认为,被告人马乐的行为构成利用未公开信息交易罪。但是,刑法中利用未公开信息交易罪只规定"情节严重"的情形,未规定"情节特别严重"的情形,因此只能认定马乐的行为属于"情节严重",只能依照《刑法》第一百八十条第一款中"情节严重"的量刑档次予以处罚。

第二种观点认为,被告人马乐的行为应认定为利用未公开信息交易罪。马乐利用未公开信息交易股票76只,累计成交额10.5亿余元,非法获利18 833 374.74元,属于情节特别严重,应依照"情节特别严重"的量刑档次处罚。《刑法》第一百八十条第四款属于援引法定刑的情形,应当引用第一款处罚的全部规定。第四款中的"情节严重"只是入罪条

---

① 最高人民法院指导案例61号、最高人民检察院指导案例第24号。

款,即达到了情节严重以上的情形,依据第一款的规定处罚。至于具体处罚,应看符合第一款中的"情节严重"还是"情节特别严重"的情形,分辨情况依法判处。情节严重的,"处五年以下有期徒刑",情节特别严重的,"处五年以上十年以下有期徒刑"。

本案事实清楚,定罪准确,争议的焦点在于如何正确理解《刑法》第一百八十条第四款对于第一款的援引以及如何把握利用未公开信息交易罪"情节特别严重"的认定标准。

利用未公开信息交易罪是指证券交易所、期货交易所、证券公司、期货经纪公司、基金管理公司、商业银行、保险公司等金融机构的从业人员以及有关监管部门或者行业协会的工作人员,利用因职务便利获取的内幕信息以外的其他未公开的信息,并且违反规定,从事与该信息相关的证券、期货交易活动,或者明示、暗示他人从事相关交易活动的行为。这是2009年《刑法修正案(七)》新增的罪名,规定在第一百八十条第四款。该款并未包括量刑规定,而是规定"情节严重的,依照第一款的规定处罚",即依照内幕交易、泄露内幕信息罪进行处罚。但是,内幕交易、泄露内幕信息罪的量刑包括"情节严重"和"情节特别严重"两种量刑档次,而利用未公开信息交易罪的法条规定中只有"情节严重"一种量刑档次,因此,本案的争议就是对第一百八十条第四款的解释争议。正确理解和适用本案所涉法律问题,对明确同类案件的处理和同类从业人员犯罪的处罚具有重要指导作用,对加大力度打击"老鼠仓"等严重破坏金融管理秩序的行为,维护社会主义市场经济秩序,保障资本市场健康发展具有重要意义。

我们认为,被告人马乐的行为应当认定为犯罪情节特别严重,应以《刑法》第一百八十条第一款规定的"情节特别严重"的量刑档次予以处罚。

第一,利用未公开信息交易罪与内幕交易、泄露内幕信息罪都列在《刑法》第一百八十条规定之中,两罪的违法与责任程度相当,法定刑亦应相当。由于我国基金、证券、期货等领域中,利用未公开信息交易行为比较多发,行为人利用公众投入的巨额资金作为后盾,以提前买入或者提前卖出的手段获得巨额非法利益,将风险与损失转嫁其他投资者,不仅对其任职单位的财产利益造成损害,而且严重破坏公开、公正、公平的证券市场交易原则,严重损害客户投资者或处于信息弱势的散户的利益,严重损害金融行业信誉,影响投资者对金融机构的信任,进而对资产管理和基金、证券、期货市场的健康发展产生严重影响。两罪都属于特定人员利用未公开的可能对证券、期货市场交易价格产生影响的信息从事交易活动的犯罪。两罪的主要差别在于信息范围不同,其通过信息的未公开性和价格影响性获利的本质相同,均严重破坏了金融管理秩序,损害了公众投资者利益。《刑法》将两罪放在第一百八十条中的分款予以规定,亦是对两罪的违法和责任程度相当的确认。如果只截取情节严重部分的法定刑进行援引,势必违反罪刑法定原则和罪刑相适应原则,无法实现惩罚和预防犯罪的目的。

第二,《刑法》第一百八十条第四款属于援引法定刑的情形,应当引用第一款处罚的全部规定。援引法定刑是指对某一犯罪并不规定独立的法定刑,而是援引其他犯罪的法定刑作为该犯罪的法定刑。《刑法》第一百八十条第四款援引法定刑的目的是避免法条文字表述重复,并不属于法律规定不明确的情形。按照立法精神,《刑法》第一百八十条第四款中的"情节严重"是入罪标准,在处罚上应当依照本法条第一款的全部罚则处罚,即区分情形依照第一款规定的"情节严重"和"情节特别严重"两个量刑档次处罚。一方面,援引的重要作用就是减少法条重复表述,只需就该罪的基本要件进行表述,法定刑全部援引即可;如果法定刑不是全部援引,才需要对不同量刑档次进行明确表述,规定独立的罚则。从《刑法》其他条文的反面例证来看,法定刑设置存在细微差别时即无法援引。如《刑法》第一百八十条第二款关于内幕交易、泄露内幕信息罪的单位犯罪规定,没有援引前款个人犯罪的法定刑,而是单独明确规定处5年以下有期徒刑或者拘役。首先,这是因为第一款规定了"情节严重""情节特别严重"两个量刑档次,而第二款只有一个量刑档次,并且不对直接负责的主管人员和其他直接责任人员并处罚金。在这种情况下,为避免发生歧义,立法不会采用援引法定刑的方式,而是对相关法定刑进行明确表述。其次,《刑法》第一百八十条第四款"情节严重"的规定是入罪标准,作此规定是为了避免"情节不严重"也入罪,而非量刑档次的限缩。另一方面,从立法和司法解释先例来看,《刑法》第二百八十五条第三款也存在相同的文字表述,2011年《最高人民法院 最高人民检察院关于办理危害计算机信息系统安全刑事案件应用法律若干问题的解释》第三条明确规定了《刑法》第二百八十五条第三款包含有"情节严重""情节特别严重"两个量刑档次。该司法解释的规定,表明了最高司法机关对援引法定刑立法例的一贯理解。

第三,被告人马乐的行为应当认定为"情节特别严重"。目前虽然没有关于利用未公开信息交易罪"情节特别严重"认定标准的专门规定,但鉴于《刑法》规定利用未公开信息交易罪是参照内幕交易、泄露内幕信息罪的规定处罚,《最高人民法院 最高人民检察院关于办理内幕交易、泄露内幕信息刑事案件具体应用法律若干问题的解释》将成交额250万元以上、获利75万元以上等情形认定为内幕交易、泄露内幕信息罪"情节特别严重"的标准,利用未公开信息交易罪也应当遵循相同的标准。马乐利用未公开信息进行交易活动,累计成交额达10.5亿余元,非法获利近1 900万元,已远远超过上述标准,且在案发时属全国查获的该类犯罪数额最大者,参照《最高人民法院 最高人民检察院关于办理内幕交易、泄露内幕信息刑事案件具体应用法律若干问题的解释》,马乐的犯罪情节应当属于"情节特别严重"。

本案是关于利用未公开信息交易罪刑法条款规定争议的典型案例,也是罕见的最高人民检察院抗诉并由最高人民法院改判的公报案例,对理解经济刑法具有重要意义。"经济刑法"不是一个严格意义上的法律概念,它是学者们为便利于从刑法学的角度研究经济犯罪问题而采用的一个学理概念。在经济刑法概念之下,有些研究还细分为"金融刑法""公司刑法"等下位概念。当然,这些都不是严格的法律概念,而是学理概念。"经济刑法"称谓的起源尚无确切的考证,但一般认为是在20世纪初,由德国学者最早提出。我们认为,经济刑法是关于经济犯罪及其刑事责任的法律规范的总称。对于经济刑法概念和范围的理解与对经济犯罪概念和范围的理解,是密不可分的。在缺乏一个统一的经济犯罪概念的情况下,对经济刑法的概念和范围未能形成一致的认识,是完全正常的。经济刑法作为规定经济犯罪及其刑事责任的法律规范的总称,在我国,似应包括刑法分则第三章关于"破坏社会主义市场经济秩序罪"的规定、国家立法机构通过的补充规定某种经济犯罪的单行刑法和在国家经济行政法律中规定有关经济犯罪的附属刑法规范。一切与经济利益和经济活动有关的、破坏经济的刑事法律规范,无论它是存在于刑法典或单行的刑事法规中,还是存在于有关的经济法规或经济性行政法规中,都应属于经济刑法的范畴。

四、法条链接

1.《中华人民共和国刑法》

第一百八十条第一款【内幕交易、泄露内幕信息罪】 证券、期货交易内幕信息的知情人员或者非法获取证券、期货交易内幕信息的人员,在涉及证券的发行,证券、期货交易或者其他对证券、期货交易价格有重大影响的信息尚未公开前,买入或者卖出该证券,或者从事与该内幕信息有关的期货交易,或者泄露该信息,或者明示、暗示他人从事上述交易活动,情节严重的,处五年以下有期徒刑或者拘役,并处或者单处违法所得一倍以上五倍以下罚金;情节特别严重的,处五年以上十年以下有期徒刑,并处违法所得一倍以上五倍以下罚金。

第一百八十条第四款【利用未公开信息交易罪】 证券交易所、期货交易所、证券公司、期货经纪公司、基金管理公司、商业银行、保险公司等金融机构的从业人员以及有关监管部门或者行业协会的工作人员,利用因职务便利获取的内幕信息以外的其他未公开的信息,违反规定,从事与该信息相关的证券、期货交易活动,或者明示、暗示他人从事相关交易活动,情节严重的,依照第一款的规定处罚。

2.《最高人民检察院 公安部关于公安机关管辖的刑事案件立案追诉标准的规定(二)》

第三十六条 证券交易所、期货交易所、证券公司、期货公司、基金管理公司、商业银行、保险公司等金融机构的从业人员以及有关监管部门或者行业协会的工作人员,利用因职务便利获取的内幕信息以外的其他未公开的信息,违反规定,从事与该信息相关的证券、期货交易活动,或者明示、暗示他人从事相关交易活动,涉嫌下列情形之一的,应予立案追诉:(一)证券交易成交额累计在五十万元以上的;(二)期货交易占用保证金数额累计在三十万元以上的;(三)获利或者避免损失数额累计在十五万元以上的;(四)多次利用内幕信息以外的其他未公开信息进行交易活动的;(五)其他情节严重的情形。

五、课后思考

1. 经济刑法与经济犯罪的关系。
2. 试分析利用未公开信息交易罪法定刑设置的利弊。

六、延伸阅读

1. 孙国祥.改革开放以来经济刑法基础理论述评[J].武汉大学学报(哲学社会科学版),2019,72(05):107-118.
2. 孙国祥.20年来经济刑法犯罪化趋势回眸及思考[J].华南师范大学学报(社会科学版),2018(01):48-55+189-190.
3. 刘宪权.论利用未公开信息交易罪法定刑的设置及适用[J].现代法学,2016,38(05):104-114.
4. 孙谦.援引法定刑的刑法解释——以马乐利用未公开信息交易案为例[J].法学研究,2016,38(01):148-164.

5. 谢杰.利用未公开信息交易罪量刑情节的刑法解释与实践适用——"老鼠仓"抗诉案引发的资本市场犯罪司法解释反思[J].政治与法律,2015(07):38-47.

第二节　经济刑法的特征
——王力军非法经营案

一、案情简介

2014年11月至2015年1月,被告人王力军未办理粮食收购许可证,未经工商行政管理机关核准登记并颁发营业执照,在临河区白脑包镇附近村组无证违法收购玉米,将所收购的玉米卖给巴彦淖尔市粮油公司杭锦后旗蛮会分库,非法经营数额218 288.6元,非法获利6 000元。案发后,被告人王力军主动退缴非法获利6 000元。2015年3月27日,被告人王力军主动到巴彦淖尔市临河区公安局经侦大队投案自首。①

二、主要问题

非法经营罪兜底条款的认定标准。

三、法律分析

第一种观点认为,被告人王力军违反国家法律和行政法规规定,未经粮食主管部门许可及工商行政管理机关核准登记并颁发营业执照,从当地农民处买进玉米,意图将玉米集中出售到粮站,以赚取其中的差价,其行为是为了销售直接向种粮农民或者其他粮食生产者批量购买粮食的活动,非法经营数额218 288.6元。王力军从事粮食经营行为时,国务院《粮食流通管理条例》②依法有效,个人如果无粮食收购资格而从事粮食经营行为当然违法。而且,王力军的非法经营数额达21.8万余元,符合数额较大认定标准,其行为构成非法经营罪。

第二种观点认为,被告人王力军的行为不构成非法经营罪。被告人无证收购玉米的行为虽具有行政违法性,但不具有与《刑法》第二百二十五条规定的非法经营行为相当的社会危害性、刑事违法性和刑事处罚必要性,因此,不构成非法经营罪。

我们认为,被告人王力军的行为不构成非法经营罪。本案是再审改判的典型案例,主要涉及非法经营罪的法律适用解释问题,尤其是《刑法》第二百二十五条第四款的兜底条款规定。本案事实清晰,从形式上来看,王力军当时收购玉米确实违反了行政法规的规定,其非法经营的数额也已达到了立案追究刑事责任的标准,认定其构成非法经营罪,似乎并无不当。但是,如果结合非法经营罪的刑法规范体系,认定其行为构罪则存在不当之

---

① 最高人民法院指导案例97号。
② 根据2016年9月14日原国家粮食局《粮食收购资格审核管理办法》第三条规定,农民、粮食经纪人、农贸市场粮食交易者等从事粮食收购活动,无需办理粮食收购资格。

处。当然,上文否定论观点是以抽象的犯罪概念为基础的,因此,我们仍需结合本案和本罪的事实和法律进行分析。

第一,"其他扰乱市场秩序的非法经营行为"的性质认定。《刑法》第二百二十五条第四款是非法经营罪的兜底条款,也称堵漏条款,确定其指向范围是正确认定非法经营罪界限的关键。根据兜底条款明确性解释原则,兜底条款所适用的行为必须与前款列举行为具有同质性。具体到非法经营罪,第二百二十五条前三款所列举行为的共同点就是违反市场准入秩序或者特许经营秩序的经营行为。非法经营罪兜底条款指向的应该是前三款以外的,在经营活动中,违反市场准入秩序,未获得特殊许可,严重损害市场交易秩序的行为。关于该规定,学者从实证研究的角度,通过关键词搜索"非法经营罪",选取了358份法院的判决书,其中依据非法经营罪兜底条款认定行为构成犯罪的多达243份,占比高达67.88%。①

第二,"严重扰乱市场秩序"的实质判断。我国刑法认定犯罪既定性又定量,先判断行为性质,而后根据情节严重程度来区分行政违法和犯罪行为。情节是刑法规定的能够体现法益侵害程度而为成立犯罪所必需的一系列主观与客观的情状。虽然非法经营数额、违法所得额等具体数额的规定能够比较直观地反映行为的严重程度,但不能仅仅依靠数额来认定情节严重程度,因为数额有时难以计算,且可能会随着市场变化而处于不确定的状态。非法经营行为的社会危害性大小的认定依赖于该行为对市场秩序扰乱程度的判断。当行为人的非法经营数额达到司法解释规定的入罪标准时,从实质层面来看,该行为并没有对"市场准入秩序"造成任何侵害,也不能认定行为已经达到情节严重的程度。虽然王力军收购玉米的经营数额达到21.8万余元,形式上达到入罪标准,但从法益保护角度来讲,王力军的行为非但没有侵害法益,反而促进了粮食交易,有利于粮食的市场交易。王力军的购销行为发生在粮农与粮站之间,起了粮农与粮站交流的纽带作用,并没有破坏粮食正常流通渠道、粮食市场的秩序,反而使得粮食流通渠道更加顺畅,粮食市场经济秩序能够平稳快速发展。王力军在农忙时收购粮农玉米进行脱粒等粗加工后,立即运往粮站销售,没有囤积居奇、牟取暴利。其在2014年11月13日至2015年1月20日期间获利仅6 000元。可见,王力军的行为没有损害粮食生产者的利益,也没有损害消费者的合法利益,没有对市场秩序造成损害的可能,没有刑法上的社会危害性。

第三,"其他扰乱市场秩序的非法经营行为"的范围以司法解释为限。2011年4月8日《最高人民法院关于准确理解和适用刑法中"国家规定"的有关问题的通知》第三条,要求各级法院在适用第四款兜底条款时,应该有相关的司法解释为依据,否则就应当逐级请示最高人民法院。案件请示制度固然存在破坏审级制度、剥夺当事人上诉权、损害法院独立审判等弊端,但在当今司法改革尚未完成之前,具有一定的合理性,在以行政为主导的现行体制下,案件请示制度能为下级法院排除外部干扰。此外,非法经营罪脱胎于投机倒把罪,为了避免司法人员扩大适用范围,非法经营罪兜底条款逐级请示体现禁止滥用非法经营罪兜底条款的审慎态度。基于国民预测可能性和法律明

---

① 欧阳本祺.对非法经营罪兜底性规定的实证分析[J].法学,2012(07):119-127.

确性要求,非法经营罪兜底条款的适用范围应该以法律和司法解释规定的行为为限,司法人员不应该擅自适用,扩大非法经营罪的处罚范围。目前并没有相关司法解释将没有证件而经营玉米的行为规定为非法经营罪,临河区人民法院在审理此案时擅自适用非法经营罪兜底条款认定王力军的行为构成非法经营罪,违反了前述最高人民法院的规定。

除本案非法经营罪的兜底条款外,刑法分则第三章"破坏社会主义市场经济秩序罪"中的兜底条款还有7个,即第一百六十九条之一的背信损害上市公司利益罪、第一百八十二条的操纵证券期货市场罪、第一百九十条之一的骗购外汇罪、第一百九十一条的洗钱罪、第一百九十三条的贷款诈骗罪、第一百九十五条的信用证诈骗罪、第二百二十四条的合同诈骗罪。兜底条款的立法模式是基于经济刑法机能的现实选择,在具体使用时,必须从机能发挥和实现的角度深入分析:一是行为规制机能。经济刑法具有使对经济犯罪行为的规范评价得以明确的机能。经济刑法将一定的行为规定为经济犯罪并给予刑罚处罚,表明该行为在法律上受到否定评价,并体现出禁止人们实施这种行为的意思。二是法益保护机能。经济刑法具有保护经济法益不受侵害与威胁的机能。经济犯罪是侵害或威胁社会主义市场经济秩序的行为,刑法禁止和惩罚经济犯罪就是为了保护特定的重要的法益。三是自由保障机能。经济刑法具有保障公民个人自由不受国家刑罚权不当侵害的机能。依据罪刑法定原则,只要行为人的行为不构成经济刑法所规定的经济犯罪,就不受相应的刑罚处罚,这是对国家机关适用刑罚的限制。对实施经济犯罪的行为人,只能根据经济刑法的规定给予处罚,不得超出范围科处刑罚。

经济刑法作为规范刑法学中经济犯罪的规范总称,在立法模式和司法适用层面均遵循刑法的一般原理,但是也有其自身特殊性。我国经济刑法的特征包括以下几方面:

第一,特别性。经济刑法属特别刑法,是为调整特定的经济关系而设。经营者为生存和发展,需要在竞争中追求更大利润,如采取不正当手段突破公平竞争的法律界限,扰乱、危害和破坏经济秩序,国家为规范经济秩序动用刑事立法。这种衍生现象,植根于经济犯罪不法图利的智力性与国家治罪的针对性及其对综合效果的追求,这使之区别于普通刑法。

第二,法定性。因为经济犯罪多为法定犯,经济刑法规定刑事责任多非基于一般的伦理评价,而是出于国家管理经济的功利需要。在市场经济下,立法者以反映经济规律的经济法与作为经济领域最后控制手段的刑法的内在联系为基础,通过国家立法程序,形成一种以规制经济活动中的犯罪为内容的刑法规范。

第三,变动性。国家经济政策的易变性决定了经济犯罪和经济刑法的易变性,需要通过不断修正经济刑法规范,使之与社会经济发展相适应。由于经济刑法调整社会经济运行过程中受经济犯罪侵害的经济关系,而经济运行本身是动态的,经济是不断发展变化的,社会经济政策也是不断变化的,经济犯罪与社会经济政策又有着密切的联系,因此经济犯罪也是不断变化的。什么行为应当被规定为经济犯罪,什么行为不应当被规定为经济犯罪,取决于社会经济发展状况和社会经济政策的需要。刑法中规定的杀人、抢劫、盗窃、强奸等犯罪,可以说是任何国家的刑法都千古不变的犯罪类型,经济刑法规定的许多经济犯罪却会随时势的变化而变化。

四、法条链接

1.《中华人民共和国刑法》

第二百二十五条【非法经营罪】 违反国家规定,有下列非法经营行为之一,扰乱市场秩序,情节严重的,处五年以下有期徒刑或者拘役,并处或者单处违法所得一倍以上五倍以下罚金;情节特别严重的,处五年以上有期徒刑,并处违法所得一倍以上五倍以下罚金或者没收财产:(一)未经许可经营法律、行政法规规定的专营、专卖物品或者其他限制买卖的物品的;(二)买卖进出口许可证、进出口原产地证明以及其他法律、行政法规规定的经营许可证或者批准文件的;(三)未经国家有关主管部门批准非法经营证券、期货、保险业务的,或者非法从事资金支付结算业务的;(四)其他严重扰乱市场秩序的非法经营行为。

第九十六条 本法所称违反国家规定,是指违反全国人民代表大会及其常务委员会制定的法律和决定,国务院制定的行政法规、规定的行政措施、发布的决定和命令。

2.《最高人民检察院 公安部关于公安机关管辖的刑事案件立案追诉标准的规定(二)》

第七十九条 违反国家规定,进行非法经营活动,扰乱市场秩序,涉嫌下列情形之一的,应予立案追诉:(一)违反国家有关盐业管理规定,非法生产、储运、销售食盐,扰乱市场秩序,具有下列情形之一的:1.非法经营食盐数量在二十吨以上的;2.曾因非法经营食盐行为受过二次以上行政处罚又非法经营食盐,数量在十吨以上的……(八)从事其他非法经营活动,具有下列情形之一的:1.个人非法经营数额在五万元以上,或者违法所得数额在一万元以上的;2.单位非法经营数额在五十万元以上,或者违法所得数额在十万元以上的;3.虽未达到上述数额标准,但两年内因同种非法经营行为受过二次以上行政处罚,又进行同种非法经营行为的;4.其他情节严重的情形。

3.《最高人民法院关于准确理解和适用刑法中"国家规定"的有关问题的通知》

第三条 各级人民法院审理非法经营犯罪案件,要依法严格把握刑法第二百二十五条第(四)的适用范围。对被告人的行为是否属于刑法第二百二十五条第(四)规定的"其他严重扰乱市场秩序的非法经营行为",有关司法解释未作明确规定的,应当作为法律适用问题,逐级向最高人民法院请示。

五、课后思考

1. 从"违反国家规定"角度分析,能否得出王力军无罪的结论?
2. 结合本节内容,试析合同诈骗罪的兜底条款。

六、延伸阅读

1. 孙国祥.经济刑法适用中的超规范出罪事由研究[J].南大法学,2020(01):116-135.
2. 孙国祥.行政犯违法性判断的从属性和独立性研究[J].法学家,2017(01):48-62+176-177.

3. 孙国祥.构成要素行政性标准的过罪化风险与防范[J].法学,2017(09):68-79.

4. 宁利昂,邱兴隆."无证收购玉米"案被改判无罪的系统解读[J].现代法学,2017,39(04):182-193.

5. 张艳丹,马渊杰."经济刑法"中的兜底规定初探[J].法学杂志,2010,31(09):131-133.

第三节　经济刑法的范围
——袁碧芳洗钱案

一、案情简介

被告人袁碧芳系袁国圣(潼南区原副区长,原渝隆集团总经理、董事长,因犯受贿罪已被判刑)的姐姐。2012年至2016年,袁碧芳在其位于重庆市江北区兴隆路的家中,多次收到袁国圣让其保管的受贿犯罪所得共计370余万元。袁碧芳在明知资金系袁国圣贪污受贿所得的情况下,仍将资金存入自己的银行账户。2012年9月,在袁国圣的安排下,袁碧芳以自己的名义用其中的230余万元为袁国圣购买位于重庆市九龙坡区陶家镇的常青藤国际社区别墅一套。2016年8月,在袁国圣的安排下,袁碧芳和其丈夫贾贵军以贾贵军的名义用其中的25万余元为袁国圣购买大众途观越野车一辆。①

二、主要问题

洗钱罪与掩饰、隐瞒犯罪所得和犯罪所得受益罪的适用界分。

三、法律分析

第一种观点认为,被告人袁碧芳的行为构成掩饰、隐瞒犯罪所得罪。第一,洗钱罪设置在破坏金融管理秩序罪之下,行为方式应当与金融机构和金融手段挂钩;第二,洗钱罪以改变犯罪所得的来源和性质为目的,客观上实施掩饰、隐瞒犯罪所得的来源和性质的"清洗"行为,并最终将犯罪所得转换成表面上看似合法的财物;第三,洗钱罪既侵犯司法机关追查犯罪和追缴赃物的正常活动,又侵犯国家正常金融管理秩序。未能将犯罪所得转换成表面合法的财物,达不到侵害国家正常金融管理秩序的程度,仅仅是存入银行账户或汇给他人的方式一般都难以达到侵害国家正常金融管理秩序的程度,均不能构成洗钱罪。综上,袁碧芳将袁国圣交其保管的370余万元受贿款暂存其银行账户,后按袁国圣的要求为袁国圣购买房产和车辆,是一种协助袁国圣对犯罪所得进行使用的行为,并非掩盖受贿所得的来源和性质,不构成对国家正常金融管理秩序的侵害,不构成洗钱罪,应当以掩饰、隐瞒犯罪所得罪认定。

第二种观点认为,被告人袁碧芳的行为构成洗钱罪。第一,袁碧芳主观明知涉案财产

---

① (2018)渝0105刑初1338号。

是袁国圣贪污贿赂犯罪所得。虽然袁国圣没有明确告知交付袁碧芳的资金系受贿所得，但结合二人系姐弟关系，袁碧芳对袁国圣国家干部身份的明知，对公务人员正常收入的明知，以及袁国圣多次将大额现金交付给袁碧芳，要求用袁碧芳的账户储蓄、以袁碧芳或袁碧芳丈夫的名义为其购买房产和车辆等主客观事实，袁碧芳亦供述过知道系袁国圣贪污贿赂犯罪所得，足以判断袁碧芳主观明知袁国圣交由其保管的370余万元系贪污贿赂犯罪所得。第二，袁碧芳将袁国圣贪污贿赂犯罪所得以其本人名义存入银行账户是通过金融机构和金融手段洗钱，以自己及丈夫的名义为袁国圣购买房产、车辆是通过商品买卖洗钱，均是掩饰、隐瞒犯罪所得的来源和性质的行为，而非物理上的获取、占有和使用的行为，其行为侵害了国家正常金融管理秩序，构成洗钱罪。

我们认为，被告人的行为应当以洗钱罪进行定罪处罚。《刑法》采用的是洗钱犯罪"多条文规定、多罪名规范"的立法模式，主要包括洗钱罪，掩饰、隐瞒犯罪所得、犯罪所得收益罪，窝藏、转移、隐瞒毒品、毒赃罪三个条款。其中，掩饰、隐瞒犯罪所得、犯罪所得收益罪被认为是洗钱罪的普通条款。不过，在实践中法条之间的区分界限不够清晰，特别是洗钱罪与掩饰、隐瞒犯罪所得和犯罪所得收益罪尤其容易被混淆，本案即是典型。我们认为，从对象、明知、行为三方面分析，被告人的行为构成洗钱罪，而非掩饰、隐瞒犯罪所得和犯罪所得收益罪。

第一，上游犯罪的性质。区分洗钱罪与掩饰、隐瞒犯罪所得和犯罪所得收益罪的首要考量因素是上游犯罪。《刑法》规定洗钱罪的上游犯罪包括毒品犯罪、黑社会性质组织犯罪、恐怖活动犯罪、走私犯罪、贪污贿赂犯罪、破坏金融管理秩序犯罪、金融诈骗犯罪。而掩饰、隐瞒犯罪所得和犯罪所得收益罪的上游犯罪则无限制，包括一切犯罪。针对七类上游犯罪的所得及其收益实施的洗钱行为，才有可能构成洗钱罪，否则只能以掩饰、隐瞒犯罪所得和犯罪所得收益罪认定。洗钱罪以上游犯罪事实成立为认定前提，但并不要求上游犯罪须经定罪量刑才能审判洗钱犯罪，上游犯罪尚未裁判，但能在洗钱罪的事实审查中查证属实，不影响洗钱罪的认定。上游犯罪人死亡等依法不予追究刑事责任，但上游犯罪事实可以确认的，不影响洗钱罪的认定。被告人袁碧芳的所处理资金系其弟弟袁国圣受贿犯罪所得，属于洗钱罪上游犯罪的类型范围。

第二，明知资金来源。① 洗钱罪要求明知洗钱对象系上述七类洗钱罪的法定上游犯罪所得及其收益。而掩饰、隐瞒犯罪所得、犯罪所得收益罪主观上明知涉案财物系犯罪所得及其收益即可。首先，明知不意味着确实知道，确定性认识和可能性认识均应纳入明知的范畴。确实知道或者根据事实足可推定行为人对于系七类洗钱罪的法定上游犯罪所得及其收益的可能性有所认识即成立明知。应结合被告人的认知能力，接触他人犯罪所得及其收益的情况，犯罪所得及其收益的种类、数额，犯罪所得及其收益的转换、转移方式以及被告人的供述等主客观因素进行认定。其次，主观明知的内容不严格限定于洗钱罪七类法定上游犯罪的具体上游犯罪罪名。故只要行为人对属于七类犯罪的违法所得及其产

---

① 2020年《刑法修正案（十一）》删除了原《刑法》第一百九十一条中的"明知"要件，意味着上游犯罪本犯也被纳入洗钱罪主体范围，洗钱罪处罚范围扩大且惩治力度加大。然而，自洗钱定罪自然不需要"明知"，他洗钱定罪仍应根据行为人主观上是否"明知"予以判断。参见：刘艳红.洗钱罪删除"明知"要件后的理解与适用[J].当代法学，2021，35（04）：3-14.

生的收益具有概括性认识,在七类上游犯罪的范围内将此类犯罪所得及收益误认为彼类犯罪所得,因两者在法律性质上是一致的,不属于犯罪对象的认识错误,不影响洗钱罪的认定。本案中,虽然袁国圣没有明确告知交付给袁碧芳的资金是其受贿所得,但结合二人系姐弟关系,袁碧芳对袁国圣系潼南区副区长、渝隆集团总经理、董事长的身份明知,对公务人员正常收入明知,以及袁国圣多次将大额现金交付给袁碧芳,要求用袁碧芳的账户储蓄、以袁碧芳的名义为其购房、以袁碧芳丈夫名义为其购车等主客观事实,以及袁碧芳对知道财产系袁国圣贪污贿赂所得的供述,法院认定袁碧芳主观上知道系袁国圣贪污贿赂犯罪所得符合客观实际。

第三,客观行为的性质。首先,洗钱罪客观行为的行为性质属于掩饰、隐瞒犯罪所得的来源和性质,行为方式具有多样性,客观行为的认定应当重行为性质、轻行为方式。根据《刑法》第一百九十一条和《最高人民法院关于审理洗钱等刑事案件具体应用法律若干问题的解释》对"以其他方法掩饰、隐瞒犯罪的违法所得及其收益的来源和性质的"的细化规定,我国洗钱罪的立法和司法解释对洗钱行为的界定不限于金融机构和金融手段,不仅包括通过银行类金融机构和金融手段的方式,证券公司、保险公司、小额贷款公司等非银行类金融机构和金融手段的方式,还包括金融机构和金融手段之外的方式,比如:典当、租赁、买卖、投资等交易的方式,商场、饭店、娱乐场所、服务行业等经营的方式,虚构交易、虚假担保、虚设债权债务、虚报收入的方式,买卖彩票、奖券的方式,以及地下钱庄、赌博、走私等非法方式。这些均系掩饰、隐瞒犯罪所得和犯罪所得收益的来源和性质的行为方式。洗钱罪与掩饰、隐瞒犯罪所得和犯罪所得收益罪客观行为的区分不在于具体的行为方式而是行为性质,掩饰、隐瞒犯罪所得及其收益的来源和性质的行为均属于洗钱行为,具体行为方式的差异不影响行为性质的认定。其次,洗钱罪在客观上不要求实现了掩饰、隐瞒犯罪所得及其收益来源和性质的目的。虽然洗钱罪以掩饰、隐瞒犯罪所得和犯罪所得收益的来源和性质为目的,但是否成功掩盖其非法性并不影响洗钱罪的成立,洗钱罪的本质并非使非法财物的来源和性质合法化,而是侵害国家正常的金融管理秩序,并不要求最终成功掩盖犯罪所得的非法性,将非法财物转换成表面合法的财物。洗钱的本质在于"无痕",在于"利用资产、资金转换、转移过程中所造成的信息缺失、信息隐蔽、信息不完整、信息不真实、信息复杂",从而使司法机关无法追查资金的来龙去脉,是否成功掩盖其非法性并不影响洗钱罪的成立。最后,洗钱罪行为方式的外延小于掩饰、隐瞒犯罪所得、犯罪所得受益罪,不具有掩饰、隐瞒犯罪所得来源和性质的行为,不认定为洗钱罪。掩饰、隐瞒犯罪所得和犯罪所得收益罪作为洗钱犯罪的一般法条,客观行为既包括掩饰、隐瞒犯罪所得及收益的来源和性质,也包括帮助上游犯罪人逃避刑事追究之目的而转换或者转移犯罪所得,还包括改变犯罪所得及其收益的处所、位置、数额、存在状态或占有关系等仅仅是对犯罪所得及其收益在空间上的变化的获取、占有、使用行为,性质上不要求掩饰、隐瞒犯罪对象的来源和性质,行为方式的外延大于洗钱罪。如果行为人不具有掩饰、隐瞒性质和来源的目的,仅仅是改变犯罪所得及其产生的收益的处所和占有关系,实施的获取、占有、使用行为,侵害的是司法机关的查处活动,而非国家的金融监管秩序,应当按一般法条的掩饰、隐瞒犯罪所得、犯罪所得收益罪认定。本案中,被告人袁碧芳将袁国圣贪污受贿所得以其本人名义存入银行账户是借助金融机构和金融手段洗钱,以自己及丈夫的名义为袁国圣购买房产、车辆是通过商品买卖方式洗钱，均属于掩饰、隐瞒犯罪所得来源和性质的行为，侵害了国家正常金融管理秩序，而非仅仅对犯罪所得进行物理上的隐匿、转移、获取、占有或者使用的情形。结合前述对其主观明知的分析，我们认为判决认定袁碧芳构成洗钱罪具有充分的事实和法律依据。

洗钱罪是非常典型的经济犯罪，严重损害正常的金融秩序，但其与掩饰、隐瞒犯罪所得、犯罪所得收益罪的适用界分仍存在不小争议，因此有必要阐述下经济刑法的范围。与经济犯罪的范围相对应，经济刑法的范围也存在三种不同观点：

一是狭义经济刑法观。这种经济刑法观强调经济刑法所保护的是与整体经济运行相关的超个人法益。一般认为这种经济刑法观因其关注范围过窄而影响其适应性，因为过窄的范围界定不利于国家通过刑法对经济犯罪进行打击。

二是广义的经济刑法观。这种经济刑法观认为，经济刑法是一切与经济活动和经济利益有关的刑法规范，包括传统形态的财产刑法和新兴形态的"公害刑法"以及一切从事经济管制的附属刑法，如分散规定于民商法、经济与贸易及财税法规以及一切经济性行政法规中具有刑法性质的法律规范，经济刑法所保护的法益不仅包括与整体经济运行相关的超个人法益，而且包括一切与经济有关的个人法益。这种界定无疑有过宽之嫌，因为只要是涉及经济利益的法益便要对其进行保护会使经济刑法丧失独特性，从而不利于国家制定具有专门性的法律和运用专门性的手段有力打击经济犯罪。

三是折中的经济刑法观。这种经济刑法观认为，经济刑法是规定经济违法行为的处罚条件及其法律后果的刑法规范。这里所称的经济法规是指规定有关经济生活与经济活动的法律规范，特别是一切经济结构与经济交易所需货物的生产、制造、分配与交易等的经济活动的刑法规范。这种经济刑法所保护的法益是与整体经济运行相关的超个人法益和个人法益。从这个范畴的经济刑法所保护的法益来讲，我们认为这个范围是合适的。例如，生产销售有毒、有害食品罪所保护的法益，不仅包括食品的生产、销售秩序和国家食品监督管理秩序，还包括个人的身体健康权和消费者的相关权利，其中不仅包括社会法益、国家法益这种超个人法益，还包括与整体经济运行秩序相关的个人法益。

经济刑法是以经济犯罪为内容的刑事法律规范的总称。如前所述，本书经济犯罪的概念采用小经济犯罪说。与之对应，经济刑法的范围，我们采用折中说，认为经济刑法是指规定破坏社会主义市场经济的经济犯罪、刑事责任及刑罚的法律规范的总称。尽管经济刑法与经济活动、经济关系及其经济利益有着密切关系，其调整对象范围极其广泛，几乎涉及所有经济活动、经济关系，但是它又不是对所有的经济活动、经济关系予以全盘调整，而只是把发生于经济活动、经济关系领域中的各种经济犯罪纳入其调整对象的范围内。因此，经济刑法的认定并不仅仅是以其调整对象及其领域为标准的。不仅作为经济刑法对象的经济犯罪和作为经济犯罪发生领域的经济领域是衡量经济刑法的标准之一，经济刑法采用的调整方法——刑罚处罚和刑事制裁的方法也是认定经济刑法的重要标准，即凡是采用刑罚处罚和刑事制裁方法调整发生于经济活动、经济关系中的经济犯罪的法律规范，都属于经济刑法。

市场经济是法治经济，规范和保障市场经济健康有序进行，既需要民法、经济法、行政法的调整，也需要刑法的调整。一切严重破坏社会主义市场经济秩序的行为，由刑法规定为犯罪并规定相应的刑罚。经济刑法维护社会主义市场经济秩序，维护市场运行规则，保障现代企业制度的建立，保障市场体系的建立，保障市场经济宏观调控目标和手段的实现，保障对外经济关系的正常发展。随着市场经济的发展，社会经济关系越来越复杂，经济刑法的调整范围在不断扩大。

四、法条链接

1.《中华人民共和国刑法》

第一百九十一条① 明知是毒品犯罪、黑社会性质的组织犯罪、恐怖活动犯罪、走私犯罪、贪污贿赂犯罪、破坏金融管理秩序犯罪、金融诈骗犯罪的所得及其产生的收益，为掩饰、隐瞒其来源和性质，有下列行为之一的，没收实施以上犯罪的所得及其产生的收益，处五年以下有期徒刑或者拘役，并处或者单处洗钱数额百分之五以上百分之二十以下罚金；情节严重的，处五年以上十年以下有期徒刑，并处洗钱数额百分之五以上百分之二十以下罚金：(一)提供资金账户的；(二)协助将财产转换为现金、金融票据、有价证券的；(三)通过转账或者其他结算方式协助资金转移的；(四)协助将资金汇往境外的；(五)以其他方法掩饰、隐瞒犯罪所得及其收益的来源和性质的。单位犯前款罪的，对单位判处罚金，并对其直接负责的主管人员和其他直接责任人员，处五年以下有期徒刑或者拘役；情节严重的，处五年以上十年以下有期徒刑。

第三百一十二条 明知是犯罪所得及其产生的收益而予以窝藏、转移、收购、代为销售或者以其他方法掩饰、隐瞒的，处三年以下有期徒刑、拘役或者管制，并处或者单处罚金；情节严重的，处三年以上七年以下有期徒刑，并处罚金。单位犯前款罪的，对单位判处罚金，并对其直接负责的主管人员和其他直接责任人员，依照前款的规定处罚。

2.《最高人民检察院 公安部关于公安机关管辖的刑事案件立案追诉标准的规定(二)》

第四十八条 明知是毒品犯罪、黑社会性质的组织犯罪、恐怖活动犯罪、走私犯罪、贪污贿赂犯罪、破坏金融管理秩序犯罪、金融诈骗犯罪的所得及其产生的收益，为掩饰、隐瞒其来源和性质，涉嫌下列情形之一的，应予立案追诉：(一)提供资金账户的；(二)协助将财产转换为现金、金融票据、有价证券的；(三)通过转账或者其他结算方式协助资金转移的；(四)协助将资金汇往境外的；(五)以其他方法掩饰、隐瞒犯罪所得及其收益的来源和性质的。

3.《最高人民法院关于审理洗钱等刑事案件具体应用法律若干问题的解释》

第一条 刑法第一百九十一条、第三百一十二条规定的"明知"，应当结合被告人的认知能力，接触他人犯罪所得及其收益的情况，犯罪所得及其收益的种类、数额，犯罪所得及

---

① 本案分析所涉法条以案件审理时适用为准，特别值得注意的是 2020 年《刑法修正案(十)》已对第一百九十一条洗钱罪进行修订："为掩饰、隐瞒毒品犯罪、黑社会性质的组织犯罪、恐怖活动犯罪、走私犯罪、贪污贿赂犯罪、破坏金融管理秩序犯罪、金融诈骗犯罪的所得及其产生的收益的来源和性质，有下列行为之一的，没收实施以上犯罪的所得及其产生的收益，处五年以下有期徒刑或者拘役，并处或者单处罚金；情节严重的，处五年以上十年以下有期徒刑，并处罚金：(一)提供资金账户的；(二)将财产转换为现金、金融票据、有价证券的；(三)通过转账或者其他支付结算方式转移资金的；(四)跨境转移资产的；(五)以其他方法掩饰、隐瞒犯罪所得及其收益的来源和性质的。单位犯前款罪的，对单位判处罚金，并对其直接负责的主管人员和其他直接责任人员，依照前款的规定处罚。"

其收益的转换、转移方式以及被告人的供述等主、客观因素进行认定。具有下列情形之一的,可以认定被告人明知系犯罪所得及其收益,但有证据证明确实不知道的除外:(一)知道他人从事犯罪活动,协助转换或者转移财物的;(二)没有正当理由,通过非法途径协助转换或者转移财物的;(三)没有正当理由,以明显低于市场的价格收购财物的;(四)没有正当理由,协助转换或者转移财物,收取明显高于市场的"手续费"的;(五)没有正当理由,协助他人将巨额现金散存于多个银行账户或者在不同银行账户之间频繁划转的;(六)协助近亲属或者其他关系密切的人转换或者转移与其职业或者财产状况明显不符的财物的;(七)其他可以认定行为人明知的情形。被告人将刑法第一百九十一条规定的某一上游犯罪的犯罪所得及其收益误认为刑法第一百九十一条规定的上游犯罪范围内的其他犯罪所得及其收益的,不影响刑法第一百九十一条规定的"明知"的认定。

第二条　具有下列情形之一的,可以认定为刑法第一百九十一条第一款第(五)项规定的"以其他方法掩饰、隐瞒犯罪所得及其收益的来源和性质":(一)通过典当、租赁、买卖、投资等方式,协助转移、转换犯罪所得及其收益的;(二)通过与商场、饭店、娱乐场所等现金密集型场所的经营收入相混合的方式,协助转移、转换犯罪所得及其收益的;(三)通过虚构交易、虚设债权债务、虚假担保、虚报收入等方式,协助将犯罪所得及其收益转换为"合法"财物的;(四)通过买卖彩票、奖券等方式,协助转换犯罪所得及其收益的;(五)通过赌博方式,协助将犯罪所得及其收益转换为赌博收益的;(六)协助将犯罪所得及其收益携带、运输或者邮寄出入境的;(七)通过前述规定以外的方式协助转移、转换犯罪所得及其收益的。

五、课后思考

1. 本案中,洗钱犯罪的具体数额是多少?
2. 结合本节内容,试析合同诈骗罪与诈骗罪的适用界分。

六、延伸阅读

1. 张小宁.经济刑法机能的重塑:从管制主义迈向自治主义[J].法学评论,2019,37(01):63-75.
2. 孙国祥.论司法中刑事政策与刑法的关系[J].法学论坛,2013,28(06):40-50.
3. 王新.竞合抑或全异:辨析洗钱罪与掩饰、隐瞒犯罪所得、犯罪所得利益罪之关系[J].政治与法律,2009(01):46-50.
4. 姜涛.风险社会之下经济刑法的基本转型[J].现代法学,2010,32(04):87-96.

第二编
总 论

第三章 经济刑法的效力

第一节 时间效力
——焦会强违法发放贷款案

一、案情简介

2009年2月至6月,被告人焦会强任遂平县信用合作社和兴信用社客户经理期间,在办理贷款发放业务的调查、核实过程中,违反国家规定,未对借款人借款的真实性、偿还能力及担保人的担保能力等情况进行严格审查核实,2009年2月15日,违法发放给借款人王某贷款20万元;2009年2月16日,违法发放给借款人李某某贷款20万元;2009年4月6日,违法发放给借款人吴某某贷款30万元;2009年4月5日,违法发放给借款人刘某某贷款30万元;2009年4月14日,违法发放给借款人谢某某贷款30万元;2009年6月4日,违法发放给借款人梁某某贷款30万元。上述六笔贷款合计160万元,贷款期限均为一年,实际贷款为他人使用,直至该案立案后的2012年6月22日,本息被全部追回。①

二、主要问题

刑事司法解释的时间效力如何认定。

三、法律分析

第一种观点认为,被告人焦会强的行为应当构成违法发放贷款罪。被告人焦会强身为金融机构的工作人员,在履行发放贷款职务时,对贷款人及担保人,未认真履行调查职责,出具虚假的调查报告,致使违规发放贷款160万元,属数额巨大,其行为已构成违法发放贷款罪。经查,2006年《刑法修正案(六)》修正后,对《刑法》第一百八十六条规定了违法发放贷款,数额巨大系构成犯罪的要件。根据2010年5月7日《最高人民检察院 公安部关于公安机关管辖的刑事案件立案追诉标准的规定(二)》,违法发放贷款,数额在100万元以上或者造成经济损失额20万元以上,应予追诉。焦会强违法发放贷款的犯罪行为发生在2009年,《刑法修正案(六)》已经生效,不存在刑法适用效力的问题,辩护人所称焦会强违法发放贷款未造成直接经济损失,其行为不构成犯罪的辩

---

① (2012)遂刑初字第146号。

护理由不能成立。

第二种观点认为,焦会强的行为不应当构成违法发放贷款罪。虽然焦会强对发放贷款之事确实没有尽职尽责进行调查,存在违反规定发放贷款的行为,但焦会强本人没有权力发放贷款,贷款是经过集体研究决定发放的,且指控的6笔贷款本息已经全部还清,没有给合作社造成损失。2001年4月18日,《最高人民检察院 公安部关于经济犯罪案件追诉标准的规定》第三十四条规定,个人违法发放贷款,造成直接经济损失数额在50万元以上的才构成犯罪。2010年5月7日,《最高人民检察院 公安部关于公安机关管辖的刑事案件立案追诉标准的规定(二)》第四十二条才规定违法发放贷款数额在100万元以上的构成犯罪。焦会强发放贷款的行为发生在2009年2月至6月,依照"从旧兼从轻"原则,焦会强的行为未造成损失,故不构成犯罪。

审理法院认为,2006年《刑法修正案(六)》修正后,对《刑法》第一百八十六条规定了违法发放贷款,数额巨大系构成犯罪的要件,被告人焦会强犯罪行为发生在2009年《刑法修正案(六)》之后,不存在适用刑法效力的问题。被告人焦会强违法发放贷款,数额在100万元以上,应予追诉。辩护人所辩焦会强违法发放贷款未造成直接经济损失,其行为不构成犯罪的辩护理由不能成立,不予采纳。焦会强归案后,能如实供述自己的犯罪事实,可以从轻处罚;且违法发放的贷款本息已全部追回,可酌定从轻处罚。法院判决,鉴于焦会强犯罪情节轻微,对其免予刑事处罚。根据犯罪性质、犯罪数额、危害后果及悔罪表现,被告人焦会强犯违法发放贷款罪,免予刑事处罚。

本案不同观点争议的焦点在于2012年案件审理时,被告人焦会强2009年实施的犯罪行为构成2006年《刑法(修正案六)》中的违法发放贷款罪,对于追诉标准,应当适用2001年《最高人民检察院 公安部关于经济犯罪案件追诉标准的规定》还是适用2010年《最高人民检察院 公安部关于公安机关管辖的刑事案件立案追诉标准的规定(二)》。如果适用前者,被告人焦会强不构成违法发放贷款罪;如果适用后者,被告人焦会强构成违法发放贷款罪。

首先,关于适用刑法时间效力问题。刑法的时间效力,包括刑法的生效时间、失效时间以及对刑法生效前所发生的行为是否具有溯及力3个问题。刑法生效时间分为从公布之日起生效和公布之后经过一段时间再生效。刑法失效时间分为立法机关明确宣布和自然失效。依据《刑法》规定,刑法溯及力按照"从旧兼从轻"原则处理。被告人焦会强违法发放贷款行为均发生在2006年《刑法(修正案六)》之后,因此,本案不存在刑法法条是否具有溯及力的问题。

其次,本案涉及刑事司法解释的溯及力问题。刑事司法解释在我国司法活动中作用举足轻重。刑事司法解释是最高人民检察院、最高人民法院对于具体刑法条文应当如何适用所作的规范性解释。尽管《刑法》采取定性又定量的罪名规定,但是,大量案件罪与非罪、此罪与彼罪以及罪重与罪轻的界定,主要依据都是刑事司法解释,刑事司法解释无疑已经发挥刑法规范的实际作用。因此,在讨论经济刑法的时间效力问题时,刑事司法解释的时间效力(尤其是溯及力问题)至关重要。该问题在经济刑法中尤为突出,主要原因是为适应经济犯罪快速更新换代的社会现实,刑法修正案中经济犯罪的罪名修订较为频繁,因此司法解释的滞后性较为明显。司法解释的溯及力包括以下三方面问题:一是司法解释对所解释的刑法规定颁布实施以前的案件是否有溯及力;二是司法解释对所解释的刑法规定实施以后自身发布实施以前所发生的案件是否有溯及力;三是司法解释对其解释的刑法规定实施以后而其自身施行以前,已有司法解释正在生效实施,新的司法解释是否有溯及力。一般认为,刑事司法解释的效力具有依附性,其溯及力判断应与其所解释的刑法规定相一致。因此,也应当遵循"从旧兼从轻"基本原则。

最后,本案中司法解释溯及力的认定不存在"从旧",因此无法"从轻",故被告人焦会强构成违法发放贷款罪。第一,因为本案争议涉及前后两部针对同一刑法条文的司法解释,似乎应当属于"司法解释对其解释的刑法规定实施以后而其自身施行以前,已有司法解释正在生效实施,新的司法解释是否有溯及力"问题。那么,按照"从旧兼从轻"原则,比较2001年《最高人民检察院 公安部关于经济犯罪案件追诉标准的规定》第三十四条和2010年《最高人民检察院 公安部关于公安机关管辖的刑事案件立案追诉标准的规定(二)》第四十二条可以发现,根据"违法发放贷款所造成的直接损失"认定标准,前者(即"自然人造成直接损失50万元以上、单位造成直接损失100万元以上")要轻于后者(即"自然人、单位造成直接损失20万元以上"),结论似乎是本案应当适用《最高人民检察院 公安部关于经济犯罪案件追诉标准的规定》第三十四条,被告人焦会强不构成违法发放贷款罪。但是,被告人焦会强违法发放贷款的行为并未造成直接损失,判断其是否构罪并不以此为标准,关键是对《刑法》第一百八十六条规定"数额巨大"的认定。第二,本案不能适用2001年《最高人民检察院 公安部关于经济犯罪案件追诉标准的规定》第三十四条之规定。刑事司法解释的生效时间相对比较明确,但是失效时间比较模糊,而且存在大量的默示失效的刑事司法解释。不过,一般认为,前述规定由《最高人民检察院 公安部关于公安机关管辖的刑事案件立案追诉标准的规定(二)》(2010年5月7日,发布之日起生效)废止。但是,本案所涉及的违法发放贷款罪具有特殊性。因为《刑法修正案(六)》对该罪的结果要件进行了实质修订,由旧的"造成较大损失、造成重大损失、造成特别重大损失的"修订为"数额巨大或者造成重大损失的、数额特别巨大或者造成特别重大损失的",即构罪标准由单纯的"损失"扩大为"数额或损失"。2001年追诉标准对应的是1997年《刑法》第一百八十六条规定,只包括违法发放贷款行为所造成损失的数额,不包括违法发放贷款本身的数额。所以,在2006年《刑法修正案(六)》生效后,该条中关于损失数额的规定可以继续生效,直至2010年新的追诉标准规定实施。但是,被告人焦会强不能因《最高人民检察院 公安部关于经济犯罪案件追诉标准的规定》第三十四条未规定违法发放贷款所涉数额的标准而被认定为无罪。第三,本案应当适用2010年《最高人民检察院 公安部关于公安机关管辖的刑事案件立案追诉标准的规定(二)》第四十二条之规定。刑事司法解释是对具体刑法条文所作的规范性解释,其效力认定应当依附于所解释的刑法条文。所以,在刑事司法解释的溯及力问题上应当服从于刑法溯及力的一般原则,即《刑法》规定的"从旧兼从轻"原则。如果仅从"损失"认定的标准而言,2001年《最高人民检察院 公安部关于经济犯罪案件追诉标准的规定》第三十四条规定的构罪标准(即"自然人造成直接损失50万元以上、单位造成直接损失100万元以上")要轻于2010年《最高人民检察院 公安部关于公安机关管辖的刑事案件立案追诉标准的规定(二)》第四十二条(即"自然人、单位造成直接损失20万元以上"),似乎应当适用前者。但是,如前文所述,本案中并不存在"从旧"的情形。对于违法发放贷款罪构成要件中的"数额巨大、数额特别巨大"并不存在旧的司法解释。2006年《刑罚修正案(六)》生效之后至2010年前述追诉标准出台之前,违法发放贷款案件中,被告人行为本身所涉数额是否"巨大或特别巨大",应当属于"司法解释尚无明确规定,由审理法院根据实际情况处理"之状态,而非"司法解释未规定,则不构成犯罪"之状态。2010年之后,根据最高人民法院、最高人民检察院(后简称"两高")2001年《关于适用刑事司法解释时间效力问题的规定》第一条规定,"司法解释是最高人民法院对审判工作中具体应用法律问题和最高人民检察院对检察工作中具体应用法律问题所作的具有法律效力的解释,自发布或者规定之日起施行,效力适用于法律的施行期间",追诉标准规定的效力溯及至2006年。而且,本案立案审理判决均发生在2012年,该第四十二条亦不存在任何程序性影响因素。

四、法条链接

1.《中华人民共和国刑法》

第十二条【刑法溯及力】 中华人民共和国成立以后本法施行以前的行为,如果当时的法律不认为是犯罪的,适用当时的法律;如果当时的法律认为是犯罪的,依照本法总则第四章第八节的规定应当追诉的,按照当时的法律追究刑事责任,但是如果本法不认为是犯罪或者处刑较轻的,适用本法。本法施行以前,依照当时的法律已经作出的生效判决,继续有效。

第一百八十六条①【违法发放贷款罪】 银行或者其他金融机构的工作人员违反国家规定发放贷款,数额巨大或者造成重大损失的,处五年以下有期徒刑或者拘役,并处一万元以上十万元以下罚金;数额特别巨大或者造成特别重大损失的,处五年以上有期徒刑,并处二万元以上二十万元以下罚金。银行或者其他金融机构的工作人员违反国家规定,向关系人发放贷款的,依照前款的规定从重处罚。单位犯前两款罪的,对单位判处罚金,并对其直接负责的主管人员和其他直接责任人员,依照前两款的规定处罚。关系人的范围,依照《中华人民共和国商业银行法》和有关金融法规确定。

2. 2001年《最高人民检察院 公安部〈关于经济犯罪案件追诉标准的规定〉》(已于2010年5月7日废止)

第三十四条 银行或者其他金融机构的工作人员违反法律、行政法规规定,向关系人以外的其他人发放贷款,涉嫌下列情形之一的,应予追诉:(一)个人违法发放贷款,造成直接经济损失数额在五十万元以上的;(二)单位违法发放贷款,造成直接经济损失数额在一百万元以上的。

---

① 法条沿革信息:1997年《刑法》第一百八十六条规定:"银行或者其他金融机构的工作人员违反法律、行政法规规定,向关系人发放信用贷款或者发放担保贷款的条件优于其他借款人同类贷款的条件,造成较大损失的,处五年以下有期徒刑或者拘役,并处一万元以上十万元以下罚金;造成重大损失的,处五年以上有期徒刑,并处二万元以上二十万元以下罚金。银行或者其他金融机构的工作人员违反法律、行政法规规定,向关系人以外的其他人发放贷款,造成重大损失的,处五年以下有期徒刑或者拘役,并处一万元以上十万元以下罚金;造成特别重大损失的,处五年以上有期徒刑,并处二万元以上二十万元以下罚金。单位犯前两款罪的,对单位判处罚金,并对其直接负责的主管人员和其他直接责任人员,依照前两款的规定处罚。关系人的范围,依照《中华人民共和国商业银行法》和有关金融法规确定。"

3. 2010 年《最高人民检察院　公安部关于公安机关管辖的刑事案件立案追诉标准的规定(二)》

第四十二条　银行或者其他金融机构及其工作人员违反国家规定发放贷款,涉嫌下列情形之一的,应予立案追诉:(一)违法发放贷款,数额在一百万元以上的;(二)违法发放贷款,造成直接经济损失数额在二十万元以上的。

4. 2006 年《最高人民检察院司法解释工作规定》①

第五条　最高人民检察院制定并发布的司法解释具有法律效力。

五、课后思考

1. 若本案被告人违法发放贷款行为造成的直接损失是 100 万元,该如何处理?
2. 刑法效力适用"从旧兼从轻"原则的理论根基是什么?

六、延伸阅读

1. 刘宪权.刑法学[M].5 版.上海:上海人民出版社,2020:44-53.
2. 李富友.刑法效力论[M].北京:中国书籍出版社,2017:22-27.
3. 黄小飞.违法发放贷款罪的构成要件行为新诠[J].甘肃政法大学学报,2021(03):129-143.
4. 王美鹏,李俊.违法发放贷款犯罪问题研究[J].人民检察,2017(18):18-23.
5. 陈佑武,彭辅顺.刑法解释的时间效力与人权保障[J].中国刑事法杂志,2011(06):13-16.

第二节　空间效力
——沈容焕合同诈骗案

一、案情简介

被告人沈容焕(英文名 YONG HWAN SIM),韩国国籍,原系韩国 SIMPSON 商社的营业董事,负责处理商社所有业务。2004 年 9 月至 10 月,被告人沈容焕代表韩国 SIMPSON 商社与上海菲西尔进出口贸易有限公司(以下简称菲西尔公司)先后签订编号为 YGB-4042 和 YGB-4043 的两份购销合同,由 SIMPSON 商社向菲西尔公司采购价值合计 13.4 万美元的女式羽绒服和女式麂皮绒茄克各 1 万件,并由沈容焕指定的货运公司 CLOVER 商社的上海合作方易运国际货运有限公司(以下简称易运公司)负责运输。同时,沈容焕代表 SIMPSON 商社再将上述货物卖给美国 Pacific Whale Textile

---

① 该规定于 2006 年 4 月 18 日最高人民检察院第十届检察委员会第五十三次会议通过,2015 年 12 月 16 日最高人民检察院第十二届检察委员会第四十五次会议第一次修订,2019 年 3 月 20 日最高人民检察院第十三届检察委员会第十六次会议第二次修订。

Corporation。同年 11 月 1 日和 5 日,在沈容焕支付了 2.5 万美元定金后,菲西尔公司分别将合计 13.7 万余美元(折合人民币 113.7 万余元)的货物交货运公司运输。沈容焕收到美国 Pacific Whale Textile Corporation 支付的全部货款后,未将货款人民币 93 万余元支付给菲西尔公司而逃逸。因涉嫌合同诈骗罪,沈容焕于 2007 年 12 月 17 日被逮捕。①

二、主要问题

我国刑法对外国单位的适用效力问题,即境外单位在我国境内犯罪,是否适用我国刑法以及如何适用。

三、法律分析

第一种观点认为,被告人沈容焕担任营业董事的韩国 SIMPSON 商社,以非法占有为目的,在签订、履行合同过程中,骗取他人财物人民币计 93 万余元,其行为已构成合同诈骗罪,且数额巨大,依法应予惩处。虽然公诉机关未指控韩国 SIMPSON 商社构成犯罪,但被告人沈容焕仍应作为韩国 SIMPSON 商社直接负责的主管人员承担刑事责任。对于被告人沈容焕的行为,应当适用中国刑法,以《刑法》第二百二十四条合同诈骗罪规定,追究其刑事责任。

第二种观点认为,被告人沈容焕是代表韩国 SIMPSON 商社与菲西尔公司签订合同,其行为的法律责任应由韩国 SIMPSON 商社来承担,应当追究韩国 SIMPSON 商社而非其本人的刑事责任。另外,被告人沈容焕在与菲西尔公司签订履行合同过程中,并无诈骗故意,不具有非法占有对方财物的目的,因此,对其本人和韩国 SIMPSON 商社,均不应以《刑法》第二百二十四条追究刑事责任。

本案一审法院判决,被告人沈容焕犯合同诈骗罪,判处有期徒刑 5 年,并处罚金人民币 10 万元,驱逐出境。宣判后,被告人沈容焕不服,提出上诉。之后,沈容焕提出撤诉。二审法院经审理认为,原判认定被告人沈容焕犯合同诈骗罪事实清楚,证据确实、充分,适用法律正确,量刑适当,审判程序合法,依法裁定准许沈容焕撤回上诉。

我们认为,被告人沈容焕的行为构成合同诈骗罪。

首先,外国公司在中国领域内犯罪的,应当适用中国刑法。本案争议的实质是刑法的空间效力问题。刑法的空间效力,是指刑法在什么地方、对什么人有效,所要解决的是国际刑事管辖权问题。我国刑法的空间效力采用"以属地原则为主,兼采其他原则"。《刑法》第六条至第九条分别规定了属地原则、属人原则、保护原则和普遍原则,即:凡在我国领域内犯罪的,除了享有外交特权和豁免权的外国人,都适用我国刑法;本国人和外国人在我国领域外犯罪的,在一定条件下也适用我国刑法。另外,《刑法》第三十条、第三十一条明确规定了单位犯罪的刑事责任。因此,我国刑法管辖的属地原则所适用的犯罪人,不仅仅包括中国公民和外国公民,还包括中国公司和外国公司。对此,2003 年 10 月 15 日最高人民法院研究室《关于外国公司、企业、事业单位在我国领域内犯罪如何适用法律问题的答复》已经予以明确:"符合我国法人资格条件的外国公司、企业、事业单位,在我国领域内实施危害社会的行为,依照我国《刑法》构成犯罪的,应当依照我国《刑法》关于单位犯

---

① (2008)沪二中刑初字第 127 号;(2008)沪高刑终字第 189 号。

罪的规定追究刑事责任。"①

其次,中国刑法对外国公司行使刑事管辖权的前提是外国公司构成了犯罪,即外国公司构成了我国刑法规定的单位犯罪。根据外国单位在我国领域内犯罪,同样要适用我国刑法的原则,对于境外单位在我国境内犯罪的,只要符合我国单位犯罪的特征,就应认定为单位犯罪,并适用刑法分则中的相关条款对其进行定罪处罚。一般认为,我国单位犯罪具有以下特征:一是从形式上看,单位犯罪是以单位名义实施的犯罪,这是单位犯罪的形式条件。如果盗用单位名义实施犯罪,违法所得由实施犯罪的个人私分的,依照刑法有关自然人犯罪的规定定罪处罚。二是从实质上看,单位犯罪是为单位谋取非法利益,即犯罪的非法利益归属于单位而不是归属于自然人。三是单位犯罪必须体现单位的意志,即成立单位犯罪要符合以单位名义实施犯罪,经单位决策机构作出决定或由负责人员决定,为本单位谋取非法利益。本案中,沈容焕作为 SIMPSON 商社的营业董事,代表韩国 SIMPSON 商社与菲西尔公司签订服装购销合同,在菲西尔公司发出全部货物后,沈容焕代表韩国 SIMPSON 商社再将货物卖给了美国 Pacific Whale Textile Corporation,在收到其支付的全部货款后仅向菲西尔公司支付了 2.5 万美元,并随后逃匿。在此过程中,沈容焕以非法占有为目的骗取菲西尔公司财物的行为,是以韩国 SIMPSON 商社名义并为其利益实施的,因此,应当根据《刑法》第二百三十一条规定,以合同诈骗罪,追究韩国 SIMPSON 商社及其负责人沈容焕的刑事责任。

最后,不起诉韩国 SIMPSON 商社只追究沈容焕的刑事责任,符合中国刑法规定。《刑法》第六条规定的"适用本法",是指适用中国刑法,包括刑法以及其他刑事法律和刑法规范。本案检察机关不起诉韩国 SIMPSON 商社,可能更多是受海外调查成本高昂、程序繁杂等国际司法协助的现实因素制约。当然,这并不是处理外国公司犯罪案件的特殊情况。我国司法机关在处理中国公司犯罪案件时,同样会如此操作。对此,《全国法院审理金融犯罪案件工作座谈会纪要》中明确"对未作为单位犯罪起诉的单位犯罪案件"的处理意见:对于应当认定为单位犯罪的案件,检察机关只作为自然人犯罪案件起诉的,人民法院应及时与检察机关协商,建议检察机关对犯罪单位补充起诉。如检察机关不补充起诉的,人民法院仍应依法审理,对被起诉的自然人根据指控的犯罪事实、证据及庭审查明的事实,依法按单位犯罪中的直接负责的主管人员或者其他直接责任人员追究刑事责任,并应引用刑法分则关于单位犯罪追究直接负责的主管人员和其他直接责任人员刑事责任的有关条款。这同样适用于本案,因此,一审法院建议检察机关对犯罪单位补充起诉,检察机关未补充起诉,一审法院依法进行审理,依据《刑法》第二百三十一条,对被告人沈容焕按照"单位犯罪直接负责的主管人员"的相关规定,追究刑事责任。

---

① 另外,本案在上海审理,而上海市高级人民法院《关于刑法总则适用问题的解答》(沪高法〔2004〕376 号)"境外(含外国)公司、企业或组织的单位犯罪主体问题"进行专门规范指导,即"关于境外(含外国)公司、企业或组织能否认定为刑法上的单位,关键在于有无确实的证据证明其存在的真实性和合法性。如果有证据证明系境外合法存在的公司、企业或组织实施有关犯罪行为的,应对其直接负责的主管人员或直接责任人员追究单位犯罪的刑事责任。如果经侦查所获得的或境外公司、企业、组织提供的证据、材料难以准确说明行为人系以单位身份实施犯罪或者境外公司、企业或组织具有合法存在的主体资格的,对行为人所实施的严重危害行为可以个人犯罪论处,酌情从轻处罚。"

四、法条链接

《中华人民共和国刑法》

第六条【属地管辖权】 凡在中华人民共和国领域内犯罪的,除法律有特别规定的以外,都适用本法。凡在中华人民共和国船舶或者航空器内犯罪的,也适用本法。犯罪的行为或者结果有一项发生在中华人民共和国领域内的,就认为是在中华人民共和国领域内犯罪。

第三十条【单位负刑事责任的范围】 公司、企业、事业单位、机关、团体实施的危害社会的行为,法律规定为单位犯罪的,应当负刑事责任。

第三十一条【单位犯罪的处罚原则】 单位犯罪的,对单位判处罚金,并对其直接负责的主管人员和其他直接责任人员判处刑罚。本法分则和其他法律另有规定的,依照规定。

第二百二十四条【合同诈骗罪】 有下列情形之一,以非法占有为目的,在签订、履行合同过程中,骗取对方当事人财物,数额较大的,处三年以下有期徒刑或者拘役,并处或者单处罚金;数额巨大或者有其他严重情节的,处三年以上十年以下有期徒刑,并处罚金;数额特别巨大或者有其他特别严重情节的,处十年以上有期徒刑或者无期徒刑,并处罚金或者没收财产:(一)以虚构的单位或者冒用他人名义签订合同的;(二)以伪造、变造、作废的票据或者其他虚假的产权证明作担保的;(三)没有实际履行能力,以先履行小额合同或者部分履行合同的方法,诱骗对方当事人继续签订和履行合同的;(四)收受对方当事人给付的货物、货款、预付款或者担保财产后逃匿的;(五)以其他方法骗取对方当事人财物的。

第二百三十一条 单位犯本节第二百二十一条至第二百三十条规定之罪的,对单位判处罚金,并对其直接负责的主管人员和其他直接责任人员,依照本节各该条的规定处罚。

五、课后思考

韩国刑法对本案是否具有空间效力?

六、延伸阅读

1. 何萍.外国公司涉华犯罪的刑事管辖——兼谈刑事缺席审判制度的构建[J].法学,2015(03):153-159.

2. 杨彩霞.刑法空间效力论[D].武汉:武汉大学,2005.

3. 于齐生.关于我国刑法空间效力的几个问题[J].中国法学,1994(03):81-88.

4. 齐文远,刘代华.完善我国刑法空间效力立法的思考[J].法商研究,2005(01):109-117.

第四章

经济刑法的原则

第一节 罪刑法定原则
——李明华非法经营案

一、案情简介

2009年7月15日至22日,被告人李明华违反国家烟草专卖管理法律法规,未经烟草专卖行政主管部门许可,无烟草批发企业许可证,向苏州市部分烟杂店批发其从烟草公司配送渠道外购进的各类卷烟,非法经营数额达1 184 310.50元。2009年8月25日,被告人李明华经公安机关传唤后至苏州市公安局投案。书证卷烟鉴别检验报告证实从李明华处查获的卷烟系真品。江苏烟草专卖零售许可证管理查询证实李明华持有烟草专卖零售许可证。被告人李明华的陈述笔录证实其归案后对公安机关的指控作出了有罪供述。在诉讼过程中,苏州市平江区人民检察院认为本案事实、证据有变化,向法院撤回起诉。①

二、主要问题

被告人持有烟草专卖零售许可证,但多次实施批发业务,并从非指定烟草专卖部门进货的行为,是否构成非法经营罪?

三、法律分析

第一种观点,被告人的行为构成非法经营罪。被告人李明华违反国家烟草专卖管理法律法规,未经烟草专卖行政主管部门许可,在仅持有烟草专卖零售许可证而无烟草专卖批发企业许可证的情况下,多次实施批发业务,并从非指定烟草专卖部门进货后向苏州市部分烟杂店批发销售,非法经营数额特别巨大,属于"其他严重扰乱市场秩序的非法经营行为"规定情形。

第二种观点,被告人的行为不构成非法经营罪。被告人持有烟草专卖零售许可证,尽管多次实施批发业务,并从非指定烟草专卖部门进货,但是,不属于"其他严重扰乱市场秩序的非法经营行为"规定情形,因为《刑法》及刑事司法解释并未作出相关规定。根据罪刑法定原则,法无明文规定不为罪,法无明文规定不处罚。既然现有刑事法律和司法解释都未对其作出规定,那么从刑法谦抑性和社会相当性来看,不应将其扩大解释为非法经营行

---

① (2010)平刑二初字第37号。

为。对于被告人,可依据《烟草专卖法实施条例》进行相应行政处罚。

我们认为,被告人李明华的行为不构成非法经营罪。

本案所涉的非法经营罪可谓经济刑法中最具争议的罪名。尽管已有若干司法解释对其进行界定,但其构成要件却并不清晰,直接原因是该罪采取空白罪状和弹性条款相结合的高度抽象罪状模式。在司法适用中,该条规定所定罪处罚的行为范围较为广泛。一般认为,只要是不符合法律法规规定的经营行为(包括资格违法、内容违法、手段违法等)就是非法经营行为,而非法经营行为必然扰乱了市场经济秩序。所以,非法经营罪可谓《刑法》第三章"破坏社会主义市场经济秩序罪"的兜底性罪群——第八节扰乱市场秩序罪的兜底性罪名,实在难逃其前身投机倒把罪沦为"口袋罪"的宿命。因此,对非法经营罪的理解适用,特别需要严格贯彻罪刑法定原则。1997年《刑法》第三条正式引入罪刑法定原则。罪刑法定原则是指法无明文规定不为罪,法无明文规定不处罚。该原则最早是由贝卡里亚于1764年在《论犯罪与刑罚》中详尽阐述,之后被西方国家立法机关逐渐采纳。1789年法国《人权宣言》规定:"法律只应当制定严格的、明显的、必需的刑罚,而且除非根据在违法行为之前制定、公布并且合法地适用的法律,任何人都不受处罚。"罪刑法定原则的基本内容包括法律主义、禁止类推解释、禁止不定期刑、禁止溯及既往。其内容十分广泛,涵摄立法和司法、实体和程序,但最终都需落实到具体个案。

正如陈兴良教授所言,"如果罪刑法定主义不能在司法实践中加以贯彻,罪刑法定主义的规定只不过是一纸具文而已"。① 这在经济刑法中表现尤为明显。因为刑法对经济生活干预过多,必会降低经济自由度,削弱市场积极性。所以,刑法使用空白罪状时,宜明确指示出所参引的法律法规名称,避免使用诸如"违反相关法律法规""违反国家规定"等模糊用语。而且,被参引的法律规范应当明确规定相应的构成要件要素。兜底条款应当尽可能采取示例列举方式,以便司法者能够有效地进行同类解释,准确探寻规范目的。

本案中,被告人李明华的行为引起争议的关键在于他本人持有烟草零售许可证,却超出许可范围从事批发业务,并超出指定部门进货。因此,本案的核心问题是"超出许可经营"不属于"未经许可经营",那么是否属于"其他严重扰乱市场秩序的非法经营行为"? 如果属于,则被告人的行为构成非法经营罪;如果不属于,则被告人的行为不构成非法经营罪。

首先,"违反国家规定"的实质解释。非法经营罪成立的前提是经营行为违反国家规定。《刑法》第九十六条指出,"违反国家规定",是指违反全国人民代表大会及其常务委员会制定的法律和决定,国务院制定的行政法规、规定的行政措施、发布的决定和命令。2011年《最高人民法院关于准确理解和适用刑法中"国家规定"的有关问题的通知》(法发〔2011〕155号)中明确,"国务院规定的行政措施"应当由国务院②决定,通常以行政法规或者国务院制发文件的形式加以规定。本案中,被告人的行为违反的是《烟草专卖实施条例》的相关规定,前置法的法律效力并无疑问。被告人的行为确实违反《烟草专卖实施条

---

① 陈兴良.罪刑法定原则的本土转换[J].法学,2010(01):3-9.
② 以国务院办公厅名义制发的文件,符合以下条件的,亦应视为刑法中的"国家规定":①有明确的法律依据或者同相关行政法规不相抵触;②经国务院常务会议讨论通过或者经国务院批准;③在国务院公报上公开发布。

例》第五十六条、第六十条等相关规定,而且经营数额特别巨大,具有严重社会危害。但是,我们认为,《刑法》第二百二十五条第(一)项已明确列举"未经许可经营法律、行政法规规定的专营、专卖物品或者其他限制买卖的物品的"这种侵害法益风险更大的行为,相比而言,超出范围、超出地域经营的行为对法益造成的风险要更为轻缓。而且,《烟草专卖实施条例》已对该行为规定行政处罚,基于刑罚谦抑性,并无处罚之必要。

其次,对"其他严重扰乱市场秩序的非法经营行为"司法适用的程序限制。自1997年《刑法》生效以来,我国经济社会发生高速变革,经济犯罪如影随形,日益猖獗,犯罪涉案范围广、人数多、金额大,犯罪手段不断更新,手法越来越隐秘,游离于灰色地带。刑法规制的滞后属性,导致立法逐渐活性化,司法逐渐扩张化。实践中,诸多案发时未明确立法的行为,都被纳入非法经营罪,如组织、领导传销活动等。这无疑是对罪刑法定原则的严峻挑战,对于惩治犯罪和保障人权都是不利的。对此,前述通知明确规定:"各级人民法院审理非法经营犯罪案件,要依法严格把握刑法第二百二十五条第(四)的适用范围。对被告人的行为是否属于刑法第二百二十五条第(四)规定的'其他严重扰乱市场秩序的非法经营行为',有关司法解释未作明确规定的,应当作为法律适用问题,逐级向最高人民法院请示。"本案的处理就遵循了该程序。对于本案,最高人民法院(〔2011〕刑他字第21号)明确批复:"被告人的行为应当属于《烟草专卖实施条例》中规定的超范围和地域经营的情形,不宜按照非法经营罪处理,而应由相关主管部门进行处理。"当然,在实践中,真正依照请示程序处理的案件数量并不多。①

最后,罪刑法定原则在非法经营罪适用中的贯彻,仍然离不开对法律解释的严格要求。刑法解释应当在坚守刑法的自主性与目的性的前提下进行。一是严格以刑法条文文义为基础解释。无论采取何种解释体系或解释方法,都绝不应突破法律条文文义。二是应当坚持刑法独立性进行解释。行为是否构成犯罪,应当从刑法自身的角度去观察,不能对行政性标准产生路径依赖。三是坚守以法益保护为核心进行解释。特别是对兜底性条款的解释,只有当行为对法益的侵害达到刑罚处罚的必要性,才能将该行为认定为犯罪。在刑事立法活性化背景下,司法特别应当秉持理性,不能附随立法扩张趋势采取过于积极能动的态度。

四、法条链接

1.《中华人民共和国刑法》

第三条【罪刑法定】 法律明文规定为犯罪行为的,依照法律定罪处刑;法律没有明文规定为犯罪行为的,不得定罪处刑。

第十三条【犯罪概念】 一切危害国家主权、领土完整和安全,分裂国家、颠覆人民民主专政的政权和推翻社会主义制度,破坏社会秩序和经济秩序,侵犯国有财产或者劳动群众集体所有的财产,侵犯公民私人所有的财产,侵犯公民的人身权利、民主权利和其他权利,以及其他危害社会的行为,依照法律应当受刑罚处罚的,都是犯罪,但是情节显著轻微危害不大的,不认为是犯罪。

---

① 比如,最高人民法院对"何伟光、张勇泉等非法经营案"的批复(〔2012〕刑他字第136号)。

第九十六条【违反国家规定之含义】 本法所称违反国家规定,是指违反全国人民代表大会及其常务委员会制定的法律和决定,国务院制定的行政法规、规定的行政措施、发布的决定和命令。

第二百二十五条【非法经营罪】 违反国家规定,有下列非法经营行为之一,扰乱市场秩序,情节严重的,处五年以下有期徒刑或者拘役,并处或者单处违法所得一倍以上五倍以下罚金;情节特别严重的,处五年以上有期徒刑,并处违法所得一倍以上五倍以下罚金或者没收财产:(一)未经许可经营法律、行政法规规定的专营、专卖物品或者其他限制买卖的物品的;(二)买卖进出口许可证、进出口原产地证明以及其他法律、行政法规规定的经营许可证或者批准文件的;(三)未经国家有关主管部门批准非法经营证券、期货、保险业务的,或者非法从事资金支付结算业务的;(四)其他严重扰乱市场秩序的非法经营行为。

2.《中华人民共和国烟草专卖法实施条例》

第五十六条 取得烟草专卖零售许可证的企业或者个人违反本条例第二十三条第二款的规定,未在当地烟草专卖批发企业进货的,由烟草专卖行政主管部门没收违法所得,可处以进货总额5%以上10%以下罚款。

第六十条 违反本条例第二十六条、第三十六条第二款规定,为无烟草专卖许可证的单位或者个人提供烟草专卖品的,由烟草专卖行政主管部门没收违法所得,并处以销售总额20%以上50%以下的罚款。

五、课后思考

1. 如果本案被告人销售的烟草属于伪劣产品,该如何处理?
2. 如何理解罪刑法定原则与法律解释之间的关系?

六、延伸阅读

1. 江溯.罪刑法定原则的现代挑战及其应对[J].政法论丛,2021(3):103-114.
2. 梁根林.罪刑法定原则:挑战、重申与重述——刑事影响力案件引发的思考与检讨[J].清华法学,2019,13(06):61-87.
3. 孙国祥.论司法中刑事政策与刑法的关系[J].法学论坛,2013,28(06):40-50.

第二节 刑法平等原则

——杜宗理、陈浩诺非国家工作人员受贿案

一、案情简介

河南省栾川县龙宇钼业有限公司(系国有控股企业)(简称龙宇公司)因商业需要征用栾川县冷水镇南泥湖村土地,该村需整体搬迁。河南慧龙劳务派遣服务有限公司(系非国有企业)(简称慧龙公司)根据合同要求将本公司职工杜宗理、陈浩诺派往龙宇公司,主要负责征迁关系协调工作,统计被搬迁对象的财产并登记在册。璩老虎家的房屋在搬迁之列,其为了在搬迁过程中多得赔偿款,让外甥女婿琚平贵想办法联系杜宗理,使其在登记财产的时候予以照顾。为了方便办事,璩老虎交给琚平贵6万元现金,又让琚平贵先垫付4万元找杜宗理帮忙。琚平贵找到杜宗理,送给杜7万元。之后,琚平贵根据杜宗理提供的电话号码找到负责登记数据底册的陈浩诺,送给陈2万元,让陈浩诺给璩老虎的房屋丈量数据上增加一层。后陈浩诺在璩老虎之子璩保国的附属物复查登记表上将二层的砖混房屋改为三层,使龙宇公司多支付了18.1万元赔偿款。①

二、主要问题

被劳务公司派遣到国有企业的人员,利用职务便利为他人谋取利益并收受贿赂的,其行为构成受贿罪还是非国家工作人员受贿罪?

三、法律分析

第一种观点认为,本案被告人虽是被劳务公司派遣到国有企业的,不是国有企业的职工,但他们是利用在国有企业中的职务便利收受贿赂,并为他人谋取利益,侵犯的是国有企业的经营管理活动,故二位被告人在此案中本质上应等同于"国有企业工作人员",应以受贿罪论处。

第二种观点认为,本案被告人虽然在国有企业工作,但他们是和慧龙公司签订的劳务派遣合同,然后被派遣到国有企业工作,他们并不具有国家工作人员的身份,所以不具备受贿罪的主体条件。他们利用担任龙宇公司拆迁办工作人员的职务便利,非法收受财物,为被告人璩老虎谋取利益的行为符合非国家工作人员受贿罪的构成要件,应以非国家工作人员受贿罪论处。

本案争议的焦点在于受贿罪与非国家工作人员受贿罪的适用界分。关键在于"国家工作人员"的身份认定。尽管《刑法》第九十六条明确规定了国家工作人员的定义,但是,由于国家工作人员是贪污罪、受贿罪、挪用公款罪、巨额财产来源不明罪等犯罪的特殊主体,非国家工作人员则构成职务侵占罪、非国家工作人员受贿罪、挪用资金罪。两相对比,前者所涉罪名的量刑要比后者严厉得多。因此,在具体案件处理中,"国家工作人员"身份的认定与否,仍是较为疑难复杂的问题。正如有学者所言,"刑法中没有哪一个概念能比'国家工作人员'这一概念在近年司法实践中被人为规定和改革冲击得如此复杂、如此难以把握"。② 总体来讲,刑法中的"国家工作人员"概念在过去的30多年中,总体经历了一个由扩张到收缩又由收缩到扩张的演变,这种演变与国家的经济形态由单纯的公有制转向以公有制为主、多种经济形式并存的社会大背景是相联系的。同时,"国家工作人员"的立法界定之难与司法适用中的困惑,还与中国特色的政治制度和人事制度以及国家政治体制改革的发展方向有关。③

---

① (2013)栾刑重初字第1号。
② 张军.非公有制经济刑法规制与保护论纲[M].北京:中国人民公安大学出版社,2007:121-122.
③ 刘仁文.刑法中"国家工作人员"概念的立法演变[J].河南大学学报(社会科学版),2010,50(06):22-31.

如果秉持国家工作人员的身份论,本案的争议并不复杂。受贿罪与非国家工作人员受贿罪的根本区别在于犯罪主体不同:受贿罪的主体是国家工作人员以及以国家工作人员论的国有公司、企业、其他单位中从事公务的人员和国有公司、企业、国有其他单位委派到非国有公司、企业、其他单位从事业务的人员;非国家工作人员受贿罪的主体是公司、企业、其他单位人员,即非国家工作人员。被劳务公司派遣到国有企业的人员,虽然是在国有企业工作,但是劳务关系仍存在于其和劳务公司之间,其并不具有国家工作人员的身份。因此,其行为不应被认定为受贿罪,而应认定为非国家工作人员受贿罪。根据《刑法》第九十六条,只有"国家机关、国有公司、企业、事业单位委派到非国有公司、企业、事业单位、社会团体从事公务的人员",才具有国家工作人员的身份;反之,则不然。① 因此,2013年2月26日,河南省栾川县人民法院经审理认为,被告人杜宗理、陈浩诺系慧龙公司(非国有企业)派遣到龙宇公司(国有控股企业)人员,虽然在龙宇公司中从事具体工作,但二人非该公司职工,不具有国家工作人员身份,二人利用担任龙宇公司拆迁办工作人员的职务便利,为璩老虎谋取利益,分别收受璩老虎经琚平贵行送的贿赂款7万元和2万元的行为已构成非国家工作人员受贿罪。判决被告人杜宗理有期徒刑3年,被告人陈浩诺有期徒刑2年、缓刑3年。

如果考虑国家工作人员从事公务的实质论,那么本案可能则会是另一种解决思路。通常理论界都认为,"对公务作广义的解释,只要是为了公共利益以公权力为依托而进行的管理和服务行为,都应作为公务认定,即将所有与公共职能、公共服务有关的活动,都做公务活动认定"。② 结合案件具体情况来看,被告人杜宗理、陈浩诺被劳务派遣到龙宇公司,负责协调征迁关系,统计、登记被拆迁财产。龙宇公司根据其登记结果,支付赔偿款。被告人杜宗理、陈浩诺在从事日常工作时,收受璩老虎、琚平贵的钱款,为二人谋取利益,利用登记职务之便利,故意虚报其被拆迁的房屋层数,导致龙宇公司多支付18万余元。由于龙宇公司是国有控股公司,其所多支付的款项属于公共财产。因此,被告人杜宗理、陈浩诺的行为属于"从事公务",我们更倾向认为其构成受贿罪。

事实上,对于此类案件,司法机关往往在"身份论"和"公务论"上摇摆不定。究其根源,是立法对国家工作人员赋予更高的廉洁义务要求,对国家工作人员的定罪处罚更为严格、严厉。这能反映出我国刑事立法对公共财产和私有财产的差别保护,对国家工作人员和非国家工作人员的差别处罚。

那么,《刑法》第四条所规定的刑法平等原则,又该如何理解呢?"法律面前人人平等是民主社会的起码要求,是任何一个法治或者追求法治的国家所必须面对的宪法性命题。"③ 通常认为,"刑法之目的在于根据罪责、危害程度,以及减轻和加重因素的差别,对

---

① 这也是司法机关通常采用的做法。比如,江苏省高级人民法院、江苏省人民检察院1996年5月联合发布的《关于公司、企业中贪污、贿赂、挪用公款与侵吞、商业受贿、挪用资金犯罪主体的讨论纪要》中规定:国家工作人员必须具有国家干部身份,并且是经县以上政府人事管理机关同意,正式办理了干部审批手续的在编在册人员。这是非常典型的"身份论"。
② 孙国祥.论刑法中的国家工作人员[J].人民检察,2013(11):5-11.
③ 付立庆.论刑法适用中的隐性不平等[J].法律科学(西北政法大学学报),2004(2):173.

人们做出区别对待"。① 一般理解,该条规定的平等是指刑法的司法平等,而非全部意义上的平等。任何人犯罪,都应当受到法律的追究;任何人不得享有超越法律规定的特权;不论犯罪人的社会地位、家庭出身、职业状况、财产状况、政治面貌、才能业绩如何,都一律平等地适用刑法,在定罪量刑时一视同仁,依法惩处。因此,平等并不意味着绝对的同罪同罚。在司法活动中应当正确地协调平等与差别的关系。平等并不完全否认差别,而恰恰是建立在对不同情况的正确区别的基础之上的,没有差别也就不可能存在平等。平等的要旨在于公正,只要是有助于实现刑法公正性的差别都是应当承认的,都不违背平等原则。因此,本案的争议焦点并不是表面的刑法适用的平等问题。尽管是否认定为国家工作人员对被告人而言,定罪处罚存在较大影响,但是,这是立法基于国家政治经济体制的特殊情况和刑事政策的需要而做出的选择。

非公有制经济作为社会主义市场经济的重要组成部分,与公有制经济共同构成我国经济社会发展的重要基础。然而,中国现行刑法对国有企业与私营企业的保护,在刑法任务、犯罪概念、入罪界限、量刑方面都存在着厚公薄私的现象,对私营企业的保护明显不力。② 党的十八大以来,以习近平同志为核心的党中央对非公经济发展高度重视,为推动非公经济持续健康发展提供了根本指引。党的十九届五中全会提出要激发各类市场主体活力,建设高标准市场体系。依法保护非公企业的合法权益,支持非公经济健康发展是坚持和完善我国基本经济制度的必然要求。因此,《刑法修正案(十一)》对企业权益保护进行了全面、系统化的更新,重塑了我国的企业权益刑法保护体系和涉及企业犯罪制裁思路。在现有企业权益刑法保护二元化模式的基础上,提升了非国有企业权益的保护强度,减少了国有企业和非国有企业之间的刑法地位差异,改善了司法实践中非国有企业弱保护的现状。③

法是具有一定阶级性的,但法作为一种普遍的社会规范,也必然具有一定的平等性,包括立法的平等。④ 刑法亦不例外。在刑法的立法和适用中,都需要坚持平等对待同时兼顾差别。刑事立法中,强调刑法面前人人平等,同时对犯罪、刑事责任和刑罚规定保留区别对待的余地。刑法适用中,法官拥有一定的自由裁量权,为实现个案公正,可以根据刑法基本原则和案件具体事实,进行合理的法律解释,以自身判断对案件的实体和程序问题做出决定。

四、法条链接

《中华人民共和国刑法》

第四条【刑法面前人人平等】 对任何人犯罪,在适用法律上一律平等。不允许任何人有超越法律的特权。

第九十六条【国家工作人员的范围】 本法所称国家工作人员,是指国家机关中从事

---

① 贝勒斯.法律的原则[M].北京:中国大百科全书出版社,1996:424.
② 李永升,叶静.国有与私营企业刑法平等保护论纲[J].经济研究导刊,2012(19):86-90.
③ 韩轶.企业权益刑法保护的立法更新和司法适用——基于《刑法修正案(十一)》的解读[J].中国法律评论,2021(01):43-49.
④ 卓泽渊.法的价值论[M].北京:法律出版社,1999:435.

公务的人员。国有公司、企业、事业单位、人民团体中从事公务的人员和国家机关、国有公司、企业、事业单位委派到非国有公司、企业、事业单位、社会团体从事公务的人员,以及其他依照法律从事公务的人员,以国家工作人员论。

第一百六十三条①【非国家工作人员受贿罪】 公司、企业或者其他单位的工作人员,利用职务上的便利,索取他人财物或者非法收受他人财物,为他人谋取利益,数额较大的,处三年以下有期徒刑或者拘役,并处罚金;数额巨大或者有其他严重情节的,处三年以上十年以下有期徒刑,并处罚金;数额特别巨大或者有其他特别严重情节的,处十年以上有期徒刑或者无期徒刑,并处罚金。

公司、企业或者其他单位的工作人员在经济往来中,利用职务上的便利,违反国家规定,收受各种名义的回扣、手续费,归个人所有的,依照前款的规定处罚。

国有公司、企业或者其他国有单位中从事公务的人员和国有公司、企业或者其他国有单位委派到非国有公司、企业以及其他单位从事公务的人员有前两款行为的,依照本法第三百八十五条、第三百八十六条的规定定罪处罚。

第三百八十五条【受贿罪】 国家工作人员利用职务上的便利,索取他人财物的,或者非法收受他人财物,为他人谋取利益的,是受贿罪。国家工作人员在经济往来中,违反国家规定,收受各种名义的回扣、手续费,归个人所有的,以受贿论处。

五、课后思考

1. 本案中,向两被告人行贿的人员,该如何定罪处罚?
2. 刑法平等原则中的"任何人"是不是仅指自然人?

六、延伸阅读

1. 于改之,吕小红.刑法解释中平等原则的适用[J].比较法研究,2017(05):87-102.
2. 赖早兴.刑法平等原则辨析[J].法律科学(西北政法学院学报),2006(06):77-83.
3. 陈忠林.刑法面前人人平等原则——对《刑法》第4条的法理解释[J].现代法学,2005(04):53-58.
4. 李邦友.论刑法平等原则的理论基础[J].现代法学,2002(03):104-112.
5. 陈洪兵."国家工作人员"司法认定的困境与出路[J].东方法学,2015(02):111-120.

---

① 本条从1997年《刑法》开始,经历两次修订,分别是2006年《刑法修正案(六)》和2020年《刑法修正案(十一)》。本条为最新修订条款。本案处理时,适用的是2006年《刑法修正案(六)》修订后的条款,即"公司、企业或者其他单位的工作人员利用职务上的便利,索取他人财物或者非法收受他人财物,为他人谋取利益,数额较大的,处五年以下有期徒刑或者拘役;数额巨大的,处五年以上有期徒刑,可以并处没收财产。公司、企业或者其他单位的工作人员在经济往来中,利用职务上的便利,违反国家规定,收受各种名义的回扣、手续费,归个人所有的,依照前款的规定处罚。国有公司、企业或者其他国有单位中从事公务的人员和国有公司、企业或者其他国有单位委派到非国有公司、企业以及其他单位从事公务的人员有前两款行为的,依照本法第三百八十五条、第三百八十六条的规定定罪处罚。"1997年《刑法》的最初规定为:"【公司、企业人员受贿罪】公司、企业的工作人员利用职务上的便利,索取他人财物或者非法收受他人财物,为他人谋取利益,数额较大的,处五年以下有期徒刑或者拘役;数额巨大的,处五年以上有期徒刑,可以并处没收财产。公司、企业的工作人员在经济往来中,违反国家规定,收受各种名义的回扣、手续费,归个人所有的,依照前款的规定处罚。国有公司、企业中从事公务的人员和国有公司、企业委派到非国有公司、企业从事公务的人员有前两款行为的,依照本法第三百八十五条、第三百八十六条的规定定罪处罚。"

第三节 罪责刑相适应原则
——彭荣松洗钱案

一、案情简介

2018年9月6日中午,被告人彭荣松在何某(另案处理)位于花溪区吉林村附近家中,明知何某向他人贩卖毒品而提供自己的微信号给何某用于收取300元毒资,后彭荣松将微信转账的300元金额变现交给何某。①

二、主要问题

对于被告人彭荣松的行为是否应以洗钱罪定罪处罚。

三、法律分析

第一种观点,被告人彭荣松明知是他人贩毒所得而提供微信账户,并通过转账变现的方式掩饰、隐瞒其来源和性质,其行为已构成洗钱罪。尽管其行为所涉数额较小,但我国对洗钱犯罪人的追诉并无数额要求,因此,应当对其进行定罪处罚。

第二种观点,被告人彭荣松虽然触犯刑法条款,但是,由于涉案数额仅几百元,且是初犯、偶犯,社会危害性不严重,属于"情节显著轻微危害不大的,不认为是犯罪",可不对其进行定罪处罚。

本案的事实和定罪并不复杂,亦无争议。两种不同观点,都认可的是,被告人明知他人从事贩毒活动,仍提供微信账号供其收款,并帮其变现,构成刑法中的贩毒罪。但是,由于被告人是首次涉案,数额仅几百元,且本人并未从中获利,是否有必要对其进行刑事处罚?最终,法院审理认为,公诉机关指控的罪名成立,本院予以确认。鉴于被告人彭荣松当庭自愿认罪,本院可酌情从轻处罚。结合被告人彭荣松的犯罪情节、悔罪表现及社会危害后果,对其判处罪责刑相一致的刑罚。法院判决,被告人彭荣松犯洗钱罪,判处罚金人民币15元。我们认为,法院的判决并无不妥。当然,若是判决被告人免予刑事处罚,似乎更为适合。毕竟,15元的罚金可能既达不到罚金刑的威慑效果,更会消解罚金刑的剥夺价值。

洗钱罪是最为典型的破坏金融管理秩序罪。首先,洗钱导致资金无规律流动,影响金融市场稳定,增加金融机构的运营风险,损害市场机制的有效运作和公平竞争,严重危害经济的健康发展。其次,洗钱罪的犯罪分子隐藏和转移违法犯罪所得,为犯罪活动提供的资金支持,可能助长更严重和更大规模的犯罪活动。最后,洗钱助长和滋生腐败,败坏社会风气,腐蚀国家肌体,动摇国家根基。在经济全球化背景下,打击洗钱犯罪与世界各个国家息息相关。我国刑法对洗钱犯罪的打击一直秉持严厉立场。自1997年《刑法》以来,不断增加"上游犯罪"的类型,此次《修正案(十一)》又删除"明知"规定并将"自洗钱"行为纳入惩治范围。

---

① (2019)黔0111刑初42号。

因此,司法实践中对洗钱罪采取严格态度也在意料之中。事实上,近年来,百元洗钱罪的刑事判决屡见不鲜。① 但是,这些行为真的具有刑事处罚必要性吗?对这些犯罪人投入大量刑事司法资源,对其判处百元以内的罚金刑,就能实现一般预防与特殊预防的目标吗?

罪刑关系是整个刑法中最为重要的关系。1997年《刑法》第五条引入罪责刑相适应原则,又称为罪刑相当、罪刑均衡、罪刑等价或者罪刑相称原则,其意义在于确立罪与刑之间的一种等价、相当、均衡的关系。近代意义上的罪责刑相适应原则,确立于资产阶级启蒙运动时期。比如,孟德斯鸠明确指出:"惩罚应有程度之分,按罪大小,定惩罚轻重。"② 无论是中世纪的以牙还牙、以眼还眼,还是以剥夺犯罪人自由乃至生命的现代刑罚,都强调犯罪人主观可责性与其刑罚该当性之间的协调,要求其所受刑罚与其主观罪责相适应,进而成为犯罪人服判服罚的前提和基础。因此,在适用刑法时,应将刑罚的轻重与行为人的犯罪性质、犯罪情节、人身危险性三者有机统一起来。犯多大的罪,就应承担多大的刑事责任,重罪重罚,轻罪轻罚,罪刑相称,罚当其罪。在分析罪重罪轻和刑事责任大小时,不仅要看犯罪的客观社会危害性,而且要结合考虑行为人的主观恶性和人身危险性,把握罪行和罪犯各方面因素综合体现的社会危害性程度,从而确定其刑事责任程度,适用相应轻重的刑罚。当然,罪责刑相适应原则不是罪刑的绝对相等和机械对应。

相对而言,犯罪具有无限性,作为犯罪后果的刑事责任则是有限的。"罪"即犯罪,是指整个犯罪事实,包括犯罪行为和行为人各方面因素综合体现的社会危害性程度。"责"即刑事责任,是刑法总则体系结构的三大板块之一,它与犯罪和刑罚处于平行的地位。犯罪是刑事责任的前提,刑罚是刑事责任的法律后果,刑事责任是联结犯罪与刑罚的中介和纽带,对罪刑关系起调节作用。"刑"即刑罚,罪行大小决定法定刑的轻重,而法定刑通常提供一定幅度的刑罚处罚范围,至于在法定刑范围内或者法定刑以下对犯罪分子宣告何种刑罚或者刑期,只能由刑事责任的大小来决定。因此,从司法适用角度来看,宣告刑的轻重应当与刑事责任的大小相适应,是罪责刑关系的集中表现。

首先,刑事责任程度应以量刑情节为准。刑事责任虽然是基于实施犯罪行为而产生的,但是刑事责任的轻重程度,不完全取决于已然的犯罪行为。已然的犯罪行为只能决定刑事责任的有无,至于刑事责任的程度大小问题,不仅要考虑犯罪构成事实本身所体现的社会危害程度,还要考虑犯罪构成以外的其他案情事实所体现的社会危害程度,以使刑事责任实现质和量的统一。在行为成立犯罪的条件下,凡是体现行为社会危害性和行为人人身危险性及其程度的主客观事实情况,都是表明刑事责任及其程度的因素,因此刑事责任是具有特定指向和实在内容的刑法范畴。但是,体现行为的社会危害性及其程度的主客观事实情况,只能存在于犯罪实施过程中。因此,有必要区分定罪情节和量刑情节。定罪情节,是指用以认定行为成立某种犯罪的主客观事实情况;量刑情节,是指定罪情节以外的表明行为社会危害程度和行为人人身危险程度的主客观事实情况。定罪情节是行为人担负刑事责任的前提和基础,决定犯罪分子承担法律后果的范围;量刑情节是行为人应负多少刑事责任的根据,决定犯罪分子具体承担什么法律后果。为了保证刑罚适用的公

---

① 例如,(2017)赣0731刑初201号、(2017)赣0802刑初180号。
② 孟德斯鸠.论法的精神(上册)[M].张雁深,译.北京:商务印书馆,1962:85.

正性,不得将定罪情节再次评价为量刑情节而重复适用。

其次,刑事责任程度能够调节罪刑关系。在刑事立法中,罪刑关系只能表现为法定刑与犯罪相适应。如何在法定刑范围内或者法定刑以下对特定犯罪人宣告何种具体的刑罚或刑期,只能以刑事责任大小为根据。如上文所述,量刑情节是影响刑事责任程度的因素,所以,犯罪行为的轻重与刑事责任的大小并非绝对的正比关系。比如,有两人所犯罪行的社会危害程度相同,但一人犯案之前遵纪守法,多次立功受奖,属初犯偶犯等,另一人在犯案之前多次受过行政处罚,有前科等,那么两者的刑事责任程度就不相同;又如,有两人所犯罪行的社会危害程度相同,但一人在犯案后毁灭罪证、畏罪潜逃、栽赃陷害他人等,另一人在犯案后真诚悔悟、坦白交代或积极退赃、自首立功等,那么两者的刑事责任程度亦不相同。因此,根据《刑法》第五条规定,罪行大小与刑事责任轻重并不等同,罪行重的刑事责任可能轻,罪行轻的刑事责任可能重。刑事责任对罪刑关系的调节作用就表现为刑罚的具体适用往往因刑事责任程度不同而脱离罪行的社会危害程度出现波动。

最后,宣告刑应当与刑事责任程度成正比。宣告刑的轻重应当与犯罪分子所承担的刑事责任程度相适应,是刑罚个别化原则的基本要求。刑罚个别化,是指审判机关在对犯罪分子适用刑罚时,应当根据行为的社会危害性程度和该行为人的人身危险性程度,在相应的法定刑范围内或者法定刑以下,判处适当的刑罚或者刑期。正如贝卡里亚所言:"一种正确的刑罚,它的强度只要足以阻止人们犯罪就足够了。"[①]如前文所述,犯罪人行为"已然的"社会危害性和行为人"未然的"人身危险性的有机统一决定其刑事责任的轻重大小。因此,刑事责任应与刑事处罚成正比,才能实现公正平等。所以,不同犯罪人所犯罪行虽然相同,由于其社会危害性程度或人身危险性程度并不相同,因而对他们判处的刑罚也应当有所差别。比如,有两人均犯洗钱罪,其法定刑均为"处五年以上十年以下有期徒刑",一人按照洗钱行为时的情节论处应当判处 7 年有期徒刑,但其有从轻处罚情节,那么如果判处 5 年有期徒刑能够起到震慑与改造的作用,那么多判 2 年有期徒刑就是不成比例的,是不公正的。与之相反,另一人按照洗钱行为时的情节论处应当判处 5 年有期徒刑,但其有从重处罚情节,判处 5 年有期徒刑就难以起到威慑与改造的作用,那么,对其多判一定数量的有期徒刑就是成比例的,是公正的。

因此,简单来说,罪责刑相适应原则的基本要求包括:有罪当罚,无罪不罚;轻罪轻罚;一罪一罚,数罪并罚;同罪同罚,罪罚相当;刑罚的性质应当与犯罪的性质相适应。在宽严相济刑事政策的指导下,在刑事司法中,贯彻罪责刑相适应原则应注意:强调定罪与量刑具有同等重要地位;要将罪责刑相适应原则与罪刑法定原则、刑法面前人人平等原则结合起来;适时而正确地进行司法解释,从而全面体现罪责刑相适应原则的司法价值、强调量刑公正的执法观念以及执法中的平衡与统一。

四、法条链接

《中华人民共和国刑法》

第五条【罪责刑相适应】 刑罚的轻重,应当与犯罪分子所犯罪行和承担的刑事责任

---

① 贝卡里亚.论犯罪与刑罚[M].黄风,译.北京:中国大百科全书出版社,1993:66.

相适应。

第一百九十一条①【洗钱罪】 为掩饰、隐瞒毒品犯罪、黑社会性质的组织犯罪、恐怖活动犯罪、走私犯罪、贪污贿赂犯罪、破坏金融管理秩序犯罪、金融诈骗犯罪的所得及其产生的收益的来源和性质,有下列行为之一的,没收实施以上犯罪的所得及其产生的收益,处五年以下有期徒刑或者拘役,并处或者单处罚金;情节严重的,处五年以上十年以下有期徒刑,并处罚金:(一)提供资金账户的;(二)将财产转换为现金、金融票据、有价证券的;(三)通过转账或者其他支付结算方式转移资金的;(四)跨境转移资产的;(五)以其他方法掩饰、隐瞒犯罪所得及其收益的来源和性质的。单位犯前款罪的,对单位判处罚金,并对其直接负责的主管人员和其他直接责任人员,依照前款的规定处罚。

五、课后思考

与其他经济犯罪不同,我国刑法中洗钱罪的定罪处罚没有最低数额要求,这是否符合罪责刑相适应原则?

六、延伸阅读

1. 孙国祥.经济刑法适用中的超规范出罪事由研究[J].南大法学,2020(01):116-135.

2. 高铭暄.刑法基本原则的司法实践与完善[J].国家检察官学院学报,2019,27(05):13-32.

3. 石经海,熊亚文.何以"以刑制罪":罪、责、刑相适应原则的定罪意义[J].社会科学战线,2015(02):208-218.

4. 郑延谱.从罪刑均衡到罪责刑相适应——兼论刑法中"人"的消隐与凸显[J].法律科学(西北政法大学学报),2014,32(06):52-62.

---

① 自1997年《刑法》以来,洗钱罪经历多次修订。一是2001年《刑法修正案(三)》:"明知是毒品犯罪、黑社会性质的组织犯罪、恐怖活动犯罪、走私犯罪的违法所得及其产生的收益,为掩饰、隐瞒其来源和性质,有下列行为之一的,没收实施以上犯罪的违法所得及其产生的收益,处五年以下有期徒刑或者拘役,并处或者单处洗钱数额百分之五以上百分之二十以下罚金;情节严重的,处五年以上十年以下有期徒刑,并处洗钱数额百分之五以上百分之二十以下罚金:(一)提供资金账户的;(二)协助将财产转换为现金或者金融票据的;(三)通过转账或者其他结算方式协助资金转移的;(四)协助将资金汇往境外的;(五)以其他方法掩饰、隐瞒犯罪的违法所得及其收益的来源和性质的。单位犯前款罪的,对单位判处罚金,并对其直接负责的主管人员和其他直接责任人员,处五年以下有期徒刑或者拘役;情节严重的,处五年以上十年以下有期徒刑。"二是2006年《刑法修正案(六)》:"明知是毒品犯罪、黑社会性质的组织犯罪、恐怖活动犯罪、走私犯罪、贪污贿赂犯罪、破坏金融管理秩序犯罪、金融诈骗犯罪的所得及其产生的收益,为掩饰、隐瞒其来源和性质,有下列行为之一的,没收实施以上犯罪的所得及其产生的收益,处五年以下有期徒刑或者拘役,并处或者单处洗钱数额百分之五以上百分之二十以下罚金;情节严重的,处五年以上十年以下有期徒刑,并处洗钱数额百分之五以上百分之二十以下罚金:(一)提供资金账户的;(二)协助将财产转换为现金、金融票据、有价证券的;(三)通过转账或者其他结算方式协助资金转移的;(四)协助将资金汇往境外的;(五)以其他方法掩饰、隐瞒犯罪所得及其收益的来源和性质的。"三是2020年《刑法修正案(十一)》,即正文所引法条。

第五章

单位经济犯罪

第一节 单位经济犯罪的认定前提
——刘强非法吸收公众存款案

一、案情简介

陕西中财信通投资担保有限公司(简称中财信通公司)在未经有关部门依法批准、许可的情况下,在西安市鄠邑区设立分部,开展理财业务,并聘用被告人刘某为该分部总经理。双方于 2012 年 6 月 28 日签订了《关于筹建(户县地区)理财代理机构协议书》及《合作协议书》,约定由刘某筹建户县地区理财代理分支机构,费用由中财信通公司承担,享受中财信通公司"理财底薪及业绩标准"的薪酬,个人及团队业务提成为 25%(不含办公职场、办公设备、员工工资)。后刘某推荐屈某某为分部的副经理,主管业务和财务。两人负责在鄠邑区招聘业务员,对外以高利息、高回报为诱饵,通过发传单等途径,与社会不特定群众签订借款担保合同,将吸收的资金用于中财信通公司所投资的陕西金某实业发展有限公司(简称金某实业公司)在建的项目工程建设及担保金某实业公司的运营。后因未能及时收回资金,不能按时给存户还款。2015 年 1 月该分部停业。截至案发时,通过该分部吸收 243 名报案人的存款共计 2 072.4 万元,除已经支付的部分利息 171.288 9 万元外,仍有 1 901.111 1 万元未能归还。[①]

二、主要问题

单位未经合法设立,开展非法经济活动是否能够构成单位犯罪。

三、法律分析

第一种观点认为,单位行为符合刑法分则所规定的单位犯罪构成要件时,即可认定单位构成单位犯罪。单位犯罪是一种与自然人个体犯罪相区别的集合体犯罪形式,无论单位本身是否具有合法性,只要其有组织地实施犯罪即可能构成单位犯罪。

第二种观点认为,根据《最高人民法院关于审理单位犯罪案件具体应用法律有关问题的解释》(以下简称《审理单位犯罪应用解释》)第二条规定:"个人为进行违法犯罪活动而设立的公司、企业、事业单位实施犯罪的,或者公司、企业、事业单位设立后,以实施犯罪为

[①] (2018)陕 01 刑终 722 号、(2018)陕 0118 刑初 12 号。

主要活动的,不以单位犯罪论处。"是否构成单位犯罪,不仅要看单位行为是否符合刑法分则规定单位犯罪的构成要件,还要看单位的设立目的,或者设立后单位活动的主要性质,这决定着究竟是个人人格被单位人格吸收,还是单位人格被个人人格吸收,进而才能对单位行为是否符合分则规定的构成要件进行判断。

本案中,一审法院认为,中财信通公司在未经有关部门审批、许可的情况下,在鄠邑区设立分部,通过被告人刘某等人以高利息、高回报为诱饵,向社会不特定群众非法吸收资金,数额巨大,扰乱了金融秩序,其行为已构成非法吸收公众存款罪,并且构成单位犯罪。被告人刘某系该投资担保有限公司单位犯罪中鄠邑区分部的直接责任人员。一审法院仅仅考虑到单位行为符合《刑法》一百七十六条所规定的自然人行为该当非法吸收公众存款罪构成要件的情形,却未充分考量自然人行为与单位行为的关系。根据《审理单位犯罪应用解释》第二条规定,检察院认为,本案中,中财信通公司的成立目的就是为金某实业公司提供融资,但中财信通公司并未获得融资许可,该公司超越权限实施的融资担保行为可认定为违法行为,因此对刘某应以自然人犯罪认定为宜。且本案中,检察院是以自然人犯罪将刘某起诉至法院。在检察院未作为单位犯罪起诉且法院也未建议检察院对本案作为单位犯罪补充起诉的前提下,法院在缺乏关于单位犯罪的充分证据的情况下对该案以单位犯罪认定却未对相关单位依法作出相应判处,根据《全国法院审理金融犯罪案件工作座谈会纪要》中"关于单位犯罪问题"部分第三条规定,属审理程序错误。二审法院最终支持了检察院的有关单位犯罪部分的抗诉意见。

我们认为,本案不仅探讨了单位犯罪的判定前提,还从程序层面展现了单位犯罪审理的特殊之处。单位犯罪是一种深受刑事政策影响的犯罪类型。处罚这种群体性违法行为是因为这样一种有组织、集体参与决策的犯罪,使得个体的违法心理得以隐匿在群体之下,可能激发其违法意思的产生与实现,甚至推动群体的无意识行为代替、掩盖个体的有意识行为,进而带来更大的危害。但如果仅将单位犯罪理解为一种集体犯罪,那么单位犯罪与共同犯罪似乎没有差异。① 需要注意的是,共同犯罪仅仅是个体基于合意实施的犯罪行为,个体的特性并未消除。单位犯罪则强调单位拥有拟制的人格(单位独立人格理论),单位一经合法设立,其运转模式便独立于个人意志,此时成员的个体人格被单位人格所吸收。即便单位内部未达成合意,单位利益的实现与个人利益有所冲突,单位成员也应当遵守预先设置的规章制度,实现单位的意志。如果单位未经合法设立,其规章制度实际上并未生效,对其成员没有约束效力,既不能将个体聚合形成新的人格,也不能使得其运转独立于单位设立人,此时,单位的犯意只不过是设立人犯意的延续。因此,未经合法设立的单位并不能真正成为刑法上单位犯罪的主体。

综上所述,对单位犯罪的考察不仅要通过各罪的一般构成要件合致性判断,更要注重刑法上单位行为的界定,尤其是个人行为与单位行为的界分,因为唯有单位的行为才是开启单位犯罪的前提。而单位设立目的是否具有合法性是界定单位行为的第一道筛选机制。在单位为个人违法活动而设立时,或者单位仅仅是个人违法犯罪的工具,虽然形式上

---

① 有学者认为单位犯罪是"由单位与直接实施犯罪的单位责任人员为主体共同构成的、单位犯罪与自然人犯罪并列的嵌套式共同犯罪"。参见:陈忠林,席若.单位犯罪的"嵌套责任论"[J].现代法学,2017,39(02):110.

符合单位犯罪的构成要件,也不以单位犯罪论处。

在对单位行为进行分析时,可能会存在的情形如图5-1所示。

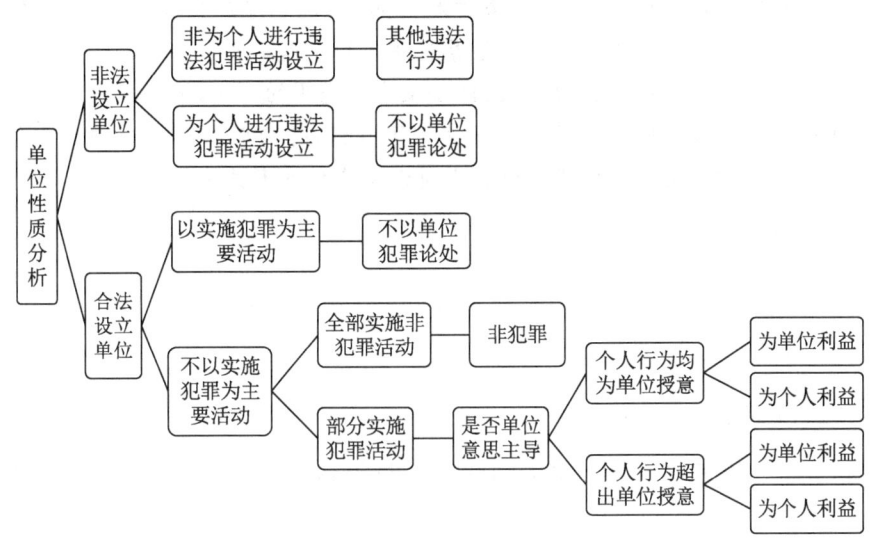

图 5-1　单位性质分析

由图 5-1 可看出,在对单位的性质,即该单位是犯罪工具或者犯罪渠道,还是犯罪主体进行判断之后,我们才进入具体的构成要件合致性判断阶段。换句话说,单位犯罪讨论的真正场域是在合法设立的单位部分实施犯罪活动的情形下。按照现有法律规定,单位合法性的判断主要通过单位设立目的、程序和设立后主要活动的性质进行。需要注意的是,实务中对单位犯罪的判断和处理也应当重视有关单位犯罪的程序向度条款。

四、法条链接

1.《中华人民共和国刑法》

第一百七十六条【非法吸收公众存款罪】　非法吸收公众存款或者变相吸收公众存款,扰乱金融秩序的,处三年以下有期徒刑或者拘役,并处或者单处二万元以上二十万元以下罚金;数额巨大或者有其他严重情节的,处三年以上十年以下有期徒刑,并处五万元以上五十万元以下罚金。单位犯前款罪的,对单位判处罚金,并对其直接负责的主管人员和其他直接责任人员,依照前款的规定处罚。

2.《最高人民法院关于审理单位犯罪案件具体应用法律有关问题的解释》

第二条　个人为进行违法犯罪活动而设立的公司、企业、事业单位实施犯罪的,或者公司、企业、事业单位设立后,以实施犯罪为主要活动的,不以单位犯罪论处。

3. 2001 年 1 月 21 日最高人民法院发布的《全国法院审理金融犯罪案件工作座谈会纪要》中"关于单位犯罪问题"部分

第一条　单位的分支机构或者内设机构、部门实施犯罪行为的处理。以单位的分支机构或者内设机构、部门的名义实施犯罪,违法所得亦归分支机构或者内设机构、部门所有的,应认定为单位犯罪。不能因为单位的分支机构或者内设机构、部门没有可供执行罚金的财产,就不将其认定为单位犯罪,而按照个人犯罪处理。

第三条　对于未作为单位犯罪起诉的单位犯罪案件的处理。对于应当认定为单位犯罪的案件,检察机关只作为自然人犯罪案件起诉的,人民法院应当及时与检察机关协商,建议检察机关对犯罪单位补充起诉。如检察机关不补充起诉的,人民法院仍应依法审理,对被起诉的自然人根据指控的犯罪事实、证据及庭审查明的事实,依法按单位犯罪中的直接负责的主管人员或者其他直接责任人追究刑事责任,并应引用刑法分则关于单位犯罪追究直接负责的主管人员和其他直接责任人员刑事责任的有关条款。

五、课后思考

1. 单位设立目的与单位活动性质对单位犯罪判断有哪些影响?
2. 单位犯罪与共同犯罪的区别是什么?

六、延伸阅读

1. 陈增宝.单位犯罪主体资格的司法确认与否定[J].中国刑事法杂志,2006(01):24-31.
2. 陈忠林,席若.单位犯罪的"嵌套责任论"[J].现代法学,2017,39(02):110-122.
3. 王永强.单位犯罪与共同犯罪关系辨析——以一起单位集资诈骗案为例[J].政治与法律,2012(10):41-48.

第二节　单位经济犯罪主体的基本特征
——泰安市高新区房村镇磨山峪村村民委员会、
高广银等非法转让、倒卖土地使用权案

一、案情简介

2002年至2015年,被告单位泰安市高新区房村镇磨山峪村村民委员会以牟利为目的,违反土地管理法规,经村两委集体研究决策,向非本村村民非法转让宅基地使用权104.888 5亩,非法获利1 244 700元。其中,被告人高广银先后担任村党支部书记、村党支部书记兼村主任,被告人程忠鹏先后担任村党支部副书记兼村主任、村党支部副书记,是直接负责的主管人员;被告人程翠华担任村党支部委员、村会计,被告人冯秀珍担任村委委员,是其他直接责任人员。①

二、主要问题

村委会、村民小组是否具有单位犯罪的主体资格。

---

① (2019)鲁09刑终231号、(2019)鲁0911刑初12号。

三、法律分析

根据《刑法》第三十条规定，单位犯罪主体类型包括公司、企业、事业单位、机关、团体5种。公司与企业均是以盈利为目的的经济实体。①

第一种观点认为，2007年3月1日《公安部关于村民委员会可否构成单位犯罪主体问题的批复》（以下简称《单位犯罪主体批复》）明确指出："根据《村民委员会组织法》第二条，村委会是村民自我管理自我教育自我服务的基层群众性自治组织，不属于刑法第三十条之范围，以村委会名义实施犯罪的，不以单位犯罪论处，可依法直接追究主管人员和其他直接责任人员的刑事责任。"因此，村委会不应当成为单位犯罪的主体。

第二种观点认为，2008年11月20日《最高人民法院 最高人民检察院关于办理商业贿赂刑事案件适用法律若干问题的意见》（以下简称《商业贿赂适用意见》）第二条规定："刑法第一百六十三条、第一百六十四条规定的'其他单位'，既包括事业单位、社会团体、村民委员会、居民委员会、村民小组等常设性的组织，也包括为组织体育赛事、文艺演出或者其他正当活动而成立的组委会、筹委会、工程承包队等非常设性的组织。"《商业贿赂适用意见》表明村委会可以成为《刑法》中的"单位"，进而可以成为单位犯罪中的犯罪主体。

本案中，一审法院认为，村委会以牟利为目的，违反土地管理法规，非法转让土地使用权，情节特别严重，构成非法转让土地使用权罪；二审法院认为，村委会具有独立的场所和经费保障，具有承担刑事责任的能力，最高人民法院、最高人民检察院发布的《商业贿赂适用意见》亦明确将村民委员会规定为刑法意义上的单位，故村委会能够作为单位犯罪的主体。

我们认为，《刑法》第三十条并未明确界定单位犯罪构成要件要素，只列举了5种单位犯罪主体类型。而这五类主体的概念则源自非刑法规范，如《中华人民共和国公司法》（后简称《公司法》）、《事业单位登记管理暂行条例》、《社会团体登记管理条例》。司法实践对单位犯罪主体的判断，是基于该主体是否符合这五种类型归纳、概括而来的特征。目前，学界针对单位犯罪主体特征存在"二特征说""三特征说""四特征说"等。"二特征说"认为，单位应具备合法性和独立性两个特征，其中独立性是指单位应当拥有独立支配的财产、具有独立作出决定的权利、独立为或不为一定行为的权利以及独立承担法律责任的能力。② "三特征说"认为，单位应当依法设立，合法存在并具有刑事责任能力。③ "四特征说"认为，单位应当依法设立、拥有一定的财产和独立处理财产的能力、拥有一定的法律权利、具有承担相应法律责任的能力。④ 上述特征的概括均借鉴了民法中有关法人设立的条件。⑤ 相比之下，"二特征说"的观点更为清晰。

本案的争议主要围绕独立性判断展开，但对独立性的判断存在多种理解。一般情况

---

① 公司应当是企业的形式之一，公司与企业并非并列关系，刑法的这种分类方式并不妥当。参见：杨秀英.新编经济刑法教程[M].厦门：厦门大学出版社，2011：51.
② 陈泽宪.新刑法单位犯罪的认定与处罚·法人犯罪新论[M].北京：中国检察出版社，1997：43.
③ 马长生，胡凤英.论新刑法对单位犯罪的规定[J].政法论坛，1997(06)：35.
④ 赵秉志.单位犯罪比较研究[M].北京：法律出版社，2004：73.
⑤ 尉琳.单位犯罪主体资格问题探析[J].法学杂志，2016(06)：83.

下,合法设立的单位,形式上具有独立性。单位独立性的实质内涵则主要通过单位是否拥有可独立支配的财产(有特别规定的除外)和是否能够独立表达意志所体现,换言之,独立性构筑了单位的犯罪能力。然而,单位的刑事责任能力又如何体现?似乎单位的刑事责任能力也是借助独立性特征,尤其是拥有独立的财产,来实现其刑罚适应能力。[1] 如此,刑事责任能力这一标准是否被独立性特征所虚化?这一点仍然未能得到清晰的解释。但司法实践中大多采用前述标准来判断单位犯罪的主体适格性。村委会作为基层群众性自治组织,具有独立的财产、场所,能够独立表达自己的群体意志,符合单位的独立性特征,将其解释为刑法上的单位并无不可。

即便将村委会解释为刑法上的单位,仍会存在疑问:村委会究竟属于单位犯罪主体的哪一种类型?公司、企业作为经济实体可以首先被排除。村委会也并未代表国家从事公共事务管理,以及并非由国家机关举办或其他组织利用国有资产举办来从事社会服务,故其也不属于机关和事业单位。《社会团体登记管理条例》第二条规定:"本条例所称社会团体,是指中国公民自愿组成,为实现会员共同意愿,按照其章程开展活动的非营利性社会组织。"作为群众性自治组织的村委会只能属于团体这一类型。

需要注意的是,本案中援引"两高"《商业贿赂适用意见》来确证村委会具有单位犯罪主体适格性,这一做法并不妥当。公安部《单位犯罪主体批复》和"两高"《商业贿赂适用意见》虽然都涉及村委会是否是单位的判断,但是二者的判断角度、功能完全不同。前者直接回答了村委会是否具有单位犯罪主体资格的问题,而后者并未涉及单位犯罪主体资格的判断。《刑法》第一百六十三条(非国家工作人员受贿罪)并未规定单位犯罪,第一百六十四条(对国家工作人员行贿罪)则规定了单位犯罪。此时的"其他(国有)单位"只是为作为犯罪主体或作为犯罪对象的"工作人员"的来源进行兜底表述。《商业贿赂适用意见》仅仅就非国家工作人员受贿罪和对国家工作人员行贿罪这两个罪名中的"工作人员"的出处,或者说身份来源统一进行细化、解释;而对这些来源组织是否符合单位犯罪中的主体独立性要求,是否属于《刑法》第三十条规定的5种主体类型则在所不问。因此,即便不适用《单位犯罪主体批复》,也不宜援引《商业贿赂适用意见》来赋予村委会在单位犯罪中的主体适格性。

四、法条链接

1.《中华人民共和国刑法》

第三十条【单位负刑事责任的范围】 公司、企业、事业单位、机关、团体实施的危害社会的行为,法律规定为单位犯罪的,应当负刑事责任。

第二百二十八条【非法转让、倒卖土地使用权罪】 以牟利为目的,违反土地管理法规,非法转让、倒卖土地使用权,情节严重的,处三年以下有期徒刑或者拘役,并处或者单处非法转让、倒卖土地使用权价额百分之五以上百分之二十以下罚金;情节特别严重的,处三年以上七年以下有期徒刑,并处非法转让、倒卖土地使用权价额百分之五以上百分之二十以下罚金。

---

[1] 石磊.论单位的刑事责任能力[J].云南大学学报(法学版),2005(04):11.

第二百三十一条【单位犯扰乱市场秩序罪的处罚规定】 单位犯本节第二百二十一条至二百三十条规定之罪的,对单位判处罚金,并对其直接负责的主管人员和其他直接责任人员,依照本节各该条的规定处罚。

2. 2008年11月20日《最高人民法院 最高人民检察院关于办理商业贿赂刑事案件适用法律若干问题的意见》

第二条 刑法第一百六十三条、第一百六十四条规定的"其他单位",既包括事业单位、社会团体、村民委员会、居民委员会、村民小组等常设性的组织,也包括为组织体育赛事、文艺演出或者其他正当活动而成立的组委会、筹委会、工程承包队等非常设性的组织。

3.《中华人民共和国村民委员会组织法》

第二条 村民委员会是村民自我管理、自我教育、自我服务的基层群众性自治组织,实行民主选举、民主决策、民主管理、民主监督。村民委员会办理本村的公共事务和公益事业,调解民间纠纷,协助维护社会治安,向人民政府反映村民的意见、要求和提出建议。村民委员会向村民会议、村民代表会议负责并报告工作。

4.《最高人民法院关于审理单位犯罪案件具体应用法律有关问题的解释》

第一条 刑法第三十条规定的"公司、企业、事业单位",既包括国有、集体所有的公司、企业、事业单位,也包括依法设立的合资经营、合作经营企业和具有法人资格的独资、私营等公司、企业、事业单位。

五、课后思考

1. 单位经济犯罪的主体有哪些特征?前述通过哪些方面表现?
2. 单位经济犯罪主体有哪些类型?

六、延伸阅读

1. 尉琳.单位犯罪主体资格问题探析[J].法学杂志,2016,37(06):81-91.
2. 赵秉志.刑法评论:第2卷[M].北京:法律出版社,2003:1-24.
3. 黄晓亮.论我国"单位犯罪"概念的摒弃——以域外比较为切入点[J].政治与法律,2015(03):29-41.
4. 刘俊海.合伙企业不是单位犯罪主体的法律逻辑[J].法律适用,2019(23):40-47.

第三节 单位经济犯罪中的特殊主体
——兴证期货有限公司大连营业部等背信运用受托财产案

一、案情简介

兴证期货有限公司大连营业部(简称兴证大连营业部)系兴证期货有限公司的下属分支机构。被告人孟宪伟于2009年8月至2014年7月在兴证大连营业部担任总经理,负责大连营业部全面工作。被告人陈晶于2013年8月至2014年7月在兴证大连营业部担任客户经理,负责开发和维护客户。2013年,被告人陈晶和胡某某认识了高某及其妻子孙某,向其介绍兴证大连营业部有保本理财产品,收益高于银行利息。高某要求保证资金安全,并且随取随用,被告人陈晶经请示被告人孟宪伟后,向被害人高某口头承诺投资期货在保本保息的基础上达到7%的年收益率。

2013年10月22日,高某与兴证期货有限公司签订了《期货经纪合同》及相关附属文件,按照兴证大连营业部工作人员的指引开立了期货保证金账户,并于次日向账户内转款人民币1 670万元,被告人陈晶向高某索要了期货账户的交易密码。

被告人孟宪伟、陈晶未能为高某找到第三方投资顾问,在未通知高某也未取得其同意的情况下,商议后决定自行使用高某的期货账户交易密码进行交易。2013年10月31日至2014年1月20日,被告人孟宪伟、陈晶擅自运用高某期货账户进行交易,造成高某期货保证金账户亏损人民币1 043.1万元,共计产生交易手续费1 533 642.48元,其中为兴证期货有限公司赚取手续费825 353.56元,上交给期货交易所708 288.92元。案发后,被告人孟宪伟、陈晶及胡某某返还被害人高某人民币共计191万元。①

二、主要问题

1. 单位的分支机构、内设机构或者部门以单位名义实施犯罪行为是否构成单位犯罪?(即单位犯罪的主体范围是否扩大至单位的分支机构、内设机构或者部门?)

2. 前述犯罪的刑事责任是由该分支机构、内设机构或者部门承担还是由其上级单位承担?

三、法律分析

第一种观点("主体扩大论")认为,2001年1月21日《最高人民法院关于全国法院审理金融犯罪案件工作座谈会纪要》(以下简称《审理金融犯罪纪要》)在"关于单位犯罪问题"部分中指明:"单位的分支机构或者内设机构、部门实施犯罪行为的处理。以单位的分支机构或者内设机构、部门的名义实施犯罪,违法所得亦归分支机构或者内设机构、部门所有的,应认定为单位犯罪。不能因为单位的分支机构或者内设机构、部门没有可供执行罚金的财产,就不将其认定为单位犯罪,而按照个人犯罪处理。"根据此规定,只要机构和组织具有独立的决策权和独立的财产支配权,能够以自己的名义对外活动并承担责任,就可以成为单位犯罪的主体。内设机构等组织体虽然不具有法人资格,但是也不同于个人,对其作为单位犯罪处理,更有利于正确适用刑罚,更符合案件实际情况。②

实践中也已存在将单位的分支机构或者内设机构、部门视作单位犯罪主体的做法。广东省高级人民法院认为,《最高人民法院关于审理单位犯罪案件具体应用法律若干问题的解释》第一条规定:"单位犯罪所指向的'单位'既包括国有、集体所有的公司、企业、事业单位,也包括依法设立的合资经营、合作经营企业和具有法人资格的独资、私营等公司、企业、事业单位。在司法实践中,'单位'的范围被扩展到上述规定所指'单位'的分支机构或

---

① (2016)辽刑终494号;(2016)辽02刑初12号。
② 熊选国.刑法刑事诉讼法实施中的疑难问题[M].北京:中国人民公安大学出版社,2005:31.

者内设机构、部门。"①

第二种观点("区分论")认为,单位犯罪的主体原则上不包括其二级单位。如果下级单位是为了上级单位的利益才实施单位犯罪行为的,则由上级单位承担该单位犯罪的刑事责任。但像银行、证券公司等金融机构自主权较大,其本身可以成为单位犯罪的主体,此时不再将刑事责任归责于上级单位。②

本案中,二审法院认为孟宪伟作为兴证大连营业部的负责人,与上诉人陈晶共同利用高某的账户资金进行期货交易,收取的手续费亦归兴证期货有限公司所有,构成单位犯罪;兴证大连营业部违背受托义务,擅自运用客户资金,情节特别严重,其行为侵犯了国家的金融管理秩序和客户的合法权益,构成背信运用受托财产罪。裁判文书中,法院明确将兴证大连营业部作为单位犯罪的主体。

我们认为,《审理金融犯罪纪要》仅仅指明单位的分支机构或者内设机构、部门实施的犯罪行为,可以被定性为单位犯罪。但该项规定未指明单位犯罪的刑事责任是由分支机构或者内设机构、部门还是由其上级单位承担。所谓的"违法所得归分支机构或者内设机构、部门所有的"本质上属于为上级单位获取利益。故本案中法院才会认为,收取的手续费归兴证期货有限公司所有。虽然银行、证券公司的分支机构拥有较大的自主权,例如具有独立参加诉讼的资格,有一定的运营、报销的经费额度,但在其实际运营(包括文件盖章、经费调拨)仍然需要分管公司或者总部的审批和许可,实际上并不具备真正的独立性。此外,《刑法》第三十条明确规定了单位犯罪主体的 5 种类型,并不存在例外情形,如以单位的分支机构或者内设机构、部门作为单位犯罪的主体似有违反罪刑法定原则之嫌。

需要注意的是,没有可供执行罚金的财产,并不代表不具有独立的财产支配能力。此处存在两种可能性:一是作为单位的一部分,其财产支配权来自上级单位的授予,虽成立单位犯罪,但最终刑事责任可由上级单位承担;二是仅在处罚时没有可供执行的财产,而机构、部门设立时独立拥有财产。

四、法条链接

1.《中华人民共和国刑法》

第一百八十五条之一【背信运用受托财产罪】 商业银行、证券交易所、期货交易所、证券公司、期货经纪公司、保险公司或者其他金融机构,违背受托义务,擅自运用客户资金或者其他委托、信托的财产,情节严重的,对单位判处罚金,并对其直接负责的主管人员和其他直接责任人员,处三年以下有期徒刑或者拘役,并处三万元以上三十万元以下罚金;情节特别严重的,处三年以上十年以下有期徒刑,并处五万元以上五十万元以下罚金。

2. 2001 年 1 月 21 日《最高人民法院关于全国法院审理金融犯罪案件工作座谈会纪要》中"关于单位犯罪问题"的部分

第一条 单位的分支机构或者内设机构、部门实施犯罪行为的处理。以单位的分支机构或者内设机构、部门的名义实施犯罪,违法所得亦归分支机构或者内设机构、部门所

---

① (2015)粤高法刑二终字第 197 号。
② 李邦友.论单位犯罪的定义[J].法学评论,1998(05):81-82.

有的,应认定为单位犯罪。不能因为单位的分支机构或者内设机构、部门没有可供执行罚金的财产,就不将其认定为单位犯罪,而按照个人犯罪处理。

五、课后思考

1. 分支机构、单位内设机构或者部门实施犯罪行为的,哪些主体需要承担刑事责任?
2. 加盟店、连锁店是否能成为单位犯罪的主体?
3. 合伙企业是单位犯罪的主体吗?

六、延伸阅读

1. 陈增宝.单位犯罪主体资格的司法确认与否定[J].中国刑事法杂志,2006(01):24-31.
2. 王飞跃.单位犯罪责任人员之认定[J].政治与法律,2020(06):41-52.
3. 孙国祥.论单位犯罪与自然人犯罪的界限[J].法学论坛,2001(06):51-58.
4. 曹顺明.论单位犯罪的主体范围[J].河北法学,1998(03):65-66.

第四节 单位经济犯罪中单位行为的识别
——邓某某行贿、受贿案

一、案情简介

2012年被告人邓某某在西双版纳花园房地产开发有限公司(简称西双版纳房地产公司)推进一度假区项目过程中,给予该度假区管委会原党委书记柳某(另案处理)现金1万元。2013年邓某某与西双版纳州生物产业办原主任李某(已判刑)在勐腊田野橡胶销售有限责任公司(简称勐腊橡胶销售公司)申报天然橡胶检验测试中心项目资金的过程中商量一致:待项目资金完成审批下拨后,从项目资金中拿出部分资金给予李某作为好处费。2014年该项目资金审批下拨后,被告人邓某某给予李某现金29万元。2014年,被告人邓某某与西双版纳州生物产业办原主任李某(已判刑)在西双版纳田野农业科技有限公司(简称西双版纳农业公司)申报环境友好型橡胶种植园试验示范区专项补助资金的过程中商量一致:待项目资金完成审批下拨后,从项目资金中拿出部分资金给予李某作为好处费。2014年该项目资金审批下拨后,被告人邓某某给予李某现金15万元。邓某某系西双版纳房地产公司、勐腊橡胶销售公司、西双版纳农业公司3家公司的法定代表人。前述行贿行为实施期间,邓某某从勐腊橡胶销售公司以个人借款的名义分别领款18万元、32万元。被告人邓某某及其辩护人提出的被告人邓某某系企业法人,其是为了公司利益并以公司名义行贿的,获取的利益也属于公司,本案属于单位犯罪。①

---

① (2017)云2822刑初85号。

二、主要问题

如何区分单位犯罪行为与个人犯罪行为？具体而言，如何识别单位意思？

三、法律分析

刑法学界对于单位行为的判断存在"'单位名义'和'违法所得去向'并重说"以及"'为了单位利益'和'集体决定或者负责人决定'并重说"两种学说。

第一种观点认为，"单位名义"和"违法所得去向"并重。该观点源自1999年6月25日发布的《最高人民法院关于审理单位犯罪案件具体应用法律有关问题的解释》第三条规定："盗用单位名义实施犯罪，违法所得由实施犯罪的个人私分的，依照刑法有关自然人犯罪的规定定罪处罚。"2001年1月21日《最高人民法院关于全国法院审理金融犯罪案件工作座谈会纪要》规定："以单位名义实施犯罪违法所得归单位所有的，是单位犯罪。"全国人民代表大会常务委员会《关于惩治走私罪的补充规定》第五条第三款规定："以企业、事业单位、机关、团体的名义进行走私，共同分取违法所得，依照本规定对个人犯走私罪的规定处罚。"这些规定都同时提及了"单位名义"和"违法所得"，但未指明判断二者的顺位与权重，也未能回答"单位实施犯罪但没有违法所得"[①]或"经过单位决策，但未使用单位名义实施犯罪行为"的情形应该如何处理的问题。

第二种观点认为，"为了单位利益"和"单位集体决定或者负责人决定"并重。该观点源自1997年3月1日印发的《刑法（修改草案）》第三十一条第一款规定："公司、企业、事业单位、机关、团体为本单位谋取非法利益经过单位集体决定或者由负责人员决定实施的犯罪是单位犯罪。"[②]单位意思首先由单位决策而产生，而在实践中负责人的决定常常对单位决策有重要的影响，以"单位集体决定或者由负责人员决定"来判断是否为单位行为有一定的可取之处。该条款同样存在未加释明的情形，如分则部分罪名并未要求犯罪主体具备"谋取非法利益的要件"，且"谋取"一词也并不精确。是否为单位利益，恐怕只能靠违法所得或者其他类型的利益流向哪一方才能体现。此外，该条款也未能回答"负责人超越权限决定为单位谋取非法利益"的情形应该如何处理。该条后被建议修改为新刑法第三十条之规定。

本案中，法院认为被告人邓某某虽是公司法定代表人，但本案的证据能够证实邓某某为谋取利益行贿李某的决定未经过公司股东及管理层决议，其行贿的现金也是以个人借款的形式从公司账上领款的，不符合单位犯罪的构成要件。此处，存在两个疑问：一是邓某客观上为单位获得了非法利益，自己作为单位负责人也能从中受益，如何区分邓某是为单位谋取利益还是为个人谋取利益？二是法院以邓某行贿未经过公司股东及管理层决议，行贿款项未经单位账户直接转给受贿人，而否定该行贿行为构成单位犯罪。但实际操作中，行贿通常是秘密进行，一般不会以单位直接转账的方式进行，并且邓某某本身拥有

[①] 如《刑法》三百二十五条规定的非法向外国人赠送珍贵文物罪没有违法所得，但没有犯罪所得的单位犯罪未必是经济犯罪。

[②] 何泽宏.单位犯罪研究[J].现代法学，1998(01)：51.

对外代表单位的权限,我们也无法辨别在受贿人眼中是否区分此行贿事实是以邓某某个人名义还是单位名义进行的。法院的判决是否将"经过股东及管理层决议"这一要素优先于"是否以单位名义""单位是否获益"两个方面考量?

我们认为,在进行具体的构成要件合致性分析时,单位犯罪行为与自然人犯罪行为的界分重点在于,如何认识单位意思的实现过程,包括单位的决策、执行、利益实现的全过程。实践中,有关单位意思如何实现情形较为复杂,司法实践对其分析也未必能面面俱到,可能面临的情形分析如图5-2所示。

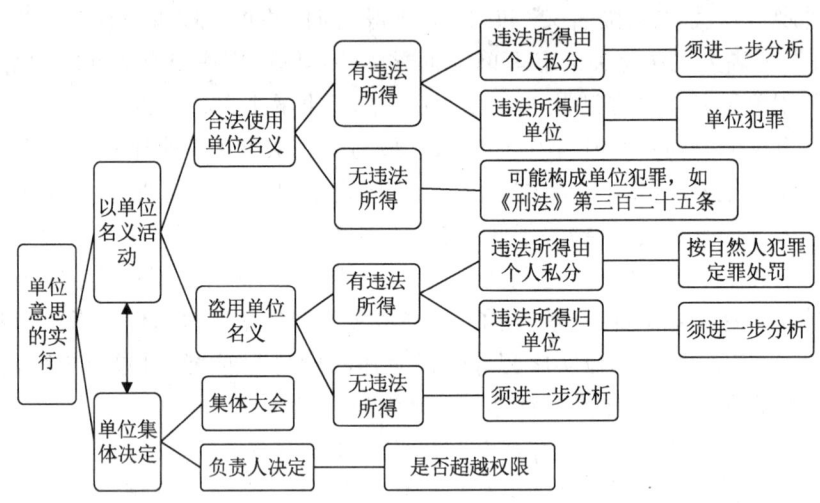

图5-2 单位意思的实行

单位组成人员的身份本身具有双重性,其既是单位的一分子又是独立的自然人,单位领导也不例外。这种身份的双重性决定了单位中的自然人的行为,既有可能是单位意思的体现,也有可能是自然人本人意思的体现。对这两种意思的区分需要考虑各种主客观要素,包括单位的业务范围、议事程序、监督机制、文化氛围等特征,特别是单位的监督机制。① 对于单位领导未经管理层实施的行为能否代表单位主要看其行为是否处在单位合法授权之内。本案中,行贿并不属于邓某某公司运营的合法权限,而"兴证期货有限公司大连营业部等背信运用受托财产罪案"中的孟宪伟和陈晶本身就拥有"与客户签订期货经纪合同,实施经纪业务"的权限,只是二人滥用了这一合法权限。

处罚单位犯罪的真义在于处罚由于单位管理体制不完善或某种缺陷而导致的犯罪行为,但"现行的单位犯罪论几乎完全没有考虑单位自身特征在单位犯罪的发生机制中的作用"。② 换句话说,虽然单位内部人员的身份具有双重性,但单位意志并非完全由单位内部自然人引起的(可能由单位固有制度缺陷引起),因而此时对单位犯罪相关责任人处罚力度往往轻于个人犯罪。这也是部分犯罪中,自然人以单位犯罪为己辩护的原因所在。司法实践中有时出于刑事政策的考量,在贪污贿赂犯罪领域更为强调"无瑕疵单位犯罪"

---

① 黎宏.单位犯罪中单位意思的界定[J].法学,2013(12):157.
② 黎宏.单位犯罪中单位意思的界定[J].法学,2013(12):156. 邹玉祥.单位犯罪的困境与出路——单位固有责任论之提倡[J].北京社会科学,2019(09):124.

的认定模式,即在单位意思的形成、决策、执行全程都要能够体现单位的意志,一个阶段不满足都不足以认定为单位犯罪。如此限制单位犯罪在该领域的适用是为了避免行为人利用单位犯罪的设置为自己开脱罪刑。

四、法条链接

1.《最高人民法院关于审理单位犯罪案件具体应用法律有关问题的解释》

第二条　个人为进行违法犯罪活动而设立的公司、企业、事业单位实施犯罪的,或者公司、企业、事业单位设立后,以实施犯罪为主要活动的,不以单位犯罪论处。

第三条　盗用单位名义实施犯罪,违法所得由实施犯罪的个人私分的,依照刑法有关自然人犯罪的规定定罪处罚。

2.《中华人民共和国刑法》

第一百七十六条【非法吸收公众存款罪】　非法吸收公众存款或者变相吸收公众存款,扰乱金融秩序的,处三年以下有期徒刑或者拘役,并处或者单处二万元以上二十万元以下罚金;数额巨大或者有其他严重情节的,处三年以上十年以下有期徒刑,并处五万元以上五十万元以下罚金。单位犯前款罪的,对单位判处罚金,并对其直接负责的主管人员和其他直接责任人员,依照前款的规定处罚。

3. 2014年4月24日全国人民代表大会常务委员会颁布的《关于〈中华人民共和国刑法〉第三十条的解释》

公司、企业、事业单位、机关、团体等单位实施刑法规定的危害社会的行为,刑法分则和其他法律未规定追究单位的刑事责任的,对组织、策划、实施该危害社会行为的人依法追究刑事责任。

4. 全国人民代表大会常务委员会《关于惩治走私犯罪的补充规定》

第五条第三款　以企业、事业单位、机关、团体的名义进行走私,共同分取违法所得,依照本规定对个人犯走私罪的规定处罚。

五、课后思考

1. 单位意思可以通过哪些方式体现?
2. 如何识别单位是作为犯罪工具还是犯罪主体?

六、延伸阅读

1. 黎宏.单位犯罪中单位意思的界定[J].法学,2013(12):153-160.
2. 李本灿.单位刑事责任论的反思与重构[J].环球法律评论,2020,42(04):39-60.
3. 叶良芳.论单位犯罪的形态结构——兼论单位与单位成员责任分离论[J].中国法学,2008(06):92-105.
4. 刘宪权,吴舟.单位犯罪新立法解释与相关司法解释的关系及适用[J].法学杂志,2015,36(09):24-31.
5. 邹玉祥.单位犯罪的困境与出路——单位固有责任论之提倡[J].北京社会科学,2019(09):116-128.

第五节　单位经济犯罪中的"数额"问题
——泗阳绅信纺织有限公司等虚开增值税专用发票、用于骗取出口退税、抵扣税款发票案

一、案情简介

泗阳绅信纺织有限公司（简称绅信公司）成立于2015年12月4日，被告人李孝德与杨某1、王某任公司股东、直接负责的主管人员，共同经营公司业务。2016年2月前后，被告人李孝德与杨某1、王某经共谋，并部分由他人介绍，在无实际货物销售的情况下，以票面金额5%～5.5%的价格向苍南艺乐服饰有限公司、苍南县欧丽丝纺织有限公司、苍南格多莱制衣厂等虚开增值税专用发票，价税合计2400余万元，税额计约360万元。

李孝德上诉提出绅信公司股东杨某1存在没有将部分犯罪所得交给公司的情形，对该部分数额不应计算为单位的犯罪数额。二审法院认为，违法所得分配上的差异并不影响对绅信公司及上诉人李孝德犯罪数额的认定。①

二、主要问题

如何确定和认识单位犯罪中的"数额"？

三、法律分析

经济犯罪中，犯罪所得的分配并不等同于犯罪的定罪数额。目前我国刑法体系中，关于单位犯罪与自然人犯罪的定罪数额的标准并不统一。以影响单位犯罪定罪数额的法律规定或者司法解释为例。

第一种观点，"同等说"，即采用与自然人犯罪相同的标准。该观点认为，同一罪名下单位犯罪的定罪数额应当和自然人犯罪一致。例如，最高人民法院审判委员会、最高人民检察院第十届检察委员会于2007年4月4日通过的《最高人民法院 最高人民检察院关于办理侵犯知识产权刑事案件具体应用法律若干问题的解释（二）》[以下简称《知识产权刑事案件解释（二）》]第六条规定："单位实施刑法第二百一十三条至第二百一十九条规定的行为，按照《最高人民法院 最高人民检察院关于办理侵犯知识产权刑事案件具体应用法律若干问题的解释》和本解释规定的相应个人犯罪的定罪量刑标准定罪处罚。"此条表明侵犯知识产权罪单位犯罪与个人犯罪定罪数额标准相同。又如，2014年8月12日公告的《最高人民法院 最高人民检察院关于办理走私刑事案件适用法律若干问题的解释》（以下简称《走私刑事案件解释》）第二十四条第一款规定，单位犯刑法第一百五十一条、第一百五十二条规定之罪，依照本解释规定的标准定罪处罚。采用同等标准可以使得整个犯罪论体系更为统一，但也可能使得单位犯罪的入罪标准过低，导致司法成本的增加。

---

① （2019）苏13刑终396号。

第二种观点,"区别说",即采用与自然人犯罪不同的标准。该观点认为,同一罪名下单位犯罪的定罪数额不应当和自然人犯罪一致,否则作为特殊犯罪类型的单位犯罪缺乏与自然人犯罪相区别的必要性。这意味着单位犯罪与自然人犯罪仅具有形式上的区别意义,而没有影响定罪量刑的实质价值。① 2014年8月12日最高人民法院、最高人民法院发布的《关于办理走私刑事案件适用法律若干问题的解释》第十六条规定:"走私普通货物、物品,偷逃应缴税额在十万元以上不满五十万元的,应当认定为刑法第一百五十三条第一款规定的'偷逃应缴税额较大';偷逃应缴税额在五十万元以上不满二百五十万元的,应当认定为'偷逃应缴税额巨大';偷逃应缴税额在二百五十万元以上的,应当认定为'偷逃应缴税额特别巨大'。走私普通货物、物品,具有下列情形之一,偷逃应缴税额在三十万元以上不满五十万元的,应当认定为刑法第一百五十三条第一款规定的'其他严重情节';偷逃应缴税额在一百五十万元以上不满二百五十万元的,应当认定为'其他特别严重情节'。"第二十四条第二款规定:"单位犯走私普通货物、物品罪,偷逃应缴税额在二十万元以上不满一百万元的,应当依照刑法第一百五十三条第二款的规定,对单位判处罚金,并对其直接负责的主管人员和其他直接责任人员,处三年以下有期徒刑或者拘役;偷逃应缴税额在一百万元以上不满五百万元的,应当认定为'情节严重';偷逃应缴税额在五百万元以上的,应当认定为'情节特别严重'。"

第三种观点,"混合标准说",即按照行为情节、实施对象,采用与自然人犯罪相同或者不同的标准。1987年11月27日《最高人民法院 最高人民检察院关于办理盗窃、盗掘、非法经营和走私文物的案件具体应用法律的若干问题的解释》第四条规定,非法经营(含收购、贩运、转手倒卖)文物,情节严重,构成犯罪的,以投机倒把罪论处。如果单位非法经营三级以上文物,参照自然人犯罪的定罪数额标准的规定。如果非法经营的是一般文物,本罪的定罪数额为个人非法经营数额在5 000元以上或者非法获利数额在1 000元以上,单位非法经营数额在10万元以上或者非法获利数额在5万元以上。该条款现已失效。

我们认为,单位犯罪中的"数额"确定需要考察单位行为的方方面面,如单位特征,单位行为与个人行为的区分,具体犯罪构成要件的要求等。即便单位犯罪采用与自然人犯罪同等的定罪数额标准,也不会消弭单位犯罪的特殊性,因为在犯罪构造上单位行为与个人行为存在本质差异。

单位犯罪与自然人犯罪定罪的数额标准是否统一影响着二者的刑罚。司法实务中,存在二者定罪数额标准不统一时,自然人希望通过认定为单位犯罪来减少自己所受刑罚的情形。这种辩护理由在司法实践中十分常见。目前我国刑法中,类似于虚开增值税专用发票罪、合同诈骗罪等并未分别设置单位犯罪与个人犯罪的数额标准,亦即相当多的罪名采用的是"同等说",对于单位的处罚也仅有"判处罚金"的表述,至于判处多少罚金则属于法官自由裁量的范围。换言之,即便单位犯罪与自然人犯罪采用统一的定罪数额标准,也可以在罚金刑方面对二者施加不同的影响。

---

① 黄祥青.论单位犯罪的处罚标准[J].法律适用,2013(07):60.

四、法条链接

《中华人民共和国刑法》

第二百零五条【虚开增值税专用发票、用于骗取出口退税、抵扣税款发票罪】 虚开增值税专用发票或者虚开用于骗取出口退税、抵扣税款的其他发票的,处三年以下有期徒刑或者拘役,并处二万元以上二十万元以下罚金;虚开的税款数额较大或者有其他严重情节的,处三年以上十年以下有期徒刑,并处五万元以上五十万元以下罚金;虚开的税款数额巨大或者有其他特别严重情节的,处十年以上有期徒刑或者无期徒刑,并处五万元以上五十万元以下罚金或者没收财产。

单位犯本条规定之罪的,对单位判处罚金,并对其直接负责的主管人员和其他直接责任人员,处三年以下有期徒刑或者拘役;虚开的税款数额较大或者有其他严重情节的,处三年以上十年以下有期徒刑;虚开的税款数额巨大或者有其他特别严重情节的,处十年以上有期徒刑或者无期徒刑。

虚开增值税专用发票或者虚开用于骗取出口退税、抵扣税款的其他发票,是指有为他人虚开、为自己虚开、让他人为自己虚开、介绍他人虚开行为之一的。

五、课后思考

1. 单位犯罪中的"数额"如何确定?
2. 同一罪名下单位犯罪中的"数额"与自然人犯罪中的"数额"如何区分?

六、延伸阅读

1. 马春晓.虚开增值税专用发票罪的抽象危险判断[J].政治与法律,2019(06):47-59.
2. 赵能文.单位犯罪与自然人犯罪的处罚标准宜统一[J].法学,2015(01):142-150.
3. 李冠煜.单位犯罪处罚原理新论——以主观推定与客观归责之关联性构建为中心[J].政治与法律,2015(05):33-46.
4. 黄祥青.论单位犯罪的处罚标准[J].法律适用,2013(07):58-62.

第六章

共同经济犯罪

第一节 共同经济犯罪的概念和成立条件

——柳立国等生产、销售有毒、有害食品,生产、销售伪劣产品案

一、案情简介

自2003年开始,被告人柳立国在山东省平阴县孔村镇经营油脂加工厂,后更名为中兴脂肪酸甲酯厂,并转向餐厨废弃油(俗称"地沟油")回收再加工。2009年3月、2010年6月,柳立国又先后注册成立了博汇公司、格林公司扩大生产,进一步将地沟油加工提炼成劣质油脂。自2007年12月起,柳立国从四川、江苏、浙江等地收购地沟油加工提炼成劣质油脂,在明知他人将向其所购的劣质成品油冒充正常豆油等食用油进行销售的情况下,仍将上述劣质油脂销售给他人,从中赚取利润。柳立国先后将所加工提炼的劣质油脂销售给经营食用油生意的山东聊城昌泉粮油实业公司、河南郑州宏大粮油商行等(均另案处理)。前述粮油公司等明知从柳立国处购买的劣质油脂系地沟油加工而成,仍然直接或经勾兑后作为食用油销售给个体粮油店、饮食店、食品加工厂以及学校食堂,或冒充豆油等油脂销售给饲料、药品加工等企业。截至2011年7月案发,柳立国等人的行为最终导致金额为926万余元的此类劣质油脂流向食用油市场供人食用,金额为9 065万余元的劣质油脂流入非食用油加工市场。期间,经被告人柳立国招募被告人鲁军负责格林公司的筹建、管理;被告人李树军负责地沟油采购并曾在格林公司分提车间工作;被告人柳立海从事后勤工作;被告人于双迎负责格林公司机器设备维护及管理水解车间;被告人刘凡金作为驾驶员运输成品油脂;被告人王波作为驾驶员运输半成品和厂内污水,并提供个人账户供柳立国收付货款。上述被告人均在明知柳立国用地沟油加工劣质油脂并对外销售的情况下,仍予以帮助。其中,鲁军、于双迎参与生产、销售上述销往食用油市场的劣质油脂的金额均为134万余元,李树军为765万余元,柳立海为457万余元,刘凡金为138万余元,王波为270万余元;鲁军、于双迎参与生产、销售上述流入非食用油市场的劣质油脂金额均为699万余元,李树军为9 065万余元,柳立海为4 961万余元,刘凡金为2 221万余元,王波为6 534万余元。2011年7月5日,柳立国、鲁军、李树军、柳立海、于双迎、刘凡金、王波因涉嫌生产、销售不符合安全标准的食品罪被刑事拘留,8月11日被逮捕。该案侦查终结后,移送浙江省宁波市人民检察院审查起诉。2013年4月11日,宁波市中级人民法院进行一审。一审宣判后,柳立国、鲁军、李树军、柳立海、于双迎、刘凡金、王波提

出上诉。2013年6月4日,浙江省高级人民法院二审裁定驳回上诉,维持原判。①

二、主要问题

柳立国、鲁军、李树军、柳立海、于双迎、刘凡金、王波等人的行为能否构成共同犯罪?

三、法律分析

在共同经济犯罪的司法认定中,行为人所实施的行为能否构成共同犯罪,如何认定等问题往往是十分棘手的。

第一种观点,柳立国、鲁军、李树军、柳立海、于双迎、刘凡金、王波等人的行为不构成共同犯罪。理由是:根据犯罪共同说,共同犯罪是指二人以上共同实行一个特定的犯罪,以某一犯罪的构成要件为内容。共同犯罪的客观要件是共同实行事实,而且每个人的行为都需要符合一个特定的犯罪构成要件。② 本案行为人所实施的行为并非每个人的行为都符合一个特定的犯罪构成要件,因而不构成共同犯罪。

第二种观点,柳立国、鲁军、李树军、柳立海、于双迎、刘凡金、王波等人的行为构成共同犯罪。理由是:根据行为共同说,共同犯罪的成立以犯罪事实为根据,只要行为人以共同行为完成犯罪,就属于共同犯罪。③ 本案行为人所实施的危害行为与劣质油脂流向食用油市场供人食用,劣质油脂流入非食用油加工市场等危害结果之间有因果关系,就是共同行为,因而构成共同犯罪。

我们认为,柳立国、鲁军、李树军、柳立海、于双迎、刘凡金、王波等人的行为构成共同犯罪,其理由需结合《刑法》第二十五条的规定,依据共同犯罪的成立条件来判断。从主体要件看,柳立国等人为两个以上的自然人,都达到刑事责任年龄,具有刑事责任能力。从主观条件看,柳立国等人具有共同犯罪故意,即明知对方是食用油经销者,仍将用餐厨废弃油加工而成的劣质油脂销售给对方;明知油脂经销者向饲料生产企业和药品生产企业等单位销售豆油等食用油,仍将用餐厨废弃油加工而成的劣质油脂销售给对方等。从客观要件看,柳立国等人必须有共同行为。"共同行为要求各共犯人的行为在共同故意支配下相互配合、相互协调、相互补充,形成一个整体。"④本案中,各共犯人的共同行为导致劣质油脂流入食用油市场供人食用和导致劣质油脂流向饲料生产企业、药品生产企业等单位,形成一个整体。

四、法条链接

《中华人民共和国刑法》

第二十五条【共同犯罪概念】 共同犯罪是指二人以上共同故意犯罪。

第一百四十条【生产、销售伪劣产品罪】 生产者、销售者在产品中掺杂、掺假,以假充真,以次充好或者以不合格产品冒充合格产品,销售金额五万元以上不满二十万元的,处

---

① 最高人民检察院第四批指导性案例(检例第12号)。
② 贾宇.刑法学:上册·总论[M].北京:高等教育出版社,2019:228.
③ 贾宇.刑法学:上册·总论[M].北京:高等教育出版社,2019:228-229.
④ 贾宇.刑法学:上册·总论[M].北京:高等教育出版社,2019:231.

二年以下有期徒刑或者拘役,并处或者单处销售金额百分之五十以上二倍以下罚金;销售金额二十万元以上不满五十万元的,处二年以上七年以下有期徒刑,并处销售金额百分之五十以上二倍以下罚金;销售金额五十万元以上不满二百万元的,处七年以上有期徒刑,并处销售金额百分之五十以上二倍以下罚金;销售金额二百万元以上的,处十五年有期徒刑或者无期徒刑,并处销售金额百分之五十以上二倍以下罚金或者没收财产。

第一百四十四条【生产、销售有毒、有害食品罪】 在生产、销售的食品中掺入有毒、有害的非食品原料的,或者销售明知掺有有毒、有害的非食品原料的食品的,处五年以下有期徒刑,并处罚金;对人体健康造成严重危害或者有其他严重情节的,处五年以上十年以下有期徒刑,并处罚金;致人死亡或者有其他特别严重情节的,依照本法第一百四十一条的规定处罚。

五、课后思考

如何理解共同经济犯罪的概念和成立条件?

六、延伸阅读

1. 何庆仁.共同犯罪归责基础的规范理解[J].中外法学,2020,32(02):444-469.
2. 王彦强.共同犯罪中的罪量要素认识错误[J].法律科学(西北政法大学学报),2015,33(06):82-90.
3. 陈洪兵."二人以上共同故意犯罪"的再解释——全面检讨关于共同犯罪成立条件之通说[J].当代法学,2015,29(04):32-44.

第二节 共同经济犯罪的认定
——杨智勇等生产、销售假药案

一、案情简介

2008年6月,被告人杨占强在河南省渑池县城关镇一里河村注册成立渑池县立康生物技术有限公司(以下简称立康公司)。2010年至2012年,立康公司使用豫卫食新字(2008)第0247号的食品批准文号,采用私自在生产的中药中添加治疗糖尿病的格列苯脲、苯乙双胍等西药的方法,大量生产胰复康、消糖康、百草清糖等黄精苦瓜胶囊系列产品,并利用网络虚假宣传药品疗效,在全国范围内招聘代理商,将生产的假药通过物流快递等方式销往20多个省份的代理商和糖尿病患者,通过银行转账、汇款等方式结算货款,销售金额达人民币1 834 753元。公司经营期间,杨占强指挥生产、销售假药,负责提供生产假药的配方;被告人杨喜平按照杨占强提供的假药配方配置原料进行生产;被告人马耐烦帮助照看门市,协助销售假药;被告人杨智勇联系制作销售宣传网站。河南省卫生厅协查情况复函证实,该厅从未批准过豫卫食新字(2008)第0247号批文,该批文系虚假批准文号。

渑池县人民法院认为,被告人杨占强、杨智勇、杨喜平、马耐烦违反国家药品管理法律规定,生产、销售假药,销售范围广,销售金额达183万余元,其中杨占强的行为已构成生产、销售假药罪;杨智勇的行为已构成销售假药罪;杨喜平的行为已构成生产假药罪;马耐烦的行为已构成生产假药罪。在共同犯罪中,杨占强指挥生产、销售假药,系主犯;杨智勇明知杨占强生产、销售假药仍负责联系制作销售宣传网站,帮助销售假药,杨喜平明知杨占强生产假药仍帮助配制生产,马耐烦明知杨占强生产、销售假药仍协助销售,均系从犯,依法应对杨智勇从轻处罚,对杨喜平、马耐烦减轻处罚。各被告人均有坦白情节,均依法可以从轻处罚。据此,判决如下:被告人杨占强犯生产、销售假药罪,判处有期徒刑8年,并处罚金人民币10万元;被告人杨智勇犯销售假药罪,判处有期徒刑3年6个月,并处罚金人民币5万元;被告人杨喜平犯生产假药罪,判处有期徒刑2年6个月,并处罚金人民币2万元;被告人马耐烦犯销售假药罪,判处有期徒刑2年6个月,并处罚金人民币2万元。一审宣判后,被告人杨智勇提出上诉。三门峡市中级人民法院经审理认为,原判根据犯罪事实及其在共同犯罪中的地位、作用,已予从轻处罚、量刑并无不当,故其上诉理由不能成立,不予采纳。据此,三门峡市中级人民法院裁定驳回杨智勇的上诉,维持原判。①

二、主要问题

联系制作假药销售宣传网站的行为是否构成生产、销售假药罪的共犯?

三、法律分析

本案争论的焦点在于被告人杨智勇联系制作假药销售宣传网站的行为究竟该如何定性的问题。

第一种观点,不构成生产、销售假药罪的共犯。被告人杨智勇一审时辩称,其于2008年根据杨占强提供的公司资质和产品包装图而联系他人制作了销售网站,网站建成后其并没有参与对网站宣传内容的修改,也没有参与公司生产经营活动,对杨占强在产品中添加西药成分并不知情。被告人杨智勇上诉时提出,其帮助立康公司建立销售宣传网站并无过错,不存在违法犯罪事实。

第二种观点,构成生产、销售假药罪的共犯。一审法院认为,被告人杨智勇明知杨占强生产、销售假药仍负责联系制作销售宣传网站,帮助销售假药。二审法院认为,被告人杨智勇明知杨占强在药品中非法添加西药成分仍负责联系制作销售宣传网站,帮助销售假药,其行为已构成销售假药罪。

我们认为,被告人杨智勇联系制作假药销售宣传网站的行为构成生产、销售假药罪的共犯。可结合共同犯罪的成立条件展开分析。

首先,从主体要件看,杨智勇等人为两个以上的自然人,都达到刑事责任年龄,具有刑事责任能力。

其次,从主观条件看,杨智勇等人具有共同犯罪故意。"所谓共同犯罪故意,是指各行为人通过意思的传递、反馈而形成的,明知自己是和他人配合共同实施犯罪,并且明知共

---

① 《刑事审判参考》(总第103集)第1074号。

同的犯罪行为会发生某种危害社会的结果,而希望或者放任这种危害结果发生的心理态度。"①在本案中,被告人杨智勇明知杨占强生产、销售假药仍负责联系制作销售宣传网站,帮助销售假药;明知杨占强在药品中非法添加西药成分仍负责联系制作销售宣传网站,帮助销售假药。可见,被告人杨智勇联系制作销售宣传网站的目的在于为杨占强的立康公司所生产、销售的假药做销售宣传,具有明显的共同犯罪故意。在实施犯罪过程中,被告人杨智勇与杨占强等人不仅有意思联络,而且有实施共同生产、销售的假药犯罪的共同认识和共同意志。

最后,从客观要件看,杨智勇等人必须有共同行为。"从共犯人的分工情况或行为与分则条文的联系来看,共同犯罪行为可以分为实行行为与非实行行为。实行行为是刑法分则规定的具体犯罪客观构成要件的行为,非实行行为包括组织行为、教唆行为和帮助行为。帮助行为,即在共同犯罪中起辅助作用的行为。"②本案中,杨智勇负责联系制作销售宣传网站,帮助销售假药的行为,与各共犯人的共同行为形成一个整体(生产——宣传——销售等环节),即使用豫卫食新字(2008)第 0247 号的食品批准文号,采用私自在生产的中药中添加治疗糖尿病的格列苯脲、苯乙双胍等西药的方法,大量生产胰复康、消糖康、百草清糖等黄精苦瓜胶囊系列产品,并利用网络虚假宣传药品疗效,在全国范围内招聘代理商,将生产的假药通过物流快递等方式销往 20 多个省份的代理商及糖尿病患者,通过银行转账、汇款等方式结算货款,销售金额达人民币 1 834 753 元。

综上,正如 2014 年 11 月 3 日发布的《最高人民法院 最高人民检察院关于办理危害药品安全刑事案件若干问题的解释》第八条第四项规定,"明知他人生产、销售假药、劣药,仍提供广告宣传等帮助行为的,以共同犯罪论处",足以说明本案中被告人杨智勇联系制作假药销售网站的行为是构成生产、销售假药罪的共犯的。因此,本案法院的定性是准确的。

四、法条链接

《中华人民共和国刑法》

第一百四十一条③【生产、销售假药罪】 生产、销售假药的,处三年以下有期徒刑或者拘役,并处罚金;对人体健康造成严重危害或者有其他严重情节的,处三年以上十年以下有期徒刑,并处罚金;致人死亡或者有其他特别严重情节的,处十年以上有期徒刑、无期徒刑或者死刑,并处罚金或者没收财产。

本条所称假药,是指依照《中华人民共和国药品管理法》的规定属于假药和按假药处理的药品、非药品。

第二十五条第一款【共同犯罪概念】 共同犯罪是指二人以上共同故意犯罪。

---

① 贾宇.刑法学:上册·总论[M].北京:高等教育出版社,2019:230.
② 贾宇.刑法学:上册·总论[M].北京:高等教育出版社,2019:231-232.
③ 本条款内容为案件审理时的刑法规定。2020 年《刑法修正案(十一)》已将该条修订为:"生产、销售假药的,处三年以下有期徒刑或者拘役,并处罚金;对人体健康造成严重危害或者有其他严重情节的,处三年以上十年以下有期徒刑,并处罚金;致人死亡或者有其他特别严重情节的,处十年以上有期徒刑、无期徒刑或者死刑,并处罚金或者没收财产。药品使用单位的人员明知是假药而提供给他人使用的,依照前款的规定处罚。"

第二十六条第一款、第四款【主犯】 组织、领导犯罪集团进行犯罪活动的或者在共同犯罪中起主要作用的,是主犯。对于第三款规定以外的主犯,应当按照其所参与的或者组织、指挥的全部犯罪处罚。

第二十七条【从犯】 在共同犯罪中起次要或者辅助作用的,是从犯。对于从犯,应当从轻、减轻处罚或者免除处罚。

五、课后思考

如何理解和把握共同经济犯罪的成立条件?

六、延伸阅读

1. 王俊.完全犯罪共同说的本土化证成[J].环球法律评论,2020,42(05):117-132.
2. 李瑞杰.犯罪参与理论的讨论范式及其转换[J].交大法学,2019(04):158-170.
3. 何庆仁.归责视野下共同犯罪的区分制与单一制[J].法学研究,2016,38(03):140-158.
4. 刘明祥.不能用行为共同说解释我国刑法中的共同犯罪[J].法律科学(西北政法大学学报),2017,35(01):61-66.

第三节　共同经济犯罪参与人的刑事责任

——普宁市流沙经济发展公司等单位虚开增值税专用发票案

一、案情简介

1999年7月26日,普宁市流沙经济发展总公司以支工周转金的名义,先后9次将交通银行汕头分行普宁支行300万元贷款转借给从事虚开增值税专用发票、骗取出口退税活动的同案人江极洲(另案处理),发生额计84 088 088元。同年8月26日至11月2日,普宁市流沙经济发展总公司以支工周转金的名义,先后13次将上述挪用资金转借给从事虚开增值税专用发票、骗取出口退税的同案人许汉波(另案处理)、陈木强(另案处理)、江极洲,发生额计843 727 793元。1999年6月16日至2000年1月28日,普宁市国家税务局城区中心分局经普宁市国家税务局批准,先后42次将江极洲、陈木强、许汉波在从事虚开增值税专用发票、骗取出口退税活动时向税务机关预缴税款中的多缴税款以退库税款的名义,直接划还普宁市流沙经济发展总公司,发生额计1 163 292 812元。普宁市流沙经济发展总公司又根据江极洲、陈木强、许汉波当期借款情况,先后将其中的161 071 015元退还给江极洲、陈木强、许汉波。接受原普宁市流沙镇人民政府发放借款和财政补贴的江极洲、陈木强、许汉波、杨旭恩等人的32家出口产品供货企业1999年虚开增值税专用发票价款共计49 856.24万元,向普宁市国家税务局城区中心分局预缴增值税税款3 390.22万元。普宁市国家税务局城区中心分局退还上述32家企业的退库税款为2 017.01万元。上述32家企业为原普宁市流沙镇人民政府、普宁市国家税务局城区中心分局虚增增值税 1 373.22 万元。原普宁市流沙镇人民政府当年度"两税(实际仅增值税)"收入实际完成 6 456 万元,超收 606 万元;普宁市国家税务局城区中心分局当年度"两税"收入实际完成 6 855.6905 万元(包括分局所辖流沙镇及大南山镇),超收 6 905 元。原普宁市流沙镇人民政府因完成"两税"收入任务而得到普宁市财政拨给的两税分成基数和两税超收分成共计 1 248.86 万元(其中分成基数 1 167.05 万元,超收奖励 81.81 元)。普宁市国家税务局城区中心分局从原普宁市流沙镇人民政府获得超收分成经费补贴 120.7 万元(实际已得 119.7 万元)。江极洲、陈木强、许汉波从普宁市流沙经济发展总公司获得借款后,均将该款用于向普宁市国家税务局城区中心分局预缴增值税税款,尔后虚开增值税专用发票共计 477 份,税额计 5 056 011 166 元。向税务机关骗取出口退税款计 3 388 652 511 元。其中,江极洲以普宁市金倍来塑料有限公司等 11 家企业的名义,为自己虚开增值税专用发票 336 份,税额计 3 166 581 061 元,已骗取且尚无法追回的出口退税款 2 126 605 642 元;陈木强以普宁市永盛工艺制衣厂等 2 家企业的名义,为自己虚开增值税专用发票 42 份,税额计 552 616 049 元,已骗取且尚无法追回的出口退税款计 350 363 244 元;许汉波以普宁市华光织造制衣厂等 7 家企业的名义,为他人虚开增值税专用发票 99 份,税额计 1 336 814 056 元,受票单位已将 98 份发票向税务机关骗取出口退税款计 911 683 625 元,至今尚无法追回。2000 年 7 月 10 日,原普宁市流沙镇财政管理所向原流沙镇委镇政府提出报告,要求按原定补贴标准对出口供货企业实行财政补贴并补助普宁市国家税务局城区中心分局。同月 23 日,已任原流沙镇党委书记的被告人黄少壮主持召开镇党委书记会议和镇党政联席会议,同意对江极洲、陈木强等人的 26 家从事虚开增值税专用发票骗取出口退税的出口供货企业实行财政补贴,补贴额 176 437 527 元;同时决定补助普宁市国家税务局城区中心分局 5 251 972 元。其中,决定对江极洲的普宁市金倍来塑料有限公司等 11 家企业补贴 90 609 288 元,对陈木强的普宁市永盛工艺制衣厂、普宁市丽卿工艺服装厂补贴 9 607 028 元。同年 8 月 4 日,原普宁市流沙镇人民政府拨给陈木强的普宁市永盛工艺制衣厂、普宁市丽卿工艺服装厂财政补贴 9 607 028 元,拨给涉嫌虚开增值税专用发票的杨旭恩、卓雄越、陈义诚(均另案处理)的普宁市丽艺服装玩具厂等 6 家企业财政补贴 38 792 224 元。因江极洲向普宁市流沙经济发展总公司的借款尚未还清,对江的补贴被扣还。普宁市国家税务局城区中心分局尚未取得上述补助款。

本案中,被告人黄少壮是原普宁市流沙镇人民政府直接负责的主管人员,被告人何培洪是其他直接责任人员。被告人林郁是普宁市国家税务局城区中心分局直接负责的主管人员。黄少宜既是普宁市流沙经济发展总公司直接负责的主管人员,也是原普宁市流沙镇人民政府的其他直接责任人员。①

二、主要问题

1. 单位共同虚开增值税专用发票如何定罪处罚?
2. 单位虚开增值税专用发票的共同犯罪中,犯罪单位之间、犯罪单位中的自然人之间

---

① 《刑事审判参考》(总第 31 集)第 232 号。

能否区分主从犯？

三、法律分析

（一）单位共同虚开增值税专用发票如何定罪处罚

根据《刑法》第二百零五条第二款的规定，本案中普宁市流沙镇人民政府、普宁市流沙经济发展总公司、普宁市国家税务局城区中心分局均构成单位虚开增值税专用发票犯罪。其犯罪活动系由单位集体决策并以被告单位名义进行，非法利益归单位所有，应是单位犯罪。各被告单位明知他人从事虚开增值税专用发票骗取出口退税的犯罪活动，仍然积极提供帮助，已经构成虚开增值税专用发票犯罪的共犯。

（二）单位虚开增值税专用发票的共同犯罪中，犯罪单位之间、犯罪单位中的自然人之间能否区分主从犯

首先，普宁市流沙镇人民政府、普宁市国家税务局城区中心分局、普宁市流沙经济发展总公司可以与江极洲等自然人构成虚开增值税专用发票犯罪的共犯。《刑法》第三十条规定单位可以作为犯罪的主体。根据《刑法》第二十五条关于共同犯罪的规定及刑法理论，单位也可以成为共同犯罪的主体，一个单位和其他单位，以及单位和自然人之间在共同故意的基础上可以实施共同的犯罪行为，从而构成共同犯罪。而且在单位之间、单位和自然人之间共同犯罪的情况下，根据具体案情，有的可以或者应当区分主从犯，以追究单位和自然人不尽相同的刑事责任。本案中，各被告单位无视国家法律，明知江极洲等人从事虚开增值税专用发票、骗取国家出口退税犯罪活动而积极提供借贷资金和财政补贴，双方构成虚开增值税专用发票犯罪的共犯。在共同犯罪中，江极洲等人与普宁市流沙镇人民政府起主要作用，是主犯，而普宁市国家税务局城区中心分局、普宁市流沙经济发展总公司作为普宁市流沙镇人民政府的下属部门，在共同犯罪中起次要和辅助作用，是从犯，依法应当从轻处罚。虽然普宁市流沙镇人民政府已经被撤销，江极洲等人另案处理，但本案其他被告单位仍应作为从犯追究刑事责任。需要强调的是，在普宁市国家税务局城区中心分局、普宁市流沙经济发展总公司均为独立的犯罪主体和认定二被告单位在共同犯罪中均是从犯的前提下，两者之间在共同犯罪中的地位和作用也是不同的。一审法院认定，在伙同江极洲等人虚开增值税专用发票共同犯罪中，被告单位普宁市流沙经济发展总公司、普宁市国家税务局城区中心分局起辅助作用，是从犯，依法应从轻处罚，并对被告单位普宁市国家税务局城区中心分局和普宁市流沙经济发展总公司依法判处不同数额的罚金是正确的。

其次，被告人黄少壮、林郁、何培洪与黄少宜可以并合在一起区分主从犯，以利于准确定罪量刑。2000年10月《最高人民法院关于审理单位犯罪案件对其直接负责的主管人员和其他直接责任人员是否区分主犯、从犯问题的批复》中规定："在审理单位故意犯罪案件时，对其直接负责的主管人员和其他直接责任人员，可不区分主犯、从犯，按照其在单位犯罪中所起的作用判处刑罚。"据此，在司法实践中，对单位犯罪中的主管人员和其他直接责任人员，按照其在单位犯罪中所起的作用，根据罪责刑相适应原则，能够正确地确定刑事责任，就没必要再区分主犯、从犯；但从某种意义上讲，单位犯罪中，有关责任人员具有共同的实施单位犯罪的故意和共同的实施单位犯罪的行为，可以成立共同犯罪。根据具体案情，如果不区分主从犯，对被告人量刑很难做到罪责刑相适应的情况下，也可以而且应当区分主犯、从犯。值得注意的是,上述批复是针对单位犯罪的单数形态而言的,司法实践中,对于两个以上单位的共同犯罪,其中的主管人员和其他直接责任人员能否也认定构成共同犯罪,并合在一起区分主犯、从犯,存在不同意见。

第一种观点认为,我国刑法传统的共同犯罪理论是奠基于不同犯罪主体之间共同故意犯罪基础上的,单位犯罪具有整体性,犯罪单位中有关责任人员的犯罪依附于单位。在单位共同犯罪的情况下,可以说是单位之间构成共同犯罪,但不能认为是单位之间以及单位的有关责任人员之间分别构成共同犯罪。因此,对各单位的有关责任人员根据其组织、指挥或者参与的罪行,综合比较实行区别对待,能够做到罪刑相适应,不用并合在一起区分主犯、从犯。

第二种观点认为,单位犯罪中直接责任人员的罪责具有相对独立性,形式上符合《刑法》第二十五条规定的"二人以上共同故意犯罪"的共同犯罪特征。理论应以服务于实践为最终目标,对于单位共同犯罪中的多个直接责任人员认定为共同犯罪,在必要时候区分主从犯,更能贯彻罪刑相适应原则。因此,单位共同犯罪案件中,其中责任人员的犯罪地位应在全案中予以考察,可以认定构成共同犯罪,区分主从犯,特定情况下,其犯罪地位不必与所在单位相一致。

我们认为,第二种观点较为妥当。在两个以上单位的共同犯罪案件中,一般情况下,各单位直接责任人员的犯罪地位应与本单位的犯罪地位一致,但如果这样判定其应负的刑事责任不能做到罪刑相适应的,也可以对其中的直接责任人员按照共同犯罪的规定,区分主从犯。本案中,黄少壮、何培洪、黄少宜是主犯单位原普宁市流沙镇人民政府的直接责任人员,林郁是从犯单位普宁市国家税务局城区中心分局的直接负责的主管人员,黄少宜还是从犯单位普宁市流沙经济发展总公司直接负责的主管人员。在原普宁市流沙镇人民政府的犯罪中,黄少壮、何培洪是主犯,黄少宜是从犯。一审法院在依法认定各被告单位在共同犯罪中的地位的情况下,准确把握4名被告人在犯罪中所起的作用大小,认定四名被告人构成共同犯罪,尤其是认定黄少宜起次要作用,是从犯,依法减轻处罚,做到了量刑适当。

四、法条链接

《中华人民共和国刑法》

第二百零五条【虚开增值税专用发票、用于骗取出口退税、抵扣税款发票罪;虚开发票罪】 虚开增值税专用发票或者虚开用于骗取出口退税、抵扣税款的其他发票的,处三年以下有期徒刑或者拘役,并处二万元以上二十万元以下罚金;虚开的税款数额较大或者有其他严重情节的,处三年以上十年以下有期徒刑,并处五万元以上五十万元以下罚金;虚开的税款数额巨大或者有其他特别严重情节的,处十年以上有期徒刑或者无期徒刑,并处五万元以上五十万元以下罚金或者没收财产。

单位犯本条规定之罪的,对单位判处罚金,并对其直接负责的主管人员和其他直接责任人员,处三年以下有期徒刑或者拘役;虚开的税款数额较大或者有其他严重情节的,处三年以上十年以下有期徒刑;虚开的税款数额巨大或者有其他特别严重情节的,处十年以上有期徒刑或者无期徒刑。

虚开增值税专用发票或者虚开用于骗取出口退税、抵扣税款的其他发票,是指有为他人虚开、为自己虚开、让他人为自己虚开、介绍他人虚开行为之一的。

第二十六条第一、四款【主犯】 组织、领导犯罪集团进行犯罪活动的或者在共同犯罪中起主要作用的,是主犯。对于第三款规定以外的主犯,应当按照其所参与的或者组织、指挥的全部犯罪处罚。

第二十七条【从犯】 在共同犯罪中起次要或者辅助作用的,是从犯。对于从犯,应当从轻、减轻处罚或者免除处罚。

五、课后思考

1. 在单位共同经济犯罪中,如何处理犯罪单位、单位直接负责人员和其他直接责任人员之间的刑事责任?

2. 在共同经济犯罪中如何区分主从犯?

六、延伸阅读

1. 张明楷.共犯人关系的再思考[J].法学研究,2020,42(01):134-153.

2. 钱叶六.中国犯罪参与体系的性质及其特色——一个比较法的分析[J].法律科学(西北政法大学学报),2013,31(06):149-158.

3. 王霖.共犯责任退出机制的反思性检讨:修正因果关系遮断说的构建[J].政治与法律,2017(06):87-98.

4. 章雨润.共同犯罪刑事责任的扩散——从解释论到方法论的重新演绎[J].烟台大学学报(哲学社会科学版),2017,30(03):41-51.

第四节 共同经济犯罪的出罪认定
——陈宏德、李铁石为亲友非法牟利案

一、案情简介

2006年5月15日被告人陈宏德、李铁石和卢某甲在天津开发区工商局注册成立了天津航达港口设备工程管理有限公司(以下简称航达公司),注册资本150万元,其中陈宏德出资75万元,占50%的股份,李铁石出资45万元,占30%的股份,卢某甲出资30万元,占20%的股份。陈宏德任公司的董事长、法定代表人、李铁石任总经理,主要经营由李铁石负责,卢某甲不负责公司的经营管理。经营范围主要是港口机械设备设计、配套、供货、维修服务等。2006年8月1日陈宏德接受中交集团的聘任担任曹妃甸港口项目部(简称曹妃甸项目部)常务副总经理,2008年8月陈宏德经总裁孟凤朝建议,继续留任,并于2008年8月7日将航达公司股份转让给李铁石,李铁石担任航达公司的法定代表人,陈宏德退出该公司。2008年4、5月份,帕伊通项目被日本三菱重工中标,三菱重工让其在中国的分公司负责人松某(日籍)负责该项目的设备采购。因为十几年前松某认识陈宏德,也知道陈宏德给中交集团做过很多优秀工程,陈宏德在业内的口碑很好,所以松某找到陈宏德,想与陈宏德及所在的航达公司合作(当时陈宏德也系航达公司法定代表人),并多次在航达公司办公室进行谈判。但在签订合同前,因航达公司没有进出口权,无法办理出口退税,因此陈宏德提出,先由日本三菱重工与中交集团签订合同,再将该项目分包给航达公司,三方均同意。2008年12月4日由中交集团授权陈宏德在帕伊通项目合同订立过程中,进行合同谈判,签署合同文件。2008年12月6日陈宏德代表中交集团与日本三菱重工在天津市开发区假日酒店签订了合同,合同总额为14 888 262.63美元。2008年12月12日黄某与陈宏德签订了项目管理目标责任书,代表中交集团委任陈宏德为帕伊通项目部经理。2008年12月16日中交集团总承包公司负责人黄某代表中交集团授权陈宏德签署分包协议。2008年12月20日陈宏德按授权范围代表中交集团与航达公司签订了帕伊通三期扩建项目煤炭装卸系统钢结构采购合同,将该项目整体分包给航达公司,分包合同总额为54 388 762.98元。中国交通建设股份有限公司获利5 000多万元。唐山市曹妃甸区人民法院认为,唐山市曹妃甸区人民检察院指控被告人陈宏德、李铁石犯为亲友非法牟利罪,所提供的证据不足,其指控不能成立。被告人陈宏德、李铁石的行为不符合为亲友非法牟利罪的犯罪构成,不构成为亲友非法牟利罪,二被告人及其辩护人的辩护意见有理,予以采纳。被告人陈宏德、李铁石不构成为亲友非法牟利罪,宣告无罪。①

二、主要问题

共同经济犯罪在何种情况下不构成犯罪,需进行相应的出罪判断?

三、法律分析

在本案中,被告人陈宏德与李铁石的行为能否构成共同经济犯罪,抑或能否构成犯罪均存在争议,值得进行深入分析。实际上,如果二被告的行为不构成犯罪,也就谈不上构成共同犯罪了,本案罪与非罪的判断是为关键,也许选取本案的意义大抵就在于此。

第一种观点认为,根据公诉机关指控,被告人陈宏德与李铁石的行为构成共同经济犯罪,即构成为亲友非法牟利罪。

第二种观点认为,根据二被告及其辩护人,以及法院裁判,被告人陈宏德与李铁石的行为不构成共同经济犯罪,即不构成为亲友非法牟利罪。

我们认为,被告人陈宏德与李铁石的行为不构成共同经济犯罪,即不构成为亲友非法牟利罪和不构成为亲友非法牟利罪的共犯。理由如下。

首先,被告人陈宏德与李铁石的行为不构成为亲友非法牟利罪。我们认为,如果行为人的行为不符合刑法分则所规定的某个具体犯罪的任一主观或客观上的犯罪构成要件要素,即可认为是不符合犯罪构成要件,形成犯罪构成要件上的出罪,进而可以此做出相应的出罪判断和认定。根据《刑法》第一百六十六条的规定,为亲友非法牟利罪,是指国有公司、企业、事业单位的工作人员,利用职务便利,将本单位的盈利业务交由自己的亲友进行经营,或者与亲友经营管理的单位进行明显有利于对方的购销活动,使国家利益遭受重大

---

① (2013)曹刑重字第3号。

损失的行为。① 结合本案来看,公诉机关指控陈宏德利用担任中交集团国投曹妃甸港口项目部常务副经理的职务之便的指控没有证据支持,帕伊通项目是航达公司的盈利业务而不是中交集团的盈利业务,中交集团因此获利 53 903 246 元,国家利益并未遭受重大损害,不符合为亲友非法牟利罪犯罪构成要件,因此,被告人陈宏德与李铁石的行为不构成为亲友非法牟利罪。

其次,被告人陈宏德与李铁石的行为不构成为亲友非法牟利罪的共犯。如前所述,当二被告的行为不构成为亲友非法牟利罪时,也就谈不上构成为亲友非法牟利罪的共犯了。因此,唐山市曹妃甸区人民法院所主张的理由,我们认为值得商榷,即:"被告人李铁石是航达公司的法定代表人,也是起诉书中指控的亲友,特殊主体犯罪的案件,按照共犯理论和《刑法》第三条的规定,不具有特殊主体身份的人,没有法律明文规定,不构成共犯,该罪法律条文中没有特殊主体之外的人构成共犯的明文规定,故被告人李铁石不符合该罪的主体要件。"

最后,在本案中可以从两个维度实现共同经济犯罪的出罪认定:一是从实体出罪事由来看,因欠缺犯罪构成要件而出罪,既缺乏客观上的为亲友非法牟利的行为和实际危害后果,又缺乏主体上的构成要件;二是从程序出罪事由来看,本案行为人的行为认定为为亲友非法牟利罪没有证据支持,可因证据不足而出罪。

四、法条链接

《中华人民共和国刑法》

第一百六十六条【为亲友非法牟利罪】 国有公司、企业、事业单位的工作人员,利用职务便利,有下列情形之一,使国家利益遭受重大损失的,处三年以下有期徒刑或者拘役,并处或者单处罚金;致使国家利益遭受特别重大损失的,处三年以上七年以下有期徒刑,并处罚金:(一)将本单位的盈利业务交由自己的亲友进行经营的;(二)以明显高于市场的价格向自己的亲友经营管理的单位采购商品或者以明显低于市场的价格向自己的亲友经营管理的单位销售商品的;(三)向自己的亲友经营管理的单位采购不合格商品的。

第二十五条第一款【共同犯罪概念】 共同犯罪是指二人以上共同故意犯罪。

五、课后思考

共同经济犯罪进行出罪认定时需考虑哪些出罪事由?

六、延伸阅读

1. 张明楷.共犯的本质——"共同"的含义[J].政治与法律,2017(04):2-20.
2. 孙国祥.经济刑法适用中的超规范出罪事由研究[J].南大法学,2020(01):116-135.
3. 杜小丽.抽象危险犯形态法定犯的出罪机制——以生产销售假药罪和生产销售有毒有害食品罪为切入[J].政治与法律,2016(12):40-52.

---

① 高铭暄,马克昌.刑法学[M].8 版.北京:北京大学出版社,2017:394.

第五节　单位与自然人共同经济犯罪的认定
——马汝方等贷款诈骗、违法发放贷款、挪用资金案

一、案情简介

1997年9月，时任明华公司法定代表人兼总经理的马汝方，在明知明华公司所属子公司北京硬视兄弟商务有限责任公司（以下简称硬视兄弟公司）、北京硬视多媒体开发制作有限公司（以下简称硬视多媒体公司）不具备高额贷款和提供担保的条件，在无保证还贷能力的情况下，为获取银行高额贷款，指使明华公司财务负责人徐光采取变造、虚构硬视兄弟公司、硬视多媒体公司的营业执照、财务报表等贷款证明文件的手段，将硬视兄弟公司的注册资金由人民币30万元变造为人民币330万元，将硬视多媒体公司的注册资金28万美元变造为128万美元，法定代表人由马汝方变造为张爽，并将两公司的财务报表做大，以硬视兄弟公司为借款人，以硬视多媒体公司为保证人，从中国民生银行北京中关村支行骗取贷款人民币500万元。该贷款中的100万元转至明华公司，其余款项均用于明华公司的债务及其他事务。同年11月，马汝方在明知明华公司无高额贷款和担保能力的情况下，为获取高额贷款，指使该公司的财务负责人徐光使用马凤仙提供的北京市西城区明珠制衣厂（以下简称明珠制衣厂）、北京市今捷易通经贸公司（以下简称今捷易通公司）的营业执照进行变造，将明珠制衣厂的注册资金由人民币40万元变造为1 000万元，将今捷易通公司的注册资金由人民币20万元变造为1 200万元，并对两单位的财务报表等贷款证明文件进行变造，以明珠制衣厂为借款人，以今捷易通公司为保证人，分两次从中国民生银行北京中关村支行骗取贷款人民币共计人民币800万元。该贷款转入马汝方等人以明珠制衣厂的名义在中国民生银行北京中关村支行开设的账户上，其中650万余元转至明华公司账上，其余150万余元用于明华公司的债务及其他事务支出。1998年1月，马汝方伙同徐光、马凤仙采取变造北京华视通广告公司（以下简称华视通公司）、北京燕智忠经贸有限责任公司（以下简称燕智忠公司）的营业执照、财务报表等贷款证明文件的手段，将华视通公司的注册资金由人民币150万元变造为人民币600万元，法定代表人由马汝方变造为马凤仙，将燕智忠公司的注册资金由50万元变造为人民币1 000万元，以华视通公司为借款人，以燕智忠公司为保证人，从中国民生银行北京中关村支行骗取贷款计人民币500万元，该贷款大部分被明华公司使用。综上，马汝方作为明华公司的负责人，分别指使徐光、马凤仙，先后4次从中国民生银行北京中关村支行骗取贷款共计人民币1 800万元。其中，马汝方、徐光参与4次，涉案金额人民币1 800万元；马凤仙参与3次，涉案金额人民币1 300万元。上述款项均未用于贷款申请书所列项目，到期后未归还。[①]

[①]《刑事审判参考》（总第39集）第305号。

二、主要问题

1. 如何区分是单位犯罪还是单位与自然人共同犯罪？
2. 单位与自然人共同诈骗银行贷款行为如何定罪处罚？

三、法律分析

司法实践中，单位犯罪的认定问题，以及单位犯罪与单位内部自然人的犯罪往往界限不清，情况较为复杂，极易导致认定出现错误与偏差，本案就是较为典型的判例。

（一）单位犯罪与单位和自然人共同犯罪的区分

根据刑法和有关司法解释的规定，单位行为与个人行为的区分，在实践中可以结合以下几个方面来加以具体判断：第一，单位是否真实、依法成立。单位是依照有关法律设立，具备财产、名称、场所、组织机构等承担法律责任所需条件的组织。对于为了进行违法犯罪活动而设立的公司、企业、事业单位实施犯罪的，或者公司、企业、事业单位设立后，以实施犯罪为主要活动的，由于不符合单位设立的宗旨，且通常具有借此规避法律制裁的非法目的，故应按自然人犯罪处理。第二，是否属于单位整体意志支配下的行为。单位犯罪是在单位意志支配下实施的，行为人的行为是单位意志的体现；而个人犯罪则完全是在其个人意志支配下实施的，体现的是其个人意志。单位意志一般由单位决策机构或者有权决策人员通过一定的决策程序来加以体现。未经单位集体研究决定或者单位负责人决定、同意的行为，一般不能认定为单位意志行为。第三，是否为单位谋取利益。在故意犯罪尤其是牟利型犯罪中，只有在为本单位谋利益的情况下，才能认定为单位行为。如为单位牟取非法利益而进行走私，违法所得全部归单位所有的，即属单位行为，相反，即便以单位名义走私，但违法所得由参与人个人私分的，则一般应认为是自然人共同犯罪。第四，是否以单位名义。一般情况下，单位犯罪要求以单位名义实施。对于这里的"以单位名义"应作实质性理解。对于打着单位旗号，利用单位名义为个人谋利益而非为单位谋利益的不法行为，不能认定为单位犯罪。

在本案中，被告人马汝方、徐光共同诈骗银行贷款的行为是在单位意志支配下为单位利益实施的，且犯罪所得为单位所用，故应认定为单位犯罪。单位犯罪首先是单位整体犯罪，同时，单位犯罪又必须通过作为其组成人员的自然人来实施。作为单位组成人员的自然人，一方面具备单位人员身份，受制于单位意志；另一方面又是具有独立思想的个体，可以实施独立于单位之外的个人行为。作为单位组成人员的自然人的这种双重身份决定了他在社会生活中的行为既可能是单位行为，也可能是个人行为。因此，如何判断单位成员所实施的行为（尤其是数个单位成员共同实施的行为）是单位行为还是个人行为，就成为实践中认定犯罪行为是否属于单位犯罪的关键。根据最高人民法院在《关于审理单位犯罪案件具体应用法律有关问题的解释》中的规定，盗用单位名义实施犯罪，违法所得由实施犯罪的个人取得的，不是单位犯罪，应当依照刑法有关自然人犯罪的规定处罚。这就意味着，从犯罪人马凤仙的角度，本案应认定为贷款诈骗罪，从犯罪单位明华公司的角度，则应以合同诈骗罪定罪处罚。被告人马汝方身为明华公司的法定代表人兼总经理，为明华公司的利益分别指使明华公司财务负责人徐光，冒用多家公司的名义，采用伪造、使用虚假的贷款证明文件的手段与银行签订贷款合同,骗取银行贷款,从其身份和主观目的出发,其行为应视为能够代表单位意志的职务行为,且所骗贷款大部分均被其任职的明华公司使用,所以二被告人共同实施的诈骗银行贷款的行为应认定为为了单位利益而实施的单位犯罪。本案中公诉机关并未起诉明华公司,致使法院不能直接判决明华公司承担单位犯罪的刑事责任,但是这并不妨碍法院对本案作单位犯罪的认定,而且,对公诉机关指控的马汝方、徐光二被告人,也应以单位犯罪中的有关"直接负责的主管人员和其他直接责任人员"来追究刑事责任。

(二)单位与自然人共同诈骗银行贷款行为的定性

第一种观点,本案中单位与自然人共同诈骗银行贷款的行为,构成共同犯罪,应认定为贷款诈骗罪。这是因为被告人马汝方、徐光身为犯罪单位明华公司直接负责的主管人员,被告人马凤仙利用与马汝方的亲属关系以个人身份参与,在马汝方的授意、指使下,马凤仙积极参加并与犯罪单位的相关负责人员徐光进行配合,才使得犯罪单位明华公司诈骗银行贷款的行为顺利得逞,故足以认定马凤仙个人与明华公司构成共同犯罪。

第二种观点,本案中单位与自然人共同诈骗银行贷款的行为,不构成单位与自然人的共同犯罪,应以合同诈骗罪进行定罪处罚。理由在于:首先,贷款诈骗罪的主体不包括单位,单位不能构成贷款诈骗罪。其次,对于单位实施的贷款诈骗行为,根据2001年《全国法院审理金融犯罪案件工作座谈会纪要》有关要求,不能以贷款诈骗罪定罪处罚,也不能以贷款诈骗罪追究直接负责的主管人员和其他直接责任人员的刑事责任。对于单位以非法占有为目的,利用签订、履行借款合同诈骗银行或其他金融机构贷款,符合《刑法》第二百二十四条规定的合同诈骗罪的构成要件的,应以合同诈骗罪定罪处罚。

我们认为,可以参照《最高人民法院关于审理贪污、职务侵占案件如何认定共同犯罪几个问题的解释》的有关精神,根据全面评价的法律适用原则,结合主犯的犯罪性质来加以具体确定。在本案实施贷款诈骗行为过程中,作为犯罪单位明华公司的法定代表人兼总经理的马汝方从犯罪起意到具体实施起了策划、指使的主要作用,明华公司属于共同犯罪中的主犯,作为犯罪单位,明华公司只能构成合同诈骗罪。尽管公诉机关未起诉犯罪单位明华公司,但是法院依照单位与自然人共同犯罪触犯的罪名对相关涉案的3名被告人以合同诈骗罪定罪处罚,是妥当的。

四、法条链接

《中华人民共和国刑法》

第一百八十五条【挪用资金罪】 商业银行、证券交易所、期货交易所、证券公司、期货经纪公司、保险公司或者其他金融机构的工作人员利用职务上的便利,挪用本单位或者客户资金的,依照本法第二百七十二条的规定定罪处罚。

国有商业银行、证券交易所、期货交易所、证券公司、期货经纪公司、保险公司或者其他国有金融机构的工作人员和国有商业银行、证券交易所、期货交易所、证券公司、期货经纪公司、保险公司或者其他国有金融机构委派到前款规定中的非国有机构从事公务的人员有前款行为的,依照本法第三百八十四条的规定定罪处罚。

第一百八十六条【违法发放贷款罪】 银行或者其他金融机构的工作人员违反国家规定发放贷款,数额巨大或者造成重大损失的,处五年以下有期徒刑或者拘役,并处一万元以上十万元以下罚金;数额特别巨大或者造成特别重大损失的,处五年以上有期徒刑,并处二万元以上二十万元以下罚金。

银行或者其他金融机构的工作人员违反国家规定,向关系人发放贷款的,依照前款的规定从重处罚。

单位犯前两款罪的,对单位判处罚金,并对其直接负责的主管人员和其他直接责任人员,依照前两款的规定处罚。

关系人的范围,依照《中华人民共和国商业银行法》和有关金融法规确定。

第一百九十三条【贷款诈骗罪】 有下列情形之一,以非法占有为目的,诈骗银行或者其他金融机构的贷款,数额较大的,处五年以下有期徒刑或者拘役,并处二万元以上二十万元以下罚金;数额巨大或者有其他严重情节的,处五年以上十年以下有期徒刑,并处五万元以上五十万元以下罚金;数额特别巨大或者有其他特别严重情节的,处十年以上有期徒刑或者无期徒刑,并处五万元以上五十万元以下罚金或者没收财产:(一)编造引进资金、项目等虚假理由的;(二)使用虚假的经济合同的;(三)使用虚假的证明文件的;(四)使用虚假的产权证明作担保或者超出抵押物价值重复担保的;(五)以其他方法诈骗贷款的。

第二百二十四条【合同诈骗罪】 有下列情形之一,以非法占有为目的,在签订、履行合同过程中,骗取对方当事人财物,数额较大的,处三年以下有期徒刑或者拘役,并处或者单处罚金;数额巨大或者有其他严重情节的,处三年以上十年以下有期徒刑,并处罚金;数额特别巨大或者有其他特别严重情节的,处十年以上有期徒刑或者无期徒刑,并处罚金或者没收财产:(一)以虚构的单位或者冒用他人名义签订合同的;(二)以伪造、变造、作废的票据或者其他虚假的产权证明作担保的;(三)没有实际履行能力,以先履行小额合同或者部分履行合同的方法,诱骗对方当事人继续签订和履行合同的;(四)收受对方当事人给付的货物、货款、预付款或者担保财产后逃匿的;(五)以其他方法骗取对方当事人财物的。

五、课后思考

单位犯罪和自然人共同经济犯罪如何认定?

六、延伸阅读

1. 陈忠林,席若.单位犯罪的"嵌套责任论"[J].现代法学,2017,39(02):110-122.
2. 刘明祥.不能用行为共同说解释我国刑法中的共同犯罪[J].法律科学(西北政法大学学报),2017,35(01):61-66.
3. 石磊.单位共同犯罪中的两个关键问题[J].法学家,2006(03):69-76.

第七章
经济犯罪的未遂

第一节 经济犯罪未遂形态的概念和特征
——韩俊杰等生产伪劣产品案

一、案情简介

2000年春,被告人韩俊杰在河南省尉氏县大桥乡大苏村筹建棉花加工厂,并指派被告人付安生、韩军生从外地购回一套棉花加工设备。在为崔建标、于水等人(均在逃)加工棉花的过程中,应崔建标、于水等人的要求,韩俊杰从他人处借得一台打麦机专门用于加工回收棉,并同意在籽棉中掺入回收棉,共计加工劣质棉163.445吨,价值170余万元,全部由崔建标、于水等人销出。韩俊杰获取加工费7.24万元。在共同生产经营过程中,韩俊杰负责全面工作;付安生负责维修机器,并购买了部分生产用品;韩军生购买了部分生产用品。2000年12月3日,被告人付安生到尉氏县公安局投案。[①]

二、主要问题

1. 为他人加工伪劣产品的行为能否构成生产、销售伪劣产品罪?
2. 仅有伪劣产品的加工生产行为,但没有销售行为的,应以生产伪劣产品罪,还是生产、销售伪劣产品罪定罪?属于何种犯罪停止形态?

三、法律分析

根据《刑法》第二十三条第一款的规定,犯罪未遂是指行为人已经着手实行犯罪,基于其意志以外的原因而未能完成犯罪的故意犯罪停止形态。犯罪未遂形态具有以下特征:行为人已经着手实行犯罪,犯罪未得逞,犯罪未得逞是基于犯罪人意志以外的原因。[②] 下面结合本案作细致分析。

(一)为他人加工伪劣产品的行为能否构成生产、销售伪劣产品罪

根据本案查明的事实,在为崔建标、于水等人加工棉花的过程中,应崔建标、于水等人的要求,韩俊杰从他人处借得一台打麦机专门用于加工回收棉,并在籽棉中掺入回收棉,共计加工劣质棉163.445吨,价值170余万元。在具体的加工生产过程中,三被告人尽管各自分工不同,但构成了生产伪劣产品的整体行为。至于是为他人加工,还是为自己加

[①] 《刑事审判参考》(总第23集)第143号。
[②] 贾宇.刑法学:上册·总论[M].北京:高等教育出版社,2019:216-217.

工，并不影响其行为的生产伪劣产品这一性质的认定。

（二）仅有伪劣产品的加工生产行为，但没有销售行为的，应以生产伪劣产品罪，还是生产、销售伪劣产品罪定罪，属于何种犯罪停止形态

如前所述，本案在罪名上应以生产、销售伪劣产品罪定罪处罚，不宜定生产伪劣产品罪。从《刑法》第一百四十条的罪状表述来看，生产、销售伪劣产品罪属于选择性罪名。选择性罪名既可概括使用，也可分解拆开使用，这一点已为我们所熟知。因此，从理论上说，本罪的具体罪名应有3个，即生产伪劣产品罪，销售伪劣产品罪，生产、销售伪劣产品罪。如果行为人只生产伪劣产品的，构成生产伪劣产品罪；只销售伪劣产品的，构成销售伪劣产品罪；既生产又销售伪劣产品的，构成生产、销售伪劣产品罪，不实行数罪并罚。但是，根据本罪的立法规定，单纯的生产伪劣产品罪是无从成立的。因为如果生产者只是生产了伪劣产品，而并没有推向市场，就谈不上销售金额较大，因而不符合本罪的客观要件。只有当生产者生产了伪劣产品，又推向市场时，才可能销售金额较大。然而，在这种情况下，行为人已经不是单纯地生产伪劣产品，而是既生产又销售了伪劣产品。2001年4月5日《最高人民法院　最高人民检察院关于办理生产、销售伪劣商品刑事案件具体应用法律若干问题的解释》（法释〔2001〕10号）正是基于这一考虑，规定生产伪劣产品尚未销售的，以生产、销售伪劣产品罪（未遂）定罪处罚。一般而言，生产伪劣产品与销售伪劣产品尽管在主观方面，常常表现为刑法理论上的竞合关系，即生产伪劣产品必须有销售的故意及牟利的目的，但就行为本身而言，生产、销售是两个完全可以相互区分、明确界定并具有独立意义的行为，在法律上予以独立评价是合适的。在本案中，三被告人所实施的仅仅是加工生产行为，没有任何的销售或者帮助销售行为（如果把加工行为同时视为帮助销售行为的话，将面临重复评价的问题）。单从法理上说，对本案三被告人定生产伪劣产品罪是妥当的，但在实践中，与立法及司法解释的现有规定不尽吻合，与法定罪状规定相冲突。根据现有的立法规定，本案三被告人的具体罪名，定生产、销售伪劣产品罪。

当然，对于本案究竟属于何种犯罪停止形态也不无争论，具体如下：

第一种观点，本案属于犯罪未遂停止形态。《刑法》第一百四十条在生产、销售伪劣产品罪的罪状规定中要求"销售金额五万元以上"，这意味着，只有生产行为不足以构成本罪。构成本罪，还必须在主观上具备销售伪劣产品的故意，或者客观上存在实施销售伪劣产品的行为。销售行为可从"销售金额"的规定中直接推导出来，没有销售，就不会有销售金额；销售故意可从"销售金额"的规定和"产品"的内涵中得以反映。首先，根据《中华人民共和国产品质量法》第二条的规定，"产品"是指经过加工、制作、用于销售的产品（建筑工程除外）。其次，根据主、客观相统一的原则，销售行为内在地蕴含着销售故意。《关于办理生产、销售伪劣商品刑事案件具体应用法律若干问题的解释》第二条规定，"'销售金额'，是指生产者、销售者出售伪劣产品后所得和应得的全部违法收入"。并指出，"伪劣产品尚未销售、货值金额达到刑法第一百四十条规定的销售金额三倍以上的，以生产、销售伪劣产品罪（未遂）定罪处罚"。本案三被告人的行为表现为为他人加工而非具有销售的直接故意，客观上没有实际的销售行为，也不具有销售牟利的目的，只是加工取酬，获取加工费。加工生产的劣质棉价值170余万元，而韩俊杰等三被告人获取的加工费仅为7.24万元，应以生产、销售伪劣产品罪（未遂）定罪处罚。

第二种观点,本案属于犯罪既遂停止形态。三被告人与崔建标、于水等人的行为属于共同犯罪,客观上,崔建标、于水等人所实施的教唆生产劣质皮棉行为、销售劣质皮棉行为与本案三被告人分别实施的加工、生产劣质皮棉行为及购买设备、生产用品等帮助加工行为互为联结,共同构成了生产、销售伪劣产品的完整行为。主观上,三被告人与崔建标、于水等人在明知所加工生产的劣质皮棉是用于销售这一点上是一致的,但两者在销售故意的具体内容上存在不同,集中体现在后者出于销售牟利的目的,而前者不具有该目的,仅仅是加工取酬。这种目的上的不同,决定了本案三被告人对于销售行为所持的是一种不同崔建标、于水等人的放任的态度。尽管涉及本案的崔建标、于水等案犯在逃,但是认定该案件的性质仍应综合考虑各共同犯罪人的行为事实。法院在查清事实的基础上,认定本案三被告人构成犯罪,是完全正确的,对于本案三被告人应以既遂处理。

我们认为,本案三被告人的行为应具体分析,上述两种观点均值得推敲。根据《刑法》第一百四十条的规定,生产、销售伪劣产品罪的客观行为表现为在产品中掺杂、掺假,以假充真,以次充好或者以不合格产品冒充合格产品,销售金额五万元以上,其行为主体是生产者、销售者。因此,我们认为,生产者、销售者理应都有销售的行为,这是因为生产者的生产行为要想获利就必须销售,销售者要想获利当然要有销售行为。三被告人获取的加工费7.24万元,就是通过其生产行为而获利,实质上看,其销售的是加工服务而不是产品。销售者崔建标、于水等人是通过销售劣质皮棉行为而获利,其销售的是伪劣产品。所以,本案三被告人不可能通过销售其生产的劣质皮棉而获利,并因而"犯罪未得逞",以生产、销售伪劣产品罪(未遂)定罪处罚较为妥当。另外,我们认为,三被告人与崔建标、于水等人能否构成共同犯罪尚值得探讨,如果能够认定为共同犯罪,本案三被告人可以生产、销售伪劣产品罪既遂定罪处罚,反之,则应以生产、销售伪劣产品罪(未遂)定罪处罚。

四、法条链接

《中华人民共和国刑法》

第一百四十条【生产、销售伪劣产品罪】 生产者、销售者在产品中掺杂、掺假,以假充真,以次充好或者以不合格产品冒充合格产品,销售金额五万元以上不满二十万元的,处二年以下有期徒刑或者拘役,并处或者单处销售金额百分之五十以上二倍以下罚金;销售金额二十万元以上不满五十万元的,处二年以上七年以下有期徒刑,并处销售金额百分之五十以上二倍以下罚金;销售金额五十万元以上不满二百万元的,处七年以上有期徒刑,并处销售金额百分之五十以上二倍以下罚金;销售金额二百万元以上的,处十五年有期徒刑或者无期徒刑,并处销售金额百分之五十以上二倍以下罚金或者没收财产。

第二十三条【犯罪未遂】 已经着手实行犯罪,由于犯罪分子意志以外的原因而未得逞的,是犯罪未遂。对于未遂犯,可以比照既遂犯从轻或者减轻处罚。

五、课后思考

经济犯罪的未遂在客观方面需要具备何种条件?

六、延伸阅读

1. 石聚航.未遂犯的处罚范围及其规则重构[J].政治与法律,2020(12):146-160.
2. 姜文秀.污染环境罪的未遂[J].法学杂志,2020,41(04):72-78+89.
3. 聂长建.不能犯与未遂犯区分标准研究[J].法商研究,2018,35(06):71-81.
4. 王志祥.海峡两岸犯罪停止形态立法比较研究[J].法商研究,2013,30(01):101-111.

第二节 经济犯罪既遂与未遂的界限区分
——唐某凯、唐某伪造货币案

一、案情简介

2017年9月30日,唐某宗(另案处理)要上诉人(原审被告人)唐某凯、原审被告人唐某在唐某家中加工面值20元的假人民币,并教唐某凯、唐某加工的方法。加工的工序为:先将连在一起的2张假币进行切割,再在每张假币上盖上"20元"字样的印章和莲花水印。每加工10 000元假币支付给唐某凯、唐某加工费人民币300元,由唐某凯、唐某平分,加工任务于2017年10月4日前完成。当晚,唐某凯、唐某骑摩托车将唐某宗提供的部分假币和工具运至唐某家中。2017年10月1日,唐某凯、唐某即在唐某的卧室里对带去的部分假币进行了切割。当日下午2时许,唐某宗驾车将部分已切割好的20元面值假人民币及莲花水印、"20元"字样印章等加工工具送至唐某家中并教唐某如何调制药水。唐某凯、唐某对切割好的假币分别负责加盖"20元"字样的印章和莲花水印。2017年10月3日中午12时许,道县公安局民警在唐某家中将唐某凯、唐某查获,并当场搜缴面值20元的疑似人民币339 760元,其中8万元已全部加工完成,8万余元只完成了切割工序,另17万余元没完成任何工序。经中国人民银行鉴定,所搜缴的20元面值疑似人民币全部都是假人民币。本院认为,上诉人(原审被告人)唐某凯和原审被告人唐某违反国家货币管理制度,为获取非法利益,在唐某宗的安排下伪造货币,数额特别巨大,其行为均已构成伪造货币罪。唐某凯提出"所伪造的假币还有一道工序没有完成,即头像衣领没加工好"的理由及其辩护人提出"唐某宗要求唐某凯、唐某加工的假币要经过剪切、盖莲花印、盖20元印章、头像磨粗糙四道工序。唐某凯、唐某只完成了三道工序,一审认定的既遂数额8万元也应认定为犯罪未遂"的意见。经查,根据唐某凯、唐某在公安机关的供述,唐某宗要唐某凯、唐某加工假币的工序为剪切、盖莲花印、20元印章三道工序。搜缴的假币中有8万元已完成了这三道工序,这8万元假币应认定为唐某凯、唐某伪造货币的既遂数额,其他25万余元假币也是唐某宗要求唐某凯、唐某加工的假币,因意志以外的原因只完成了一道工序或没完成任何工序,应认定为犯罪未遂。故该理由和意见不能成立,应不予采纳。唐某凯上诉提出"量刑过重"及其辩护人提出"唐某凯有坦白情节,系从犯,犯罪未遂,可减轻处罚"的意见。经查,唐某凯系主犯并非从犯,犯罪既遂数额8万元,未遂数额25万余元,没有减轻处罚情节。唐某凯有坦白情节,原判已予认定,并已对其从轻判处,量刑并不过重。故该理由和意见也不能成立,本院不予采纳。据此,本院依法对原审被告人唐某、上诉人(原审被告人)唐某凯作出判决。①

二、主要问题

1. 如何认定经济犯罪的未遂?
2. 经济犯罪既遂与未遂的界限是什么?

三、法律分析

在本案中,如何认定经济犯罪的未遂,以及既遂与未遂的界限是什么,成为亟待回答的问题。

第一种观点,本案犯罪行为人的行为已经既遂。因为其中有 8 万元已全部加工完成,已经伪造出货币。

第二种观点,本案犯罪行为人的行为应认定为犯罪未遂。因为另有 8 万余元只完成了切割工序,17 万余元没完成任何工序,部分实行行为完成,并不能代表或说明本案犯罪行为人的行为已经完全具备了犯罪构成的全部要件。

我们认为,犯罪未遂,是指行为人已经着手实行犯罪,基于其意志以外的原因而未能完成犯罪的故意犯罪停止形态。犯罪未遂形态具有以下特征:行为人已经着手实行犯罪,犯罪未得逞,犯罪未得逞是基于犯罪人意志以外的原因。结合本案来看,对照上述犯罪未遂形态的特征,可见,本案犯罪行为人已经着手实行伪造假币,只是基于犯罪人意志以外的原因,其他 25 万余元假币也是唐某宗要求唐某凯、唐某加工的假币,只完成了一道工序或没完成任何工序,应认定为犯罪未遂。犯罪既遂,则是指实行直接故意犯罪之后具备了完备犯罪构成要件之全部要素的故意犯罪形态。根据"构成要件齐备说",既遂与未遂区别的标志就是犯罪实行行为是否具备了犯罪构成的全部要件。② 在本案中,犯罪行为人实行了伪造,即违反货币管理法规,仿照货币的形状等外部特征,制造假货币冒充真货币的行为。区分既遂与未遂的界限,应以行为人是否将伪造货币行为实行完毕即是否将货币伪造出来为标准。③ 因此,搜缴的假币中有 8 万元已经完成了这三道工序,这 8 万元假币应认定为唐某凯、唐某伪造货币的既遂数额。其他 25 万余元假币因意志以外的原因只完成了一道工序或没完成任何工序,尽管未能伪造出货币,也应以犯罪未遂论处。

四、法条链接

《中华人民共和国刑法》

第一百七十条【伪造货币罪】 伪造货币的,处三年以上十年以下有期徒刑,并处罚金;有下列情形之一的,处十年以上有期徒刑或者无期徒刑,并处罚金或者没收财产:(一)伪造货币集团的首要分子;(二)伪造货币数额特别巨大的;(三)有其他特别严重情节的。

---

① (2018)湘 11 刑终 435 号。
② 贾宇.刑法学:上册·总论[M].北京:高等教育出版社,2019:211-212.
③ 高铭暄,马克昌.刑法学[M].8 版.北京:北京大学出版社,2017:397-398.

第二十三条【犯罪未遂】 已经着手实行犯罪,由于犯罪分子意志以外的原因而未得逞的,是犯罪未遂。对于未遂犯,可以比照既遂犯从轻或者减轻处罚。

五、课后思考

1. 在认定经济犯罪未遂的过程中,如何判断客观行为与主观要素对经济犯罪希望既遂与未遂的影响?
2. 认定经济犯罪未遂的依据是什么?

六、延伸阅读

1. 周光权.行为无价值二元论与未遂犯[J].政法论坛,2015,33(02):38-51.
2. 徐光华.经济犯罪之犯罪既遂与未遂——以我国刑法分则立法模式为视角[J].政治与法律,2009(02):40-46.
3. 张志钢.德国未遂理论的流变及其启示[J].环球法律评论,2016,38(03):157-180.

第三节 经济犯罪未遂形态的司法认定
——潘昌军等三人出售假币案

一、案情简介

经审理查明,上诉人(原审被告人)潘昌军与邱某某(另案处理)共谋出售假美元给河南买家后,于2016年6月21日下午,邀约上诉人(原审被告人)邓昌华、上诉人(原审被告人)冯某某、潘某某(在逃)几人一同从绵阳前往江油,冯某某驾驶川BYA111号丰田轿车搭载潘昌军(携带一黑色电脑包,内装有假美元)、邓昌华、潘某某几人从绵阳至江油市某甲商务宾馆的茶楼。当晚,几人到达江油市某甲商务宾馆的茶楼内与邱某某等人会面,并商定如何出售假美元的具体事宜。当晚交易未果,潘昌军安排邓昌华开房与潘某某携带假币在江油某乙宾馆过夜,潘昌军及冯某某驾车回绵阳,路上,潘昌军告知冯某某出售假美元及河南买家人品的一些事宜。6月22日上午,冯某某电话联系潘昌军,二人前往江油市某丙酒店对面的茶楼与邱某某等人会合,潘某某与邓昌华从宾馆携带内装有假美元的电脑包及两个装有假美元的手提袋前往该茶楼,后潘某某将上述假币均放在冯某某驾驶的车上。邱某某安排人前往河南买家处与之洽谈,潘昌军安排邓昌华与邱某某安排的人一起前往去看河南买家是否有现钱,由于河南买家不愿意购买,交易未能成功。午饭后潘昌军、潘某某、邓昌华、冯某某4人前往江油市某甲商务宾馆的茶楼,当日下午,冯某某在该宾馆茶楼被公安机关抓获,民警现场从冯某某驾驶的川BYA111号丰田轿车后备箱查获疑似假币927 300美元,按当日汇率计算折合人民币为6 114 152.55元。经鉴定,上述查获的923 700美元均为假币。2016年6月29日,潘昌军、邓昌华在绵阳市涪城区某小区被民警抓获。本院认为,上诉人潘昌军、邓昌华、冯某某违反国家的货币管理制度,向他人出售伪造的927 300美元,折合人民币为6 114 152.55元,数额特别巨大,其行为均构成出售假币罪。上诉人潘昌军、邓昌华、冯某某等人已经着手实行犯罪,由于意志以外的原因未得逞,系犯罪未遂,可以比照既遂犯从轻或减轻处罚。上诉人潘昌军在犯罪过程中起主要作用,系主犯;邓昌华、冯某某在犯罪过程中的行为均系受潘昌军安排进行,起次要、辅助作用,系从犯,应当从轻或者减轻处罚。上诉人潘昌军在归案后能够如实供述自己的罪行,系坦白,可以从轻处罚;上诉人邓昌华当庭认罪,且身体有残疾,在量刑时可酌情从轻处罚;上诉人冯某某能够当庭认罪,可以酌定从轻处罚。

综上,本案一审认定事实清楚,但将上诉人邓昌华认定为主犯不当,且二审中出庭检察员当庭提交的冯某某的检举材料经查证属实,依法认定为立功,因出现新的证据,故应予以改判。①

二、主要问题

1. 本案中犯罪行为人的行为是否属于犯罪未遂?
2. 如何理解经济犯罪未遂的认定条件?

三、法律分析

在本案的司法认定中,需注意从犯罪未遂形态的特征入手进行既遂与未遂界限的把握。

第一种观点,本案被告人潘昌军等人的行为属于犯罪既遂。因为行为人已经实施了出售假币的行为,已构成既遂。

第二种观点,本案被告人潘昌军等人的行为属于犯罪未遂。出售假币罪属于行为犯,并不要求有特定结果的发生,因而行为人只要将出售行为实施完毕,即可构成既遂。但出售行为也存在一个过程,因此也存在行为人因意志以外的因素而未能把行为实施完毕的可能。如行为人在出售假币当中正讨价还价时被抓获的,属于犯罪未遂。本案即是因2016年6月21日当晚交易未果,由于河南买家不愿意购买,交易未能成功,冯某某、潘昌军、潘某某等人先后被公安机关抓获等行为人因意志以外的因素而未能把行为实施完毕未得逞。

我们认为,第一种观点不可取,第二种观点具有合理性。在本案的司法认定中,需注意从犯罪未遂形态的特征入手,因为犯罪未遂形态的特征在一定意义上即犯罪未遂形态成立的条件。如前所述,犯罪未遂形态具有以下特征:行为人已经着手实行犯罪,犯罪未得逞,犯罪未得逞是基于犯罪人意志以外的原因。结合本案来看,首先,行为人已经着手实行犯罪。上诉人(原审被告人)潘昌军与邱某某(另案处理)共谋出售假美元给河南买家后,几人到达江油市某甲商务宾馆的茶楼内与邱某某等人会面,并商定如何出售假美元的具体事宜,邱某某安排人前往河南买家处与之洽谈,潘昌军安排邓昌华与邱某某安排的人一起前往去看河南买家是否有现钱等行为。其次,犯罪未得逞。冯某某、潘昌军、潘某某等人先后被公安机关抓获,民警现场从冯某某驾驶的川BYA111号丰田轿车后备箱查获疑似假币927 300美元。再次,犯罪未得逞是基于犯罪人意志以外的原因。2016年6月

---

① (2017)川07刑终115号。

21日当晚交易未果,由于河南买家不愿意购买,交易未能成功,6月22日午饭后潘昌军、潘某某、邓昌华、冯某某4人前往江油市某甲商务宾馆的茶楼,当日下午,冯某某在该宾馆茶楼被公安机关抓获,民警现场从冯某某驾驶的川BYA111号丰田轿车后备箱查获疑似假币927 300美元。在出售假币罪的客观方面中需具备两个要素,即只有行为人实行了出售假币的行为才能具备本罪的行为要素,而且需出售的假币数额较大,方能构成出售假币罪的既遂。结合本案案件事实来看,行为人先是"当晚交易未果",继而"交易未能成功",并最终被公安机关及时查获。由此可见,本案中行为人虽着手实施出售假币的相应行为,但多次其因意志以外的原因而最终未得逞,因此,潘昌军等人的行为符合犯罪未遂形态的三个特征,应以出售假币罪(未遂)定罪处罚。

四、法条链接

《中华人民共和国刑法》

第一百七十一条第一款【出售、购买、运输假币罪】 出售、购买伪造的货币或者明知是伪造的货币而运输,数额较大的,处三年以下有期徒刑或者拘役,并处二万元以上二十万元以下罚金;数额巨大的,处三年以上十年以下有期徒刑,并处五万元以上五十万元以下罚金;数额特别巨大的,处十年以上有期徒刑或者无期徒刑,并处五万元以上五十万元以下罚金或者没收财产。

第二十三条【犯罪未遂】 已经着手实行犯罪,由于犯罪分子意志意外的原因而未得逞的,是犯罪未遂。对于未遂犯,可以比照既遂犯从轻或者减轻处罚。

五、课后思考

经济犯罪未遂形态的成立需要具备哪些条件?

六、延伸阅读

1. 柏浪涛.未遂的认定与故意行为危险[J].中外法学,2018,30(04):1014-1034.
2. 张志钢."未遂犯是危险犯"命题否定论[J].当代法学,2016,30(06):43-56.
3. 徐跃飞.论犯罪既遂的新标准:"期待结果出现说"[J].湖南社会科学,2016(01):90-93.

第四节　经济犯罪未遂形态的认定因素
——杨昌君销售假冒注册商标的商品案

一、案情简介

被告人杨昌君,男,1972年11月25日出生于浙江省台州市,无业。因涉嫌犯销售假冒注册商标的商品罪于2009年9月16日被逮捕。北京市朝阳区人民检察院以被告人杨昌君犯销售假冒注册商标的商品罪,向北京市朝阳区人民法院提起公诉。

北京市朝阳区人民法院经公开审理查明:被告人杨昌君自2007年5月起,在北京市朝阳区秀水市场地下三层一仓库内等地,存放带有Louis Vuitton、Gucci、Chanel注册商标标识的男女式包,用于销售牟利。2009年8月9日,公安人员从其仓库内起获各种型号带有 Louis Vuitton、Gucci、Chanel 注册商标标识的男女式包共计8 425个,货值金额为人民币766 990元。经鉴定,上述物品均为假冒注册商标的商品,现扣押在案。

北京市朝阳区人民法院认为,被告人杨昌君法治观念淡薄,为牟利,销售明知是假冒注册商标的商品,货值金额数额巨大,其行为构成销售假冒注册商标的商品罪,依法应予惩处。在押的假冒商品,应予没收。北京市朝阳区人民检察院指控被告人杨昌君犯销售假冒注册商标的商品罪的事实清楚,证据确实、充分,罪名成立。本案涉案物品尚未售出即被查获,系犯罪未遂,被告人杨昌君案发后具有认罪悔罪表现,对其所犯罪行依法可以从轻处罚。综上,根据被告人杨昌君的犯罪事实、性质、情节以及社会危害程度,依照《刑法》第二百一十四条、第二十三条、第五十二条、第五十三条、第六十一条、第六十四条之规定,判决如下:被告人杨昌君犯销售假冒注册商标的商品罪,判处有期徒刑3年6个月,罚金人民币1万元;在案之包8 425个,予以没收。

一审宣判后,北京市朝阳区人民检察院未抗诉,被告人杨昌君不服,提出上诉。

北京市第二中级人民法院经审理认为,一审判决认定的事实清楚,证据确实、充分,定罪及适用法律正确,量刑适当,审判程序合法,应予维持。依照《中华人民共和国刑事诉讼法》第一百八十九条之规定,裁定驳回上诉,维持原判。①

二、主要问题

假冒注册商标的商品尚未销售出去,如何认定犯罪停止形态?

三、法律分析

司法实践中,销售假冒注册商标的商品罪的认定情形较为复杂,可能出现已经销售的假冒注册商标的商品数量无法查清,尚未销售的假冒注册商标的商品能否作为销售假冒注册商标的商品数量予以认定等认定可能。同时,已经销售和尚未销售同时存在时,也会导致究竟属于何种犯罪停止形态的认定困难。在本案中,就存在假冒注册商标的商品尚未销售出去,已经销售的假冒注册商标的商品数量无法查清的情况。

第一种观点认为,已经销售的假冒注册商标的商品数量无法查清,查获的假冒注册商标的商品尚未销售,应该出罪。因为假冒注册商标的商品尚未销售即被查获,销售金额无法确定,所以不能入罪。

第二种观点认为,假冒注册商标的商品尚未销售,应以非法经营数额作为定案依据,犯罪停止形态应认定为未遂,因为销售假冒注册商标的商品是一种持续的行为,往往既有已经销售的部分,又有尚未销售的部分。司法机关对于销售者已经销售的商品金额往往难以查实,能够查实的,往往是其尚未销售的部分。行为人购进假冒注册商标的商品,目的在于销售牟利。在此情况下,应当根据非法经营数额,以销售假冒注册商标的商品罪论处。由于假冒注册商标的商品尚未销售即被查获,该罪的实质行为即"销售"行为尚未完成,也就没有完成刑法分则所规定的该罪的全部构成要件。销售行为未完成是因为被执

---

① 《刑事审判参考》(总第78集)第677号。

法人员及时查获,属于行为人意志以外的原因,因此,假冒注册商标的商品尚未销售的犯罪停止形态,应当认定为未遂。

我们认为,第一种观点有失片面,第二种观点较为合理,但以非法经营数额作为定案依据值得商榷。销售假冒注册商标的商品罪的客观方面表现为违反国家商标管理法规,销售假冒注册商标的商品,并且销售金额数额较大的行为。其中,销售金额是指销售假冒注册商标的商品后所得和应得的全部违法收入。[①] 我们认为,应得的违法收入应是指犯罪行为人可能通过销售假冒注册商标的商品而获得的违法收入,因此应计算在内。2011年1月10日《最高人民法院 最高人民检察院 公安部关于办理侵犯知识产权刑事案件适用法律若干问题的意见》第八条"关于销售假冒注册商标的商品犯罪案件中尚未销售或者部分销售情形的定罪量刑问题"规定:"销售明知是假冒注册商标的商品,具有下列情形之一的,依照刑法第二百一十四条的规定,以销售假冒注册商标的商品罪(未遂)定罪处罚:(一)假冒注册商标的商品尚未销售,货值金额在十五万元以上的;(二)假冒注册商标的商品部分销售,已销售金额不满五万元,但与尚未销售的假冒注册商标的商品的货值金额合计在十五万元以上的。假冒注册商标的商品尚未销售,货值金额分别达到十五万元以上不满二十五万元、二十五万元以上的,分别依照刑法第二百一十四条规定的各法定刑幅度定罪处罚。销售金额和未销售货值金额分别达到不同的法定刑幅度或者均达到同一法定刑幅度的,在处罚较重的法定刑或者同一法定刑幅度内酌情从重处罚。"在本案中,杨昌君从2007年5月起即开始实施销售假冒注册商标的商品的行为,但是究竟其已经销售出去多少包则无法查清。能够查清的就是起获在案的待售包的价值,所以应以待售包的价值作为定案依据。公安人员从其仓库内起获各种型号注册商标标识的男女式包共计8 425个,货值金额为人民币766 990元。判决认定的犯罪金额只能属于尚未销售的,因此应认定为犯罪未遂。

四、法条链接

《中华人民共和国刑法》

第二百一十四条【销售假冒注册商标的商品罪】[②] 销售明知是假冒注册商标的商品,销售金额数额较大的,处三年以下有期徒刑或者拘役,并处或者单处罚金;销售金额数额巨大的,处三年以上七年以下有期徒刑,并处罚金。

第二十三条【犯罪未遂】 已经着手实行犯罪,由于犯罪分子意志以外的原因而未得逞的,是犯罪未遂。对于未遂犯,可以比照既遂犯从轻或者减轻处罚。

五、课后思考

认定经济犯罪的未遂形态需要考虑哪些因素?

---

① 高铭暄,马克昌.刑法学[M].8版.北京:北京大学出版社,2017:439.
② 本条为案件审理时适用之法条规定,该条已被2020年《刑法修正案(十一)》修改为:"销售明知是假冒注册商标的商品,违法所得数额较大或者有其他严重情节的,处三年以下有期徒刑,并处或者单处罚金;违法所得数额巨大或者有其他特别严重情节的,处三年以上十年以下有期徒刑,并处罚金。"

六、延伸阅读

1. 庄绪龙,王星光.销售假冒注册商标的商品罪中"既、未遂形态并存"的司法认定反思——"折算说"理念的初步提出[J].政治与法律,2013(03):56-66.
2. 李晓君.销售假冒注册商标的商品罪之未遂形态争议问题探析[J].知识产权,2014(11):32-37.
3. 鞠宏钰.加重构成犯未遂形态研究[J].东南大学学报(哲学社会科学版),2017,19(S2):76-80.
4. 李永升,安军宇.我国未遂犯处罚范围的立法困境与应然选择——以比较法为视角[J].北方法学,2019,13(01):72-87.

第五节　经济犯罪未遂部分的量刑考量
——王新明合同诈骗案

一、案情简介

北京市石景山区人民法院经公开审理查明:2012年7月29日,被告人王新明通过使用伪造的户口簿、身份证,冒充房主王叶芳(被告人之父)身份的方式,在石景山区链家房地产经纪有限公司古城公园店,以出售石景山区古城路28号楼44号房屋为由,与被害人徐菁签订房屋买卖合同,约定购房款为人民币100万元,并当场收取徐菁定金1万元。同年8月12日,王新明又收取徐菁支付的购房首付款29万元,并约定余款过户后给付。后双方在办理房产过户手续时,王新明虚假身份被石景山区住建委工作人员发现,余款未取得。2013年4月23日,王新明被公安机关查获。次日,王新明亲属将赃款退还徐菁,徐菁对王新明表示谅解。石景山区人民法院认为,被告人王新明以非法占有为目的,冒用他人名义签订合同,骗取对方当事人钱款,数额巨大,其行为构成合同诈骗罪,依法应予惩处。鉴于王新明到案后如实供述犯罪事实,且在亲属的帮助下退赔了全部赃款,并取得了被害人的谅解,依法可以对其从轻处罚。公诉机关指控王新明犯合同诈骗罪的事实清楚,证据确实、充分,指控的罪名成立,但认为王新明合同诈骗数额特别巨大且系犯罪未遂的法律适用有误,予以更正。据此,依照《刑法》第二百二十四条第一项、第六十七条第三款、第五十二条、第五十三条、第六十一条之规定,石景山区人民法院以被告人王新明犯合同诈骗罪,判处有期徒刑6年,并处罚金人民币6 000元。一审宣判后,北京市石景山区人民检察院以原判未评价70万元未遂的事实,仅依据既遂的30万元认定王新明犯罪数额巨大,系适用法律错误为由提出抗诉。北京市人民检察院第一分院支持上述抗诉意见。上诉人王新明以原判量刑过重为由提出上诉。北京市第一中级人民法院审理过程中,王新明申请撤回上诉。

北京市第一中级人民法院经公开审理认为,上诉人王新明以非法占有为目的,冒用他人名义签订合同,其行为构成合同诈骗罪,依法应予惩处。一审法院认定的事实清楚,证据确实、充分,定罪准确,审判程序合法,但未评价未遂70万元的犯罪事实不当,予以纠正。根据刑法及相关司法解释关于诈骗犯罪处罚原则的有关规定,考虑王新明合同诈骗既遂30万元,未遂70万元(但可以对该部分减轻处罚),且到案后如实供述犯罪事实,退赔全部赃款并取得被害人谅解等因素,原判对其量刑在法定刑幅度之内,且抗诉机关亦未对量刑提出异议,故应予维持。石景山区人民检察院的抗诉意见和北京市人民检察院第一分院的支持抗诉意见,酌情予以采纳。王新明撤回上诉的申请符合法律规定,依法准许。据此,北京市第一中级人民法院裁定准许上诉人王新明撤回上诉,维持原判。①

二、主要问题

在数额犯中,行为既遂部分与未遂部分并存且分别构成犯罪的,如何准确量刑?

三、法律分析

本案争议的焦点在于,对于行为既遂部分与未遂部分并存且分别构成犯罪的,如何准确量刑。该焦点问题涉及两个具体问题:一是法定刑幅度应当根据犯罪总数额确定,还是根据既遂数额抑或未遂数额确定;二是在根据既遂部分与未遂部分择一重处原则选择法定刑幅度时,对于未遂部分法定刑幅度的确定,是否先行对未遂部分进行从轻或者减轻的评价。

(一) 法定刑幅度应当根据犯罪总数额确定,还是根据既遂数额抑或未遂数额确定

《刑法》第二十三条第二款规定:"对于未遂犯,可以比照既遂犯从轻或者减轻处罚。"该规定具有量刑情节和确定未遂部分法定刑幅度的双重功能。在既未遂并存且均单独构成犯罪的情况下,首先应当根据《刑法》第二十三条第二款的规定就未遂部分比照既遂犯确定对应的法定刑幅度。以往,在既未遂并存且均单独构成犯罪的情况下,比较普遍的做法是先按照犯罪(总)数额确定法定刑幅度,然后认定全案未遂,将未遂作为量刑情节,比照既遂犯确定从宽的幅度,决定从轻或者减轻处罚。但最高人民法院、最高人民检察院于2011年3月联合出台的《关于办理诈骗刑事案件具体应用法律若干问题的解释》(以下简称《诈骗案件解释》)第六条规定:"诈骗既有既遂,又有未遂,分别达到不同量刑幅度的,依照处罚较重的规定处罚;达到同一量刑幅度的,以诈骗罪既遂处罚。"根据该规定,对于诈骗既遂、未遂并存且均单独构罪的,在确定全案适用的法定刑幅度之前,应当就既遂部分与未遂部分分别对应的法定刑幅度进行比较,也就是说,首先需要确定既遂部分与未遂部分分别对应的法定刑幅度。鉴于刑法分则中的法定刑幅度是针对既遂犯设置的,未遂部分并无直接对应的法定刑幅度,这就给如何确定未遂部分的法定刑幅度带来了困难。我们认为,要准确理解与贯彻执行《诈骗案件解释》的上述规定,在既未遂并存且均单独构罪的情况下,确定未遂部分对应的法定刑幅度,应当依照《刑法》第二十三条第二款的规定,与未遂部分对应的既遂形态(既遂犯)进行比较,决定是否对单独构罪的未遂部分减轻处罚,进而确定未遂部分对应的法定刑幅度,与既遂部分对应的法定刑幅度进行比较。在这一过程中,《刑法》第二十三条第二款发挥的并非量刑情节功能,即并非在确定法定刑幅

---

① 参见最高人民法院指导案例第62号。

度、量刑起点、基准刑后对全案适用,而是在量刑起点确定之前针对未遂部分法定刑幅度确定过程中适用。也就是说,对于《刑法》第二十三条第二款,不能仅仅理解为对全案适用的未遂量刑情节,在既未遂并存且单独构罪的情况下,还有必要理解为确定未遂部分对应的法定刑幅度的原则,进而作为我国刑法分则以犯罪既遂形态设置法定刑幅度这一原则的补充。据此,《刑法》第二十三条第二款具有双重功能:在全案认定未遂的情况下,该规定的具体适用体现为未遂情节对基准刑的调节功能;在全案认定既遂但未遂部分单独构罪的情况下,该规定的具体适用体现为在确定未遂部分法定刑幅度过程中对对应的既遂犯法定刑幅度的调节功能。

(二) 未遂部分法定刑幅度的确定,是否先行对未遂部分进行从轻或者减轻的评价

对于未遂部分,先进行是否减轻处罚的评价,确定未遂部分对应的法定刑幅度,再与既遂部分比较确定全案适用的法定刑幅度,将未作评价的既遂数额或者未遂数额在量刑时予以考虑,在既未遂并存且未遂部分对应的法定刑幅度重于既遂部分对应的法定刑幅度的情况下,比较难处理的是如何确定未遂部分对应的法定刑幅度。尽管《诈骗案件解释》第六条规定了既未遂并存时,以分别对应的法定刑幅度择一重的处理原则,但并没有明确如何确定未遂部分对应的法定刑幅度,以及能否对未遂部分减轻处罚、如何减轻处罚等具体问题。对此,实践中存在不同看法。

第一种观点认为,直接根据未遂部分的犯罪数额确定对应的法定刑幅度,与既遂部分比较后,按照择一重处原则确定全案适用的法定刑幅度。如果未遂部分对应的法定刑幅度重于既遂部分,将既遂部分与未遂部分的未遂情节在量刑过程中综合评价;如果既遂部分对应的法定刑幅度重于未遂部分或者两者一样,则将未遂部分和未遂情节在量刑过程中综合评价。

第二种观点认为,未遂部分的未遂情节应当仅适用于未遂部分,不能适用于整个犯罪。应当根据未遂情节决定对未遂部分是否减轻处罚后,即先确定未遂部分对应的法定刑幅度,再与既遂部分进行比较。

我们认为,第一种观点虽便于操作,但问题较多;第二种观点较为妥当。

首先,第一种观点是将未遂部分的未遂情节作为包括既遂部分在内的整个犯罪的未遂情节对待,进而对整个犯罪从轻或者减轻处罚。但该观点至少存在以下两个方面的问题:第一,在未遂的问题上自相矛盾。对于既遂部分对应的法定刑幅度重于未遂部分对应法定刑幅度或者两者一致的,按照《诈骗案件解释》的规定将既遂数额作为刑档数额确定应当适用的法定刑幅度。但是对于未遂部分犯罪数额对应的法定刑幅度重于既遂部分的,则以未遂部分犯罪数额作为刑档数额确定全案适用的法定刑幅度。在全案适用的法定刑幅度确定以后,根据量刑规范化的要求,应当以未遂部分犯罪事实为依据确定量刑起点。在量刑起点确定后,再体现未遂部分的减轻处罚评价,必然导致将未遂部分的未遂情节作为全案的量刑情节来对待,无论是否考虑既遂部分对量刑的影响,均是对全案进行的减轻处罚,而不是单独对未遂部分的减轻处罚,客观上同样陷入了在认定犯罪已经既遂的前提下又认定全案存在未遂情节的理论困境。第二,如果允许减轻处罚,就会导致裁量幅度过大,在既遂部分与未遂部分分别对应的法定刑幅度差别较小的情况下,容易出现量刑畸轻的现象。

其次,第二种观点妥当,理由在于:第一,未遂部分对应的法定刑幅度重于既遂部分对应的法定刑幅度的,应当允许减轻处罚,否则在既遂部分与未遂部分分别对应的法定刑幅度差别较大的情况下,将导致量刑畸重。在本案中,既未遂并存且单独构罪的情况下,不应认定全案未遂进而对全案进行减轻处罚,但是应当允许在确定与既遂部分比较的未遂部分对应的法定刑幅度时,先行在未遂部分范围内考虑是否需要减轻处罚。第二,在与既遂部分对应法定刑幅度比较时先行就未遂部分考虑是否减轻处罚,有利于发挥既遂部分对未遂部分从宽幅度过大的限制功能,避免量刑畸轻的现象。在既未遂并存且未遂部分直接对应的法定刑幅度重于既遂部分对应的法定刑幅度的情况下,如果直接以未遂数额作为刑档数额确定全案适用的法定刑幅度后,再对全案进行是否减轻处罚的评价,可能导致部分案件的量刑畸轻。而将未遂部分的未遂情节先行作出是否减轻处罚的评价,则可以避免量刑畸轻的现象。第三,避免了在未遂问题上的自相矛盾。对未遂部分在确定与既遂部分进行比较的法定刑幅度过程中进行是否减轻处罚的评价,而不是在与既遂部分对应的法定刑幅度进行轻重比较后进行是否减轻处罚的评价,将对未遂部分是否减轻处罚的评价限定于未遂部分,而非扩展到包括既遂部分在内的全案犯罪事实,从而避免了既认定全案既遂又将未遂部分的未遂情节作为全案未遂情节的情况。

四、法条链接

《中华人民共和国刑法》

第二百二十四条【合同诈骗罪】 有下列情形之一,以非法占有为目的,在签订、履行合同过程中,骗取对方当事人财物,数额较大的,处三年以下有期徒刑或者拘役,并处或者单处罚金;数额巨大或者有其他严重情节的,处三年以上十年以下有期徒刑,并处罚金;数额特别巨大或者有其他特别严重情节的,处十年以上有期徒刑或者无期徒刑,并处罚金或者没收财产:(一)以虚构的单位或者冒用他人名义签订合同的;(二)以伪造、变造、作废的票据或者其他虚假的产权证明作担保的;(三)没有实际履行能力,以先履行小额合同或者部分履行合同的方法,诱骗对方当事人继续签订和履行合同的;(四)收受对方当事人给付的货物、货款、预付款或者担保财产后逃匿的;(五)以其他方法骗取对方当事人财物的。

第二十三条【犯罪未遂】 已经着手实行犯罪,由于犯罪分子意志以外的原因而未得逞的,是犯罪未遂。对于未遂犯,可以比照既遂犯从轻或者减轻处罚。

第六十一条【量刑的事实根据与法律依据】 对于犯罪分子决定刑罚的时候,应当根据犯罪的事实、犯罪的性质、情节和对于社会的危害程度,依照本法的有关规定判处。

五、课后思考

1. 经济犯罪未遂在量刑时需要考虑哪些因素?
2. 经济犯罪未遂时的刑事责任如何承担?

六、延伸阅读

1. 王华伟.数额犯未遂问题研究——从最高人民法院第62号指导性案例切入[J].法律科学(西北政法大学学报),2019,37(05):117-127.

2. 吴情树.论数额加重犯未遂的法定刑适用[J].法学,2017(11):182-192.

3. 陈希.数额犯中部分未遂时刑事责任的教义学分析——以最高人民法院指导性案例为切入点[J].郑州大学学报(哲学社会科学版),2017,50(03):39-42.

4. 陆诗忠.再访"数额犯的既、未遂问题"——兼为相关"司法解释"辩护[J].内蒙古社会科学(汉文版),2014,35(03):85-89.

第八章

经济犯罪的处罚

第一节 经济犯罪的一罪与数罪
——王小禹、鞠井田虚开增值税专用发票案

一、案情简介

2015年7月至8月,被告人鞠井田经营的北京今创兴隆金属材料有限公司(以下简称今创兴隆)缺少进项票,鞠井田通过他人联系到被告人王小禹,让王小禹为其虚开所需增值税专用发票。王小禹从他人处虚开17张增值税专用发票,并在北京市朝阳区小武基朝龙不锈钢市场内出售给鞠井田。王小禹获利3 700元。17张增值税专用发票均为机打发票,每张增值税专用发票票面记载的货物(钢材)金额均为99 922.91元,税率为17%,税额16 986.89元,17张增值税专用发票税额共计288 777.13元。增值税专用发票购买方为今创兴隆,销售方为北京中鑫万特商贸有限公司,双方无发票记载的真实货物交易。17张增值税专用发票均为真票,其中8张已认证。2016年4月15日,被告人鞠井田因所购增值税专用发票中部分票无法认证,与被告人王小禹发生纠纷。王小禹报案,二人于当日被民警传唤到案。王小禹退缴违法所得3 700元,公安机关扣押王小禹、鞠井田银行卡各1张,均在案。①

二、主要问题

本案两名被告人分别构成非法出售增值税专用发票罪、非法购买增值税专用发票罪还是同时构成虚开增值税专用发票罪?

三、法律分析

本案事实清楚,证据翔实,并无争议,但对被告人的行为如何定罪,存在不同意见。

第一种观点认为,王小禹非法出售增值税专用发票,构成非法出售增值税专用发票罪;鞠井田非法购买增值税专用发票,构成非法购买增值税专用发票罪。同时,两位被告人均构成虚开增值税专用发票罪。根据本案情况,二被告人的行为同时触犯不同罪名,属于想象竞合犯,应当从一重处罚,即以虚开增值税专用发票罪定罪处罚。

第二种观点认为,两位被告人均构成虚开增值税专用发票罪。本案中,王小禹非法出

---

① 一审:(2016)京0105刑初1116号。二审:(2016)京03刑终749号。《刑事审判参考》第1209号。

售增值税专用发票、鞠井田非法购买增值税专用发票,但是他们的行为不单独评价为犯罪,因为介绍他人开具、让他人为自己开具无真实货物购销的增值税专用发票的行为构成虚开增值税专用发票罪。本案中,两位被告人的行为并不符合非法出售、非法购买增值税专用发票罪与虚开增值税专用发票罪想象竞合的情况。

我们认为,两位被告人均构成虚开增值税专用发票罪。

首先,两位被告人的行为不存在虚开增值税专用发票罪和非法出售增值税专用发票罪或非法购买增值税专用发票罪的想象竞合关系。一般认为,想象竞合是想象的数罪,观念上的竞合,目的在于禁止对一个犯罪行为进行重复处罚。想象竞合是指行为人基于一个罪过,实施一个危害行为,触犯数个罪名的犯罪形态。想象竞合的基本特征包括:①行为人基于一个罪过,实施一个行为;②行为人的一个行为触犯了数个罪名。在本案中,被告人王小禹所实施的行为包括两项:介绍他人开具增值税专用发票和非法出售增值税专用发票;被告人鞠井田实施的行为也包括两项:让他人为自己开具增值税专用发票和非法购买增值税专用发票。本案中两位被告人的行为不符合想象竞合的"一个罪过、一个行为"的要求,因此,不可能存在非法出售增值税专用发票罪、非法购买增值税专用发票罪和虚开增值税专用发票罪的想象竞合关系。

其次,本案中两位被告人的行为属于虚开增值税专用发票罪和非法出售增值税专用发票罪、非法购买增值税专用发票罪的牵连犯。牵连犯是指以实施某一犯罪为目的,而犯罪的方法行为或结果行为又触犯了其他罪名的犯罪形态。牵连犯的基本特征包括:①犯罪行为必须只基于一个犯罪目的;②犯罪行为必须具有两个以上的、相对独立的危害行为;③数个危害社会行为之间必须具有牵连关系;④数个危害行为必须触犯不同的罪名。《刑法》中并没有条文明确规定牵连犯,但在刑法理论上和司法实践中,长期一直承认牵连犯的概念,并认为对牵连犯不适用数罪并罚。刑法通说认为,对牵连犯应当从一重处罚,这是牵连犯的一般处罚原则。增值税专用发票犯罪的牵连犯是指行为人实施的数个行为分别触犯不同的增值税专用发票犯罪,且各罪名之间存在牵连关系。对于增值税专用发票犯罪的牵连犯,刑法条文和相关司法解释已经作出明确规定。《刑法》第二百零八条第二款规定,非法购买增值税专用发票或者购买伪造的增值税专用发票又虚开或者出售的,分别依照虚开增值税专用发票、出售伪造的增值税专用发票、非法出售增值税专用发票罪定罪。该款规定是对增值税专用发票犯罪牵连犯的提示性规定。为了实现抵税,非法购买增值税专用发票是手段,虚开增值税专用发票是目的。如果刑法分则中已有条文对牵连犯的明确规定处罚方式,则应当直接依照分则的规定处罚。本案就是如此。《刑法》第二百零八条第二款规定,非法购买增值税专用发票后又虚开的,直接以虚开增值税专用发票罪定罪处罚。被告人鞠井田的行为就符合本条规定。既然立法及司法解释已经对无真实货物购销虚开增值税专用发票的行为规定为虚开增值税专用发票罪,那么依据此款规定,对两名被告人直接适用虚开增值税专用发票罪处罚。

最后,两位被告人的行为符合虚开增值税专用发票罪的犯罪构成。依据《刑法》第二百零五条第三款,虚开增值税专用发票罪是指有为他人虚开、为自己虚开、让他人为自己虚开、介绍他人虚开增值税专用发票行为之一的行为。刑法规定虚开增值税专用发票罪,是为了惩治虚开、伪造和非法出售增值税专用发票和其他发票进行偷税、骗税等犯罪活动，保障国家税收。因此，对"虚开"行为的解释应当围绕是否损害国家税收利益展开，根据相关解释，属于"虚开"的行为主要包括：没有货物购销或者没有提供或接受应税劳务而为他人、为自己、让他人为自己、介绍他人开具增值税专用发票；有货物购销或者提供或接受了应税劳务，但为他人、为自己、让他人为自己、介绍他人开具数量或者金额不实的增值税专用发票；进行了实际经营活动，但让他人为自己代开增值税专用发票。① 与之相反，不属于"虚开"的行为主要包括：为虚增营业税、扩大销售收入或者制造虚假繁荣，相互对开或环开增值税专用发票的行为；在货物销售过程中，一般纳税人为夸大销售业绩，虚增货物的销售环节，虚开进项增值税专用发票和销项增值税专用发票，但依法缴纳增值税并未造成国家税款损失的行为；为夸大企业经济实力，通过虚开进项增值税专用发票虚增企业的固定资产，但并未利用增值税专用发票抵扣税款，国家税款亦未受到损失的行为。正如有学者指出，"虚开增值税专用发票罪的不法性质是认定本罪的基础，由于《刑法》第二百零五条以虚开为中心设立本罪，因而具有侵害增值税专用发票管理的秩序犯与侵害国家税款安全的财产犯的双重属性。在这种情况下，应当正确界定本罪的不法性质，将本罪确定为骗取国家税款的财产犯罪。在司法实践中存在代开增值税专用发票等各种较为复杂的行为形态，这种行为在形式上具有虚开的外观，但在主观上没有骗取国家税款的目的或者在客观上没有造成国家税款损失的危险，因而不能认定为本罪"。② 因此，对于虚开增值税专用发票罪的司法适用，需要依据目的犯对其构成要件进行限缩解释。在本案中，鞠井田为了抵扣税款，在没有真实货物交易的情况下，让他人为自己虚开增值税专用发票；王小禹为了获取交易费，明知他人没有真实货物交易而为他人虚开（具体说是介绍他人虚开）增值税专用发票，鞠井田的非法购买行为、王小禹的非法出售行为，只是手段行为，并不是目的行为，两人的最终目的是为鞠井田逃避税款，最终损害的是国家税收利益。仅仅以非法购买、非法出售增值税专用发票罪对两名被告人定罪处罚，只是浮于表面、以偏概全，并不能全面评价其行为性质和行为危害。

在经济犯罪中，虚开增值税专用发票罪无疑是刑法重点规制的对象。该罪侵害的是税务管理秩序，具有较大的社会危害性，而且涉案金额巨大。我国刑法对虚开增值税专用发票罪一直保持严厉治理的立场，甚至长时期保留死刑的配置。但是，虚开增值税专用发票行为却屡禁不止，反倒成为实践疑难问题。其中就包括虚开增值税专用发票的一罪与数罪问题。一罪是指危害行为构成单一犯罪的。数罪是指危害行为构成两个以上复数犯罪的。正确区分罪数，有利于准确定罪，有利于合理量刑，有利于处理定罪与处罚的关系。一般而言，一罪与数罪的区分是以犯罪构成为标准的。一罪与数罪区分的目的，是对行为人进行准确的定罪量刑。尽管虚开增值税专用发票罪的危害大，但对犯罪人的处罚仍应坚持罪责刑相适应原则，不能随意进行数罪并罚或者从重处罚，而应严格依据法律明确规定。根据司法解释，只要有虚开行为（为他人开、为自己开、让他人为自己开、介绍他人开

---

① 《最高人民法院关于适用〈全国人民代表大会常务委员会关于惩治虚开、伪造和非法出售增值税专用发票犯罪的决定〉的若干问题的解释》（法发〔1996〕30）。

② 陈兴良.虚开增值税专用发票罪的不法性质与司法认定[J].法律科学（西北政法大学学报），2021,39(04)：142-156.

增值税专用发票)的,就应认定为虚开增值税专用发票罪,尽管在犯罪过程中往往会存在出售与购买行为。

四、法条链接

《中华人民共和国刑法》

第二百零五条【虚开增值税专用发票、用于骗取出口退税、抵扣税款发票罪】 ①虚开增值税专用发票或者虚开用于骗取出口退税、抵扣税款的其他发票的,处三年以下有期徒刑或者拘役,并处二万元以上二十万元以下罚金;虚开的税款数额较大或者有其他严重情节的,处三年以上十年以下有期徒刑,并处五万元以上五十万元以下罚金;虚开的税款数额巨大或者有其他特别严重情节的,处十年以上有期徒刑或者无期徒刑,并处五万元以上五十万元以下罚金或者没收财产。

单位犯本条规定之罪的,对单位判处罚金,并对其直接负责的主管人员和其他直接责任人员,处三年以下有期徒刑或者拘役;虚开的税款数额较大或者有其他严重情节的,处三年以上十年以下有期徒刑;虚开的税款数额巨大或者有其他特别严重情节的,处十年以上有期徒刑或者无期徒刑。

虚开增值税专用发票或者虚开用于骗取出口退税、抵扣税款的其他发票,是指有为他人虚开、为自己虚开、让他人为自己虚开、介绍他人虚开行为之一的。

第二百零七条【非法出售增值税专用发票罪】 非法出售增值税专用发票的,处三年以下有期徒刑、拘役或者管制,并处二万元以上二十万元以下罚金;数量较大的,处三年以上十年以下有期徒刑,并处五万元以上五十万元以下罚金;数量巨大的,处十年以上有期徒刑或者无期徒刑,并处五万元以上五十万元以下罚金或者没收财产。

第二百零八条【非法购买增值税专用发票、购买伪造的增值税专用发票罪】 非法购买增值税专用发票或者购买伪造的增值税专用发票的,处五年以下有期徒刑或者拘役,并处或者单处二万元以上二十万元以下罚金。

非法购买增值税专用发票或者购买伪造的增值税专用发票又虚开或者出售的,分别依照本法第二百零五条、第二百零六条、第二百零七条的规定定罪处罚。

五、课后思考

1. 虚开增值税专用发票罪与虚开发票罪是什么关系?
2. 虚开增值税专用发票罪中的"虚开"应当如何解释?

六、延伸阅读

1. 张明楷.法条竞合与想象竞合的区分[J].法学研究,2016,38(01):127-147.
2. 刘宪权.我国刑法理论上的牵连犯问题研究[J].政法论坛,2001(01):50-58.
3. 黄鑫.虚开增值税专用发票的风险应对[J].税务研究,2016(09):108-110.

---

① 2020年《刑法修正案(十一)》删除本条原第二款"有前款行为骗取国家税款,数额特别巨大,情节特别严重,给国家利益造成特别重大损失的,处无期徒刑或者死刑,并处没收财产。"

4. 岳彩林.虚开增值税专用发票犯罪行为的认定及法律适用[J].法律适用,2004(06):60-63.

第二节 经济犯罪的此罪与彼罪
——赵喆操纵证券交易价格案

一、案情简介

被告人赵喆为了抬高股票价格,以便其本人及朋友能在抛售股票时获利,利用计算机侵入三亚中亚信托投资公司上海新闸路证券交易营业部(以下简称三亚营业部)的计算机信息系统,对该部待发送的委托数据进行修改,导致"兴业房产"和"莲花味精"两种股票的价格被抬高。赵喆及其朋友乘机抛售股票获利数万元,三亚营业部因此遭受295万余元的经济损失。被告人赵喆曾受过电子信息专业的高等教育,且具有多年从事证券交易的经历,熟悉证券交易的电脑操作程序。

1999年3月31日下午,被告人赵喆到被害单位三亚营业部的营业厅,通过操作专供客户查询信息所用的电脑终端,非法侵入三亚营业部的计算机信息系统,发现该系统中的委托报盘数据库未设置密码,即萌生了通过修改该数据库中的数据抬高上市股票价格,以便使自己在抛售股票时获利的念头。4月15日,赵喆再次通过三亚营业部的电脑侵入该营业部的计算机信息系统,先复制下委托报盘数据库,再对该数据库进行模拟修改。修改获得成功后,赵喆即决定次日实施。为了炫耀自己具有操纵股市变动趋势的"能耐",赵喆示意股民高春修购进"莲花味精"股票,待该种股票价格上扬时,抛售获利。4月16日中午股市休市时,被告人赵喆在三亚营业部的营业厅里通过操作电脑终端,对三亚营业部准备向证券交易所发达的委托报盘数据内容进行了修改,将周某等5位股民买卖其他股票的数据,修改成以当日涨停价位委托买入"兴业房产"198.95万股、"莲花味精"298.98万股。当日下午股市开盘时,上述修改过的数据被三亚营业部发送到证券交易所后,立即引起"兴业房产"和"莲花味精"两种股票的价格大幅度上扬。赵喆乘机以涨停价抛售了其在天津市国际投资公司上海证券业务部账户上的7 800股"兴业房产"股票,获利7 277.01元。股民高春修及其代理人王琦华也将在赵喆示意下买入的8.9万股"莲花味精"股票抛出,获利8.4万余元。由于拥有这两种股票的股民都乘机抛售,发出买入信息的三亚营业部不得不以涨停价或接近涨停价的价格买入,为此需支付6 000余万元的资金。三亚营业部一时无法支付此巨额资金,最后被迫平仓,遭受经济损失达295万余元。案发后,公安机关为三亚营业部追回经济损失40余万元。①

二、主要问题

使用计算机侵入证券公司计算机系统修改系统存储数据,人为操纵股票价格,并从中

---

① 《最高人民法院公报》2000年第2期,《刑事审判参考》第48号。

获利,应认定为破坏计算机信息系统罪,还是操纵证券交易价格罪①。

三、法律分析

第一种观点认为,被告人赵喆的行为构成操纵证券交易价格罪。被告人赵喆身为证券行业从业人员,理当执行证券管理制度,维护证券交易秩序,但其为了使自己和朋友能获取非法利益,非法侵入他人计算机信息系统,使用修改计算机信息系统存储数据的方法来操纵证券交易价格,扰乱股市交易秩序,给三亚营业部造成了巨大经济损失,情节严重,其符合操纵证券市场价格罪的构成要件,构成操纵证券市场价格罪。

第二种观点认为,被告人赵喆的行为构成破坏计算机信息系统罪。破坏计算机信息系统罪,是指违反国家规定,故意对计算机信息系统功能进行删除、修改、增加、干扰,造成计算机信息系统不能正常运行,或者违反国家规定,故意对计算机信息系统中存储、处理或者传输的数据和应用程序进行删除、修改、增加的操作,后果严重的行为,以及故意制作、传播计算机病毒等破坏性程序,影响计算机系统正常运行,后果严重的行为。本案被告人赵喆多次侵入三亚营业部的电脑终端篡改的股票数据,并发送至证券交易所,导致三亚营业部遭受重大损失,后果严重。因此,赵某的行为不构成操纵证券交易价格罪,对其修改计算机储存数据的行为应以破坏计算机信息系统罪论处。

本案发生在 20 多年前,操纵证券交易价格罪也已被立法逐渐修订完善,但其对于经济犯罪中此罪与彼罪的区分所具有的典型意义和教义价值仍不可忽视。此罪与彼罪的区分是指针对某一项犯罪的指控,在查明案件事实和确认被告有罪的基础上,进一步确定构成何种具体犯罪的活动。此罪与彼罪的区分,应当坚持刑法规定的犯罪构成标准。我们认为,被告人赵喆的行为构成操纵证券交易价格罪。从被告人赵喆的犯罪目的、采用手段以及行为侵犯的法益考虑,符合操纵证券交易价格罪的特征。被告人赵喆非法入侵证券公司的计算机信息系统,修改系统存储数据,人为操纵股票价格,扰乱股市交易秩序,造成他人巨大经济损失,属于情节严重,构成操纵证券交易价格罪。

首先,被告人赵喆具有操纵证券交易价格的故意,且具有非法获取利益的犯罪目的。被告人赵喆身为证券行业从业人员,熟知证券管理制度,但其为了使自己和朋友能获取非法利益,故意修改计算机信息系统存储数据,人为操纵股票价格,危害证券交易的管理秩序和投资者的合法权益。从行为外表来看,被告人赵喆非法侵入他人的计算机信息系统,修改他人计算机信息系统中存储的数据,致使他人计算机信息系统的部分信息遭到破坏。但是,从主观状态来看,赵喆并非基于破坏计算机信息系统安全为目的而实施犯罪行为,其行为主观上是想引起股票价格异常上涨,抛售股票获利。因此,将其行为评价为破坏计算机系统罪,并不符合罪责刑相适应原则。

其次,被告人赵喆的行为侵犯的是证券市场秩序和他人财产权。操纵证券交易价格罪,是指行为人为获取不正当利益或者转嫁风险,操纵证券交易价格,情节严重的行为。操作证券交易价格的方式多种多样,刑法第一百八十二条通过"列举加兜底"的方式进行

---

① 《刑法修正案(六)》已将《刑法》第一百八十二条操纵证券交易价格罪改为操纵证券市场罪。本节针对案情本身的分析,仍沿用审判时的罪名,特此说明。

规定。本案被告人赵喆采用修改计算机系统数据的方式操纵证券交易价格,并不属于法条列举规定的行为方式,但可以包容评价为"以其他方法操纵证券交易价格"。被告人赵喆非法侵入他人计算机信息系统,修改他人计算机信息系统中存储的数据,客观上致使他人计算机信息系统受到破坏,但从行为侵犯的客体和对象考虑,其行为引起股市价格的异常波动,使自己及朋友获得利益,给三亚营业部造成 295 万余元的损失,符合操纵证券交易价格罪的特征。被告人赵喆犯罪所使用的手段牵连触犯了《刑法》第二百八十六条第二款的规定,但是侵犯的法益是《刑法》第一百八十二条所保护的国家对证券的管理制度和投资者的合法权益,因此构成的是操纵证券交易价格罪,不是破坏计算机信息系统罪。

最后,被害单位三亚营业部所受的损失与被告人赵喆修改三亚营业部计算机数据的行为具有因果关系。在证券市场上,控制和影响证券价格走势的因素有很多,即使某一股票交易价格未受到任何人为因素干扰,公正、公平、公开进行交易,其价格走势也只是概率性的、模糊性,绝不可能是绝对的、确定的、必然的。因此,在操纵证券市场价格案件中,确立被告人犯罪行为与受害人损害结果之间的因果关系较为复杂。比如,本案中,对于被害单位的损失,被告人认为是因三亚营业部无力支付而被强制平仓所造成的,强制平仓是其遭受经济损失的原因之一。但是,结合本案案情来看,被告人赵喆修改三亚营业部的股票数据,导致被害单位三亚营业部才发出错误的买入信息,后因无力支付而被强制平仓,才会遭受经济损失。强制平仓本身是证券市场的风险防控机制,并不是被害单位遭受损失的异常介入因素。被害单位遭受损失的原因是且只能是被告人赵喆的非法修改股票数据的扰乱股市行为。

本案,法院经审理认为,检察机关指控被告人赵某的犯罪成立,被告人赵某的行为已构成操纵证券交易价格罪,依法应予惩处。被害单位三亚营业部遭受的经济损失,是因被告人赵某扰乱股市的行为所导致的,即使损失与平仓之间有联系,也是被告人赵某的犯罪行为造成的,应当由被告人赵某承担全部责任。因此,被告人及其辩护人关于全部经济损失不应由被告人承担的辩解及辩护意见不予采纳。被告人赵某的犯罪手段恶劣,社会危害性大,并且造成被害单位的经济损失至今无法挽回,故辩护人要求对被告人适用缓刑的意见也不予采纳。但鉴于被告人赵某交代态度较好,可酌情从轻处罚。据此,法院依法判决:被告人赵某犯操纵证券交易价格罪,判处有期徒刑 3 年,并处罚金人民币 1 万元;被告人赵某赔偿三亚营业部经济损失计人民币 2 497 604.62 元;追缴被告人赵某违法所得。

四、法条链接

《中华人民共和国刑法》

第二百八十六条【破坏计算机信息系统罪】 违反国家规定,对计算机信息系统功能进行删除、修改、增加、干扰,造成计算机信息系统不能正常运行,后果严重的,处五年以下有期徒刑或者拘役;后果特别严重的,处五年以上有期徒刑。

违反国家规定,对计算机信息系统中存储、处理或者传输的数据和应用程序进行删除、修改、增加的操作,后果严重的,依照前款的规定处罚。

故意制作、传播计算机病毒等破坏性程序,影响计算机系统正常运行,后果严重的,依照第一款的规定处罚。

单位犯前三款罪的,对单位判处罚金,并对其直接负责的主管人员和其他直接责任人员,依照第一款的规定处罚。

第一百八十二条【操纵证券、期货市场罪】 ①有下列情形之一,操纵证券、期货市场,影响证券、期货交易价格或者证券、期货交易量,情节严重的,处五年以下有期徒刑或者拘役,并处或者单处罚金;情节特别严重的,处五年以上十年以下有期徒刑,并处罚金:(一)单独或者合谋,集中资金优势、持股或者持仓优势或者利用信息优势联合或者连续买卖的;(二)与他人串通,以事先约定的时间、价格和方式相互进行证券、期货交易的;(三)在自己实际控制的账户之间进行证券交易,或者以自己为交易对象,自买自卖期货合约的;(四)不以成交为目的,频繁或者大量申报买入、卖出证券、期货合约并撤销申报的;(五)利用虚假或者不确定的重大信息,诱导投资者进行证券、期货交易的;(六)对证券、证券发行人、期货交易标的公开作出评价、预测或者投资建议,同时进行反向证券交易或者相关期货交易的;(七)以其他方法操纵证券、期货市场的。

单位犯前款罪的,对单位判处罚金,并对其直接负责的主管人员和其他直接责任人员,依照前款的规定处罚。

五、课后思考

1. 如何理解从操纵证券市场价格罪到操纵证券、期货市场罪的立法修正?
2. 利用计算机、移动支付等技术手段实施经济犯罪的案件,该如何处理?

六、延伸阅读

1. 刘宪权.操纵证券、期货市场罪司法解释的法理解读[J].法商研究,2020,37(01):3-15.
2. 谢杰.市场操纵犯罪司法解释的反思与解构[J].法学,2020(01):138-153.
3. 叶小琴,高彩云.破坏计算机信息系统行为的刑法认定——基于最高人民法院第104号指导性案例的展开[J].法律适用,2020(14):3-14.
4. 邢永杰.破坏计算机信息系统罪疑难问题探析[J].社会科学家,2010(07):81-84.

---

① 本条自1997年以来,《刑法》第一百八十二条经历3次修订。第一次修订是1999年《刑法修正案》:"将操纵期货交易价格,情节严重的行为"规定为犯罪。第二次修订是2006年《刑法修正案(六)》:一是将本罪罪状规定的"操纵证券、期货交易价格,获取不正当利益或者转嫁风险"修改为"操纵证券、期货交易市场"。二是提高了一档量刑,即"情节特别严重的,处五年以上十年以下有期徒刑,并处罚金。"三是完善了罚金刑,将原条文第一款中规定的"一倍以上五倍以下罚金"修改为"罚金"。四是删去了原条文第二项中的"或者相互买卖并不持有的证券"的规定;在原第三项中增加了"在自己实际控制的账户之间进行证券交易",同时,删去了"以自己为交易对象,进行不转移证券所有权的自买自卖"行为的规定。五是将第二款对单位犯罪的直接负责的主管人员和其他直接责任人员的处罚,由原来直接规定的处自由刑修改为依照自然人犯罪的规定处罚,既处自由刑也处财产刑。第三次修订是2020年刑法修正案(十一):一是完善了本罪的罪状表述,对原来分散在各项中规定的"影响证券、期货交易价格或者证券、期货交易量"的入罪条件在本条罪状中作统一规定。二是将"虚假申报操纵""蛊惑交易操纵""抢帽子交易操纵"等3种操纵证券、期货市场的行为明确规定为犯罪。

第三节　经济犯罪的数额认定

——郭鑫信用卡诈骗案

一、案情简介

2009年10月,被告人郭鑫向招商银行信用卡中心申领了一张信用卡后恶意透支,截至2015年5月10日,共拖欠本金46 996元,经银行多次催收,拒不归还透支的本息。2011年9月,被告人郭鑫向交通银行信用卡中心申领了一张信用卡后恶意透支,截至2015年5月27日,共拖欠本金31 909.78元,经银行多次催收,拒不归还透支本息。2012年7月,被告人郭鑫向兴业银行信用卡中心申领了一张信用卡后恶意透支,截至2015年1月19日,共拖欠本金49 034.68元,经银行多次催收,拒不归还透支本息。被告人郭鑫恶意透支银行信用卡3张,共计127 940.46元。被告人对3家银行的欠款现已全部还清。[①]

二、主要问题

恶意透支型信用卡诈骗犯罪数额的计算。

三、法律分析

经济犯罪一般都以一定的犯罪数额为定罪处罚要件。通常认为,在经济犯罪中,数额可以分为以下几类：①犯罪经营数额和犯罪所得数额；②直接损失数额与间接损失数额；③挥霍的数额和追缴、退赔的数额；④犯罪总额、参与数额、分赃数额和平均数额。[②] 犯罪所得或者损失超过一定数额,说明行为对法益侵害的严重程度,决定应受刑事处罚的程度。所以,犯罪数额的确定既关系定罪,又关系量刑。本案所讨论的恶意透支型信用卡诈骗案件就属于此种类型。本案被告人郭鑫恶意透支的行为构成信用卡诈骗罪没有争议,但是对于黄某恶意透支的数额认定却存在不同观点。

第一种观点认为,恶意透支信用卡的数额应按照银行报案材料中提供的本金数额计算,该数额中会包含一些发卡银行计算的利息、手续费、滞纳金等发卡银行收取的费用。银行在收到还款人还款时,如果账户内有复利、滞纳金及手续费等项目,会将持卡人的还款中部分款项用于偿还复利等费用,部分款项用于偿还本金,所以银行提供的报案材料中载明所欠银行本金数额均是在扣除发卡银行收取费用的基础上计算的本金。

第二种观点认为,恶意透支的数额是指经发卡银行两次催收后超过3个月、持卡人拒不归还的本金数额或者尚未归还的本金数额。应按照公安机关立案前涉案信用卡实际消费数额与实际还款数额的差额来计算,不包括本金所生的利息、手续费、滞纳金等任何发卡银行收取的费用。

第三种观点认为,恶意透支的数额应包括所欠银行的本金,即实际消费数额与扣除利

[①] 一审：(2015)浑南刑初字第00458号。二审：(2016)辽01刑终33号。《人民司法·案例》2018年第32期。
[②] 陈兴良.刑法哲学[M].北京：中国政法大学出版社,2000：705-707.

息后还款数额的差额。银行将还款数额部分款项用于偿还利息,部分用于偿还本金。

我们认同第二种观点,恶意透支型信用卡诈骗罪的犯罪数额,应当是指信用卡实际消费数额与实际还款数额的差额,不包括本金所生的利息、手续费、滞纳金等任何发卡银行收取的费用。2009年《关于办理妨害信用卡管理刑事案件具体应用法律若干问题的解释》(以下简称《解释》)第六条对恶意透支型信用卡诈骗罪犯罪数额的认定作出规定,即恶意透支的数额,是指持卡人拒不归还的数额或者尚未归还的数额,不包括复利、滞纳金、手续费等发卡银行收取的费用。可见,前述解释已对复利、滞纳金、手续费等发卡银行收取的费用作出排除性规定,基本明确了恶意透支型信用卡诈骗罪构成犯罪的数额认定方法。

首先,经济犯罪数额是指受经济犯罪行为直接侵害的并以人民币形式表现出来的经济利益数量。[①] 恶意透支型信用卡诈骗罪,在犯罪数额认定上争议较多,主要是因为作为构成要件的"恶意透支"具有特殊性。信用卡基本上都有透支功能。"透支"是指在银行设立账户的客户在账户上已无资金或者资金不足的情况下,经过银行批准,以超过其账上资金的额度支用款项的行为。信用卡实际上是银行与公民个人之间形成的一种借贷合同关系,属民事法律调整范畴,只有严重扰乱金融秩序的行为才被纳入刑法打击的范围。只有持卡人恶意透支,数额较大的,才构成本项规定的犯罪。持卡人以非法占有为目的,超过规定限额或者规定期限透支,并且经发卡银行两次催收后超过3个月仍不归还的,应当认定为"恶意透支"。利用信用卡进行恶意透支的诈骗犯罪活动,行为人在主观上应当具有"非法占有的目的"[②],这是恶意透支与善意透支的本质区别。"规定限额或者规定期限",是指有关主管部门规章和发卡银行规定中规定的透支限额或者透支期限。"催收",是指发卡银行以函件、电话、电子邮件等各种方式催促持卡人归还透支款项的行为[③]。可见,立法机关和司法机关对于恶意透支型信用卡诈骗罪均采取较为审慎的立场,避免客观归罪和事后倾向性评价对犯罪人明确要求"非法占有"的目的,对金融机构要求进行有效"催收"的程序。另外,行为人在提起公诉前全部归还或者具有其他情节轻微情形的,可以不起诉;在一审判决前全部归还或者具有其他情节轻微情形的,可以免予刑事处罚。但是,曾因信用卡诈骗受过两次以上处罚的除外。[④]

---

① 刘德法,孔德琴.论经济犯罪数额的概念[J].法学评论,1991(01):46-48.
② 《最高人民法院 最高人民检察院关于办理妨害信用卡管理刑事案件具体应用法律若干问题的解释》第六条第二、三款的规定,对于是否以非法占有为目的,应当综合持卡人信用记录、还款能力和意愿、申领和透支信用卡的状况、透支资金的用途、透支后的表现、未按规定还款的原因等情节作出判断。不得单纯依据持卡人未按规定还款的事实认定非法占有目的。具有以下情形之一的,应当认定为刑法第一百九十六条第二款规定的"以非法占有为目的",但有证据证明持卡人确实不具有非法占有目的的除外:①明知没有还款能力而大量透支,无法归还的;②使用虚假资信证明申领信用卡后透支,无法归还的;③透支后通过逃匿、改变联系方式等手段,逃避银行催收的;④抽逃、转移资金,隐匿财产,逃避还款的;⑤使用透支的资金进行犯罪活动的;⑥其他非法占有资金,拒不归还的情形。
③ 《最高人民法院 最高人民检察院关于办理妨害信用卡管理刑事案件具体应用法律若干问题的解释》第七条规定,催收同时符合下列条件的,应当认定为该司法解释第六条规定的"有效催收":①在透支超过规定限额或者规定期限后进行;②催收应当采用能够确认持卡人收悉的方式,但持卡人故意逃避催收的除外;③2次催收至少间隔30日;④符合催收的有关规定或者约定。对于是否属于有效催收,应当根据发卡银行提供的电话录音、信息送达记录、信函送达回执、电子邮件送达记录、持卡人或者其家属签字以及其他催收原始证据材料作出判断。发卡银行提供的相关证据材料,应当有银行工作人员签名和银行公章。
④ 《最高人民法院 最高人民检察院关于办理妨害信用卡管理刑事案件具体应用法律若干问题的解释》第十条。

其次,恶意透支的犯罪数额应当作严格限定,排除所有"发卡银行收取的费用"。信用卡诈骗罪是财产性犯罪,行为人非法占有的对象只能是信用卡透支的本金,透支本金产生的利息等费用并不是其犯罪对象。《解释》已明确规定"发卡银行收取的费用"概念,该费用主要包括复利、滞纳金、取现费、手续费、年费、工本费等。目前,实践中,争议多集中于透支利息是否作为犯罪数额计算。利息是发卡银行收取的主要费用。通常来说,信用卡透支逾期不还,利息是每日万分之五。那么,如果行为人恶意透支本金数额是9万元,那么逾期一年的利息是约1.6万元,犯罪数额是否包括利息,将直接影响其是否能被认定为"数额巨大",并直接影响其量刑幅度。

最后,《解释》中的"复利"应当解释为"利息",不计入恶意透支数额。"复利"在法律上并无明确规定,主要可以理解为如下两种:一是指利息所生的利息,而不包括本金所生的利息;二是指将所生利息加入本金后所生的利息,即除了包括前述第一种复利,还包括本金所生利息。我们认为,《解释》中的"复利"应当包括本金所生利息和利息所生利息,即恶意透支数额只应当计算本金,以持卡人透支第一笔没有正常归还的钱款的时间为恶意透支的开始时间,此前持卡人的还款不能视为对以后透支本金的归还。① 理由有二:第一,恶意透支型信用卡诈骗罪,属于诈骗类财产犯罪,犯罪数额的计算应与其他诈骗类犯罪保持一致。信用卡诈骗罪中对一般信用卡诈骗行为,即使用伪造的信用卡,使用以虚假的身份证明骗领的信用卡,使用作废的信用卡,或者冒用他人信用卡的行为,在认定犯罪数额时均以实际使用的信用卡内金额作为犯罪数额,而不包括利息。鉴于此,恶意透支型信用卡诈骗罪,也应以行为人实际获取数额为准,而不应包括利息,否则将在信用卡诈骗罪内部出现明显的量刑失衡。第二,从银行的受损失角度而言,有观点认为,还本付息,天经地义。利息是银行的正当营业收入,恶意透支使银行损失的不仅是本金,还有利息。对银行而言,利息收入是重要利润来源,如果犯罪数额的计算不包括利息收入,则是忽视对银行正当利益的保护。该观点有曲解刑法目标和功能之嫌,惩治犯罪才是刑法的首要目标,补偿被害人可通过民法来实现。要公正处罚犯罪人则应坚持主客观相统一、罪责刑相适应原则,以犯罪事实为根据,考虑犯罪人实际得到的财物数额。第三,在司法实践中,基层法院在认定恶意透支数额时,一般不将利益计算在内。因为持卡人一旦不能按时、足额向银行还款,银行将会向持卡人收取利息、复利。银行就恶意透支行为向公安机关报案时,出具的信用卡账单上显示的利息都是包含复利的,致使法院在认定信用卡恶意透支数额时,无法准确厘清利息和复利,只好一概不予认定。②

当然,主张经济犯罪中的数额大小是定罪量刑的主要根据,但并不意味着犯罪数额是定罪量刑的唯一根据。毕竟犯罪数额是客观硬性标准,很难应对复杂多样的个案情况。而且,经济犯罪案件的社会危害性并不仅仅体现在犯罪数额上,行为人作案的原因、手段、次数、后果,以及犯罪之后的态度、退赃情况等均能反映社会危害性的大小,因此,在对经济犯罪案件定罪量刑时,也应当考虑上述因素。

本案,沈阳市浑南区法院审理后,认定被告人郭鑫犯信用卡诈骗罪,判处有期徒刑

---

① 肖晚祥.恶意透支型信用卡诈骗罪认定中的新问题[J].法学,2011(06):49-55.
② 王跃辉,崔华伟,王焯蓓.信用卡恶意透支数额应否包含利息与分期付款金额[J].人民检察,2010(20):39-40.

5年,并处罚金5万元。一审宣判后,被告人郭鑫提出上诉。上诉理由:原审法院认定的犯罪数额中包含发卡银行收取的本金、利息、滞纳金等款项,上述数额应予扣除,故判决其犯罪数额巨大错误,对其量刑过重。沈阳市中级人民法院经审理认为,上诉人郭鑫使用信用卡恶意透支,数额较大,其行为已构成信用卡诈骗罪。关于郭鑫所提原判量刑过重和辩护人所提原判认定郭鑫的犯罪数额计算有误应予改判的辩护意见,经查,依据相关法律规定,恶意透支信用卡的数额,是指持卡人拒不归还或者尚未归还的本金,不包括复利、滞纳金、手续费等发卡银行收取的费用。原审法院认定郭鑫恶意透支的犯罪数额中确实计算了利息、滞纳金、手续费等发卡银行收取的费用,应予扣除。原判事实认定有误,应予纠正,故对该项辩护意见,法院予以采纳。经查,郭鑫到案后主动交代拖欠交通银行、招商银行的信用卡款项的犯罪事实,且自愿认罪,构成坦白。鉴于郭鑫具有坦白情节,且已全部偿还银行欠款,亦在法院审理期间委托家属积极缴纳罚金,并综合考虑上诉人系初次犯罪、认罪、悔罪、无再犯罪的危险,其所在居委会亦提出对其适用缓刑对所居住社区没有重大不良影响的意见,故对上诉人郭鑫从轻处罚并依法适用缓刑。沈阳中院作出判决:上诉人郭鑫犯信用卡诈骗罪,改判为有期徒刑2年,缓刑2年,并处罚金2万元。

四、法条链接

1.《中华人民共和国刑法》

第一百九十六条【信用卡诈骗罪】 ①有下列情形之一,进行信用卡诈骗活动,数额较大的,处五年以下有期徒刑或者拘役,并处二万元以上二十万元以下罚金;数额巨大或者有其他严重情节的,处五年以上十年以下有期徒刑,并处五万元以上五十万元以下罚金;数额特别巨大或者有其他特别严重情节的,处十年以上有期徒刑或者无期徒刑,并处五万元以上五十万元以下罚金或者没收财产:(一)使用伪造的信用卡,或者使用以虚假的身份证明骗领的信用卡的;(二)使用作废的信用卡的;(三)冒用他人信用卡的;(四)恶意透支的。

前款所称恶意透支,是指持卡人以非法占有为目的,超过规定限额或者规定期限透支,并且经发卡银行催收后仍不归还的行为。

盗窃信用卡并使用的,依照本法第二百六十四条的规定定罪处罚。

2.《关于办理妨害信用卡管理刑事案件问题的解释》

第八条 恶意透支,数额在五万元以上不满五十万元的,应当认定为刑法第一百九十六条规定的"数额较大";数额在五十万元以上不满五百万元的,应当认定为刑法第一百九十六条规定的"数额巨大";数额在五百万元以上的,应当认定为刑法第一百九十六条规定的"数额特别巨大"。

第九条 恶意透支的数额,是指公安机关刑事立案时尚未归还的实际透支的本金数额,不包括利息、复利、滞纳金、手续费等发卡银行收取的费用。归还或者支付的数额,应当认定为归还实际透支的本金。

检察机关在审查起诉、提起公诉时,应当根据发卡银行提供的交易明细、分类账单(透

---

① 本条为2005年《刑法修正案(五)》修订后的条款。

支账单、还款账单)等证据材料,结合犯罪嫌疑人、被告人及其辩护人所提辩解、辩护意见及相关证据材料,审查认定恶意透支的数额;恶意透支的数额难以确定的,应当依据司法会计、审计报告,结合其他证据材料审查认定。人民法院在审判过程中,应当在对上述证据材料查证属实的基础上,对恶意透支的数额作出认定。

发卡银行提供的相关证据材料,应当有银行工作人员签名和银行公章。

五、课后思考

恶意透支型信用卡诈骗罪的犯罪数额标准区别于其他类型信用卡诈骗罪,理由是什么?

六、延伸阅读

1. 毛玲玲.恶意透支型信用卡诈骗罪的实务问题思考[J].政治与法律,2010(11):41-48.

2. 刘宪权,庄绪龙."恶意透支"型信用卡诈骗罪若干问题研究——兼评"两高"《关于办理妨害信用卡管理刑事案件问题的解释》之有关内容[J].当代法学,2011,25(01):64-71.

3. 冯涛.恶意透支信用卡诈骗罪的认定及立法完善[J].中国刑事法杂志,2004(01):46-52.

第四节 经济犯罪的死刑
——唐美群集资诈骗案

一、案情简介

唐美群,女,1970年12月18日出生于广东省龙门县,广东省佛山市炬鹰经贸有限公司实际负责人。曾因犯非法经营罪于1999年11月17日被广东省珠海市香洲区人民法院判处有期徒刑1年8个月,2000年1月29日刑满释放。

为牟取非法利益,被告人唐美群于2004年至2005年开始从事民间高息借贷活动。2008年下半年,黄锦洪向被告人唐美群提出高息借款,唐美群以个人出资及向其他人高息借款等方式募集资金人民币5 000多万元出借给黄锦洪。后黄锦洪未能偿还该笔借款,导致唐美群的资金链条出现断裂。为填补资金缺口,2008年至2010年4月,被告人唐美群虚构其经营的佛山市炬鹰经贸有限公司(以下简称炬鹰公司)需要资金周转或者其投资香港金融理财产品需要大量资金等事实,隐瞒其身负巨额债务、无实际还款能力的真相,以高额利息回报为诱饵,采取后笔集资款兑付前笔集资款本息的方式,先后向欧爱华等30多名被害人非法集资,无法归还款项共计人民币49 994.611 064万元、港币130万元、美元5万元。在此过程中,被告人唐美群为使被害人相信其具有一定经济实力和还款能力,先后成立了佛山市鸣人投资有限公司、佛山市京诺贸易有限公司等空壳公司,并使用集资款购置了豪华住宅、高档办公楼、豪华轿车等,故意将其及其属下公司伪造成实力雄厚的假象。被告人唐美群将上述非法集资所得的款项用于偿还到期的借款本金和支付高额利息、投资、购置房地产及汽车等。因无法偿还上述非法集资款项,被告人唐美群将其收取集资款项的相关账目销毁后于2010年4月21日主动向公安机关投案。①

二、主要问题

集资诈骗罪的死刑适用。

三、法律分析

第一种观点认为,被告人唐美群以非法占有为目的,使用诈骗方法非法集资,数额特别巨大,给国家和人民利益造成特别重大损失,其行为触犯了《刑法》第一百九十二条、第一百九十九条②的规定,犯罪数额特别巨大,罪行极其严重,应当以集资诈骗罪对其适用死刑。

第二种观点认为,虽然被告人唐美群确实存在非法吸收他人资金的行为,但是,对被告人应予从轻处罚,不应适用死刑。主要原因有:被告人向他人吸收资金的原因是向黄锦洪出借的款项未能如期收回,为了偿还其向其他人的借款才引发本案,其犯罪的主观恶性较小;被告人唐美群集资的对象是其生意客户或者朋友,没有向其他社会公众集资,未对社会造成广泛的经济损失和严重后果;被告人唐美群的集资款项用于公司经营或者向出借人支付本金和利息,没有用于违法犯罪活动和个人挥霍,也没有卷款潜逃;被告人唐美群具有自首情节,认罪态度较好。

我们认为,被告人唐美群以非法占有为目的,明知自己没有履行能力,仍采取虚构事实、隐瞒真相、以高额利息回报为诱饵等诈骗方法非法集资,数额特别巨大并且给国家和人民利益造成特别重大损失,其行为已构成集资诈骗罪。被告人唐美群的罪行极其严重,依法应当判处死刑,但根据其自首、认罪态度、退赃等情节,对其判处死刑可不必立即执行。

本案争议的焦点在于被告人的死刑适用问题。

首先,本案被告人集资诈骗数额特别巨大,罪行极其严重,应当适用死刑。集资诈骗罪"以诈骗的方法"是指行为人以非法占有为目的,通过编造谎言、捏造或者隐瞒事实真相等欺骗的方法,骗取他人资金的行为。根据《刑法》第一百九十二条规定,数额较大才能构成集资诈骗罪,而数额巨大、数额特别巨大分别是提高其法定量刑幅度的情形之一,所以,犯罪数额不仅影响集资诈骗罪的定罪,也影响其量刑,是集资诈骗罪定罪量刑的重要依据。从立法和司法实践来看,经济犯罪案件的数额乃是启动死刑刑罚适用的主要标准。③集资诈骗罪的涉案数额分为多种,包括非法集资总额、实际损失数额、实际获利数额、行为后的隐匿数额和潜逃时的携款数额等。综合来看,将犯罪人的实际所得数额认定为集资

---

① (2011)粤高法刑二复字第36号。
② 案件审理时,该条仍然生效,现已被《刑法修正案(九)》删除。
③ 赵秉志,万云峰.论经济犯罪死刑案件数额认定之正当程序[J].人民司法,2005(01):64-67.

诈骗罪的犯罪数额较为公平合理。实际所得数额是被害人在案发前的财产损失数额,案发前被害人已收回的出资款应予扣除,被害人已收到的利息等回报也应折抵其出资款。这样才能打击集资诈骗犯罪行为,也否定被害人参与非法集资的治理立场。对此,2010年《最高人民法院审理非法集资刑事案件具体应用法律若干问题的解释》第五条第三款规定:"集资诈骗的数额以行为人实际骗取的数额计算,案发前已归还的数额应予扣除。行为人为实施集资诈骗活动而支付的广告费、中介费、手续费、回扣,或者用于行贿、赠与等费用,不予扣除。行为人为实施集资诈骗活动而支付的利息,除本金未归还可予折抵本金以外,应当计入诈骗数额。"本案中,被告人唐美群直至案发仍然无法归还给被害人的集资款近人民币5亿元、港币130万元、美元5万元,数额特别巨大,可以适用死刑。鉴于被告人唐美群犯罪以后自动投案,如实供述自己的罪行,是自首,依法可以从轻处罚;归案后的认罪态度较好,且当庭表示愿意将扣押在案的财产退赔给被害人,可以酌情从轻处罚。最终法院以集资诈骗罪判处被告人唐美群死刑,缓期2年执行,剥夺政治权利终身,并处没收个人全部财产。

其次,集资诈骗罪死刑配置的演变。集资诈骗罪是典型的涉众型经济犯罪,涉案范围广泛、涉案金额巨大、犯罪手段带有欺骗性、危害后果严重,在案件定性、证据收集、协调处理、社会矛盾化解等方面具有较大难度,我国刑法长期以来一直对其保持高压打击方式。最明显的表现是,2011年《刑法修正案(八)》废除了13个非暴力经济犯罪的死刑,包括3个金融诈骗罪(票据诈骗罪、金融凭证诈骗罪、信用证诈骗罪),仍保留集资诈骗罪的死刑,直至2014年《刑法修正案(八)》才正式予以废除。在我国司法实践中,集资诈骗罪也是适用死刑较多的经济犯罪之一。本案中,被告人唐美群集资诈骗犯罪数额逾5亿元,案发后公安机关追赃所得有几千万元,造成被害人的实际财产损失高达4亿多元。从犯罪数额和所造成的实际财产损失来看,本案在全国范围内也属于特大集资诈骗犯罪,并且已远远超出近几年来司法实践中所掌握的犯罪数额和实际财产损失1亿元左右的死刑适用标准。本案中,因为被告人唐美群具有自首、积极退赔退赃、认罪态度较好等情节,基于慎用死刑理念,并未判处被告人唐美群死刑立即执行,而是判处其死缓。目前,集资诈骗罪已经不再有死刑配置,仍然是基于罪责刑相适应原则的考虑。首先,结合我国刑法规定,集资诈骗罪与其他诈骗罪行为性质和危害并无本质差别,仅保留集资诈骗的死刑正当性不足。另外,集资诈骗罪的犯罪客体包括金融管理秩序和财产所有权。虽然前者事关国家经济基础、社会稳定,后者事关民生,但都无法与生命权相提并论。最后,死刑直接剥夺犯罪人生命,是最彻底的特殊预防手段,同时能威慑潜在犯罪人,但对于集资诈骗罪来说,可能并不符合刑罚公正要求,既刑罚过当,又威慑不足。集资诈骗犯罪的打击和预防,需要通融资渠道,加强民间借贷管理,加大自由刑和财产刑的处罚力度。

最后,经济犯罪死刑配置的发展。刑罚的正义性来自报应和功利的辩证统一要求,但是报应才是决定刑罚尺度的依据。对经济犯罪适用死刑是否具备报应根据,关键评判经济犯罪之恶与死刑之恶是否相适应,即经济犯罪给社会造成的负价值和死刑给罪犯造成的负价值是否相当。经济犯罪的社会危害是行为人谋取非法经济利益,扰乱市场经济资源的分配,破坏社会经济秩序。因此,经济犯罪的负价值主要表现为犯罪行为破坏经济秩序对社会经济造成的损害和犯罪分子所牟取的非法经济利益的价值。死刑的负价值是剥夺罪犯的生命。不可否认,在人类社会发展早期,由于社会生产力不发达,刑法对侵犯他人财产的行为规定死刑确实具有一定程度的合理性。但是,在现代文明社会和市场经济条件下,生产力和生产关系得到较大发展,人本身的价值不断提高,人道观念不断融入社会正义观念。因此,在现代社会,经济犯罪之恶与死刑之恶已无法实现均衡,对经济犯罪适用死刑不符合以罪刑相当为基础的现代报应观念。另外,经济犯罪配置死刑威慑、预防效果有限,但整个社会却需付出高昂代价。对经济犯罪过多地配置和适用死刑,无疑会打击市场活动主体的积极性,制约市场经济的快速发展。而且,以集资诈骗为典型的诈骗类经济犯罪,往往带有很多经济政策限制、被害人谋取高额利润等客观因素,不宜片面地以经济犯罪的客观危害为唯一根据,适用超越其个人罪责的过量刑罚。市场经济活动中的经济犯罪,其实是一种逾越市场规范牟取高额利益的行为。对经济犯罪适用死刑绝对不是遏制严重经济犯罪的有效手段,反而对国家利益和社会利益极不经济,是国家治理水平不高的体现,目前,"破坏社会主义市场经济秩序罪"中仍有两个罪名保留死刑配置[①],即生产、销售假药罪和生产、销售有毒有害食品罪。不难发现,这两个罪名虽然位于经济犯罪之列,但并不属于典型的经济犯罪。这两个犯罪侵犯的法益与其说是药品、食品监管秩序,更不如说是国民身体生命健康。因此可以说,我国刑法中经济犯罪的死刑配置已经退出历史舞台。

四、法条链接

《中华人民共和国刑法》

第四十八条【死刑、死缓的适用对象及核准程序】 死刑只适用于罪行极其严重的犯罪分子。对于应当判处死刑的犯罪分子,如果不是必须立即执行的,可以判处死刑同时宣告缓期二年执行。

死刑除依法由最高人民法院判决的以外,都应当报请最高人民法院核准。死刑缓期执行的,可以由高级人民法院判决或者核准。

第一百九十二条【集资诈骗罪】 以非法占有为目的,使用诈骗方法非法集资,数额较大的,处三年以上七年以下有期徒刑,并处罚金;数额巨大或者有其他严重情节的,处七年以上有期徒刑或者无期徒刑,并处罚金或者没收财产。

单位犯前款罪的,对单位判处罚金,并对其直接负责的主管人员和其他直接责任人员,依照前款的规定处罚。

第一百九十九条[②]【部分金融诈骗罪的死刑规定】 犯本节第一百九十二条、第一百

[①] 2011年通过的《刑法修正案(八)》取消了13个经济性非暴力犯罪死刑罪名。这13个罪名分别是走私文物罪,走私贵重金属罪,走私珍贵动物、珍贵动物制品罪,走私普通货物、物品罪,票据诈骗罪,金融凭证诈骗罪,信用证诈骗罪,虚开增值税专用发票、用于骗取出口退税、抵扣税款发票罪,伪造、出售伪造的增值税专用发票罪,盗窃罪,传授犯罪方法罪,盗掘古文化遗址、古墓葬罪,盗掘古人类化石、古脊椎动物化石罪,其中前9种犯罪属于经济犯罪。2014年全国人民代表大会常务委员会审议的《刑法修正案(九)草案》拟取消9个死刑罪名,分别是走私武器、弹药罪,走私核材料罪,走私假币罪,伪造货币罪,集资诈骗罪,组织卖淫罪,阻碍执行军事职务罪,战时造谣惑众罪。

[②] 本条为1997年《刑法》规定内容,后经两次修正:一是2011年《刑法修正案(八)》,修改为"犯本节第一百九十二条规定之罪,数额特别巨大并且给国家和人民利益造成特别重大损失的,处无期徒刑或者死刑,并处没收财产。"二是2015年《刑法修正案(九)》,将本条规定全部删除。

九十四条、第一百九十五条规定之罪,数额特别巨大并且给国家和人民利益造成特别重大损失的,处无期徒刑或者死刑,并处没收财产。

五、课后思考

1. 《刑法》第三章"破坏社会主义市场经济秩序罪"中是否仍有罪名保留死刑配置?该如何看待?
2. 集资诈骗罪的数额如何认定?

六、延伸阅读

1. 刘伟.集资诈骗罪的司法困境与罪群立法完善[J].政治与法律,2021(5):38-48.
2. 徐昕,黄艳好,王万琼.非法集资类犯罪的立法反思与对策[J].学术界,2015(3):45-62.
3. 彭少辉.非法集资的刑法规制与金融对策[J].中国刑事法杂志,2011(2):47-53.
4. 唐福齐.论经济犯罪刑罚的立法完善——兼论经济犯罪的死刑废止[J].政治与法律,2008(3):31-35.
5. 梁根林,张文.对经济犯罪适用死刑的理性思考[J].法学研究,1997(01):121-131.

第五节　经济犯罪的禁止令
——张启永等非法经营案

一、案情简介

被告人张启永、张婷婷从事生猪屠宰、销售生意多年,被告人王元民从事帮人屠宰生猪、收购贩卖猪下货生意多年。2019年6月至7月4日,被告人张启永、王元民、张婷婷明知生猪需经检验检疫后到正规屠宰单位进行定点屠宰,仍然违反国家规定,在邹平市西董街道办事处皇后村张婷婷院内私设屠宰场,从事生猪屠宰。被告人王元民帮助张启永、张婷婷屠宰生猪后,收购猪下货、猪皮、猪小肠后对外销售,生猪肉由被告人张婷婷在淄博市周村区长行农贸市场向何某、耿某、张某等人销售,非法经营数额 98 392.9 元。一审法院认为,被告人张启永、王元民、张婷婷违反国家规定,私设生猪屠宰场,从事生猪屠宰、销售等经营活动,情节严重,其行为均构成非法经营罪。根据三被告人的犯罪事实、性质、情节和对于社会的危害程度,分别判决:被告人张启永犯非法经营罪,判处有期徒刑一年,缓刑一年六个月,并处罚金一万元;被告人王元民犯非法经营罪,判处有期徒刑一年,缓刑一年六个月,并处罚金一万元;被告人张婷婷犯非法经营罪,判处有期徒刑一年,缓刑一年六个月,并处罚金一万元。之后,邹平市人民检察院提出抗诉,抗诉理由为:一审法院判决对被告人张启永、王元民、张婷婷适用缓刑,均未同时宣告禁止令,属于适用法律错误。二审法院审理后,原审被告人张启永、王元民、张婷婷适用缓刑应当同时宣告禁止令,在保留一审定罪和原判刑罚的基础上,增加禁止原审三被告人在缓刑考验期限内从事食品生产、销售及相关活动的判决。①

二、主要问题

本案被告人适用缓刑是否应当同时宣告禁止令。

三、法律分析

第一种观点认为,《最高人民法院 最高人民检察院关于办理危害食品安全刑事案件适用法律若干问题的解释》是我国最高司法机关作出的关于审判、检察工作中具体应用法律的解释,现行有效,本案应适用该解释的规定。该解释第十二条规定:"违反国家规定,私设生猪屠宰厂(场),从事生猪屠宰、销售等经营活动,情节严重的,依照刑法第二百二十五条的规定以非法经营罪定罪处罚。"原审被告人张启永、王元民、张婷婷的行为应以非法经营罪定罪处罚。该解释第十八条规定:"根据犯罪事实、情节和悔罪表现,对于符合刑法规定的缓刑适用条件的犯罪分子,可以适用缓刑,但是应当同时宣告禁止令,禁止其在缓刑考验期限内从事食品生产、销售及相关活动。"张启永、王元民、张婷婷所犯属于实施该解释规定之犯罪,对其适用缓刑时,应当同时宣告禁止令。一审对张启永、王元民、张婷婷适用缓刑未同时宣告禁止令,属适用法律错误。

第二种观点认为,尽管前述司法解释规定因私设生猪屠宰厂(场),从事生猪屠宰、销售而构成非法经营罪的被告人,如果适用缓刑,则应当同时宣告禁止令,但是,司法解释是对刑法适用问题的解释,其效力低于刑法。而《刑法》第七十二条规定的是"宣告缓刑,可以根据犯罪情况,同时禁止犯罪分子在缓刑考验期限内从事特定活动,进入特定区域、场所,接触特定的人"。即对于适用缓刑的被告人,《刑法》规定的是"可以"宣告禁止令;司法解释规定的是"应当"宣告禁止令。因为《刑法》第七十二条第二款规定的法律效力高于《最高人民法院 最高人民检察院关于办理危害食品案全刑事案件适用法律若干问题的解释》第十八条的规定,本案应适用刑法第七十二条第二款的规定,所以,法院只适用缓刑未宣告禁止令的判决,适用法律正确。

我们认为,本案被告人违反国家规定,私设生猪屠宰厂(场),从事生猪屠宰、销售等经营活动,构成非法经营罪,根据犯罪事实和社会危害,可对其适用缓刑。缓刑是指犯罪人先进行定罪但暂缓执行,指定具体考察机关在规定考察期间内对犯罪者进行考察,综合考量其在考察期间内的行为,最终决定原判刑罚是否仍需实行的一项措施。无可否认,缓刑制度对于降低犯罪分子再犯率、帮助犯罪分子回归社会具有积极效果。不过,缓刑制度也存在适用率较低、适用程序存在随意性、适用效果不佳的问题。刑事禁止令制度的颁布和完善,能够更好地达到有效监管与预防犯罪的目的,可以增强缓刑制度实施效果。鉴于本案被告人从事生猪屠宰、销售、贩卖生意多年,对其仅适用缓刑,可能无法起到警示效果,防止再犯,有必要同时宣告禁止令。

---

① (2019)鲁16刑终335号。

禁止令是我国刑罚领域一项全新的制度,对我国刑罚制度改革发展具有深远的意义。禁止令是对判处管制、宣告缓刑的被告人,在其管制或缓刑期间,所采用的刑罚辅助手段。2011年《刑法修正案（八）》首次引进禁止令制度,对于被判处管制或宣告缓刑的犯罪分子,人民法院可以根据犯罪情况,同时禁止犯罪分子从事特定活动,进入特定区域、场所,接触特定的人。2011年4月28日最高人民法院、最高人民检察院、公安部、司法部联合下发了《关于对判处管制、宣告缓刑的犯罪分子适用禁止令有关问题的规定（试行）》,对禁止令的适用条件、具体内容、期限、裁量建议、裁判文书、执行机关、执行监督、违反禁止令的法律后果、变更程序等进行了细化规定。禁止令具有惩罚性、附属性、可选择性。禁止令有助于实现有效监管与预防犯罪的目的,可以增强缓刑制度实施效果。于是,禁止令的性质值得探究。对此,理论界并未统一意见,有保安处分说、缓刑指示说、资格刑说、综合处遇说等不同意见。但是,理论上都认为禁止令并不是刑罚,尽管其符合刑罚个别化要求。对于禁止令的适用,属于人民法院自由裁量的范围,法官可根据案件具体情况综合判断。因此,同类型案件适用管制、缓刑的考量因素相同,但是否适用禁止令具有或然性。如果适用禁止令,那么禁止令的内容也取决于审判法官的主观意志。法官在适用禁止令时应当吸收多方参与并应进行必要的社会调查,禁止令的适用应当坚持必要性、明确性和可行性原则。①

所以,本案中控辩双方对于是否应当宣告禁止令的争讼,并不能因刑法条款使用"可以"而司法解释使用"应当",就直接认定是"可以"效力高于"应当"。本案争议的司法解释并不是关于禁止令使用的专门解释,而是针对危害食品安全犯罪案件的特殊解释,基于加强对公民身体生命健康的刑法保护的目的,对此类犯罪可适用缓刑的,应当同时宣告禁止令。禁止令并不属于刑罚,加上不是被告人提出上诉,也不存在背离"上诉不加刑"原则的可能。对本案被告人判处缓刑能够体现罪刑相当原则,为防止缓刑流于形式,同时宣告禁止令,对被告人在缓刑期间的行为作出具体限制,体现刑罚个别化原则和宽严相济政策。在刑事处罚、行政处罚和刑罚执行之间建立良好的沟通协调机制,已成为现代刑法打击犯罪、保障人权的重要议题。比如,2015年《刑法修正案（九）》新增第三十七条之一规定职业禁止制度,"因利用职业便利实施犯罪,或者实施违背职业要求的特定义务的犯罪被判处刑罚的,人民法院可以根据犯罪情况和预防再犯罪的需要,禁止其自刑罚执行完毕之日或者假释之日起从事相关职业,期限为三年至五年"。当然,这只是刑法关于职业禁止的最低标准要求。不同行政管理法规,基于不同管理对象和管理内容,而做出更加严格的要求。比如,2021年修订的《生猪屠宰管理条例》第三十八条规定:"违反本条例规定,生猪定点屠宰厂（场）被吊销生猪定点屠宰证书的,其法定代表人（负责人）、直接负责的主管人员和其他直接责任人员自处罚决定作出之日起5年内不得申请生猪定点屠宰证书或者从事生猪屠宰管理活动;因食品安全犯罪被判处有期徒刑以上刑罚的,终身不得从事生猪屠宰管理活动。"

---

① 李洪木.刑事禁止令适用状况实证研究[J].法商研究,2017,34(4):134-143.

四、法条链接

1.《中华人民共和国刑法》

第七十二条【缓刑适用条件】 对于被判处拘役、三年以下有期徒刑的犯罪分子,同时符合下列条件的,可以宣告缓刑,对其中不满十八周岁的人、怀孕的妇女和已满七十五周岁的人,应当宣告缓刑:(一)犯罪情节较轻;(二)有悔罪表现;(三)没有再犯罪的危险;(四)宣告缓刑对所居住社区没有重大不良影响。宣告缓刑,可以根据犯罪情况,同时禁止犯罪分子在缓刑考验期限内从事特定活动,进入特定区域、场所,接触特定的人。被宣告缓刑的犯罪分子,如果被判处附加刑,附加刑仍须执行。

第二百二十五条【非法经营罪】 违反国家规定,有下列非法经营行为之一,扰乱市场秩序,情节严重的,处五年以下有期徒刑或者拘役,并处或者单处违法所得一倍以上五倍以下罚金;情节特别严重的,处五年以上有期徒刑,并处违法所得一倍以上五倍以下罚金或者没收财产:(一)未经许可经营法律、行政法规规定的专营、专卖物品或者其他限制买卖的物品的;(二)买卖进出口许可证、进出口原产地证明以及其他法律、行政法规规定的经营许可证或者批准文件的;(三)未经国家有关主管部门批准非法经营证券、期货、保险业务的,或者非法从事资金支付结算业务的;(四)其他严重扰乱市场秩序的非法经营行为。

2. 2013年《最高人民法院 最高人民检察院关于办理危害食品安全刑事案件适用法律若干问题的解释》

第十二条 违反国家规定,私设生猪屠宰厂(场),从事生猪屠宰、销售等经营活动,情节严重的,依照刑法第二百二十五条的规定以非法经营罪定罪处罚。

第十八条 对实施本解释规定之犯罪的犯罪分子,应当依照刑法规定的条件严格适用缓刑、免予刑事处罚。根据犯罪事实、情节和悔罪表现,对于符合刑法规定的缓刑适用条件的犯罪分子,可以适用缓刑,但是应当同时宣告禁止令,禁止其在缓刑考验期限内从事食品生产、销售及相关活动。

3. 2011年《关于对判处管制、宣告缓刑的犯罪分子适用禁止令有关问题的规定(试行)》

第一条 对判处管制、宣告缓刑的犯罪分子,人民法院根据犯罪情况,认为从促进犯罪分子教育矫正、有效维护社会秩序的需要出发,确有必要禁止其在管制执行期间、缓刑考验期限内从事特定活动,进入特定区域、场所,接触特定人的,可以根据刑法第三十八条第二款、第七十二条第二款的规定,同时宣告禁止令。

五、课后思考

1. 禁止令是不是刑罚?
2. 禁止令与禁业规定之间是什么关系?

六、延伸阅读

1. 卢建平,孙本雄.刑法职业禁止令的性质及司法适用探析[J].法学杂志,2016,37

（02）：22-30.

2. 余剑,邵旻.论刑法禁止令制度的司法适用[J].法学,2011(11)：156-160.

3. 李怀胜.禁止令的法律性质及其改革方向[J].中国刑事法杂志,2011(11)：9-14.

4. 陈鹏展.对禁止令的理解与适用[N].人民法院报,2011-05-04(06).

第三编

分论

第三節

一

第九章 生产销售伪劣商品罪

第一节 "伪劣产品"的界定
——陈顺林、王国美生产、销售伪劣产品案

一、案情简介

2013年1月,被告人陈顺林从他人处租赁上海市长宁区淞虹路某处加工窝点,支付数万元接受上家转让的饮用水过滤、灌装等设备,以及向威康健身管理咨询(上海)有限公司(以下简称威康公司)供应桶装饮用水的渠道,成立上海馥鋆贸易有限公司(以下简称馥鋆公司)并任法定代表人。被告人陈顺林、王国美(系夫妻关系)在无生产、卫生许可证,无任何卫生安全措施情况下,将自来水经过简单过滤,灌装入回收的水桶,贴上碧康牌饮用水商标,用吹风机进行塑封,私自生产出假冒伪劣的碧康牌桶装饮用水,以馥鋆公司名义销售给威康公司下属多家威尔士健身俱乐部,由陈顺林送水上门,威康公司定期购买水票,支付水款并开具发票。2013年1月至2015年7月,被告人陈顺林以馥鋆公司名义销售给威康公司假冒伪劣的碧康牌桶装饮用水共计人民币15万余元。

法院经审理认为,被告人陈顺林伙同被告人王国美作为桶装水的生产者和销售者,在产品中以假充真、以次充好,行为均已构成生产、销售伪劣产品罪。在共同犯罪中,陈顺林起主要作用,系主犯,应按照其所参与的全部犯罪处罚;王国美起次要作用,系从犯,应当从轻处罚。陈顺林、王国美到案后如实供述自己的罪行,可以从轻处罚。鉴于本案的犯罪事实、数额、情节等,可对被告人王国美适用缓刑。依据相关法律规定,判处陈顺林生产、销售伪劣产品罪,有期徒刑1年,并处罚金人民币10万元。判处被告人王国美生产、销售伪劣产品罪,拘役3个月,缓刑3个月,并处罚金人民币3万元。[1]

二、主要问题

使用自来水经过简单过滤,在无生产、卫生许可证,无任何卫生安全措施的情况下,灌装入回收的水桶并用吹风机进行塑封而生产出的桶装饮用水,能否认定为伪劣产品?

三、法律分析

第一种观点认为,被告人陈顺林、王国美回收水桶后,将自来水简单过滤后灌装入回

---

[1] (2015)长刑初字第1234号、(2016)沪03刑终10号。

收的水桶,贴上饮用水商标,用吹风机塑封桶口,予以非法销售的行为属于"以假充真""以次充好""以不合格产品冒充合格产品"的行为,符合生产、销售伪劣商品罪的犯罪构成。

第二种观点认为,生产、销售伪劣产品罪的前提是该产品是"伪劣产品"。"伪劣产品"的认定主要看产品是否具备某种使用性能,是否符合产品质量法的要求,不能简单地将"不完全相同"理解成"以假充真",不可将"比不上"理解成"以次充好"。被告人陈顺林、王国美生产出的饮用水虽然不符合卫生许可条件,但也不是不具有"饮用性能"的"假水",被告人生产的水是否属于"劣质"水,"不合格"的水,需要委托法律、行政法规规定的产品质量检验机构进行鉴定,否则不应该构成生产、销售伪劣产品罪。

我们认为,本案能否认定生产、销售伪劣产品罪,关键在于判断被告人陈顺林、王国美生产、销售的水能否认定为"伪劣产品"。根据《刑法》和2001年《最高人民法院 最高人民检察院关于办理生产、销售伪劣商品刑事案件具体应用法律若干问题的解释》的规定,伪劣产品,应该是指"严重不符合国家法律法规对产品质量规定的必须满足的要求,主要指标准达不到有关商品质量、安全、卫生等标准或宣示的担保承诺条件,基本失去其应有的使用价值的商品,主要包括:①不符合保障人体健康,人身、财产安全的国家标准、行业标准的产品;②掺杂、掺假,以假充真、以次充好的产品;③不合格商品;④失效、变质的商品。伪劣商品具体又可分为两大类:一是伪产品,即名不副实,根本不具备其应有性能的产品,也就是以假充真的产品;二是劣产品,即质量低劣,根本达不到质量要求的产品,也就是掺杂、掺假的,以次充好的,以不合格产品冒充合格产品的等"。[①]

生产、销售伪劣产品罪,同时侵犯社会市场经济秩序和消费者人身、财产安全的双重法益。只有生产、销售"既伪又劣"的产品才能构成"生产、销售伪劣产品罪"。生产、销售"伪而不劣""劣而不伪"均不能构成"生产、销售伪劣产品罪"。"伪而不劣"的产品是指假冒他人产品名称、商标、专利、包装标识、形状样式等辨识特征,但该产品质量符合《产品质量法》的要求,具备被冒充产品的基本使用性能的产品;"劣而不伪"是指被告人生产、销售的产品虽不符合《产品质量法》的质量要求,但被告人没有实施假冒、冒充行为,从而不构成生产、销售伪劣产品罪。实践中,判定"伪劣产品"首先判断"产品"是否具备应有的使用性能,如果具备产品使用的性能,分析产品是否符合相应产品标准,对于产品标准的判断以质量鉴定为原则,因此,产品质量的鉴定对生产、销售伪劣产品的认定具有决定性意义。

被告人陈顺林、王国美生产的水是经过简单过滤的自来水,虽然可能与碧康牌桶装饮用水的质量不完全等同,却是具备饮用性能的"水"。但是,桶装水的生产需要过滤掉自来水中的有害物质,达到国家标准、地方标准、行业标准、企业标准,并通过质量监督检查,因此,桶装水比自来水具有更高质量的饮用品质。被告人陈顺林、王国美在无任何卫生安全措施的情况下,将自来水简单处理后灌入回收的水桶中,冒充符合国家饮用水标准的桶装水,是否属于"以次充好""以不合格产品冒充合格产品"需要经过产品质量鉴定。如果鉴定结果符合桶装水的标准,具备桶装水的同等质量要求,被告人陈顺林、王国美生产、销售水的行为就不能轻易认定为"生产、销售伪劣产品罪"。但是,由于冒用了碧康牌饮用水商

---

① 王小宁.试论生产、销售伪劣商品罪的犯罪构成与认定[C]//中国犯罪学学会预防犯罪专业委员会,上海政法学院刑事司法学院.犯罪学论坛:第四卷 下册.北京:中国犯罪学学会预防犯罪专业委员会,2017:8.

标,两被告人的行为涉嫌构成销售假冒注册商标的商品罪。如果经过鉴定,两被告人生产、销售的水不符合桶装水的质量要求,两被告人的行为涉嫌"以次充好""以不合格产品冒充合格产品",应该构成生产销售伪劣产品罪和销售假冒注册商标的商品罪的竞合犯,应该择一重罪处罚。

四、法条链接

1.《中华人民共和国刑法》

第一百四十条【生产、销售伪劣产品罪】 生产者、销售者在产品中掺杂、掺假,以假充真,以次充好或者以不合格产品冒充合格产品,销售金额五万元以上不满二十万元的,处二年以下有期徒刑或者拘役,并处或者单处销售金额百分之五十以上二倍以下罚金;销售金额二十万元以上不满五十万元的,处二年以上七年以下有期徒刑,并处销售金额百分之五十以上二倍以下罚金;销售金额五十万元以上不满二百万元的,处七年以上有期徒刑,并处销售金额百分之五十以上二倍以下罚金;销售金额二百万元以上的,处十五年有期徒刑或者无期徒刑,并处销售金额百分之五十以上二倍以下罚金或者没收财产。

2.《最高人民法院 最高人民检察院关于办理生产、销售伪劣商品刑事案件具体应用法律若干问题的解释》

第一条 刑法第一百四十条规定的"在产品中掺杂、掺假",是指在产品中掺入杂质或者异物,致使产品质量不符合国家法律、法规或者产品明示质量标准规定的质量要求,降低、失去应有使用性能的行为。

刑法第一百四十条规定的"以假充真",是指以不具有某种使用性能的产品冒充具有该种使用性能的产品的行为。

刑法第一百四十条规定的"以次充好",是指以低等级、低档次产品冒充高等级、高档次产品,或者以残次、废旧零配件组合、拼装后冒充正品或者新产品的行为。

刑法第一百四十条规定的"不合格产品",是指不符合《中华人民共和国产品质量法》第二十六条第二款规定的质量要求的产品。

对本条规定的上述行为难以确定的,应当委托法律、行政法规规定的产品质量检验机构进行鉴定。

第九条 知道或者应当知道他人实施生产、销售伪劣商品犯罪,而为其提供贷款、资金、账号、发票、证明、许可证件,或者提供生产、经营场所或者运输、仓储、保管、邮寄等便利条件,或者提供制假生产技术的,以生产、销售伪劣商品犯罪的共犯论处。

第十条 实施生产、销售伪劣商品犯罪,同时构成侵犯知识产权、非法经营等其他犯罪的,依照处罚较重的规定定罪处罚。

五、课后思考

1. 本案在认定被告人陈顺林、王国美构成生产销售伪劣商品罪的过程中是否存审查认定不充分的问题?

2. 被告人陈顺林、王国美的行为应该构成侵犯知识产权类犯罪还是应该构成生产、销售伪劣产品罪更为妥当?

六、延伸阅读

1. 刘环宇.生产、销售伪劣产品罪中"伪劣产品"的认定——以低价酒冒充高价酒销售行为为视角[J].天津法学,2019,35(03):78-84.

2. 陈洪兵.生产、销售伪劣商品罪立法模式研究[J].南通大学学报(社会科学版),2018,34(03):52-60.

3. 陈洪兵.生产、销售伪劣商品罪适用中的几个问题[J].武汉科技大学学报(社会科学版),2018,20(02):186-190.

4. 李腾.低价白酒灌装冒充高价白酒出售性质的认定[J].犯罪研究,2016(04):79-89.

5. 高蕴嶙.生产、销售不合格产品不同于生产、销售伪劣产品[N].人民法院报,2017-05-03(06).

第二节 "无欺骗售假"行为的定性
——邱进特等销售假冒注册商标的商品案

一、案情简介

被告人邱进特、邱进生于2009年3月至9月,租用广州市海珠区宝岗大道268号中新大厦902、903、1815室作为上海易才数码技术有限公司、广州特亿网络科技有限公司的办公场所。被告人邱进特担任上海易才数码技术有限公司法定代表人、广州特亿网络科技有限公司总经理,负责全面工作;被告人邱进生担任广州特亿网络科技有限公司法定代表人,负责采购。二被告人以上述二公司的名义,通过互联网招聘网络技术人员和网络销售业务员,在互联网上设立LV、Gucci商品销售网站,通过互联网向外国客户销售假冒注册商标的LV、Gucci商品,并通过易智付科技(北京)有限公司第三方支付平台、西联汇款的方式收取货款,至案发时止销售金额共计人民币(以下币种均为人民币)1 923 825.96元。同年9月16日,广州市公安局海珠区分局经济犯罪侦查大队和广州市工商行政管理局海珠分局根据LV商标代理人的举报,对上址进行联合执法检查时将被告人邱进特、邱进生抓获,并当场扣押涉案物品一批及假冒LV各式皮手袋92个、LV鞋5对、LV各式皮箱15个、LV各式皮带27条、LV各式钱包52只、Gucci各式手袋33个、Gucci鞋4对、Gucci钱包17只、Gucci各式皮带13条,共计商品258件。经鉴定,共计价值220 096元。

法院认为,被告人邱进特、邱进生无视国家法律,销售明知是假冒注册商标的商品,销售金额数额巨大,其行为均构成销售假冒注册商标的商品罪。依照《中华人民共和国刑法》第二百一十四条、第六十四条和《最高人民法院 最高人民检察院关于办理侵犯知识产权刑事案件具体应用法律若干问题的解释》第二条第二款、《最高人民法院 最高人民检察院关于办理侵犯知识产权刑事案件具体应用法律若干问题的解释(二)》第四条之规定,判处被告人邱进特犯销售假冒注册商标的商品罪,有期徒刑4年,并处罚金20万元;被告人邱进生犯销售假冒注册商标的商品罪,有期徒刑3年6个月,并处罚金15万元;扣押的作案工具、赃款、赃物(略)均予以没收或销毁。①

二、主要问题

被告人邱进特、邱进生通过互联网销售假冒的名牌产品,其主观上不具有欺骗的故意,客观上没有掺杂、掺假,以假充真、以次充好或者以不合格产品冒充合格产品,而是"以假卖假"的行为如何定性?

三、法律分析

第一种观点认为,销售伪劣产品罪的行为以牟取非法利益为目的,通过假冒的行为方式欺骗消费者,主观上具有欺骗的故意。因此,如果行为人主观上不具有欺骗的故意,客观上未通过假冒的行为方式销售产品,则不构成销售伪劣产品罪。本案被告人邱进特、邱进生通过互联网销售假冒的名牌产品,其主观上不具有欺骗的故意,客观上没有掺杂、掺假,以假充真,以次充好或者以不合格产品冒充合格产品,而是"以假卖假";消费者知道被告人销售的产品是假冒他人注册商标的产品,是"知假买假"。故被告人的行为不符合销售伪劣产品罪的行为特征,不构成销售伪劣产品罪,从而不构成销售假冒注册商标的商品罪与销售伪劣产品罪的想象竞合犯,应该认定为销售假冒注册商标的商品罪。

第二种观点认为,销售者销售假冒产品可能出于价格欺诈、恶意竞争等多种动机和目的,消费者消费假冒产品也可能基于被欺诈、满足虚荣心等多种心理,无论销售者或消费者出于何种动机和目的,假冒产品一旦进入市场,一般都会迅速挤占真品市场,严重扰乱市场秩序。所以,在存在假冒的情况下,是否构成生产、销售伪劣产品罪的关键在于生产、销售的产品是否系"劣质"产品,而不在于是否受到欺诈,既认定涉案产品为"伪劣产品"又以销售者不存在对消费者的欺诈为由认为销售者的行为不属于"以次充好",进而不构成生产、销售伪劣产品罪的观点,本身是存在逻辑矛盾的。被告人邱进特、邱进生通过互联网销售假冒的名牌产品,是以低等级、低档次产品冒充高等级、高档次产品,符合生产、销售伪劣产品罪的构成要件,同时,被告人销售的假冒品牌产品侵犯了他人的知识产权,还符合销售假冒注册商标的商品罪的构成要件,属于两个罪名的想象竞合犯,应当择一重罪处罚。

我们认为,本案争议的焦点是"无欺骗售假"行为是否构成销售伪劣产品罪。销售伪劣产品罪不仅要求行为人实施了销售伪劣产品的行为,还要求行为人对于销售的产品属于伪劣产品确系"明知"。是否"明知"商品确属伪劣商品是销售伪劣商品罪成立与否的关键,因为"对于单纯销售伪劣商品者而言,由于其自身并无法定义务监管商品的制造生产,而是需要经由各种途径从制造商或者代理商处获得商品,因此其对商品质量可能并不知晓。在商品美轮美奂的外包装和光鲜亮丽的宣传册误导下,尤其是在某些口若悬河的职业骗子极具煽动力的花言巧语坑蒙哄骗下,销售商往往不能准确辨明商品之优劣真伪……故此,刑法特意对销售伪劣商品罪设置了'明知'的主观构成要素,限制刑事责任的过分扩张,从而避免对因不知情而销售伪劣商品,但却不具备违法性认识的销售者施加刑

---

① (2010)穗中法刑二知终字第4号。

事处罚"。①

"无欺骗售假"行为人不仅实施了销售假冒伪劣产品的行为,而且对假冒伪劣产品有明确的认知,客观上符合销售伪劣产品罪的客观构成要件,但销售伪劣产品罪侵犯的客体属于复杂客体,不仅破坏国家产品质量管理秩序,还侵犯消费者的合法权益。对于无欺骗售假行为,虽然扰乱了市场秩序,但由于没有隐瞒产品系假冒伪劣的事实,不存在欺骗消费者的故意,消费者知假买假,自愿购买假冒伪劣产品,消费权益并没有因此受到侵害。因此,"无欺骗售假"行为并不符合销售伪劣产品罪的构成要件。不过,如果销售者明知其产品系假冒且劣质产品,并以明显低于真品的价格予以销售,知假卖假,同时以不合格产品冒充合格产品,以远高于残次品的价格予以销售,此种情形下,即使消费者"知假买假",因销售者存在"以假充真""以次充好""以不合格产品冒充合格产品"的行为,同样构成生产、销售伪劣产品罪。销售者明知其产品系假冒他人名称、品牌、产地、包装等辨识特征的产品,但其并没有就产品的质量进行冒充,消费者可以从销售价格、售货渠道等轻易判断该产品系劣质产品的,行为人不构成生产、销售伪劣产品罪。

要判断被告人邱进特、邱进生通过互联网销售假冒的名牌产品是否构成销售伪劣产品罪,首先要判断二人销售的产品是不是"伪劣产品",并对其销售的伪劣产品是否"明知"。如果明知所销售的产品是伪劣产品,依然对消费者宣称是正品,存在以次充好的行为,则构成销售伪劣产品罪与销售假冒注册商标的商品罪的想象竞合犯;如果二人明知产品是假冒伪劣产品,但以明显低于市场价格销售,也没有隐瞒消费者产品系假冒伪劣产品的,属于无欺骗售假,消费者明知是假冒伪劣产品而购买,便不符合销售伪劣产品罪的构成要件,只能以销售假冒注册商标的商品罪追究二被告人的刑事责任。

四、法条链接

1.《中华人民共和国刑法》

第二百一十四条【销售假冒注册商标的商品罪】 销售明知是假冒注册商标的商品,销售金额数额较大的,处三年以下有期徒刑或者拘役,并处或者单处罚金;销售金额数额巨大的,处三年以上七年以下有期徒刑,并处罚金。

第六十四条【犯罪物品的处理】 犯罪分子违法所得的一切财物,应当予以追缴或者责令退赔;对被害人的合法财产,应当及时返还;违禁品和供犯罪所用的本人财物,应当予以没收。没收的财物和罚金,一律上缴国库,不得挪用和自行处理。

2.《最高人民法院 最高人民检察院关于办理侵犯知识产权刑事案件具体应用法律若干问题的解释》

第二条 销售明知是假冒注册商标的商品,销售金额在五万元以上的,属于刑法第二百一十四条规定的"数额较大",应当以销售假冒注册商标的商品罪判处三年以下有期徒刑或者拘役,并处或者单处罚金。

销售金额在二十五万元以上的,属于刑法第二百一十四条规定的"数额巨大",应当以销售假冒注册商标的商品罪判处三年以上七年以下有期徒刑,并处罚金。

---

① 王立志.销售伪劣商品罪中的刑事推定[J].中国检察官,2011(07):18-20.

五、课后思考

1. 如何认定售假行为人有无"欺骗"消费者?
2. 如何认定售假行为人对产品的质量有无明确认知?

六、延伸阅读

1. 徐强.认定生产、销售伪劣产品罪的几个问题[N].检察日报,2017-07-19(03).
2. 闻志强.论刑法中的"明知"[D].上海:华东政法大学,2017.
3. 陈文祺.试述客观超过要素与量刑规则[D].厦门:厦门大学,2014.
4. 王立志.销售伪劣商品罪中的刑事推定[J].中国检察官,2011(07):18-20.
5. 周光权.明知与刑事推定[J].现代法学,2009,31(02):109-118.

第三节 主观罪过形式及其判断规则

——王长兵等生产、销售有毒食品,生产、销售伪劣产品案

一、案情简介

法院审理查明:2002 年,被告人王长兵开始用食用酒精掺入自来水、苞谷酒、甜蜜素等原料勾兑白酒冒充苞谷酒销售牟利。2009 年 3 月 15 日上午,王长兵安排其雇员覃长江、唐永锋驾车到宜都市"杨老板(杨大连)"处购买酒精。当日 17 时许,覃长江、唐永锋来到杨永兵经营的湖北省宜都市聚能日化经营部,以 2 100 元/吨的价格购买工业酒精(甲醇)3.74 吨,并于当晚将酒精运回王长兵的制酒作坊。王长兵查看过磅单和其他单据后发现所购酒精系工业酒精的价格,与食用酒精的价格相差悬殊,但未核实原因。当晚,王长兵指使被告人唐倩用此次购买的工业酒精掺入自来水、苞谷酒、香精等原料勾兑成 6 000 余千克"白酒"。从次日起至同月 25 日止,王长兵和被告人覃长芬共销售该批"白酒"3 448 千克。当地众多居民饮用该"白酒"后中毒,并造成 5 人死亡、6 人重伤、11 人轻伤、2 人轻微伤的严重后果。另查明,2004 年以来,王长兵生产食用酒精勾兑的"白酒",冒充苞谷酒销售共计 185 万余元;覃长芬参与生产、销售的金额为 186 万余元;唐倩参与生产、销售的金额为 179 万余元。

法院认为,王长兵同时经营工业酒精燃料生意和勾兑白酒生意,对工业酒精和食用酒精的市场价格非常清楚。当其明知雇员以食用酒精一半的价格购回的酒精不可能为食用酒精的情况下,既未仔细询问雇员,也未向销售方核实,继续用购回的工业酒精勾兑生产"白酒"出售,导致了多人伤亡的严重危害结果的发生,其行为已构成生产、销售有毒食品罪。王长兵、覃长芬、唐倩使用自来水、食用酒精与少量自酿苞谷酒勾兑"白酒"冒充苞谷酒销售,其行为已构成生产、销售伪劣产品罪。在生产、销售伪劣产品的共同犯罪中,王长兵系主犯;覃长芬、唐倩均系从犯,可依法减轻处罚;唐倩实施部分犯罪行为时未满 18 周岁,可酌情从轻处罚。王长兵主观上系间接故意,归案后能如实供述犯罪事实,并积极赔

偿被害方经济损失,可作为酌定量刑情节予以考虑。据此,法院依法判决:被告人王长兵犯生产、销售有毒食品罪,判处死刑,缓期2年执行,剥夺政治权利终身,并处罚金人民币1万元;犯生产、销售伪劣产品罪,判处其有期徒刑12年,并处罚金人民币98万元,数罪并罚,决定执行死刑,缓期2年执行,剥夺政治权利终身,并处罚金人民币99万元。覃长芬犯生产、销售伪劣产品罪,判处有期徒刑3年,缓刑5年,并处罚金人民币99万元。唐倩犯生产伪劣产品罪,判处有期徒刑2年,缓刑3年,并处罚金人民币96万元。①

二、主要问题

生产、销售有毒、有害食品罪,是指违反我国食品卫生管理法规,在生产、销售的食品中掺入有毒、有害的非食品原料或者销售明知掺有有毒、有害的非食品原料的食品的行为。3名被告人共同实施了生产、销售有毒白酒的行为,却只有被告人王长兵被以生产、销售有毒有害食品罪定罪量刑,其他两名被告人均按照生产、销售伪劣产品罪定罪处罚的依据是什么?生产、销售有毒、有害食品犯罪的主观罪过形式应该如何判断?

三、法律分析

第一种观点认为,被告人王长兵生产、销售有毒白酒,导致多人死亡、重伤的危害后果。王长兵对工业酒精和食用酒精的市场价格非常清楚,明知雇员购买的酒精系工业酒精的价格,既未仔细询问雇员,也未向销售方核实,继续用购回的工业酒精勾兑生产"白酒"出售,说明其对生产、销售有毒有害白酒持放任的态度,主观罪过上是一种间接故意,应当认定生产、销售有毒食品罪。同时,被告人王长兵还生产、销售了勾兑的伪劣白酒,又符合生产、销售伪劣产品罪的犯罪构成;被告人覃长芬、唐倩分别参与了有毒白酒的销售和生产,但由于工业酒精和食用酒精难以从外观、气味等方面进行分辨,因此,二人并没有认识到白酒有毒的事实,对生产、销售有毒白酒不存在主观故意,不符合销售、生产有毒食品罪的犯罪构成,不宜认定生产、销售有毒食品罪,但二人具有生产、销售伪劣产品罪的故意,也实施了生产、销售伪劣产品罪的行为,因此应该对二人分别以生产、销售伪劣产品罪定罪处罚。

第二种观点认为,被告人王长兵虽然通过查看磅单和其他单据后发现了所购酒精系工业酒精的价格,与食用酒精的价格相差悬殊,但并未核实原因,因此,王长兵并没有明确认识到所购买的酒精一定是工业酒精,对生产、销售有毒白酒并不存在直接故意或间接故意。不过,王长兵已经认识到购买酒精的价格与食用酒精存在较大差别,本应该核实是否是工业酒精,但由于疏忽大意而没有履行审查核实职责,因此,对于生产、销售有毒白酒的行为存在过失责任,应该构成过失致人死亡罪,因此,应该以过失致人死亡罪和生产、销售伪劣产品罪追究被告人王长兵的刑事责任;被告人覃长芬、唐倩分别参与了有毒白酒的销售和生产,但由于工业酒精和食用酒精难以从外观、气味等方面进行分辨,二人并没有认识到白酒有毒的事实,对生产、销售有毒白酒不存在主观故意。虽然作为产品生产者、销售者应该负有确保其生产、销售的产品无毒、无害的注意义务,但

---

① 《最高人民法院公报》2013年10期。

由于工业酒精与食品酒精的区分度不大,不应该期待二被告人承担超越个人认知能力的注意义务,对生产、销售有毒白酒的事实亦不应该承担过失责任,而应该在其生产、销售伪劣产品的犯罪故意范围内承担相应的刑事责任,应该以生产、销售伪劣产品罪追究二被告人的刑事责任。

我们认为,刑事责任在内容上是由刑事义务、刑事归责和刑事负担三部分组成的。刑事义务,是由刑事法律规定的行为人负有的必须约束其行为的义务,刑事义务决定了一个人的行为在刑法上是否正当,只有违反了刑事义务的行为才具有承担刑事责任的可能;刑事归责,是把违反刑事义务的行为归因于行为人,刑事归责要确定的是行为人在违反刑事义务上的应受谴责性,必然要以行为人的心理状况为内容。而刑事负担,是指行为人有责地违反了刑事义务后应当承受的不利后果。①

本案中,几名被告人均参与实施了生产、销售伪劣产品,生产、销售有毒、有害白酒的行为,明显违反了食品安全标准管理法规中的义务性规定,对不特定多数人的生命、健康安全造成了严重的威胁。但几名被告人是否应该对其违反刑事义务的行为受到刑事上的谴责,还应该具体分析被告人的主观罪过形式。按照刑法理论通说,生产、销售有毒有害食品罪的责任形式为故意,即明知是有毒、有害的非食品原料而掺入自己生产、销售的食品中,或者明知是掺有有毒、有害的非食品原料的食品而销售,明知自己的行为会发生破坏市场经济秩序、造成食物中毒或者其他食源性疾患的结果,并且希望或放任这种结果发生。②

因此,三名被告人客观上实施了生产、销售有毒白酒的行为,但能否构成生产、销售有毒有害食品罪,关键在于主观上对掺入的工业酒精是否存在"明知"。如果明知是工业酒精,依然掺入白酒中,并到市场上销售,显然是一种放任危害结果发生的态度;如果不知道有掺入的工业酒精,显然就不符合故意的认定要件。"明知"是一个包含了若干认知等级的心理描述,即在确实知道和确实不知道之间还存在实际知道、可能知道、应当知道等多种认知状态。其中,确实知道,需要结合各种证据证实,成立明知没有问题。实际知道,是被告人不供认的情况下,结合案件证据可以认定其实际知道,除此之外,刑法理论上一般将可能知道也列为明知的范畴,但"应当知道"能否算明知在理论上存在争议,在有些司法解释中,明确将应当知道列为明知的范畴,不过遭到了理论上的反对。当前刑法理论认为,"应当知道"则应该分两种情况:"一种情况是确实需要使用推定的,行为人不知道但其应当知道,这其实是过失,落脚点还是其不知道;另一种情况是应当知道解释为他应当是知道的,那就是事实上有明知,即实知。"③对于应当知道但确实不知道的,应该列为过失的范畴,而不能作为"明知"来认定。因此,被告人王长兵生产、销售有毒食品罪能否成立关键是看被告人王长兵对购买的工业酒精有无"明知"。如果王长兵明知购买的是工业酒精,依然授权或默许他人将工业酒精加入白酒中,则显然是存在主观故意;但如果被告人王长兵确实不知道采购的是工业酒精,则不应该构成刑法上的明知,从而不具备生产、销

---

① 参见冯军.刑事责任论[M].北京:社会科学文献出版社,2017:17-20.
② 张明楷.刑法学[M].北京:法律出版社,2016:744.
③ 龙宗智.刑事证明责任与推定[M].北京:中国检察出版社,2009:13.

售有毒食品罪的故意。

从案件查明的事实来看,被告人王长兵"查看过磅单和其他单据后发现所购酒精系工业酒精的价格,与食用酒精的价格相差悬殊,但未核实原因",说明王长兵认识到所购酒精存在"异常",因此不属于"确实不知道"的情况,但又没有追查酒精价格异常的实际原因,因此也不属于"确实知道"的情况,且没有证据证明其"实际知道"的情况,因此王长兵对购买工业酒精处于"可能知道"或"应当知道"的心理状态。如果是"可能知道",认定其明知的故意在理论上没有问题,但如果是"应当知道"则应该谨慎对待,以防误用推定。从法院查明的事实来看,被告人王长兵没有就酒精价格异常问题进行核查,但一个长期从事白酒生产、销售的人员,对工业酒精的价格和食品酒精的价格应该是很清晰的,在其看到所购买的酒精是工业酒精的价格后,没有进一步核查虽然不能证明其明确知道进购的是工业酒精,但至少说明其应该认识到是工业酒精的可能,即对进购工业酒精存在可能认知,所以属于明知的范畴。因此,王长兵应该对其生产、销售有毒白酒的行为承担不利后果。但被告人覃长芬、唐倩对生产、销售有毒白酒的行为在主观上属于"确实不知道",不符合故意的构成,因此不宜追究其生产、销售有毒白酒的责任,但在其生产、销售伪劣产品罪的主观故意范围内追究其刑事责任是符合刑事归责理论的。

四、法条链接

《中华人民共和国刑法》

第一百四十四条【生产、销售有毒、有害食品罪】 在生产、销售的食品中掺入有毒、有害的非食品原料的,或者销售明知掺有有毒、有害的非食品原料的食品的,处五年以下有期徒刑,并处罚金;对人体健康造成严重危害或者有其他严重情节的,处五年以上十年以下有期徒刑,并处罚金;致人死亡或者有其他特别严重情节的,依照本法第一百四十一条的规定处罚。

第一百四十一条【生产、销售假药罪】 生产、销售假药的,处三年以下有期徒刑或者拘役,并处罚金;对人体健康造成严重危害或者有其他严重情节的,处三年以上十年以下有期徒刑,并处罚金;致人死亡或者有其他特别严重情节的,处十年以上有期徒刑、无期徒刑或者死刑,并处罚金或者没收财产。本条所称假药,是指依照《中华人民共和国药品管理法》的规定属于假药和按假药处理的药品、非药品。

第十四条【故意犯罪】 明知自己的行为会发生危害社会的结果,并且希望或者放任这种结果发生,因而构成犯罪的,是故意犯罪。故意犯罪,应当负刑事责任。

第十五条【过失犯罪】 应当预见自己的行为可能发生危害社会的结果,因为疏忽大意而没有预见,或者已经预见而轻信能够避免,以致发生这种结果的,是过失犯罪。过失犯罪,法律有规定的才负刑事责任。

五、课后思考

1. 生产、销售伪劣产品罪,生产、销售有毒有害食品罪主观罪过的推定规则是什么?
2. 生产、销售有毒有害食品罪的主观罪过形式能否包含过失?

六、延伸阅读

1. 王怀珍.生产、销售有毒、有害食品罪研究[D].绵阳：西南科技大学,2020.
2. 裴苍龄.论推定[J].政法论坛,1998(04)：53-58+68.
3. 柏浪涛.规范性构成要件要素的错误类型分析[J].法商研究,2019(01)：80-92.
4. 李瑞杰.犯罪故意的比较考察——基于中国、德国、日本三国刑法典的研究[J].中财法律评论,2018(00)：286-304.
5. 陈银珠.法定犯时代传统罪过理论的突破[J].中外法学,2017(04)：943-968.

第四节　因果关系的判断规则
——王桂平以危险方法危害公共安全、销售伪劣产品、虚报注册资本案

一、案情简介

被告人王桂平于2005年9月,为牟取非法利益,在明知二甘醇不能作为药用的情况下,购买二甘醇1吨,冒充药用丙二醇,以15 000元的价格销售给黑龙江省齐齐哈尔第二制药有限公司,并伪造了产品合格证。2006年3月,齐齐哈尔第二制药有限公司用被告人王桂平出售的假冒药用丙二醇,生产出亮菌甲素注射液,销往广东省。后广东省中山大学第三附属医院购得该注射液临床使用,导致15名患者出现急性肾衰竭、病情加重,其中吴明远等14名患者死亡。此外,被告人王桂平还于2005年1月至2006年4月,以假充真,销售伪劣产品金额计人民币297 310元;2005年10月,王桂平在没有实际缴纳注册资本的情况下,通过伪造现金缴款单、银行对账单、银行询证函等手续,骗取验资报告,至泰兴市工商行政管理局领取了注册资金为500万元的江苏美奇精细化工有限公司的营业执照。

江苏省泰州市中级人民法院经审理认为,被告人王桂平用二甘醇冒充药用丙二醇销售给制药企业,致使制药企业生产出来的药品投入市场后致多人死亡,情节恶劣,后果严重,其行为已构成以危险方法危害公共安全罪;被告人王桂平在销售产品过程中,以假充真,销售金额达20余万元,其行为已构成销售伪劣产品罪;被告人王桂平在申请公司登记过程中,使用虚假证明文件,欺骗公司登记主管部门,取得公司登记,虚报注册资本数额巨大,其行为已构成虚报注册资本罪。被告人王桂平犯有数罪,依法应当实行数罪并罚。公诉机关的指控,事实清楚、证据确实充分,定性准确,依法应予支持。依照《中华人民共和国刑法》第一百一十五条第一款、第一百四十条、第一百五十八条第一款、第五十六条第一款、第五十七条第一款、第六十九条、第六十四条之规定,法院认定被告人王桂平犯以危险方法危害公共安全罪,判处无期徒刑,剥夺政治权利终身;犯销售伪劣产品罪,判处有期徒刑3年,并处罚金人民币30万元;犯虚报注册资本罪,判处有期徒刑2年,并处罚金人民币10万元;决定执行无期徒刑,剥夺政治权利终身,并处罚金人民币40万元。被告人王桂平违法所得人民币297 310元予以没收。

一审宣判后,被告人王桂平以其行为不构成以危险方法危害公共安全罪、一审量刑过重等为由向江苏省高级人民法院提出上诉。王桂平及其二审辩护人认为以危险方法危害公共安全罪定性不当的具体理由是:王桂平的行为属于销售伪劣产品性质,或者构成过失以危险方法危害公共安全罪。因为王桂平并不明知二甘醇会对人体造成严重伤害的后果,所以不存在以危险方法危害公共安全罪的故意。且王桂平的行为与最终产生的严重后果之间没有刑法上的因果关系,因为其中介入了齐齐哈尔药厂的行为,正是介入因素对结果的发生起了决定性作用。

江苏省高级人民法院经审理认为,上诉人王桂平庭前多次供述证实,其不仅知道制药企业购买药用丙二醇的用途,而且知道二甘醇被用于加工药品后会危害他人身体健康,但为了牟取非法利益,放任危害结果的发生,具有实施齐齐哈尔第二制药有限公司生产销售假药的因素危险方法危害公共安全罪的间接故意。上诉人王桂平以二甘醇假冒药用丙二醇销售的行为与本案的危害后果具有因果关系,应当承担相应的刑事责任。因此,对其行为不构成以危险方法危害公共安全罪的上诉理由和辩护人的辩护意见不予采纳。另查明,上诉人王桂平归案后虽认罪态度较好,能够积极配合司法机关查清案件事实,但其犯罪行为造成的后果严重,一审法院对其量刑并无不当。上诉人及其辩护人提出的一审量刑过重,应当予以从轻或减轻处罚的上诉理由及辩护意见亦不予采纳。原判决认定事实清楚,定罪准确,量刑适当,适用法律正确,审判程序合法。故依照《中华人民共和国刑事诉讼法》第一百八十九条之规定,裁定驳回上诉,维持原判。①

二、主要问题

被告人王桂平以二甘醇冒充药用丙二醇销售给制药企业的行为与制药企业生产出来的药品投入市场后造成多名患者病情加重、死亡的严重后果之间有无因果关系?因果关系的判断规则是什么?

三、法律分析

第一种观点认为,以危险方法危害公共安全罪所实施的危险行为应当与放火、爆炸等危险方法相当,"如果某种行为符合其他犯罪的犯罪构成,以其他犯罪论处符合罪刑相适应原则,应尽量认定为其他犯罪"②,被告人王桂平以二甘醇冒充药用丙二醇进行销售的行为符合销售伪劣产品罪。从犯罪行为的对象来看,二甘醇本身不属于药品,但该产品用于药品生产中,属于药品辅料,该销售行为显然与放火、爆炸等危险方法不具有相当性。单纯销售二甘醇的行为并不能造成不特定多数人的死亡,之所以造成多数人死亡的后果,是由于介入了齐齐哈尔第二制药有限公司生产销售假药的因素,被告人销售二甘醇的行为与最终的危害后果之间不具有刑法上的因果关系,因此不符合以危险方法危害公共安全罪的构成要件,本案被告人销售的只是假冒的药品辅料,并非假药,应该构成销售伪劣产品罪。

---

① 《最高人民法院公报》2009年第1期。
② 张明楷.刑法学[M].北京:法律出版社,2011:610.

第二种观点认为,被告人王桂平明知二甘醇对人体健康有损害作用,仍然将其冒充药用丙二醇销售给制药厂,就应当认识到药品流入市场后会对不特定多数人的生命健康造成影响的危害后果,但其仍然非法销售二甘醇,最终导致多数人死亡的严重后果。虽然多数人死亡的后果是药厂用被告人提供的二甘醇生产出的药物流向市场所致,但该介入因素并不能阻断前因行为与危害后果之间的因果关系,因为将二甘醇销售给药厂必然会被加工成药物流向市场,这是任何具有正常判断能力的人都能预知的结果,因此,被告人王桂平应该就其销售二甘醇的行为承担以危险方法危害公共安全罪的刑事责任。

我们认为,判断被告人王桂平将二甘醇冒充丙二醇销售,导致多人死亡的危害后果应该构成销售伪劣产品罪还是以危险方法危害公共安全罪的关键在于销售行为与危害后果之间有无刑法上的因果关系。因果关系是一种引起与被引起的关系,在案件存在介入因素的场合,因果关系的判断需要结合4个方面进行考量:①行为人实行行为导致结果发生的危险性的大小;②介入因素异常性大小;③介入因素对结果发生的作用大小;④介入因素是否属于行为人的管辖范围。① 本案从行为方式上看,被告人王桂平实施了销售伪劣产品的行为,符合销售伪劣产品罪的犯罪构成要件,但结合案件的危害后果来看,王桂平销售二甘醇的行为成为不特定多数人死亡这一危害后果的重要条件,该条件与危害结果之间能不能构成刑法上的因果关系决定了本案定性是否应该发生转变。为此,结合本案的具体案情,首先需要明确药品配制是否存在问题。虽然多人死亡的危害结果的发生系含有二甘醇的药物造成的,但如果药物的毒副作用与二甘醇关系不大,就可以中断被告人销售二甘醇的行为与危害后果之间的因果关系,被告人王桂平就只应该就销售二甘醇的行为负责,而不应该对多人死亡的危害后果负责;如果二甘醇在药物导致多人死亡危害后果中发挥了关键作用,或者二甘醇与其他成分结合在一起发生化学反应,导致药物具有毒副作用,介入的药厂生产销售药物的行为就不能中断被告人王桂平销售二甘醇与多人死亡的危害后果之间的因果关系。而且,在被告人王桂平将二甘醇销售给药厂时应该认识到,药物配制成分组合具有多元化、可变性,药厂生产的药物最终会流向市场,给不特定的多数人使用,王桂平对危害后果的发生实际上具有可控性,但是其选择放任其行为的危险性继续扩展,从主观上看对危害后果持放任的态度,因此,符合以危险方法危害公共安全罪的犯罪构成要件。

四、法条链接

《中华人民共和国刑法》

第一百一十五条【放火罪、决水罪、爆炸罪、投放危险物质罪、以危险方法危害公共安全罪之二】 放火、决水、爆炸以及投放毒害性、放射性、传染病病原体等物质或者以其他危险方法致人重伤、死亡或者使公私财产遭受重大损失的,处十年以上有期徒刑、无期徒刑或者死刑。

第一百四十条【生产、销售伪劣产品罪】 生产者、销售者在产品中掺杂、掺假,以假充真,以次充好或者以不合格产品冒充合格产品,销售金额五万元以上不满二十万元的,处

---

① 张明楷.刑法学[M].北京:法律出版社,2011:185.

二年以下有期徒刑或者拘役,并处或者单处销售金额百分之五十以上二倍以下罚金;销售金额二十万元以上不满五十万元的,处二年以上七年以下有期徒刑,并处销售金额百分之五十以上二倍以下罚金;销售金额五十万元以上不满二百万元的,处七年以上有期徒刑,并处销售金额百分之五十以上二倍以下罚金;销售金额二百万元以上的,处十五年有期徒刑或者无期徒刑,并处销售金额百分之五十以上二倍以下罚金或者没收财产。

第五十六条第一款【剥夺政治权利的附加、独立适用】 对于危害国家安全的犯罪分子应当附加剥夺政治权利;对于故意杀人、强奸、放火、爆炸、投毒、抢劫等严重破坏社会秩序的犯罪分子,可以附加剥夺政治权利。

第五十七条第一款【对死刑、无期徒刑罪犯剥夺政治权利的适用】 对于被判处死刑、无期徒刑的犯罪分子,应当剥夺政治权利终身。

五、课后思考

1. 因果关系判断的理论学说有哪些?
2. 介入因素中断理论在应用过程中应该注意哪些问题?

六、延伸阅读

1. 张晓明.刑法中的偶然因果关系论不科学[J].现代法学,1983(02):29-31.
2. 王净.试述刑法中的因果关系[J].法学,1982(08):5-9.
3. 黎宏.刑法因果关系论反思[J].中国刑事法杂志,2004(05):27-38.
4. 储槐植.一个半因果关系[J].法学研究,1987(03):27-30.
5. 马克.如何解决刑法科学中的因果关系[J].法学,1957(01):56-61.

第五节　想象竞合问题

——周玉前、单某等生产、销售伪劣产品案

一、案情简介

被告人周玉前单独或雇佣张某等先后在灌南县等地,采用购买回收的酒瓶及防伪码、封条等,以5元至10余元一瓶购得洋河普曲等酒,或应他人要求,收取加工费,利用他人提供的低价酒、假冒注册商标的酒瓶等,进行灌装,总计生产假冒注册商标的白酒5 520余箱。被告人周玉前于2013年3月至11月,利用购买回收的白酒注册商标及酒盒等物品,在灌南县长茂镇、响水县响水镇等地雇佣张某、徐某等人,采用以次充好的手段,先后生产出假冒柔和双沟白酒4 620余箱、五醍浆系列假酒520箱、海之蓝220箱、天之蓝80箱、梦之蓝40箱,合计5 480余箱。其中被告人张某、徐某夫妇共生产假冒海之蓝白酒220余箱,天之蓝20余箱,梦之蓝40余箱,柔和双沟3 900余箱、五醍浆系列假酒490余箱,合计4 670余箱。

2013年8月至9月,被告人单某为非法牟利,提供洋河青瓷、蓝瓷、海之蓝等白酒作为原料酒,以每箱加工费 150 元至 300 元不等的价格,让被告人周玉前帮助生产 80 箱假冒海之蓝白酒、80 箱天之蓝白酒。被告人单某将上述 80 箱假冒海之蓝以每箱 630~660 元的价格全部销售,80 箱假冒天之蓝白酒欲以每箱 1 380~1 420 元的价格进行销售,但未全部销售出去,经滨海县物价局价格认证中心鉴定,天之蓝白酒的市场基准价为 1 176 元每箱。

2013 年 1 月至 10 月,被告人苏某为非法牟利,采取以次充好的手段,以每箱 50 元的加工费,让被告人周玉前帮助生产 280 余箱老版五醍浆一帆风顺假酒、120 余箱新版五醍浆一帆风顺假酒、120 余箱五醍浆百顺假酒,并将这些假酒以老版五醍浆一帆风顺每箱 280 元、新版五醍浆一帆风顺每箱 350 元、五醍浆百顺酒每瓶 130 元不等的价格卖给被告人韩某。此外,被告人周玉前在 2013 年 3 月以 220 元每箱的价格销售给被告人苏某 55 余箱海之蓝假酒。

被告人周玉前于 2013 年 4 月至 11 月,单独或伙同被告人陈某、李某及周俊宇以每箱 115 元的价格销售给徐州丰县卜某 4 620 余箱假冒柔和双沟白酒,其中被告人陈某参与销售 2 160 箱,被告人李某参与销售 2 060 箱,被告人周玉前参与全部上述销售。

被告人周玉前生产、销售假酒的金额为 87.908 万元,被告人张某、徐某参与生产假酒的金额为 71.73 万元。被告人陈某涉嫌销售假冒白酒的金额为 24.84 万元。被告人李某涉嫌销售假冒白酒的金额为 23.69 万元。被告人单某涉案金额为 14.5 万元。被告人苏某涉案金额为 20.27 万元。案发后,公安机关在被告人周玉前的制假窝点扣押柔和双沟 223 箱、99 瓶,海之蓝 43 箱、115 瓶,天之蓝 92 箱,假冒梦之蓝 39 箱。经江苏洋河酒厂集团鉴定,该扣押的白酒非该公司产品。

被告人韩某在 2013 年 1 月至 10 月,从被告人苏某处按照上述价格,购买了 520 余箱五醍浆系列假冒白酒,并以每箱 120 元的价格从一个王姓业务员处购买假冒五醍浆特曲白酒 70 箱,准备予以销售。案发后,公安机关在被告人韩某所有的仓库共扣押五醍浆特曲 67 箱、百顺 23 箱(6 瓶装)、百顺(4 瓶装)69 箱、新版一帆风顺 101 箱、老版一帆风顺 250 箱。经江苏五醍浆酒业公司鉴定,所扣押的白酒为仿冒该公司产品。经滨海县物价局价格认证中心鉴定,被告人韩某被扣押的假冒白酒的货值金额为 31.047 万元。案发后,被告人单某于 2013 年 12 月 13 日,主动到滨海县公安局投案,并如实供述自己的罪行。

法院以被告人周玉前犯生产、销售伪劣产品罪,判处有期徒刑 8 年,并处罚金人民币 30 万元;被告人张某犯生产、销售伪劣产品罪,判处有期徒刑 3 年,缓刑 5 年,并处罚金人民币 12 万元;被告人徐某犯生产、销售伪劣产品罪,判处有期徒刑 3 年,缓刑 5 年,并处罚金人民币 12 万元;被告人陈某犯生产、销售伪劣产品罪,判处有期徒刑 3 年,缓刑 4 年,并处罚金人民币 10 万元;被告人李某犯生产、销售伪劣产品罪,判处有期徒刑 3 年,缓刑 4 年,并处罚金人民币 9 万元;被告人单某犯假冒注册商标罪,判处有期徒刑 1 年,缓刑 1 年 6 个月,并处罚金人民币 6 万元;被告人韩某犯销售假冒注册商标的商品罪,判处有期徒刑 9 个月,缓刑 1 年,并处罚金人民币 5 万元。扣押于公安机关的涉案赃物,由公安机关予以没收,对被告人的违法所得予以追缴,均上缴国库。被告人苏某犯假冒注册商标罪,判处有期徒刑 1 年 3 个月,缓刑 1 年 6 个月,并处罚金人民币 7 万元(已缴纳)。缓刑考验期限,自判决确定之日起计算。①

二、主要问题

生产、销售伪劣产品同时构成侵犯知识产权类犯罪属于法条竞合还是想象竞合?

三、法律分析

第一种观点认为,销售伪劣产品罪的对象是伪劣产品,其产品是不合格的,而本案中涉案白酒均是市场上合格产品,非伪劣产品,本案中侵犯的仅是商标专有权利。《刑法》第一百四十条规定的"以次充好",是指产品质量、性能指标达不到生产的标准或技术要求,而本案白酒均是市场上流通的达标白酒,一审认定"以次充好"是以价格定等级和档次,而实际上白酒的等级和档次并无权威标准,目前全国很多类似的案件多定性为假冒注册商标罪或销售假冒注册商标的商品罪;商品的价格只能作为认定商品价值的参考标准之一,对白酒的质量应该从理化指标、微生物含量、口感和芳香程度,以及是否对人体有益等方面进行考察和鉴定,对涉案白酒是否为"以次充好",应委托法定产品质量检验机构进行鉴定。本案白酒只能认定为假冒产品,因无质检部门的鉴定意见,不能认定为伪劣产品。

第二种观点认为,"以次充好"的违法性本质在于对消费者的隐瞒和欺骗,对于产品而言,以低质量的产品冒充高质量的产品是对消费之的欺骗,以低价格的产品冒充高价格的产品同样也是对消费者的欺骗,虽然价值和价格不是等同概念,但按照人们惯常的逻辑和生活常识,价格与价值之间的关系并非完全脱离,价格是价值的市场化体现。因此,公众的一般认识是在同类产品中,价格高的产品要好于价格低的产品。被告人以价格低的产品冒充价格高的产品在市场上进行欺骗性销售,应该认定为"以次充好"的行为,同时,被告人销售的产品假冒了他人的注册商标,构成对知识产权的侵犯,属于法条竞合犯。

我们认为,根据《最高人民法院 最高人民检察院关于办理、生产、销售伪劣商品刑事案件具体应用法律若干问题的解释》,"以次充好",是指以低等级、低档次产品冒充高等级、高档次产品,或者以残次、废旧零配件组合、拼装后冒充正品或者新产品的行为。档次的高低一方面体现在产品的价值上,更主要的表现形式在于产品的品牌效应和市场价格,被告人周玉前和被告人张某、徐某以低等价格的白酒冒充高等价格的白酒欺骗消费者,同时假冒他人注册商标,销售假冒注册商标商品的行为,同时触犯了生产销售伪劣产品罪和假冒注册商标罪等多个罪名,生产销售假冒伪劣产品罪与假冒注册商标罪、销售假冒注册商标商品罪并不是法条竞合犯。法条竞合是法条规定的犯罪构成之间存在一定的竞合关系,包括独立竞合、包容竞合、交叉竞合、偏一竞合等,②因此,法条竞合是由于立法所带来的罪数问题,而不是由于犯罪行为本身所导致的罪数问题。销售伪劣产品罪和假冒注册商标罪、销售假冒注册商标商品罪从法条上看并不存在交叉或竞合关系,所侵害的法益也并非相同,因此可以排除法条竞合的情况。

《最高人民法院 最高人民检察院关于办理生产、销售伪劣商品刑事案件具体应用法

---

① (2015)盐刑二终字第 00074 号。
② 陈兴良.刑法各论的一般原理[M].呼和浩特:内蒙古大学出版社,1992:403.

律若干问题的解释》规定"实施生产、销售伪劣商品犯罪,同时构成侵犯知识产权、非法经营等其他犯罪的,依照处罚较重的规定定罪处罚"。符合想象竞合犯的处罚原则,但并不能因此倒推出生产销售伪劣产品罪与假冒注册商标罪等侵犯知识产权类犯罪一定是想象竞合犯,是否属于想象竞合犯还要看从想象竞合犯的判断规则进行解析。想象竞合犯,是一个行为触犯数个罪名,但数罪名之间不存在法条上的关联性,而是由于一个行为造成了多个法益侵害的结果所产生的罪数评价问题。"从实质上说,法条竞合时,只有一个法益侵害事实;想象竞合时,则有数个法益侵害事实。"[1]想象竞合犯应该择一重罪处罚,因为想象竞合是科刑的一罪,从法益侵害的后果来看,要重于一罪。从行为方式上看,被告人实施了一个生产、销售行为,但从法益上来看,不仅侵害了市场经济秩序,还侵犯了知识产权,符合想象竞合犯的基本特征,因此,基于想象竞合犯的处罚规则,择一重罪处罚。

四、法条链接

1.《中华人民共和国刑法》

第一百四十条【生产、销售伪劣产品罪】 生产者、销售者在产品中掺杂、掺假,以假充真,以次充好或者以不合格产品冒充合格产品,销售金额五万元以上不满二十万元的,处二年以下有期徒刑或者拘役,并处或者单处销售金额百分之五十以上二倍以下罚金;销售金额二十万元以上不满五十万元的,处二年以上七年以下有期徒刑,并处销售金额百分之五十以上二倍以下罚金;销售金额五十万元以上不满二百万元的,处七年以上有期徒刑,并处销售金额百分之五十以上二倍以下罚金;销售金额二百万元以上的,处十五年有期徒刑或者无期徒刑,并处销售金额百分之五十以上二倍以下罚金或者没收财产。

第二百一十三条【假冒注册商标罪】 未经注册商标所有人许可,在同一种商品上使用与其注册商标相同的商标,情节严重的,处三年以下有期徒刑或者拘役,并处或者单处罚金;情节特别严重的,处三年以上七年以下有期徒刑,并处罚金。

第二百一十四条【销售假冒注册商标的商品罪】 销售明知是假冒注册商标的商品,销售金额数额较大的,处三年以下有期徒刑或者拘役,并处或者单处罚金;销售金额数额巨大的,处三年以上七年以下有期徒刑,并处罚金。

2.《最高人民法院 最高人民检察院关于办理生产、销售伪劣商品刑事案件具体应用法律若干问题的解释》

第一条 第三款刑法第一百四十条规定的"以次充好",是指以低等级、低档次产品冒充高等级、高档次产品,或者以残次、废旧零配件组合、拼装后冒充正品或者新产品的行为。

第十条 实施生产、销售伪劣商品犯罪,同时构成侵犯知识产权、非法经营等其他犯罪的,依照处罚较重的规定定罪处罚。

五、课后思考

1. 想象竞合犯与牵连犯之间的联系与区别?

---

[1] 张明楷.刑法学[M].北京:法律出版社,2011:436.

2. 能否将被告人假冒注册商标行为看作手段行为,生产销售伪劣产品行为看作目的行为,并用牵连犯理论来解释生产销售伪劣产品罪与侵犯知识产权犯罪之间的关系?

六、延伸阅读

1. 储槐植.论罪数不典型[J].法学研究,1995(01):70-76.

2. 陈山.典型一罪与数罪之间:想象竞合犯的量刑规范化[J].中国刑事法杂志,2019(06):77-93.

3. 陈洪兵.竞合处断原则探究兼与周光权、张明楷二位教授商榷[J].中外法学,2016(03):817-839.

4. 张明楷.法条竞合与想象竞合的区分[J].法学研究,2016(01):127-147.

5. 张明楷.罪数论与竞合论探究[J].法商研究,2016(01):116-128.

第十章

走 私 罪

第一节 走私贵重金属罪
—— 曾某某走私贵重金属案

一、案情简介

2014年11月19日,曾某某将7块黄金块藏匿于缝制在其腹部、腰背部皮带上的布口袋及牛仔裤口袋中,从深圳罗湖口岸出境,未向海关申报,被当场查获。经鉴定,上述黄金块均为千足金块,共7 000克,价值人民币1 646 400元。①

二、主要问题

个人携带黄金及其制品进出境审批取消后,本案该如何处理?

三、法律分析

根据刑法规定,走私贵重金属罪的犯罪对象是国家禁止出口的黄金、白银和其他贵重金属。根据国务院2014年10月23日发布的《国务院关于取消和调整一批行政审批项目等事项的决定》(国发〔2014〕50号),中国人民银行对个人携带黄金及其制品进出境的审批已取消,曾某某未向海关申报,私自携带黄金块出境的行为如何定性成为本案争论焦点。

第一种观点认为,国务院国发〔2014〕50号决定已明确取消"个人携带黄金及其制品进出境审批"事项,虽然《关于黄金及黄金制品进出口有关事宜的公告》(中国人民银行、海关总署公告〔2014〕第31号)和《黄金及黄金制品进出口管理办法》(中国人民银行、海关总署令〔2015〕第1号)仍然规定中国人民银行对黄金及其制品进出口实行准许证制度,但这属于国务院下属部门制定的部门规章或规范性文件,其效力层级低于国务院发布的决定,且均为曾某某携带黄金块出境的行为发生后公布实施的,无论是按照"法不溯及既往"的原则,还是依据法律关于效力层级的规定,均应认定曾某某案发时间段没有任何法律法规规定携带黄金块出境仍然需要审批许可。因此,曾某某携带黄金块出境不构成走私贵重金属罪。

第二种观点认为,国发〔2014〕50号决定虽然取消了人民银行对个人携带黄金及其制

---
① 广东省高级人民法院(2017)粤刑终236号刑事裁定书。

品进出境的行政许可,但并不意味着个人在携带黄金及其制品出境时可以自由进出,不受海关监管。曾某某以藏匿方式携带 7 000 克黄金块出境,明显超出合理自用的范围,也未向海关申报,逃避海关监管的主观故意明显,故依法应以走私贵重金属罪对其定罪处罚。①

我们认为,首先,国发〔2014〕50 号决定仅取消个人携带黄金及其制品进出境的审批,并非取消海关监管。随着我国经济的不断发展和黄金市场改革不断深入,国家对个人携带黄金及制品进出境的管理也在不断放宽。根据国务院 1983 年发布的《金银管理条例》和中国人民银行出台的《实施细则》规定,出境定居的人员,每人携带黄金饰品的限额为 31.25 克。因探亲、旅游、出访、派出境外工作或学习的人员,携带金银及其制品出境时,必须向海关申报登记,注明回程时带回原物。每人携带黄金饰品限额 15.625 克,经海关查验符合规定限额的放行。根据海关总署 1992 年《关于对旅客携带旅途自用黄金饰品进出境验放问题的通知》(署监二〔1992〕1186 号)规定,对境内居民、非居民长期旅客携带、佩戴出境黄金饰品重量在 50 克(含 50 克)以下的,海关不作为重点管理,免予验核签章。2013 年《黄金及黄金制品进出口管理办法(征求意见稿)》也曾提出,个人携带自用黄金及黄金制品进出境,重量在 200 克以下的,免予向海关申报和缴税。因此,国发〔2014〕50 号决定也是在我国黄金市场不断成熟这一背景下作出的,目的是简政放权和促进黄金市场交易的扩大开放,但这仅仅针对中国人民银行的事前审批,并非取消海关监管,也绝非意味着个人可以携带不限数量的黄金任意进出境,根据当前黄金进出境监管规定,个人携带黄金进出境还需向海关申报登记,并要符合海关的验放要求。本案中曾某某携带 7 块共计 7 000 克黄金块出境,数量明显超过个人合理自用范围,且采取藏匿方式进行,并未向海关申报,逃避海关监管意图明显,具有走私黄金的犯罪故意。

其次,国发〔2014〕50 号决定仅仅针对"个人携带的黄金及其制品",并非"进出口领域的货物"。由于黄金作为稳定国家金融安全的战略储备,根据国家对黄金管理规定,中国人民银行根据国家宏观经济调控需求,可以对黄金及黄金制品进出口的数量进行限制性审批,中国人民银行、海关总署公告〔2014〕第 31 号及中国人民银行、海关总署令〔2015〕第 1 号文件规定只是延续了黄金及其制品进出口环节的准许证制度,并未创设新的行政许可,与国发〔2014〕50 号决定取消个人携带黄金出入境审批并不冲突。同时,《黄金及黄金制品进出口管理办法》第四条也规定,个人携带黄金及黄金制品进出境的管理规定,由中国人民银行会同海关总署制定,可见该办法规制范围也不涉及个人携带黄金及其制品进出境的领域。而根据《海关法》第四十六条:个人携带进出境的行李物品、邮寄进出境的物品,应当以自用、合理数量为限,并接受海关监管。《海关行政处罚实施条例》第六十四条:"物品",是指个人以运输、携带等方式进出境的行李物品、邮寄进出境的物品,包括货币、金银等。超出自用、合理数量的,视为货物。"自用",是指旅客或者收件人本人自用、馈赠亲友而非为出售或者出租。"合理数量",是指海关根据旅客或者收件人的情况、旅行目的和居留时间所确定的正常数量,即个人携带黄金如果超出自用、合理的数量,将被视

---

① 广东省高级人民法院(2017)粤刑终 236 号刑事裁定书。

为货物,需要办理相关许可证。① 因此,前文观点提到的"法不溯及既往"和法律效力层级冲突的问题并不存在,或者说并不影响曾某某行为性质的认定。

最后,根据刑法对走私贵重金属罪的罪状设计,针对的是走私国家禁止出口的黄金等贵重金属的行为。根据海关总署政策法规司出具的《政策法规司关于黄金、白银和其他贵重金属及其制品法律属性的意见》(政法函〔2011〕79号),依据《中华人民共和国对外贸易法》《货物进出口管理条例》《金银管理条例》及海关总署有关规定,黄金无论是作为物品还是货物,都属于限制出境范畴。有观点认为限制进出口的货物、物品不能等同于禁止进出口的货物、物品,未经许可走私国家限制进出口的货物、物品,如该货物、物品涉税,应以走私普通货物、物品罪定罪处罚,如非涉税,可不作犯罪处理。但该观点忽视了禁止进出口货物、物品包含绝对禁止和相对禁止,刑法规定的禁止进出口不限于绝对禁止的情形。② 黄金作为国家限制出境的贵重金属,虽然不是绝对禁止,但仍属于相对禁止的货物、物品,符合走私贵重金属罪的对象要件,即是"国家禁止出口的贵重金属"。换言之,如固守"绝对禁止"的观点,走私贵重金属罪也将会因缺少实际存在的犯罪对象而被虚置,丧失在刑法中的独立地位,而这显然不符合该罪设立的目的和司法实际。因此,2014年"两高"《关于办理走私刑事案件适用法律若干问题的解释》(以下简称2014年"两高"《走私解释》)第二十一条规定,未经许可进出口国家限制进出口的货物、物品,应当依照刑法第一百五十一条、第一百五十二条的规定,以走私国家禁止进出口的货物、物品罪等罪名定罪处罚。

综上,曾某某携带7 000克黄金块出境,明显超过合理自用的范围,且采取隐匿等方式,未向海关申报,逃避海关监管,应以走私贵重金属罪定罪处罚。

四、法条链接

1.《中华人民共和国刑法》

第一百五十一条第二款【走私文物罪】【走私贵重金属罪】【走私珍贵动物、珍贵动物制品罪】 走私国家禁止出口的文物、黄金、白银和其他贵重金属或者国家禁止进出口的珍贵动物及其制品的,处五年以上十年以下有期徒刑,并处罚金;情节特别严重的,处十年以上有期徒刑或者无期徒刑,并处没收财产;情节较轻的,处五年以下有期徒刑,并处罚金。

2.《关于黄金及黄金制品进出口有关事宜的公告》(中国人民银行、海关总署〔2014〕第31号公告)

列入《黄金及黄金制品进出口管理商品目录》的货物进出口通关时,海关凭中国人民银行或其授权的中国人民银行分支机构签发的《中国人民银行黄金及黄金制品进出口准许证》办理验放手续。通过加工贸易方式进出的黄金及黄金制品,海关特殊监管区域、保税监管场所与境外之间进出的黄金及黄金制品,海关特殊监管区域、保税监管场所之间进出的黄金及黄金制品,以维修、退运、暂时进出境方式进出的黄金及黄金制品,免予办理《中国人民银行黄金及黄金制品进出口准许证》,由海关实施监管。

---

① 晏山嵘.走私犯罪判例释解与辩点分析[M].北京:中国法制出版社,2018:349.
② 裴显鼎,苗有水,刘为波,郭慧.《关于办理走私刑事案件适用法律若干问题的解释》理解与适用[M]//最高人民法院刑事审判一至五庭.中国刑事审判指导案例3:破坏社会主义市场经济秩序罪.北京:法律出版社,2017:778.

3.《黄金及黄金制品进出口管理办法》(中国人民银行、海关总署令〔2015〕第 1 号)

中国人民银行、海关总署制定的《黄金及黄金制品进出口管理办法》自 2015 年 4 月 1 日起施行。

《黄金及黄金制品进出口管理办法》第三条规定：中国人民银行对黄金及黄金制品进出口实行准许证制度。中国人民银行根据国家宏观经济调控需求，可以对黄金及黄金制品进出口的数量进行限制性审批。列入《黄金及黄金制品进出口管理目录》的黄金及黄金制品进口或出口通关时，应当向海关提交中国人民银行及其分支机构签发的《中国人民银行黄金及黄金制品进出口准许证》。

第四条规定，个人携带黄金及黄金制品进出境的管理规定，由中国人民银行会同海关总署制定。

第二十一条规定，除本办法第四条、第五条和第二十条规定之外，个人、法人和其他组织不得以其他任何方式进出口黄金及黄金制品。国家另有规定的除外。

4. 海关总署政策法规司出具的《政策法规司关于黄金、白银和其他贵重金属及其制品法律属性的意见》(政法函〔2011〕79 号)

经研究，一、依据《对外贸易法》《货物进出口管理条例》《金银管理条例》及海关总署有关规定，黄金、白银无论是作为物品还是货物，都属于限制出境范畴。二、目前海关无论是刑事执法还是行政执法，基本上都是按照限制出境来对待，即以逃税额（是否提供证明、逃避海关）来判定是否构成犯罪的标准。三、刑法修正案(八)有关规定"走私禁止出口的文物、黄金、白银"中的"禁止出口"主要是《外贸法》第十六条第(三)项有关规定，即国家为实施与黄金或者白银进出口有关的措施，可以限制或者禁止有关货物的进口或者出口。

5.《关于对旅客携带旅途自用黄金饰品进出境验放问题的通知》(海关总署文件署监二〔1992〕1186 号)

一、对境内居民、非居民长期旅客携带、佩戴出境黄金饰品重量在 50 克(含 50 克，白银饰品据此相应从宽掌握)以下的，海关不作为重点管理，免予验核签章，超过 50 克的，仍按现行有关规定验放。

二、对境外非居民短期旅客携带进境旅途自用黄金饰品、包括身上佩戴、旅途备换及少量馈赠亲友的黄金饰品。经审核在合理数量范围内的，可予放行。但携带黄金饰品超出 50 克，本人需要复带出境的，应报海关验核签章，复带出境时，海关凭以放行。

三、对我国有关部门和各级地方人民政府及其所属机构接待或派出的重要统战对象、知名人士携带出境黄金饰品超出 50 克，仍属自用，但不能提供有关出境许可证明，或未经原进境地海关签章的，经现场科级(含科级)以上领导审批，予以酌情从宽验放。

四、旅客携带进境超出自用合理数量范围的金饰，向海关申报的，予以退运。另酌情处以罚款。除数额巨大，情节恶劣者外，一般不按走私定性处理。旅客携带黄金饰品出境，有走私违规行为的，仍按现行有关法规处理。

五、课后思考

1. 携带黄金入境行为应如何定性？
2. 走私贵重金属罪中的"黄金"是否包含"黄金制品"？

六、延伸阅读

1. 晏山嵘.走私犯罪判例释解与辩点分析[M].北京：中国法制出版社,2018.
2. 郑宗亨.走私贵重金属罪法律问题研究——《刑法》第一百五十一条第二款的历史变迁及当下适用[M]//吕友臣.走私罪实务研究.深圳：海天出版社,2019：213-223.

第二节　走私珍贵动物、珍贵动物制品罪
——吴某某走私珍贵动物制品案

一、案情简介

2013年3月至5月,吴某某为谋取非法利益,决定在日本购买象牙边料后,采用邮寄方式走私入境,并销售给境内的买家。期间,吴某某在未向海关申报的情况下,先后两次将3包象牙边料通过EMS国际快递从日本邮寄至上海市浦东新区刘某处,欲让刘某转寄给吴在网络上联系的境内买家。上述邮包在寄入境时被海关查获,海关关员从邮包中发现非洲象象牙边料7.726千克。①

二、主要问题

走私象牙边料行为的定性和价值认定。

三、法律分析

走私珍贵动物制品罪的行为对象是珍贵动物的制品,本案中,对于象牙边料属性的认识和价值计算成为关键。

第一种意见认为,象牙边料是将象牙加工成产品时所产生的剩余或废弃的边角料,并不是象牙制品,根据罪刑法定原则,不构成走私珍贵动物制品罪。同时,涉案象牙边料的出售价与购买价相当,其没有牟利的目的。走私象牙边料的价值应以市场成交价(8 000元)认定。

第二种意见认为,刑法设立走私珍贵动物制品罪的目的在于保护濒危野生动物,走私象牙边料与走私整根象牙本质上是一样的,应构成走私珍贵动物制品罪。至于走私象牙边料价值的认定,根据2012年9月17日最高人民法院、最高人民检察院、国家林业局、公安部、海关总署联合颁布实施的《关于破坏野生动物资源刑事案件中涉及的CITES附录Ⅰ和附录Ⅱ所列陆生野生动物制品价值核定问题的通知》第五条规定,象牙等制品的价值,继续依照《国家林业局关于发布破坏野生动物资源刑事案中涉及的走私象牙及其制品价值标准的通知》(林濒发〔2001〕234号)"对于无法确定是否属一根象牙切割或者雕刻成的象牙块或象牙制品,应根据其重量来核定,单价为41 667元/千克,按照上述价值标准核定的象牙及其制品价格低于实际销售价的按实际销售价格执行"。因此,本案犯罪数额为32万余元。②

---

① 上海市高级人民法院(2015)沪高刑终字第43号刑事裁定书。
② 参见上海市高级人民法院(2015)沪高刑终字第43号刑事裁定书。

我们认为,首先,将"象牙边料"解释为"珍贵动物制品"未超出文字含义的可能范围,符合罪刑法定原则。根据 2014 年"两高"《走私解释》第十条规定:刑法第一百五十一条第二款规定的"珍贵动物",包括列入《国家重点保护野生动物名录》中的国家一、二级保护野生动物,《濒危野生动植物种国际贸易公约》(以下简称《公约》)附录Ⅰ、附录Ⅱ中的野生动物,以及驯养繁殖的上述动物。《公约》保护的对象是目前自然环境中存在的濒危野生动植物,已经灭绝的古代生物如猛犸象不会因现代人类活动受到影响,不属于《公约》保护的对象。① 若走私猛犸象等已经灭绝的古代野生动物制品,则不构成本罪,本案中涉及的非洲象为现代象,属于《公约》附录中的野生动物,符合我国刑法的保护对象。同时,根据罪刑法定原则要求,在满足刑法预测可能性的前提下,对刑法条文的含义作不超出社会公众一般认知的扩大解释是允许的,但不能超出文字语义范围而作类推解释。本案中的"象牙边料"并不是一个严谨的刑法用语,其只是指象牙加工切割过程中产生的边角料,而我们一般理解的"象牙制品"是经过一定的加工工艺产生的具有一定买卖或者收藏价值的作品或产品。表面上看"象牙边料"与"珍贵动物制品"存在不同,但走私象牙边料与走私其他象牙制品行为对刑法保护法益的侵犯并没有根本差别,刑法设立走私珍贵动物制品罪主要是为了保护珍贵濒危动物资源,而非保护珍贵动物制品的加工工艺或者市场交易。因此,根据目的解释原理,走私"象牙边料"与走私"其他象牙制品"行为的性质应在刑法上获得同等评价。同时,将"象牙边料"解释为"珍贵动物制品"并未超出国民预测可能性,正如上述林濒发〔2001〕234 号文件中将"切割或者雕刻""象牙块或象牙制品"并列,即切割的象牙块与雕刻的象牙制品均为"珍贵动物制品",而"象牙边料"至少可以理解为"切割的象牙块"②。故将"象牙边料"解释为"珍贵动物制品"符合罪刑法定原则。

其次,是否具有牟利目的不影响走私珍贵动物制品罪的成立。根据《刑法》第一百五十一条第二款规定,走私国家禁止进出口的珍贵动物及其制品的,即可按照该罪定罪处罚。具体而言,是指行为人故意违反海关法律法规和国家野生动物及其制品管理规定,逃避海关监管,非法运输、携带、邮寄国家禁止进出口的珍贵动物或者珍贵动物制品进出国(边)境的行为。③ 由此可见,该罪的构成要件要素并不包含"牟利目的"。同理,"购买地是否允许交易"也不影响犯罪的认定。实际上,相关司法解释在该问题上的态度也有变化,最高人民法院、最高人民检察院、海关总署 2002 年《办理走私刑事案件适用法律若干问题的意见》(以下简称《走私意见》)第七条规定:"同时具有下列情形,情节较轻的,一般不以犯罪论处:(一)珍贵动物制品购买地允许交易;(二)入境人员为留作纪念或者作为礼品而携带珍贵动物制品进境,不具有牟利目的的。"但在实践中,由于相关国家或地区对司法机关要求提供其境内是否允许某种野生动物制品交易的查询不予回应,各地法院对"珍贵动物制品购买地允许交易"的认定标准不统一,影响司法打击效果,并且购买地是否允许交易只是反映被告人违法性认识,但不能以此作为不明知走私珍贵动物制品行为违

---

① 参见最高人民法院刑事审判第二庭.《最高人民法院 最高人民检察院关于办理走私刑事案件适用法律若干问题的解释》理解与适用[M].北京:中国法制出版社,2015:107-108.
② 参见上海市高级人民法院(2015)沪高刑终字第 43 号刑事裁定书.
③ 王作富.刑法分则实务研究(上)[M].北京:中国方正出版社,2007:326.

法的抗辩理由。① 因此，2014年"两高"《走私解释》第9条规定：不以牟利为目的，为留作纪念而走私珍贵动物制品进境，数额不满10万元的，可以免予刑事处罚；情节显著轻微的，不作为犯罪处理。该条取消"珍贵动物制品购买地允许交易"这一要件，对于不以牟利为目的，只是为了收藏、个人纪念等目的而携带珍贵动物制品进境，数额不满10万元，不影响定罪，只是根据宽严相济的刑事政策，可以免予刑事处罚。当然，对于情节显著轻微的行为，可以认为其社会危害性不大，不需要通过刑法调整，不应认定为犯罪。

最后，应按照林濒发〔2001〕234号文件规定认定象牙边料价值。象牙制品在我国属于禁止商业交易的珍贵动物制品，也就不存在所谓市场交易价，否则便是变相鼓励象牙制品交易。如国务院办公厅2016年12月29日发布的《关于有序停止商业性加工销售象牙及制品活动的通知》规定，2017年12月31日前全面停止商业性加工销售象牙及制品活动，并严格管理合法收藏的象牙及其制品。同时，即使现实中存在买卖双方对象牙制品交易的价格，该价格也会因市场交易的变动性而呈现出易变性，以此价格定罪处罚会导致出现"同案不同罚"的情况，不利于法律裁判标准的统一，影响刑法打击的效果。另外，市场交易价格一般也远低于行业主管部门的核定价，如以交易价格认定涉案数额，存在放纵犯罪的可能，与我国加大打击走私珍贵动物及制品犯罪的形势不符②。正如本案象牙边料价值如以成交价认定，数额仅为8 000元，属于"情节较轻"，可能判处"五年以下有期徒刑，并处罚金"，而按照林濒发〔2001〕234号文件认定规则，本案涉案数额为32万余元，法定刑为"五年以上十年以下有期徒刑，并处罚金"。同时，2017年12月15日起施行的《野生动物及其制品价值评估方法》（国家林业局第46号令）第四条确定了野生动物整体的价值核算方法，即按照《陆生野生动物基准价值标准目录》所列该种野生动物的基准价值乘以相应的倍数核算。但该规定第五条"野生动物制品的价值，由核算其价值的执法机关或者评估机构根据实际情况予以核算，但不能超过该种野生动物的整体价值。但是，省级以上人民政府林业主管部门对野生动物标本和其他特殊野生动物制品的价值核算另有规定的除外。"2020年《最高人民法院　最高人民检察院　公安部　司法部关于依法惩治非法野生动物交易犯罪的指导意见》第六条根据是否属于具有特殊利用价值或者导致动物死亡的主要部分，规定了最高可以按照该种动物整体价值标准的80%、20%标准进行折算，但该价值计算方法针对核算方法不明确的情形，并规定"对涉案野生动物及其制品价值，可以根据国务院野生动物保护主管部门制定的价值评估标准和方法核算。"③可见，上述规

---

① 最高人民法院刑事审判第二庭.《最高人民法院　最高人民检察院关于办理走私刑事案件适用法律若干问题的解释》理解与适用[M].北京：中国法制出版社，2015：130-131.
② 曹坚.对走私犯罪中几个常见争议问题的思考[J].海关法评论，2016(01)：243-254.
③ 《最高人民法院　最高人民检察院　公安部　司法部关于依法惩治非法野生动物交易犯罪的指导意见》第六条："对涉案野生动物及其制品价值，可以根据国务院野生动物保护主管部门制定的价值评估标准和方法核算。对野生动物制品，根据实际情况予以核算，但核算总额不能超过该种野生动物的整体价值。具有特殊利用价值或者导致动物死亡的主要部分，核算方法不明确的，其价值标准最高可以按照该种动物整体价值标准的80%予以折算，其他部分价值标准最高可以按整体价值标准的20%予以折算，但是按照上述方法核算的价值明显不当的，应当根据实际情况妥当予以核算。核算价值低于实际交易价格的，以实际交易价格认定。根据前款规定难以确定涉案野生动物及其制品价值的，依据下列机构出具的报告，结合其他证据作出认定：（一）价格认证机构出具的报告；（二）国务院野生动物保护主管部门、国家濒危物种进出口管理机构、海关总署等指定的机构出具的报告；（三）地、市级以上人民政府野生动物保护主管部门、国家濒危物种进出口管理机构的派出机构、直属海关等出具的报告。"

定并未排除林濒发〔2001〕234号文件规定的适用,且《关于破坏野生动物资源刑事案件中涉及的CITES附录Ⅰ和附录Ⅱ所列陆生野生动物制品价值核定问题的通知》也对此予以明确。故应以林濒发〔2001〕234号文件核算方法认定涉案象牙制品价值。

四、法条链接

1.《中华人民共和国刑法》

第一百五十一条第二款【走私文物罪】【走私贵重金属罪】【走私珍贵动物、珍贵动物制品罪】 走私国家禁止出口的文物、黄金、白银和其他贵重金属或者国家禁止进出口的珍贵动物及其制品的,处五年以上十年以下有期徒刑,并处罚金;情节特别严重的,处十年以上有期徒刑或者无期徒刑,并处罚金;情节较轻的,处五年以下有期徒刑,并处罚金。

2.《最高人民法院 最高人民检察院关于办理走私刑事案件适用法律若干问题的解释》

第九条 走私国家一、二级保护动物未达到本解释附表中(一)规定的数量标准,或者走私珍贵动物制品数额不满二十万元的,可以认定为刑法第一百五十一条第二款规定的"情节较轻"。

具有下列情形之一的,依照刑法第一百五十一条第二款的规定处五年以上十年以下有期徒刑,并处罚金:(一)走私国家一、二级保护动物达到本解释附表中(一)规定的数量标准的;(二)走私珍贵动物制品数额在二十万元以上不满一百万元的;(三)走私国家一、二级保护动物未达到本解释附表中(一)规定的数量标准,但具有造成该珍贵动物死亡或者无法追回等情节的。

具有下列情形之一的,应当认定为刑法第一百五十一条第二款规定的"情节特别严重":(一)走私国家一、二级保护动物达到本解释附表中(二)规定的数量标准的;(二)走私珍贵动物制品数额在一百万元以上的;(三)走私国家一、二级保护动物达到本解释附表中(一)规定的数量标准,且属于犯罪集团的首要分子,使用特种车辆从事走私活动,或者造成该珍贵动物死亡、无法追回等情形的。

不以牟利为目的,为留作纪念而走私珍贵动物制品进境,数额不满十万元的,可以免予刑事处罚;情节显著轻微的,不作为犯罪处理。

第十条 刑法第一百五十一条第二款规定的"珍贵动物",包括列入《国家重点保护野生动物名录》中的国家一、二级保护野生动物,《濒危野生动植物种国际贸易公约》附录Ⅰ、附录Ⅱ中的野生动物,以及驯养繁殖的上述动物。

3.《野生动物及其制品价值评估方法》(国家林业局第46号令)

第四条 野生动物整体的价值,按照《陆生野生动物基准价值标准目录》所列该种野生动物的基准价值乘以相应的倍数核算。具体方法是:(一)国家一级保护野生动物,按照所列野生动物基准价值的十倍核算;国家二级保护野生动物,按照所列野生动物基准价值的五倍核算;(二)地方重点保护的野生动物和有重要生态、科学、社会价值的野生动物,按照所列野生动物基准价值核算。

两栖类野生动物的卵、蛋的价值,按照该种野生动物整体价值的千分之一核算;爬行类野生动物的卵、蛋的价值,按照该种野生动物整体价值的十分之一核算;鸟类野生动物的卵、蛋的价值,按照该种野生动物整体价值的二分之一核算。

第五条 野生动物制品的价值,由核算其价值的执法机关或者评估机构根据实际情况予以核算,但不能超过该种野生动物的整体价值。但是,省级以上人民政府林业主管部门对野生动物标本和其他特殊野生动物制品的价值核算另有规定的除外。

4.《国家林业局关于发布破坏野生动物资源刑事案中涉及的走私象牙及其制品价值标准的通知》(林濒发〔2001〕234号)

一根未加工象牙的价值为25万元;由整根象牙雕刻而成的一件象牙制品,应视为一根象牙,其价值为25万元;由一根象牙切割成数段象牙块或者雕刻成数件象牙制品的,这些象牙块或者象牙制品总合,也应视为一根象牙,其价值为25万元;对于无法确定是否属一根象牙切割或者雕刻成的象牙块或象牙制品,应根据其重量来核定,单价为41 667元/千克。按上述价值标准核定的象牙及其制品价格低于实际销售价的按实际销售价格执行。

五、课后思考

1. 在走私行为发生后,因《公约》附录调整,涉案的动物不再属于珍贵动物之列,对该行为能否追究刑事责任?
2. 走私未经处理的珍贵动物尸体的行为如何定性?

六、延伸阅读

1. 曹坚,樊彦敏.走私珍贵动物及其制品犯罪案件司法实践问题研究——以上海市近年来司法机关查办相关案件为样本[J].政治与法律,2012(07):64-71.
2. 时延安,赵文芳.走私珍贵动物制品案件中的两个问题[J].中国检察官,2011(10):29-31.
3. 王昭雯.关于走私象牙案件中价值标准的思考[J].上海海关学院学报,2013(04):36-39.

第三节 走私国家禁止进出口的货物、物品罪
——朱某某走私国家禁止出口物品案

一、案情简介

2008年7月,朱某某开始在辽宁省朝阳市做化石生意。朱某某委托林某某(另案处理)在珠海市接收其通过快递公司发来的化石后,由林某某将化石再托运到澳门交给买家。从2008年9月至2009年7月,朱某某和林某某多次通过上述方式将化石走私到澳门。2009年7月初,一位香港买家找到朱某某欲购买一块鸟类化石,双方商定价格为人民币11 000元。同月14日,朱某某以假名通过朝阳市申通快递公司将该块鸟类化石托

运至珠海市。同月 16 日,林某某依约在珠海市接收该块鸟类化石后,即前往珠海市夏湾南晖发装修材料经营部,以"陈生"的名义准备将化石用"精品"的名称托运到澳门,后被查获。同年 8 月 19 日,朱某某在辽宁省朝阳市被抓获。经鉴定,该件鸟类化石属于距今 6 700 万年至 2.3 亿年前期间的白垩纪鸟类化石。①

二、主要问题

如何准确界定走私白垩纪鸟类化石行为的性质?

三、法律分析

本案准确认定的关键在于白垩纪鸟类化石是属于国家禁止出口的文物还是国家禁止出口的物品。

第一种意见认为,根据全国人民代表大会常务委员会 2005 年《关于〈中华人民共和国刑法〉有关文物的规定适用于具有科学价值的古脊椎动物化石、古人类化石的解释》(以下简称《化石解释》)规定:刑法有关文物的规定,适用于具有科学价值的古脊椎动物化石、古人类化石。该规定对古脊椎动物化石没有具体分类,并且我国加入的有关国际公约中对于文物的定义,也是包括化石在内的。② 根据《中华人民共和国文物保护法》第二条规定:具有科学价值的古脊椎动物化石和古人类化石同文物一样受国家保护,这种同等保护也应包括刑法保护,即在认定构成犯罪上,不应有所区别。本案中的白垩纪鸟类化石是具有科学价值的古脊椎动物化石,属于刑法意义上的"文物",故朱某某行为构成走私文物罪。

第二种意见认为,根据文化部(现为文旅部)2006 年《古人类化石和古脊椎动物化石保护管理办法》第二条规定:"本办法所称古人类化石和古脊椎动物化石,是指古猿化石、古人类化石及其与人类活动有关的第四纪古脊椎动物化石。"本案白垩纪鸟类化石距今 6 700 万年至 2.3 亿年,而与人类活动有关的第四纪古脊椎动物化石一般开始于 248 万年前,因此,白垩纪鸟类化石不属于刑法意义上的"文物",应属于国家管制禁止出口的物品,朱某某构成走私国家禁止出口的物品罪。③

我们认为,首先,白垩纪鸟类化石不属于"文物"。全国人大常委会《化石解释》和《文物保护法》对古脊椎动物化石虽然没有进行具体分类,且要求"具有科学价值的古脊椎动物化石和古人类化石同文物一样受国家保护",但并不能由此推导出古脊椎动物化石应视为刑法意义上的"文物",更不能由此得出走私古脊椎动物化石即构成走私文物罪的结论,反而至少能够证明文物与古脊椎动物化石并非同一概念。判断古脊椎动物化石是否属于刑法保护的"文物",需要结合刑法保护法益对《化石解释》和《文物保护法》相关条文进行实质把握,而非简单的形式理解。所谓古生物化石,根据国务院《古生

---

① 广东省高级人民法院(2010)粤高法刑二终字第 220 号《刑事裁定书》。
② 全国人民代表大会常务委员会法制工作委员会副主任安建.关于《全国人民代表大会常务委员会关于〈中华人民共和国刑法〉有关文物的规定适用于具有科学价值的古脊椎动物化石、古人类化石的解释(草案)》的说明[EB/OL](2006-01-24)[2020-10-25].http://www.npc.gov.cn/wxzl/gongbao/2006-01/24/content_5344381.htm.
③ 李晓琦.走私第四纪之前的古生物化石构成走私国家禁止出口的物品罪[J].人民司法,2010(24):18-19.

物化石保护条例》规定,是指地质历史时期形成并赋存于地层中的动物和植物的实体化石及其遗迹化石,而文物是与人的活动密切相关的历史文化遗物,除具有科学价值外,还有一定的历史、文化和艺术价值,且刑法罪名的设置也可以看出国家对文物和古生物化石的保护范围和力度并不一致。① 实际上,"古生物化石"是否属于刑法意义上的"文物",本质区别在于是否与人的活动密切相关。换言之,古猿化石、古人类化石及其与人类活动有关的第四纪古脊椎动物化石具有的科学、历史、文化和艺术价值实际上与刑法保护的其他文物区别不大,应获得同等的刑法保护地位。因此,全国人民代表大会常务委员会《化石解释》的"刑法有关文物的规定,适用于具有科学价值的古脊椎动物化石、古人类化石",应根据是否与人类活动有关进行限缩理解。② 这不仅符合罪刑法定原则要求,也与立法解释应当遵循的原则保持一致,即立法机关只能在不违背立法本意前提下对于法律条文可能具有的含义进行解释。同时,这也与当前古生物化石保护的实际相符,如根据国务院《古生物化石保护条例》第二条:"古猿、古人类化石以及与人类活动有关的第四纪古脊椎动物化石的保护依照国家文物保护的有关规定执行。"本案中白垩纪鸟类化石属于年代久远且与人类活动无关的古脊椎动物化石,不管是自然属性还是法律属性,均不属于刑法意义上的"文物"。

其次,白垩纪古脊椎鸟类化石属于国家禁止出口的物品。根据《刑法》规定,走私珍稀植物及其制品等国家禁止进出口的其他货物、物品的,构成走私国家禁止进出口的货物、物品罪,白垩纪古脊椎鸟类化石不属于刑法意义上的"文物",走私该化石不构成走私文物罪,但是否构成其他走私犯罪,要结合相关行政管理规定,判断其是否属于国家禁止出口的物品。根据《关于加强古生物化石保护的通知》(国土资源部1999年4月9日发布)规定,未经许可,禁止任何单位和个人私自发掘、销售、出境重要古生物化石。当然,该文件虽于2003年因国土资源部发布《关于停止执行部分规范性文件的通知》而失效,但其对古生物化石的许可管理仍被之后规定延续。如国土资源部《古生物化石管理办法》(2002年10月1日起施行,于2019年7月24日被废止)第十六条:"因科学研究、教学、科普展览等,需将古生物化石运送出境的,由国土资源部发放出境证明。"国务院《古生物化石保护条例》(2011年施行并于2019年修改)规定,未命名的古生物化石不得出境,重点保护古生物化石因科学研究需要与国外有关研究机构进行合作的或者因科学、文化交流需要在境外进行展览的,经国务院自然资源主管部门批准,方可出境;一般保护古生物化石经所在地省、自治区、直辖市人民政府自然资源主管部门批准,方可出境。因此,本案涉及的白垩纪古脊椎鸟类化石经鉴定为珍稀古生物化石,属于国家禁止出口的物品,符合走私国家禁止出口的物品罪的对象要件。

最后,由于我国刑法对古生物化石保护范围有限,罪名设置偏少,仅有"盗掘古人类化石、古脊椎动物化石罪",而对走私古生物化石的行为未设置独立的罪名。司法实践中,应在严格遵循罪刑法定原则基础上,通过对其他相关罪名适用条件的准确把握,实现对相关

---

① 黄太云.关于《中华人民共和国刑法》有关文物的规定适用于具有科学价值的古脊椎动物化石、古人类化石的解释解读[J].人民检察,2006(5S):44-45.
② 最高人民法院刑事审判一至五庭.中国刑事审判指导案例3:破坏社会主义市场经济秩序罪[M].北京:法律出版社,2017:59.

行为的有效规制。正如前文所述,白垩纪古脊椎鸟类化石属于国家禁止出口的物品,朱某某违反国家古生物化石管理的有关规定,逃避海关监管,走私珍稀古生物化石出境,应构成走私国家禁止出口的物品罪。

四、法条链接

1.《中华人民共和国刑法》

第一百五十一条第三款【走私国家禁止进出口的货物、物品罪】 走私珍稀植物及其制品等国家禁止进出口的其他货物、物品的,处五年以下有期徒刑或者拘役,并处或者单处罚金;情节严重的,处五年以上有期徒刑,并处罚金。

2. 全国人民代表大会常务委员会《关于〈中华人民共和国刑法〉有关文物的规定适用于具有科学价值的古脊椎动物化石、古人类化石的解释》

全国人民代表大会常务委员会根据司法实践中遇到的情况,讨论了关于走私、盗窃、损毁、倒卖或者非法转让具有科学价值的古脊椎动物化石、古人类化石的行为适用刑法有关规定的问题,解释如下:刑法有关文物的规定,适用于具有科学价值的古脊椎动物化石、古人类化石。

3.《古人类化石和古脊椎动物化石保护管理办法》

第二条 本办法所称古人类化石和古脊椎动物化石,指古猿化石、古人类化石及其与人类活动有关的第四纪古脊椎动物化石。

4.《古生物化石保护条例》

第二条 本条例所称古生物化石,是指地质历史时期形成并赋存于地层中的动物和植物的实体化石及其遗迹化石。古猿、古人类化石以及与人类活动有关的第四纪古脊椎动物化石的保护依照国家文物保护的有关规定执行。

第二十六条 未命名的古生物化石不得出境。重点保护古生物化石符合下列条件之一,经国务院自然资源主管部门批准,方可出境:(一)因科学研究需要与国外有关研究机构进行合作的;(二)因科学、文化交流需要在境外进行展览的。一般保护古生物化石经所在地省、自治区、直辖市人民政府自然资源主管部门批准,方可出境。

五、课后思考

1. 行为人在走私国家禁止进出口的货物过程中,同时走私普通货物,应如何处理?

2. 走私无脊椎动物化石的行为应如何处理?

六、延伸阅读

1. 李晓琦.走私第四纪之前的古生物化石构成走私国家禁止出口的物品罪[J].人民司法,2010(24):18-19.

2. 翁凯一.走私国家禁止进出口其他货物、物品罪若干问题探讨[J].中国检察官,2009(09):26-28.

第四节 走私废物罪
——李某聪、李某成走私废物案

一、案情简介

被告人李某聪根据他人指示联系被告人李某成一起为他人从越南四墩海域拉运一船风景树至广东湛江。2018年5月16日,李某聪、李某成从越南四墩码头登上一艘装满风景树的铁壳船,一名越南籍男子驾驶至中越边境线中国一侧海域,后交由李某聪、李某成驾驶。二人驾驶铁壳船行驶至北纬21度21.634分、东经108度25.370分海域被广西壮族自治区执勤民警当场抓获,在二人驾驶的铁壳船货舱查获风景树120棵,在货舱内查获塑料碎片一批。经清点、鉴定、估价、计核,查获的风景树涉嫌偷逃税款80 233元;经称量、鉴定,查获的塑料碎片净重90吨,系塑料废碎料,属国家禁止进口的固体废物。被告人李某聪、李某成提出在运输时不知道船中有塑料碎片。①

二、主要问题

对走私对象发生错误认识,能否根据其实际走私对象认定相应的走私犯罪?

三、法律分析

李某聪、李某成提出只知道运输的是风景树,并不知道货舱内有塑料碎片,而该风景树若经鉴定不属于国家重点保护野生植物和国家珍贵物种,也不是CITES附录Ⅰ、附录Ⅱ和附录Ⅲ保护植物,则应属于普通货物,涉嫌偷逃税款80 233元,未达到入罪数额标准,能否将走私塑料碎片的行为认定为走私废物罪进而追究两人的刑事责任成为本案争议焦点。

第一种观点认为,既然走私犯罪在刑法中属于类罪名,且根据走私对象的不同分为不同种具体走私犯罪,尤其是除了走私普通货物、物品罪之外的其他特定走私对象的犯罪,明知程度要求更高,只有对走私对象具有明确认知的情况下才可认定相应的走私犯罪。② 在走私风景树不构成相关犯罪的情况下,既然被告人对货舱内的塑料碎片不存在主观认识,根据主客观相一致的原则,不应仅以客观行为的发生而追究两人走私废物罪的刑事责任,否则有客观归罪的嫌疑,也违反罪刑法定原则。

第二种观点认为,根据最高人民法院、最高人民检察院、海关总署2002年《走私意见》第六条规定:"走私犯罪嫌疑人主观上具有走私犯罪故意,但对其走私的具体对象不明确的,不影响走私犯罪构成,应当根据实际的走私对象定罪处罚。但是,确有证据证明行为人因受蒙骗而对走私对象发生认识错误的,可以从轻处罚。"两人在运输风景树时虽然不

---

① 防城港市中级人民法院(2019)桂06刑初15号刑事判决书。
② 最高人民法院刑事审判一至五庭.中国刑事审判指导案例3:破坏社会主义市场经济秩序罪[M].北京:法律出版社,2017:56.

知道货舱中有塑料碎片,但其具有走私犯罪的故意,应根据实际走私对象认定为走私废物罪,只是可以从轻处罚。

我们认为,首先,行为人如具有概括的走私故意,则可以按照实际走私对象认定为走私废物罪。所谓概括故意,是指行为人仅明知其行为必然会导致一定的社会危害结果,但对于行为将要侵害的客体、对象及范围等不明确,且希望此危害结果发生的主观状态。① 在走私犯罪中,概括故意只是对走私的具体对象认知不明确,并非不存在任何认识,因其已经具备走私犯罪故意,具体走私对象并未超出其认识范畴,且对于走私行为造成的危害结果主观上并不排斥,按照实际走私对象认定并非客观归罪。同时,如果在行为人已经具备走私概括故意的前提下,还必须明确认识到其走私的属于某一特定的货物、物品,不仅不符合概括故意的理论原理,也会给司法实践带来困扰,进而影响打击走私犯罪的效果。正如本案中,行为人对于走私风景树是明知的,因数额不够入罪标准无法定罪,而对塑料碎片,如有证据证明行为人仅存在不明确的认识,若不按走私废物罪处理,一般只能根据行为人主观明确认知按照走私普通货物罪认定,但本案涉及的废塑料片属于国家禁止进口的废物,不存在偷逃应缴税额,造成罪名无法适用。基于对概括故意的准确把握和严厉打击走私犯罪的需要,《走私意见》规定了"走私犯罪嫌疑人主观上具有走私犯罪故意,但对其走私的具体对象不明确的,不影响走私犯罪构成,应当根据实际的走私对象定罪处罚"。该规定在岑张耀等走私珍贵动物、马忠明非法收购珍贵野生动物、赵应明等非法运输珍贵野生动物案中也有体现,该案"各被告人已认识到走私对象是'鸟''信鸽''鹰'等一类动物,因此他们对走私对象有一个模糊的认识范围,而实际走私对象'猎隼'并没有超出各被告人的这个认识范围"②。同理,2014年"两高"《走私解释》中也以具有概括的走私故意为前提规定:"在走私的货物、物品中藏匿刑法第一百五十一条、第一百五十二条、第三百四十七条、第三百五十条规定的货物、物品,构成犯罪的,以实际走私的货物、物品定罪处罚;构成数罪的,实行数罪并罚。"

其次,行为人如不存在概括的走私故意,因"受蒙骗"对走私对象产生错误认识,不应按照实际走私对象认定。《走私意见》规定:"确有证据证明行为人因受蒙骗而对走私对象发生认识错误的,可以从轻处罚。"即行为人虽然将走私对象误认,但行为人只要已经认识到其携带、运输的是走私货物、物品,就具备走私的概括故意,应按照实际走私的对象定罪处罚,只是一定条件下可以从轻处罚。③ 该规定虽然能够解决司法实践中的定罪处罚问题,但在我国刑法走私罪名根据走私物品不同而分立的情况下,与刑法上解决事实错误的通说是相悖的。④ 实际上,该规定引起争议的原因主要应归结于未对概括故意和对象认识错误进行准确界分,其所持观点认为对象认识错误是指行为人因受蒙骗等原因对其携带、运输进出境的货物、物品的性质发生错误认识,即将走私的货物、物品误认为合法进境

---

① 胡天豪.走私罪概括故意研究[M]//吕友臣.走私罪实务研究.深圳:海天出版社,2019:74-78.
② 最高人民法院刑事审判庭.刑事审判参考:2010年第2集(总第73集)[M].北京:法律出版社,2010:52-64.
③ 最高人民法院刑事审判一至五庭.中国刑事审判指导案例3:破坏社会主义市场经济秩序罪[M].北京:法律出版社,2017:796.
④ 陈兴良.教义刑法学[M].北京:中国人民大学出版社,2017:498.

的货物、物品。① 当然,该种情形确实不应按照走私犯罪处理,因为当行为人对其所走私货物、物品的具体性质不存在主观认识,也违反其主观意愿,若根据实际查获的货物、物品定罪处罚,则违背了主客观相统一的定罪原则,属于客观归罪。② 但该观点对对象认识错误理解过于片面,混淆了认识错误和概括故意的概念。事实上,对象认识错误属于事实认识错误范畴,在走私犯罪中,根据行为所认识的对象与实际走私的对象是否属于同一构成要件区分为具体对象认识错误和抽象对象认识错误,而概括的走私故意是对走私对象存在不明确或者模糊的认识,并非认识错误。考虑到《走私意见》目前仍然有效,可以将因受蒙骗而对走私对象发生认识错误的情形限缩为"具体对象错误",因为在具体对象错误中,实际走私对象和"误以为的对象"在同一构成要件内,是否按实际走私对象处理,并不影响具体罪名的适用。但若属于"抽象对象错误"情形,由于行为人仅有走私 A 货物的故意,对于与 A 货物不在同一构成要件的 B 货物主观上既没有认知可能性,意志上也持反对态度,则不应属于概括故意范畴,不能按照实际走私的对象认定犯罪,应按照抽象对象错误的一般处理原则,即采取"法定符合说"界定相关走私行为的性质。

最后,本案被告人李某聪、李某成违反海关法规、逃避海关监管,为他人从越南走私 90 吨废物入境提供运输帮助,应结合相应证据判断二人是否可能认识到走私的货物中包含塑料碎片,是否违背其意志。如二人在运输风景树时确实不知道船舱中有废塑料片,主观上仅具有走私普通物品罪的犯罪故意,而不是基于概括性故意实施走私犯罪,根据主客观相统一的定罪原则,其行为就不能构成走私废物罪。但如果二人对于运输的走私货物中除了风景树是否还包含其他如国家禁止进口的塑料碎片等货物存在一个概括性的认识,且不违背其意志,则可以根据实际走私进口的废物,认定两被告人构成走私废物罪。

四、法条链接

1.《中华人民共和国刑法》

第一百五十二条第二款【走私废物罪】 逃避海关监管将境外固体废物、液态废物和气态废物运输进境,情节严重的,处五年以下有期徒刑,并处或者单处罚金;情节特别严重的,处五年以上有期徒刑,并处罚金。

2.《关于办理走私刑事案件适用法律若干问题的意见》

第六条 走私犯罪嫌疑人主观上具有走私犯罪故意,但对其走私的具体对象不明确的,不影响走私犯罪构成,应当根据实际的走私对象定罪处罚。但是,确有证据证明行为人因受蒙骗而对走私对象发生认识错误的,可以从轻处罚。

3.《最高人民法院 最高人民检察院关于办理走私刑事案件适用法律若干问题的解释》

第二十二条 在走私的货物、物品中藏匿刑法第一百五十一条、第一百五十二条、第三百四十七条、第三百五十条规定的货物、物品,构成犯罪的,以实际走私的货物、物品定

---

① 最高人民法院刑事审判一至五庭.中国刑事审判指导案例 3:破坏社会主义市场经济秩序罪[M].北京:法律出版社,2017:794-796.

② 最高人民法院刑事审判一至五庭.刑事审判参考:2013 年第 3 集(总第 86 集)[M].北京:法律出版社,2013:6-10.

罪处罚;构成数罪的,实行数罪并罚。

五、课后思考

1. 如何通过推定的方法来证明走私主观故意的存在?
2. 如何评价运输废物出境的行为?
3. 如何区分对象错误和打击错误?

六、延伸阅读

1. 孙国祥.违法性认识错误的不可避免性及其认定[J].中外法学,2016(03):702-724.
2. 曹坚.以主客观相一致的视角检视走私犯罪的主观故意[J].政治与法律,2007(02):49-54.
3. 唐稷尧.论犯罪成立要件中规范性要素之认识错误及其判断路径[J].政治与法律,2019(01):113-126.
4. 贾宇.犯罪故意研究[M].北京:商务印书馆,2020.

第五节　走私普通货物物品罪
——焉某某走私普通货物案

一、案情简介

2013年6月,于某通过电话与朝鲜士兵取得联系,双方商定走私药材到中国境内。于某联系到被告人焉某某、崔某,让二人帮助走私。同年6月22日凌晨3时许,焉某某、崔某按照于某指使来到集安市下套村下套堤头附近鸭绿江岸边,划船越境至朝鲜,到岸与前来接应的朝鲜士兵取得联系,后将朝鲜士兵提供的穿龙骨1 648千克、细辛根125千克、白鲜皮212千克走私进境,二人在岸边装车过程中,被集安市青石边防派出所警当场抓获。经集安市价格认证中心鉴定,走私货物价值人民币14 486元,经集安海关核定走私货物偷逃税款人民币2 049.88元。另查明,被告人焉某某于2012年10月12日因走私山羊被集安市海关给予行政处罚;同年12月26日因走私废铝被集安市海关给予行政处罚。①

二、主要问题

《刑法修正案(八)》将一年内因走私受到二次行政处罚后再次走私的行为规定为走私普通货物、物品罪,那么三次走私对象是否限于普通货物、物品?

---

① 吉林省通化市中级人民法院(2014)通中刑初字第4号刑事判决书。

三、法律分析

本案中,焉某某前两次走私的行为对象分别为山羊和废铝,第三次走私穿龙骨、细辛根和白鲜皮。根据 2011 年《关于防止朝鲜口蹄疫传入我国的公告》,来自朝鲜的山羊应为国家禁止进口的物品,"废铝"如其为限制或禁止类,应属于废物的范畴。① "穿龙骨、细辛根和白鲜皮"应为普通货物、物品,焉某某能否构成走私普通货物、物品罪,需要明确"小额多次走私"入罪规定中三次走私对象是否应限定于普通货物、物品。

第一种观点认为,根据 2014 年"两高"《走私解释》第十七条规定,"被给予二次行政处罚"的走私行为,包括走私普通货物、物品以及其他货物、物品;"又走私"行为仅指走私普通货物、物品。因此,不管焉某某前两次走私的货物、物品属于何种属性,只要其在一年内因走私受到两次行政处罚后又走私普通货物、物品,即可构成走私普通货物、物品罪。

第二种观点认为,"小额多次走私"条款设计于走私普通货物、物品罪中,且规定了"并处偷逃应缴税额一倍以上五倍以下罚金",而只有应税货物、物品才能认定"偷逃应缴税额",三次走私的对象应当仅限于普通涉税货物、物品,而不能包括《刑法》第一百五十一条、第一百五十二条、第三百四十七条所包括的特定货物、物品,还有非法出版物、外币等。② 焉某某前两次走私对象均不属于普通货物、物品,第三次走私的对象虽然是普通货物、物品,但偷逃税款为 2 049.88 元,达不到构罪标准,故不构成走私普通货物、物品罪。

第三种观点认为,既然刑法并未限定小额多次走私对象仅为普通货物、物品,从打击走私犯罪角度出发,刑法规定的其他走私对象均可包含在内,③ 即三次走私对象不受普通货物、物品限制,焉某某构成走私普通货物罪。

我们认为,首先,"被给予二次行政处罚"的走私行为对象不应局限于普通货物、物品。《刑法修正案(八)》对小额多次走私行为予以规制的背景是,由于走私普通货物、物品罪主要是根据偷逃应缴税额定罪处罚,实践中便出现职业"水客"通过"化整为零""蚂蚁搬家"式小额多次走私普通应税货物、物品,如果单独考量每次走私行为,均达不到入罪数额,或者已被行政处罚而无法累计计算数额,进而逃脱刑事处理。虽然《刑法修正案(八)》将小额多次走私纳入走私普通货物、物品罪规制范围,但其评价对象仅仅是第三次走私,前两次因走私而被行政处罚只是情节标准,故不应限制前两次走私的犯罪对象。④ 换言之,小额多次走私行为入刑依据并非由偷逃应缴税额决定,而是立法者将前两次被行政处罚的走私行为作为一种定罪情节,其和第三次小额走私行为相结合,作为一个整体,所具有的严重社会危害性已经达到刑事处罚必要,即走私行为人一年内因走私受到两次行政处罚后仍然选择继续走私,说明行政处罚已经无法遏制其行为,从特殊预防的角度考虑,刑法作为后盾法或者保障法应发挥其作用。当然,为了限制刑事处罚范围,也将三次走私行为限定在"一年内"。上述第二种观点是对"被给予二次行政处罚"的性质和作用存在认识误

---

① 晏山嵘.走私犯罪判例释解与辩点分析[M].北京:中国法制出版社,2018,264.
② 胡平,王彦.试论一年内三次走私入刑的若干法律问题[J].海关与经贸研究,2014(03):68-75.
③ 胡健涛.走私犯罪法律适用的几个问题[N].人民法院报,2013-7-3(06).
④ 最高人民法院刑事审判第二庭.《最高人民法院 最高人民检察院关于办理走私刑事案件适用法律若干问题的解释》理解与适用[M].北京:中国法制出版社,2015:269.

区,实际上,既然前两次被行政处罚的走私行为属于"情节",则其对象是否属于应缴税的普通货物、物品,实际意义并不大,并不影响该"情节"的成立。

其次,"第三次走私"行为仅指走私普通货物、物品。虽然刑法并未限定小额多次走私对象仅为普通货物、物品,且"前两次"走私对象也不受限制,但这并不意味着"第三次"走私对象可以包含任何货物、物品。鉴于"小额多次走私"情形规定在走私普通货物、物品罪中,而我国走私犯罪立法体例是根据对象不同划分具体罪名,则该情形的走私犯罪对象应为普通货物、物品。若不作限定,不仅不符合刑法解释的基本原理,也会违反罪刑法定原则的基本要求,造成刑法罪名适用的混乱和恣意。当然,"三次走私"均存在对象,是否均评价为"犯罪对象",成为厘清理论与实践纷争的关键。如上述后两种观点,实质上认为"三次走私"行为对象均为"犯罪对象",应一体评价。另有观点以此为基础,认为若三次走私对象分别为"普通货物""淫秽物品""普通货物",仅仅因为顺序的不同而导致结果出现差异,有违司法公正。① 实际上,这些观点都没有准确区分"小额多次"型走私普通货物、物品罪的犯罪对象,刑法真正需要针对的是"第三次走私",其所指向的货物、物品才是该类型走私犯罪的对象。"前两次走私"因不够刑事处罚标准而被行政处罚,单独来看,其属于已经被处理的行为,不再具有刑法独立评价的意义,但两次被行政处罚的走私可以作为一种情节,与未经处理的且达不到入罪数额的"第三次走私"相结合,成为走私普通货物、物品罪的一种独立构罪要件,故"前两次走私"对象不应评价为"犯罪对象",不应享有同"第三次走私对象"同等的法律地位。同时,"小额多次走私"若构罪,应适用的法定刑中有基于偷逃应缴税款的罚金刑,而只有涉税货物、物品才存在"偷逃应缴税款"。虽然如走私国家禁止进出口的货物、物品罪中"未经许可走私国家限制进出口的货物、物品"也部分存在涉税情况,但该罪并非以偷逃应缴税款情况定罪处罚,故"小额多次走私"的"犯罪对象"应为"普通货物、物品"。正如上文所述,前两次走私对象不属于"犯罪对象",因此,应将第三次走私对象限定为"普通货物、物品"。

最后,应厘清走私普通货物、物品罪中的"货物"和"物品"。走私犯罪中的"货物"与"物品"并非同一概念,如在走私普通货物、物品罪和走私国家禁止进出口的货物、物品罪中均有涉及,准确界分有利于罪名适用。有观点认为,从形式特征上看,物品不存在合同或者协议方式,而货物则应当签订有相关的合同或者协议,同时,海关对两者的监管要求、适用的税则税率也存在较大差别,而从实质特征来看,物品属于非贸易性质,而货物在进出境环节或者进出境的目的方面属于贸易性质。② 该观点虽然一定程度上揭示了"货物"与"物品"的区别,但仍存在不精确或者模糊的地方。根据《中华人民共和国海关行政处罚实施条例》规定:"物品"是指个人以运输、携带等方式进出境的行李物品、邮寄进出境的物品,包括货币、金银等。超出自用、合理数量的,视为"货物"。可见,区分"货物""物品"的关键在于主体是否为个人,行为方式是否属于运输、携带或者邮寄进出境,行为对象是否为行李等与人身紧密联系的物品,用途上是否属于旅客或者收件人本人自用、馈赠亲友而非为出售或者出租,数量方面是否超出海关根据旅客或者收件人的情况、旅行目的和居留

---

① 晏山嵘.走私犯罪判例释解与辩点分析[M].北京:中国法制出版社,2018:263.
② 赵永林.走私犯罪研究[D].重庆:西南政法大学,2012:51.

时间所确定的正常数量。至于是否签订合同或者协议,只是帮助判断的佐证材料,并非由此可区分"货物""物品",而海关监管要求、适用的税则税率只是在完成对"货物""物品"区分后的处理,并非"货物""物品"的区分标准。本案中,根据上述判断标准,第三次走私的穿龙骨、细辛根和白鲜皮应属于"普通货物"。

综上,"三次走私对象不受普通货物、物品限制"的观点属于单纯采取文义解释方法,机械理解该入罪条件,扩张刑法打击范围,不符合我国当前打击走私犯罪行为的立法和司法实际。而"三次走私对象均为普通货物、物品"的观点,实际上属于不适当地限缩刑法打击的边界,不利于刑法打击犯罪的机能发挥。应采取"只有第三次走私对象受普通货物、物品限制"的观点。具体到本案,焉某某前两次走私的山羊和废铝虽然不属于"普通货物",但第三次走私的穿龙骨、细辛根和白鲜皮为"普通货物"。焉某某违反海关法规,逃避海关监管,非法运输货物进境,一年内因走私被给予二次行政处罚后又走私,其行为应认定为走私普通货物罪。

四、法条链接

1.《中华人民共和国刑法》

第一百五十三条【走私普通货物、物品罪】 走私本法第一百五十一条、第一百五十二条、第三百四十七条规定以外的货物、物品的,根据情节轻重,分别依照下列规定处罚:(一)走私货物、物品偷逃应缴税额较大或者一年内曾因走私被给予二次行政处罚后又走私的,处三年以下有期徒刑或者拘役,并处偷逃应缴税额一倍以上五倍以下罚金。(二)走私货物、物品偷逃应缴税额巨大或者有其他严重情节的,处三年以上十年以下有期徒刑,并处偷逃应缴税额一倍以上五倍以下罚金。(三)走私货物、物品偷逃应缴税额特别巨大或者有其他特别严重情节的,处十年以上有期徒刑或者无期徒刑,并处偷逃应缴税额一倍以上五倍以下罚金或者没收财产。

单位犯前款罪的,对单位判处罚金,并对其直接负责的主管人员和其他直接责任人员,处三年以下有期徒刑或者拘役;情节严重的,处三年以上十年以下有期徒刑;情节特别严重的,处十年以上有期徒刑。

对多次走私未经处理的,按照累计走私货物、物品的偷逃应缴税额处罚。

2.《最高人民法院 最高人民检察院关于办理走私刑事案件适用法律若干问题的解释》

第十七条 刑法第一百五十三条第一款规定的"一年内曾因走私被给予二次行政处罚后又走私"中的"一年内",以因走私第一次受到行政处罚的生效之日与"又走私"行为实施之日的时间间隔计算确定;"被给予二次行政处罚"的走私行为,包括走私普通货物、物品以及其他货物、物品;"又走私"行为仅指走私普通货物、物品。

3.《中华人民共和国海关行政处罚实施条例》

第六十四条 ……"物品",指个人以运输、携带等方式进出境的行李物品、邮寄进出境的物品,包括货币、金银等。超出自用、合理数量的,视为货物。"自用",指旅客或者收件人本人自用、馈赠亲友而非为出售或出租。"合理数量",指海关根据旅客或者收件人的情况、旅行目的和居留时间所确定的正常数量。

五、课后思考

1. "被给予两次行政处罚"中的"行政处罚"是指行政处罚作出之时,还是生效之日?
2. "一年内"的具体起止时间应如何计算?

六、延伸阅读

1. 胡平,王彦.试论一年内三次走私入刑的若干法律问题[J].海关与经贸研究,2014(03):68-75.

2. 田志娟.公法适用秩序的理想与现实——以"小额多次"走私行为入罪实效为切入的分析与反思[J].吉首大学学报(社会科学版),2015(04):109-115.

3. 刘为波."一年内曾因走私被给予二次行政处罚后又走私"的理解与适用[N].人民法院报,2011-04-27(06).

第十一章 妨害对公司、企业的管理秩序罪

第一节 虚报注册资本罪
——顾雏军等人虚报注册资本等再审案

一、案情简介

2001年,原审被告人顾雏军为收购科龙电器股权,决定设立以顾雏军及其父亲顾某某为股东、注册资本12亿元的顺德格林柯尔。同年10月22日,顺德格林柯尔凭借广东省原顺德市容桂镇人民政府(后更名为容桂区办事处)出具的担保函,在未经评估与验资的情况下完成公司设立登记并取得营业执照。2002年4月,由于顺德格林柯尔注册资本中无形资产所占比例达75%,远超当时法定20%的限制,工商部门不予年检,后根据容桂区办事处出具的函件,原顺德市工商部门核准了顺德格林柯尔的年检。

为了完善顺德格林柯尔的设立登记手续,降低无形资产在注册资本中的比例,2002年5月至11月,在原审被告人顾雏军安排下,原审被告人刘义忠、姜宝军、张细汉等人采用将科龙电器1.87亿元在天津格林柯尔和顺德格林柯尔账户之间来回转账的方式,形成天津格林柯尔投资顺德格林柯尔6.6亿元的银行进账单,并制作顺德格林柯尔收到天津格林柯尔6.6亿元投资款的收据和顺德格林柯尔向天津格林柯尔购买制冷剂而预付6.6亿元货款的供货协议。据此,顺德市公诚会计师事务所出具了相应的验资报告。根据该验资报告和天津格林柯尔董事会决议、顺德格林柯尔股东决议等不实证明文件,原顺德市工商行政管理局于2002年12月23日核准顺德格林柯尔的变更登记。变更登记完成后,顾雏军将被置换的6.6亿元无形资产转作顺德格林柯尔的资本公积金。

2005年10月27日,全国人民代表大会常务委员会对2004年《公司法》进行了修订,允许有限责任公司注册资本中非货币财产作价出资的比例最高可达70%。

2005年7月29日,顾雏军等人被刑事拘留,同年9月2日被正式逮捕;2006年年初佛山市公安局完成对顾案的侦查,移送佛山市人民检察院起诉。佛山市中级人民法院先后于2006年11月和12月两次开庭审理。2008年1月30日,佛山中院一审判决顾雏军共获三项罪名:犯虚报注册资本罪,判处有期徒刑2年,罚金660万元;犯违规披露、不披露重要信息罪,判处有期徒刑2年,罚金20万元;犯挪用资金罪,判处有期徒刑8年。最终数罪并罚,判处有期徒刑10年,并处罚金680万元。顾雏军不服一审判决,上诉至广东省高级人民法院。2009年4月10日,广东省高院对顾雏军案作出终审裁定,驳回顾雏军

等人的上诉,维持原判。①

二、主要问题

1. 虚报注册资本罪的犯罪构成。
2. 前置性规范变动对刑法适用的影响。

三、法律分析

本案二审判决后,顾雏军不服生效判决,于 2012 年 9 月刑满释放后向最高人民法院提出了申诉。最高人民法院于 2013 年 12 月 10 日将顾雏军的申诉交由广东省高级人民法院审查处理。广东省高级人民法院于 2014 年 1 月 17 日对顾雏军的申诉进行立案审查。期间,顾雏军仍继续向最高人民法院提出申诉。最高人民法院于 2017 年 12 月 28 日公布了依法再审的三起重大涉产权案件,其中包括顾雏军案。最高人民法院于 2019 年 4 月 10 日对顾雏军等人虚报注册资本,违规披露、不披露重要信息,挪用资金再审一案进行公开宣判,判决撤销原判对顾雏军犯虚报注册资本罪,违规披露、不披露重要信息罪的定罪量刑部分和挪用资金罪的量刑部分,对顾雏军犯挪用资金罪改判有期徒刑 5 年。顾雏军案件中关于虚报注册资本罪与非罪的争论,不仅涉及其构成要件的认定,还涉及《公司法》中关于注册资本法律规定的变动,对虚报注册资本罪认定的影响。

(一)虚报注册资本罪的犯罪构成

虚报注册资本罪,是在申请公司登记过程中,使用虚假证明文件或者采取其他欺诈手段虚报注册资本,欺骗公司登记主管部门,取得公司登记,虚报注册资本数额巨大、后果严重或者有其他严重情节的行为。本罪是从全国人民代表大会常务委员会于 1995 年 2 月 28 日通过的《关于惩治违反公司法的犯罪的决定》第一条的规定,吸收改为 1997 年《刑法》第一百五十八条的规定。依照最高人民法院《确定罪名的规定》,将罪名确定为虚报注册资本罪,并沿用至今。

虚报注册资本罪的构成要件如下。

1. 本罪侵犯的犯罪客体

本罪侵犯的犯罪客体是国家对公司注册资本的登记管理制度。据《公司登记管理条例》第九条规定,公司登记事项包括公司名称、住所、法定代表人姓名、注册资本、公司类型、经营范围、营业期限以及公司股东等 8 项内容,本罪规制的对象仅为对注册资本的登记管理制度,对应处罚虚报注册资本的行为,虚报公司住所、经营期限等内容不属于本罪的规范范围。之所以将特定虚报注册资本和违反登记管理制度的行为规定为犯罪,是因为公司注册资本管理登记制度具有保障股东权益、保护公司经营活动中债务人以及利害关系人权益的双向作用。对于公司内部治理而言,股东出资是公司股东应履行的基本义务,也是股东后续受益的基础;对于社会而言,公司资本是保证公司承担风险、履行义务的物资保障。因此,《公司法》对公司资本进行了专门规定,确保公司资本出资和登记合法、规范、充足,维护市场经济秩序。

---

① (2018)最高法刑再 4 号。

从本罪犯罪客体保护的法益进行目的分析,本罪仅适用于依法实行注册资本实缴登记制的公司。第一,仅适用于"公司"虚假注册资本的行为。民商法中公司作为企业的一种组织形式,公司是依照法律规定,由股东出资设立的以营利为目的的独立法人,具体包括有限责任公司、股份有限责任公司两种形式。但是《刑法》第三章"破坏社会主义市场经济秩序罪"第三节"妨害对公司、企业的管理秩序罪"中,"公司""企业"均作为独立概念,这是因为公司成立要求更为严格,需要法律上单独加以规定。虚报注册资本罪侵犯的只是我国公司登记管理制度,而不包括企业登记管理制度。因此,对于行为人虚报注册资本的行为如果是为了骗取企业登记的,违反了企业登记管理制度,构成行政违法承担相应行政处罚的责任,但不属于虚报注册资本罪的规制范围;只有虚报注册资本骗取公司登记的,才可能构成本罪。第二,仅适用于依法实行"注册资本实缴登记制"的公司。《公司法》规定的公司注册资本制度,根据公司性质分为实缴登记制公司和认缴登记制的公司。根据2014年《刑法第一百五十八条、第一百五十九条的立法解释》的规定,《刑法》第一百五十八条(虚报注册资本罪)、第一百五十九条(抽逃出资罪)的规定,只适用于依法实行注册资本实缴登记制的公司。2014年《国务院关于印发注册资本登记制度改革方案的通知》(国发〔2014〕7号)规定,现行法律、行政法规和国务院决定明确规定实行注册资本实缴登记制的企业包括银行业金融机构、证券公司、期货公司、基金管理公司、保险公司、保险专业代理机构和保险经纪人、直销企业、对外劳务合作企业、融资性担保公司、募集设立的股份有限公司,以及劳务派遣企业、典当行、保险资产管理公司、小额贷款公司等。第三,本罪规制的是虚假多报注册资本的行为。主要针对的是实践情形中"空壳公司""皮包公司",防止以多报注册资本形式,骗取公司登记的行为,如果是虚报经营场所、公司人数等与注册资本不相关事项的,不构成本罪。虚报注册资本的行为多发生在公司设立登记过程中,也可能发生在增加注册资本的变更登记过程中。对于不影响资本安全的少报注册资本的行为不应作为本罪处理,如在公司设立登记过程中行为人登记的注册出资数低于实际出资数,或者验资报告中出资数额低于实际出资数的;在公司变更登记中行为人进行了减少注册资本变更的登记但未实际减少的,从注册资本安全的角度分析,实际资本高于注册资本,不会对债权人、公司经营的交易相对人造成危害,上述行为均不构成本罪。

2. 本罪的客观方面

本罪的客观方面是使用虚假的证明文件或者采取其他欺诈手段虚报注册资本,欺骗公司登记主管机关,取得公司登记,虚报注册资本数据巨大,后果严重或者有其他严重情节的行为。因此,本罪客观方面需要从四个方面进行把握:第一,欺骗的手段,是使用虚假的证明文件或者采取其他欺诈手段。使用虚假的证明文件一般是使用虚假的会计师事务所、审计事务所出具的验资报告、评估报告等文件或者出具的内容虚假的验资报告等文件;其他欺诈手段,可能是行为人与登记主管部门人员内外勾结等方式,并未进行限定。第二,欺骗的对象,是公司登记主管机关。虚报注册资本,欺骗的对象是公司登记主管机关,一般是市场监管管理的行政管理部门。如果行为人欺骗的对象为交易相对人等其他人的,不构成本罪,可能构成诈骗等其他犯罪的,依照刑法规定分别认定。第三,欺骗的结果,是取得公司登记。取得公司登记包括两种情形:一是设立登记,在公司设立过程中,经过市场监督管理部门核准并颁发《企业法人营业执照》;二是变更登记,对于公司增资过程中,经过市场监督管理部门审核,予以变更登记。如果未取得公司登记的,不成立本罪,如市场监督管理部门在审核过程中,对于虚假的证明文件等识破后不予审核,设立或者变更登记未成功的,则不构成本罪。第四,犯罪情节,后果严重或者有其他严重情节才构成犯罪。参照《最高人民检察院 公安部关于公安机关管辖的刑事案件立案追诉标准的规定(二)》[以下简称《立案追诉标准(二)》]规定,"后果严重或者有其他严重情节"具体表现为:"(一)超过法定出资期限,实缴注册资本不足法定注册资本最低限额,有限责任公司虚报数额在三十万元以上并占其应缴出资数额百分之六十以上的,股份有限公司虚报数额在三百万元以上并占其应缴出资数额百分之三十以上的;(二)超过法定出资期限,实缴注册资本达到法定注册资本最低限额,但仍虚报注册资本,有限责任公司虚报数额在一百万元以上并占其应缴出资数额百分之六十以上的,股份有限公司虚报数额在一千万元以上并占其应缴出资数额百分之三十以上的;(三)造成投资者或者其他债权人直接经济损失累计数额在十万元以上的;(四)虽未达到上述数额标准,但具有下列情形之一的:1.两年内因虚报注册资本受过行政处罚二次以上,又虚报注册资本的;2.向公司登记主管人员行贿的;3.为进行违法活动而注册的;(五)其他后果严重或者有其他严重情节的情形。"需要注意的是,本罪行为手段单独构成犯罪的,又构成虚报注册资本罪的如何处理。如行为人通过伪造、变造国家机关公文、印章或者伪造事业单位、企业印章等形式,伪造出资证明,或者行为人通过行贿等内外勾结手段取得公司登记的,因这些行为属于本罪的手段行为,既是虚报注册资本罪的实行行为,又单独构成其他犯罪,属于一个行为同时侵犯多个法益符合多个犯罪构成,在罪数形态上是想象竞合犯,从一重罪论处。

3. 本罪的侵犯主体

本罪的犯罪主体是特殊主体,必须是申请公司登记中的人,既可以是自然人,也可以是单位。关于自然人作为犯罪主体情形,不应简单地认定为负责申请登记的经办人就是行为人,而应根据具体情况进行判断。有一些中介组织人员负责公司的申请、设立、登记等服务,公司开办者不参与设立具体程序办理,中介组织人员在此过程中虚报注册资本的,属于本罪的犯罪主体;有的公司的设立人、实际控制人虚报注册资本后,委托给特定个人或者中介组织经办的,经办人不知情的不属于本罪犯罪主体,公司的设立人或者实际控制人则属于本罪犯罪主体。单位作为本罪犯罪主体的情形中,区分具体情况予以认定。如果公司的股东或者设立人是单位的,单位集体意志决定在申请登记过程中虚报注册资本的,构成本罪犯罪主体。在增资环节,申请登记的公司通过单位集体决策后实施虚报注册资本的,构成本罪犯罪主体。但对于申请设立环节中,目标公司可否构成本罪犯罪主体,在理论上存在争议。否定说认为设立中目标公司不应该成为本罪犯罪主体。① 而根据《公司法》规定,以发起设立方式设立股份有限公司的,发起人交付全部出资后,应当选举董事会和监事会,由董事会向公司登记机关报送设立公司的批准文件、公司章程、验资证明等文件,申请设立登记。在这个意义上,目标公司作为单位实际已经存在,公司登记是为了获取合法的形式,对于集体决策形成的,应认定为目标公司的单位行为,也符合单位犯罪主体认定的要求。司法实践中,对于公司设立中个别股东因出资不及时或者出资

---

① 王安异.商业欺诈的罪与非罪研究[M].北京:中国人民公安大学出版社,2014:314.

不足导致公司不能登记的,公司的法定代表人为公司顺利获得登记,伪造验资证明获得登记的,认定为该公司的单位犯罪。①

4. 本罪的主观方面

本罪的主观方面是直接故意,且为了骗取公司登记。如果主观方面是间接故意或者过失的不可能构成本罪。在司法实践中,行为人为了实现取得公司登记的目的,往往使用"过桥资金""过路资金"进行垫资,即行为人通过专门的融资公司等中介组织将公司登记过程中需要使用的资金转入验资账户,取得验资证明。公司取得注册登记后,再将注册资金归还给融资公司。这种行为本质上是在公司设立或者增资的过程中短期的借款行为,不具有实际出资的目的和行为。对其认定为虚报注册资本罪还是抽逃出资罪存在一定争议。使用"过桥资金""过路资金"的行为并不属于独立的犯罪,而应该根据行为手段、目的、侵害的法益进行综合性判断。为达到设立公司的目的,使用"过桥资金",通过向其他企业借款或者向银行贷款等手段取得资金作为出资的行为并不违法,转入公司账户后取得的验资证明也是真实的,因此不宜以虚报注册资本罪论处。但是待公司登记成立后,又通过各种方式撤回这些资金的情形,应按照抽逃出资罪论处。实践中,还有一些中介组织为达到注册成功的目的,自始至终掌握着资金的控制权,达到公司登记的目的后,又撤回资金的,并未实际出资,应按照虚报注册资本罪论处。

(二) 前置性法规修改对犯罪的影响

经济犯罪属于法定犯的一种。法定犯在违法性结构上往往具有双重违法性表象。这种违法性表象表现为法定犯构成要件的部分内容规定在行政、经济法规中,因此构成要件符合性判断依赖于前置性的行政、经济法律违法性判断。"行为人具有经济、行政法律的违法性,这既是行为人构成犯罪的客观要件之一,也是行为人负刑事责任的一个法律依据。而非刑事法律中前置性规范也就成了认定犯罪的桥梁法规,能在一般违法责任和刑事责任中间起到从此岸到彼岸的桥梁作用,共同组成一个完整的相互认定和惩罚犯罪的结构体系。"②在虚报注册资本罪中对应的前置性法律是《公司法》,对应的前置性规范是《公司法》中关于公司资本制度的规定。

《公司法》中关于公司资本制度的规定,在历次法律修改中有过多次变动。1993年《公司法》规定设立有限责任公司和股份有限公司都有严格的法定条件,特别是对于注册资本具有十分严格的要求,实行严格的法定资本制度和实缴资本制度。其中第二十三条规定:"有限责任公司的注册资本为在公司登记机关登记的全体股东实缴的出资额。"第七十八条规定:"股份有限公司的注册资本为在公司登记机关登记的实收股本总额。"其中规定以工业产权、非专利技术作价出资的金额不得超过公司注册资本的20%。其后公司法经过了4次修正、1次修订。③ 1999年《公司法》和2004年《公司法》两次修正中,对于公

---

① 周云华虚报注册资本案——检察机关以自然人犯罪起诉的单位犯罪案件应如何正确处理[C]//中国刑事审判参考指导案例:第1卷.北京:法律出版社,2017:182-184.
② 孙国祥,魏昌东.经济刑法研究[M].北京:法律出版社,2005:14.
③ 不影响法律体系结构的条文修改称为修正,如刑法前后有11个修正案,对法律进行体系结构大规模修改的称为修订,如1997年《刑法》修改称为修订,修订后刑法与1979年《刑法》结构体系发生变化,故通俗意义上称为1979年《刑法》、1997年《刑法》以示区别。《公司法》中修正、修订也采取同义。

司注册资本制度的规定均没有修改变动。

2005年《公司法》修订,公司注册资本制度规定发生了变化,具体表现为在实行严格法定注册资本制度的基础上,实缴资本制度有所松动,可以分期缴纳。其中第二十六条关于有限责任公司的注册资本及其最低限额进行了规定:"有限责任公司的注册资本为在公司登记机关登记的全体股东认缴的出资额。公司全体股东的首次出资额不得低于注册资本的百分之二十,也不得低于法定的注册资本最低限额,其余部分由股东自公司成立之日起两年内缴足;其中,投资公司可以在五年内缴足。有限责任公司注册资本的最低限额为人民币三万元。法律、行政法规对有限责任公司注册资本的最低限额有较高规定的,从其规定。"另外,第二十七条规定了关于股东出资方式、出资评估及其限制规定,全体股东的货币出资金额不得低于有限责任公司注册资本的30%。第八十一条对股份有限公司的注册资本中的出资数额和缴纳进行了规定:"股份有限公司采取发起设立方式设立的,注册资本为在公司登记机关登记的全体发起人认购的股本总额。公司全体发起人的首次出资额不得低于注册资本的百分之二十,其余部分由发起人自公司成立之日起两年内缴足;其中,投资公司可以在五年内缴足。在缴足前,不得向他人募集股份。股份有限公司采取募集方式设立的,注册资本为在公司登记机关登记的实收股本总额。股份有限公司注册资本的最低限额为人民币五百万元。法律、行政法规对股份有限公司注册资本的最低限额有较高规定的,从其规定。"由此可见,行为人是否构成虚报注册资本,第一阶段是首次出资中是否存在虚假行为,第二阶段是在二年的出资期限内是否足额缴纳出资,只有超过法定出资期限没有真实的后续出资的,才可能构成虚报注册资本罪。

2013年《公司法》修正,2014年3月1日起施行。在这次修正中,对于公司注册资本制度的规定发生重大变化,其中第二十六条规定:"有限责任公司的注册资本为在公司登记机关登记的全体股东认缴的出资额。法律、行政法规以及国务院决定对有限责任公司注册资本实缴、注册资本最低限额另有规定的,从其规定。"第二十七条对出资形式作出了规定,对于出资的形式和比例取消了限制。对于股份有限责任公司的注册出资规定是第八十条:"股份有限公司采取发起设立方式设立的,注册资本为在公司登记机关登记的全体发起人认购的股本总额。在发起人认购的股份缴足前,不得向他人募集股份。股份有限公司采取募集方式设立的,注册资本为在公司登记机关登记的实收股本总额。法律、行政法规以及国务院决定对股份有限公司注册资本实缴、注册资本最低限额另有规定的,从其规定。"其中第八十四条规定,"以募集设立方式设立股份有限公司的,发起人认购的股份不得少于公司股份总数的百分之三十五;但是,法律、行政法规另有规定的,从其规定。"2018年《公司法》第四次修正对公司注册资本未作修改。

对于前置性规定发生变化的,如何适用溯及力。刑法理论上对前置性法规变更属于法律适用是犯罪事实问题,存在争议。一种观点认为,前置性规范变动属于法律适用问题,应适用从旧兼从轻原则。前置性规范规定也属于构成要件内容,因此构成要件中民事法规范、行政法规范变更的也应适用从旧兼从轻原则。[①] 另一种观点认为前置性规范属于犯罪事实变动。依照前置性规范判断,按照成立条件所规定的行为认定构成犯罪后,纵使因

---

① 西田典之.日本刑法总论[M].2版.东京:日本弘文堂,2010:439-440.

刑法以外的民事法规、行政法规修正而不成立前置性违法的,也不能阻却犯罪。① 经研究认为,前置性规范变动属于法律适用问题,应适用从旧兼从轻原则。《最高人民检察院公安部关于严格依法办理虚报注册资本和虚假出资抽逃出资刑事案件的通知》(公经〔2014〕247号)也明确规定:"严格把握罪与非罪的界限。根据新修改的公司法和全国人民代表大会常务委员会立法解释,自2014年3月1日起,除依法实行注册资本实缴登记制的公司[参见《国务院关于印发注册资本登记制度改革方案的通知》(国发〔2014〕7号)]以外,对申请公司登记的单位和个人不得以虚报注册资本罪追究刑事责任;对公司股东、发起人不得以虚假出资、抽逃出资罪追究刑事责任。"这也体现了司法机关适用的从旧兼从轻的原则。

顾雏军案件发生在2005年《公司法》修订前后,顾雏军等人虚报注册资本、骗取公司登记的行为发生在2002—2003年,但是2005年《公司法》修订后,允许有限责任公司注册资本中非货币财产作价出资的比例最高可达70%,案件审判时间是2006年,按照2005年《公司法》关于股东出资形式和限制规定,对于被告人更为有利。顺德格林柯尔注册资本中无形资产所占比例达75%,虽然远超行为时《公司法》规定的20%的限制,但根据2005年《公司法》第二十七条规定"全体股东的货币出资金额不得低于有限责任公司注册资本的百分之三十",仅超过限制比例5%。因此,应适用2005年《公司法》对其从轻认定。最高人民法院经再审认为,原审认定顾雏军在申请顺德格林柯尔变更登记过程中,使用虚假证明文件以6.6亿元不实货币置换无形资产出资的事实存在,但该行为系当地政府支持顺德格林柯尔违规设立登记事项的延续,未造成严重后果,且相关法律在原审时已进行修改,使本案以不实货币置换的超出法定上限的无形资产所占比例由原来的55%降低至5%,综合认定,顾雏军等人的行为情节显著轻微危害不大,不认为是犯罪。

四、法条链接

1.《中华人民共和国刑法》

第一百五十八条【虚报注册资本罪】 申请公司登记使用虚假证明文件或者采取其他欺诈手段虚报注册资本,欺骗公司登记主管部门,取得公司登记,虚报注册资本数额巨大、后果严重或者有其他严重情节的,处三年以下有期徒刑或者拘役,并处或者单处虚报注册资本金额百分之一以上百分之五以下罚金。

单位犯前款罪的,对单位判处罚金,并对其直接负责的主管人员和其他直接责任人员,处三年以下有期徒刑或者拘役。

2.《全国人民代表大会常务委员会关于〈中华人民共和国刑法〉第一百五十八条、第一百五十九条的解释》

全国人民代表大会常务委员会讨论了公司法修改后刑法第一百五十八条、第一百五十九条对实行注册资本实缴登记制、认缴登记制的公司的适用范围问题,解释如下:刑法第一百五十八条、第一百五十九条的规定,只适用于依法实行注册资本实缴登记制的公司。

---

① [日]木村龟二.民事法规之修正与刑之变更[C]//日本刑法判例评释选集.洪福增,译.台北:汉林出版社,1977:5.

五、课后思考

虚报注册资本罪与抽逃出资罪的区别。

六、延伸阅读

1. 卢建平,司冰岩.顾雏军等人虚报注册资本一案的法律适用及法理分析[J].中国法律评论,2019(03):146-153.

2. 刘伟.资本功能转变中的虚报注册资本罪[J].中国刑事法杂志,2008(04):40-47.

第二节 违规披露、不披露重要信息罪
——于在青案件违规不披露重要信息案

一、案情简介

江苏琼花高科技股份有限公司(以下简称江苏琼花),证券代码为002002,住所地为扬州市广陵区杭集镇曙光路,控股股东为琼花集团,实际控制人为被告人于在青。2006年11月至2008年11月,时任江苏琼花法定代表人、董事长的于在青使用江苏琼花公章,以江苏琼花的名义,为明显不具有清偿能力的控股股东琼花集团等关联方提供24笔担保,担保金额共计人民币16 035万元,占江苏琼花2008年12月31日经审计的净资产的101.29%。其中,2007年11月1日至2008年10月31日连续12个月的担保累计金额为12 005万元,占江苏琼花2008年12月31日经审计的净资产的75.83%。江苏琼花对上述担保事项未按规定履行临时公告披露义务,也未在2006年年报、2007年年报、2008年半年报中进行披露。截至2009年12月31日,琼花集团、于在青均通过以股抵债或者用减持股票款方式向债权人清偿了全部债务,江苏琼花的担保责任已经解除。2009年6月24日,于在青主动到公安机关投案,如实供述了全部犯罪事实。2010年3月18日公安机关对该案立案侦查。①

二、主要问题

违规披露、不披露重要信息罪的犯罪构成。

三、法律分析

本案中,于在青担任上市公司江苏琼花的法定代表人和董事长,以江苏琼花的名义,为明显不具有清偿能力的控股股东琼花集团等关联方提供24笔担保,担保金额共计人民币16 035万元。对其行为性质如何认定,一种观点认为,应构成违规不披露重要信息罪,因江苏琼花对上述担保事项未按规定履行临时公告披露义务,也未在2006年年报、2007年年报、2008年半年报中进行披露,因此应构成违规不披露重要信息罪。一种观点

---

① 于在青案件违规不披露重要信息案[C]//中国刑事审判参考指导案例:第3卷.北京:法律出版社,2017:113-116.

认为,应构成背信损害上市公司利益罪,《刑法》第一百六十九条之一"背信损害上市公司利益罪"明文列举了5项具体行为,其中,第四项为"为明显不具有清偿能力的单位或者个人提供担保,或者无正当理由为其他单位或者个人提供担保"。本案中,于在青利用其担任江苏琼花法定代表人的职务便利,为明显不具有清偿能力的控股股东等关联企业提供担保,符合背信损害上市公司利益罪的行为要件特征。最终,法院认定于在青构成违规不披露重要信息罪,判处拘役3个月,缓刑6个月,并处罚金20万元。

(一)违规披露、不披露重要信息罪的法律规定沿革

违规披露、不披露重要信息罪,是依法负有信息披露义务的公司、企业向股东和社会公众提供虚假的或者隐瞒重要事实的财务会计报告,或者对依法应当披露的其他重要信息不按照规定披露,严重损害股东或者其他人利益,或者有其他严重情节的行为。

关于本罪的法律沿革,自1997年以来进行了两次修改完善。2006年《刑法修正案(六)》对原规定进行了第一次修改完善,对构成要件进行了扩张;2020年《刑法修正案(十一)》对刑法第一百六十一条从规制范围、法定刑幅度等多方面作出调整,又进行了立法完善,形成了现在的规定。关于罪名的确定,2006年6月《刑法修正案(六)》通过后,依照《罪名补充规定(三)》规定,将罪名确定为违规披露、不披露重要信息罪,取消了《确定罪名的规定》中提供虚假财会报告罪罪名,并沿用至今。

(二)违规披露、不披露重要信息罪的犯罪构成

本罪的犯罪客体是公司、企业的信息披露制度。公司、企业的信息披露制度是为了保障股东、社会公众等利害关系人的权益。投资人需要通过公司重要信息的合法披露了解公司的真实经营状况,以确保理性与精准投资。因此,股东、公司债权人、社会上投资者等属于潜在被害人,因公司提供虚假财务报告而容易遭受损失。从犯罪客体的定位,决定了本罪刑事责任的承担方式上实行"单罚制",即本罪作为单位犯罪,犯罪主体是公司、企业,但只处罚直接负责的主管人员和其他直接责任人员,不处罚公司、企业,以免因此减损公司、企业的收益,进一步加重投资者的损失。

本罪的客观方面表现为以下几方面:第一,违反了信息披露义务。法律法规规定的信息披露义务除有披露定期报告、临时报告的义务,还可能有其他场合需要按照规定进行信息披露。《公司法》规定的向股东提供披露年度财务会计报告,《证券法》规定的在证券交易市场公告,披露年度财务会计报告和半年度财务会计报告。《证券法》第七十九条规定:"上市公司、公司债券上市交易的公司、股票在国务院批准的其他全国性证券交易场所交易的公司,应当按照国务院证券监督管理机构和证券交易场所规定的内容和格式编制定期报告,并按照以下规定报送和公告:(一)在每一会计年度结束之日起四个月内,报送并公告年度报告,其中的年度财务会计报告应当经符合本法规定的会计师事务所审计;(二)在每一会计年度的上半年结束之日起二个月内,报送并公告中期报告。"例如"丹东欣泰电气股份有限公司、温德乙等欺诈发行股票、违规披露重要信息案",[1]被告单位欣泰电

---

[1] 最高人民法院2020年9月24日发布的"人民法院依法惩处证券、期货犯罪典型案例"之一:"丹东欣泰电气股份有限公司、温德乙等欺诈发行股票、违规披露重要信息案——欺诈发行股票,数额巨大;违规披露重要信息,严重损害股东利益"。人民法院依法惩处证券、期货犯罪典型案例[N].人民法院报,2020-09-25(03).

气公司上市后,被告人温德乙、刘明胜采取虚减应收账款、少计提坏账准备等手段,虚构有关财务数据,向公众披露了具有重大虚假内容的2013年年度报告、2014年半年度报告、2014年年度报告等重要信息。法院认定被告人温德乙、刘明胜的行为构成违规披露重要信息罪。中国证券监督管理委员会《上市公司信息披露管理办法》对应披露的信息进行了详细的规定。有些规定如中国证券监督管理委员会《上市公司收购管理办法》对上市公司的收购及相关股份权益变动活动要求及时披露。第二,包括两种行为类型,分别表现为作为与不作为。一类向股东和社会公众提供虚假的或者隐瞒重要事实的财务会计报告。这里的"财务会计报告",也称财会报告,是由公司、企业的业务部门或者公司、企业委托其他会计、审计机构,按照国家规定在每一会计年度终了时制作的反映公司、企业财务状况和经营成果的书面文件。根据《会计法》第二十条第二款的规定,财务会计报告由会计报表、会计报表附注和财务情况说明书组成。另一类是不按照规定披露依法应当披露的其他重要信息。这里的"对依法应当披露的其他重要信息不按照规定披露"的行为,是指违反法律、行政法规和国务院证券监督管理部门对信息披露的规定,对除财务会计报告以外的其他重要信息不披露或者进行虚假披露,如作虚假记载、误导性陈述或者有重大遗漏等。根据《公司法》《证券法》《银行业监督管理法》《证券投资基金法》等法律法规规定,"依法应当披露的其他重要信息"包括招股说明书、公司、企业债券募集办法、上市公告书等文件,中期报告、年度报告、临时报告及其他信息披露资料等。第三,客观方面还要求犯罪危害结果或者特定情节,即严重损害股东或者其他人利益,或者有其他严重情节。《立案追诉标准(二)》中严重损害股东或者其他人利益,或者有其他严重情节的具体表现为:"(一)造成股东、债权人或者其他人直接经济损失数额累计在五十万元以上的;(二)虚增或者虚减资产达到当期披露的资产总额百分之三十以上的;(三)虚增或者虚减利润达到当期披露的利润总额百分之三十以上的;(四)未按照规定披露的重大诉讼、仲裁、担保、关联交易或者其他重大事项所涉及的数额或者连续十二个月的累计数额占净资产百分之五十以上的;(五)致使公司发行的股票、公司债券或者国务院依法认定的其他证券被终止上市交易或者多次被暂停上市交易的;(六)致使不符合发行条件的公司、企业骗取发行核准并且上市交易的;(七)在公司财务会计报告中将亏损披露为盈利,或者将盈利披露为亏损的;(八)多次提供虚假的或者隐瞒重要事实的财务会计报告,或者多次对依法应当披露的其他重要信息不按照规定披露的;(九)其他严重损害股东、债权人或者其他人利益,或者有其他严重情节的情形。"

本罪的犯罪主体是负有信息披露的特殊职责的人员。具体包括两类:一类主体是"依法负有信息披露义务的公司、企业",属于单位;另一类主体是"依法负有信息披露义务的公司、企业的控股股东、实际控制人",既可能是单位,也可能是自然人。

本罪主观方面由故意构成,过失不可能构成本罪。违规披露、不披露重要信息罪的主观方面常见的是直接故意,也可能由间接故意构成。例如上市公司为追求公司利益的最大化,明知财务会计报表中存在重大错漏事项,仍然放任会计报表对外公布,故意向社会公众误导性陈述,扰乱证券信息披露制度的,也构成本罪。少数的观点认为,本罪主观方面可以由过失构成,因公司、企业相关人员隐瞒应当报告公司、企业的重要信息(如关于公司的董事、监事、高级管理人员持股数量的信息,或者涉嫌犯罪被依法采取强制措施的信息,等等),公司、企业疏于管理或者疏于审查,进而导致公司、企业对依法应当披露的重要信息未按照规定披露的,也可以构成犯罪。但这种观点不为司法机关所认可。①

单位构成本罪的实行"单罚制",对其直接负责的主管人员和其他直接责任人员,处5年以下有期徒刑或者拘役,并处或者单处罚金;情节特别严重的,处5年以上10年以下有期徒刑,并处罚金。单罚制仍然以单位构成犯罪为前提,只是基于投资权益者利益的法律政策缘由,在刑事立法上对单位免予处罚,承担刑事责任的主体仅是直接负责的主管人员和其他直接责任人员。对于单位犯罪单罚制在刑事司法适用中,最高人民检察院指导性案例博元投资股份有限公司、余蒂妮等人违规披露、不披露重要信息案(检例第66号)提出,公安机关以本罪将单位博元公司移送起诉,检察机关对单位直接负责的主管人员及其他直接责任人员提起公诉。刑法没有规定追究单位刑事责任的,应当对单位作出不起诉决定。刑法没有规定对单位判处刑罚,因此也不需要对单位移送公诉,也不应提起公诉,理应对单位不起诉。依法负有信息披露义务的公司、企业的控股股东、实际控制人构成违规披露、不披露重要信息罪的,如果控股股东、实际控制人是自然人,则处5年以下有期徒刑或者拘役,并处或者单处罚金;情节特别严重的,处5年以上10年以下有期徒刑,并处罚金。如果控股股东、实际控制人是单位,则实行"双罚制",对单位判处罚金,并对其直接负责的主管人员和其他直接责任人员,处5年以下有期徒刑或者拘役,并处或者单处罚金;情节特别严重的,处5年以上10年以下有期徒刑,并处罚金。

于在青案件违规不披露重要信息案件中,于在青违规为关联方担保16 035万元,占江苏琼花2008年12月31日经审计的净资产的101.29%,作为上市公司重要信息未予以披露,符合《立案追诉标准(二)》第四项规定的"未按照规定披露的重大诉讼、仲裁、担保、关联交易或者其他重大事项所涉及的数额或者连续十二个月的累计数额占净资产百分之五十以上的"。因此,法院将之认定为违规不披露重要信息罪定性准确。而成立背信损害上市公司利益罪必须以"致使上市公司利益遭受重大损失"为要件。如果行为在客观上未给上市公司造成重大损失,就不符合背信损害上市公司利益罪的客观要件特征。参照《立案追诉标准(二)》第十八条的规定,"致使上市公司利益遭受重大损失"一般是指致使上市公司直接经济损失数额在150万元以上或者致使公司发行的股票、公司债券或者国务院认定的其他证券被终止上市交易或者多次被暂停上市交易。从本案情况来看,被告人于在青有背信行为,但其债务都已经偿还,没有造成实际损害,也不存在被终止上市或者暂停上市交易的情形,因此不符合背信损害上市公司利益罪的构成要件。

四、法条链接

《中华人民共和国刑法》

第一百六十一条【违规披露、不披露重要信息罪】 依法负有信息披露义务的公司、企业向股东和社会公众提供虚假的或者隐瞒重要事实的财务会计报告,或者对依法应当披露的其他重要信息不按照规定披露,严重损害股东或者其他人利益,或者有其他严重情节

---

① 杨万明.《刑法修正案(十一)》条文及配套《罪名补充规定(七)理解与适用》[M].北京:人民法院出版社,2021:106.

的,对其直接负责的主管人员和其他直接责任人员,处五年以下有期徒刑或者拘役,并处或者单处罚金;情节特别严重的,处五年以上十年以下有期徒刑,并处罚金。

前款规定的公司、企业的控股股东、实际控制人实施或者组织、指使实施前款行为的,或者隐瞒相关事项导致前款规定的情形发生的,依照前款的规定处罚。

犯前款罪的控股股东、实际控制人是单位的,对单位判处罚金,并对其直接负责的主管人员和其他直接责任人员,依照第一款的规定处罚。

第一百六十九条之一【背信损害上市公司利益罪】 上市公司的董事、监事、高级管理人员违背对公司的忠实义务,利用职务便利,操纵上市公司从事下列行为之一,致使上市公司利益遭受重大损失的,处三年以下有期徒刑或者拘役,并处或者单处罚金;致使上市公司利益遭受特别重大损失的,处三年以上七年以下有期徒刑,并处罚金:(一)无偿向其他单位或者个人提供资金、商品、服务或者其他资产的;(二)以明显不公平的条件,提供或者接受资金、商品、服务或者其他资产的;(三)向明显不具有清偿能力的单位或者个人提供资金、商品、服务或者其他资产的;(四)为明显不具有清偿能力的单位或者个人提供担保,或者无正当理由为其他单位或者个人提供担保的;(五)无正当理由放弃债权、承担债务的;(六)采用其他方式损害上市公司利益的。

上市公司的控股股东或者实际控制人,指使上市公司董事、监事、高级管理人员实施前款行为的,依照前款的规定处罚。

犯前款罪的上市公司的控股股东或者实际控制人是单位的,对单位判处罚金,并对其直接负责的主管人员和其他直接责任人员,依照第一款的规定处罚。

五、课后思考

除了违规披露、不披露重要信息罪规定为单位单罚制,《刑法》中还有第一百六十二条"妨害清算罪"、第一百六十二条之二"虚假破产罪"、第一百八十五条之一"违法运用资金罪"规定为单罚制,规定单罚制的基础是什么?

六、延伸阅读

高铭暄,陈冉.由顾雏军案论违规披露、不披露重要信息罪的理解与适用[J].刑事审判参考,2017(3):32-41.

第三节 非国家工作人员受贿罪
——高杨、赵小光非国家工作人员受贿案

一、案情简介

高杨、赵小光均为民办高校吉林某大学信息经济学院工作人员。

2012年7月,姜某甲之子肖某某参加全国统一高考取得总成绩410分,低于吉林省高考普通本科理工类最低控制分数线2分。姜某甲在肖某某未填报吉林某大学和吉林某大学信息经济学院志愿的情况下,请托表妹姜平(另案起诉)疏通关系,通过选择性招生方式("点招"生),让肖某某到吉林某大学就学。姜平找被告人赵小光办理,赵小光找被告人高杨办理。经赵、高商议后,告知姜平办理此事需花五六万元。嗣后,姜某甲向姜平汇款6万元,姜平留下1万元汇给赵小光5万元,赵小光留下1万元给高杨4万元,高杨留下3万元给本校人事处副处长周某某1万元并让其找领导帮忙,周某某请托本校副院长杨放(已病逝)帮忙并给其1万元。同年8月23日,肖某某通过"统一招生选拔考试"方式,被吉林某大学信息经济学院录取。新生报到期间,姜某甲以肖某某被录取学校非吉林某大学为由,要求姜平退还6万元。姜平退还1万元,高杨、赵小光各退还5 000元。2013年4月2日,姜某甲到公安机关举报被姜平欺诈一案时,供认请托姜平向他人行贿事实。2014年5月19日,赵小光在检察机关不掌握其是本案犯罪嫌疑人的情况下,如实供述自己的犯罪事实。同日,被告人高杨主动到检察机关投案。案发后,分别向检察机关退缴违法所得2.5万元、5 000元。

法院认定,被告人高杨、赵小光身为民办高等院校的非国家工作人员,利用职务上的便利,接受请托人财物,为请托人谋取利益,数额较大,其行为已构成非国家工作人员受贿罪。考虑其自首,可对其从轻处罚;考虑其主动退缴全部违法所得,犯罪情节轻微,可对其免予刑事处罚。依照《刑法》第一百六十三条第一款,第一百六十四条第一款、第四款,第六十七条第一款,第三十七条,第六十四条之规定,判决:被告人高杨犯非国家工作人员受贿罪,免予刑事处罚;被告人赵小光犯非国家工作人员受贿罪,免予刑事处罚;被告人姜某甲犯对非国家工作人员行贿罪,免予刑事处罚。被告人高某、赵某某在案扣押的违法所得人民币3万元,予以没收,上缴国库。①

二、主要问题

1. 非国家工作人员的受贿罪主体的认定。
2. 身份犯共同犯罪的认定。

三、法律分析

非国家工作人员的受贿罪是公司、企业或者其他单位的工作人员利用职务上的便利,索取他人财物或者非法收受他人财物,为他人谋取利益数额较大的,或者在经济往来中,利用职务上的便利,违反国家规定,收受各种名义的回扣、手续费,归个人所有数额较大的行为。

1997年《刑法》第一百六十三条规定,经过了两次修改形成了现行规定。第一次是2006年《刑法修正案(六)》对犯罪主体进行扩展,从原规定的"公司、企业的工作人员"扩大至"公司、企业的工作人员或者其他单位的工作人员"。第二次是2020年《刑法修正案(十一)》,为落实产权平等保护的精神,对法定刑进行了修改完善。1997年《刑法》规定后依照《确定罪名的规定》,确定为公司、企业人员受贿罪,对应第一百六十四条罪名确定为对公司、企业人员行贿罪。2006年《刑法修正案(六)》修改后,依照《罪名补充规定(三)》,

---

① (2015)吉中刑终字第275号。

相应罪名调整为非国家工作人员受贿罪、对非国家工作人员行贿罪，并沿用至今。

非国家工作人员受贿罪犯罪构成要件包括犯罪客体和犯罪主体。犯罪客体是非国家工作人员工作的廉洁性。客观方面包括两种形式：利用职务上的便利，索取他人财物或者非法收受他人财物，为他人谋取利益；在经济往来中，利用职务上的便利，违反国家规定，收受各种名义的回扣、手续费，归个人所有的行为。依照《贪污贿赂解释》第十一条第一款规定，《刑法》第一百六十三条规定的非国家工作人员受贿罪、第二百七十一条规定的职务侵占罪中的"数额较大""数额巨大"的数额起点，按照受贿罪、贪污罪相对应的数额标准规定的 2 倍（即 6 万元）、5 倍（即 100 万元）执行。犯罪主体是公司、企业或者其他单位的工作人员。犯罪主观方面是故意。本罪在司法实践中，对于犯罪主体的认定存在着较多争议，影响着罪与非罪、此罪与彼罪的认定。

（一）非国家工作人员受贿罪犯罪主体的基本问题

本罪的犯罪主体是特殊主体，即公司、企业或者其他单位的工作人员。在具体范围上，既包括非国有公司、企业中的工作人员，也包括国有公司、企业或者其他公司、企业中非国家工作人员。公司、企业工作人员的范围相对明确，但公司、企业以外"其他单位"的工作人员范围相对模糊。依照《商业贿赂意见》第二条规定，"其他单位"既包括事业单位、社会团体、村民委员会、居民委员会、村民小组等常设性的组织，也包括为组织体育赛事、文艺演出或者其他正当活动而成立的组委会、筹委会、工程承包队等非常设性的组织。因实践中，单位的形式多种多样，难以进行完全性穷尽列举和概括，《商业贿赂意见》规定中明确了"其他单位"既包括常设性的组织，也包括非常设性的组织。一般认为，"其他单位"认定与是否属于登记性组织没有必然关联，只要从事正当性活动业务的组织即可。如果单位是从事非正当活动或者主要从事违法犯罪活动而设立的，不属于本条中"其他单位"。

非国家工作人员与国家工作人员身份的区分，影响着具体行为认定为非国家工作人员受贿罪还是受贿罪，对于认定此罪与彼罪具有重要作用。根据《刑法》第九十三条规定，国家工作人员包括三类：国家机关工作中从事公务的人员；国有公司、企业、事业单位、人民团体中从事公务的人员和国家机关、国有公司、企业、事业单位委派到非国有公司、企业、事业单位、社会团体从事公务的人员；其他依照法律从事公务的人员。因此，非国家工作人员与国家工作人员在认定上，在一些领域存在着交叉的情形。

一类是在国有公司、企业等国有单位中的工作人员。《刑法》第一百六十三条第三款规定："国有公司、企业或者其他国有单位中从事公务的人员和国有公司、企业或者其他国有单位委派到非国有公司、企业以及其他单位从事公务的人员有前两款行为的，依照本法第三百八十五条、第三百八十六条的规定定罪处罚。"根据 2003 年最高人民法院《经济犯罪会议纪要》规定，"从事公务"包括以下几种情况：第一，代表国家机关、国有公司、企业、事业单位、人民团体等履行组织、领导、监督、管理等职责。公务主要表现为与职权相联系的公共事务以及监督、管理国有财产的职务活动。第二，如国家机关工作人员依法履行职责，国有公司的董事、经理、监事、会计、出纳人员等管理、监督国有财产等活动，属于从事公务。第三，那些不具备职权内容的劳务活动、技术服务工作，如售货员、售票员等所从事的工作，一般不认为是公务。由此可知，国有公司、企业或者其他国有单位中的工作人员并非全然是国家工作人员。据此，在这类情形的犯罪主体判断上需要结合其身份和职务内容进行具体明确:第一,刑法学理论通说认为,国有公司、企业或者其他国有单位,一般是国家资产全资的公司、企业或者单位。第二,从实质上判断是否从事公务。国有公司、企业中工作人员虽然具有相应职务上便利,但并不等于从事公务活动。公务活动的本质特征是管理型,如果一项活动在国家实务中属于组织、领导、协调等具有管理性的活动,这种活动就是公务。反之,如果一项活动属于国家实务,但不具有管理性的,也不是公务。① 因此,在国有公司、企业中从事公务活动的属于国家工作人员,不从事公务活动而具有其他职务便利活动的属于非国家工作人员。第三,国有公司、企业或者其他国有单位委派到非国有公司、企业以及其他单位从事公务的人员属于国家工作人员,在具体判断上必须同时符合受到委派(对于委派的形式不作限定)和从事公务两个条件。另外,2010 年"两高"《关于办理国家出资企业中职务犯罪案件具体应用法律若干问题的意见》第六条规定:"经国家出资企业中负有管理、监督国有资产职责的组织批准或者研究决定,代表其在国有控股、参股公司及其分支机构中从事组织、领导、监督、经营、管理工作的人员,应当认定为国家工作人员。"这一规定是针对国有公司、企业,以及国有控股、参股公司多层管理中层层委派的现象进行的扩大解释。②

另一类是在其他单位中依照法律从事公务的人员。实践中常见的基层自治组织人员协助人民政府从事行政管理时属于国家工作人员,根据《全国人民代表大会常务委员会关于〈中华人民共和国刑法〉第九十三条第二款的解释》规定,村民委员会等村基层组织人员协助人民政府从事下列行政管理工作时,属于刑法第九十三条第二款规定的"其他依照法律从事公务的人员":①救灾、抢险、防汛、优抚、扶贫、移民、救济款物的管理;②社会捐助公益事业款物的管理;③国有土地的经营和管理;④土地征用补偿费用的管理;⑤代征、代缴税款;⑥有关计划生育、户籍、征兵工作;⑦协助人民政府从事的其他行政管理工作。这一规定不仅符合刑法规定中从事公务的实质,还符合我国实际国情。基层自治组织人员关系到政府公共管理的最后一环是否落地实施,存在着大量的协助管理事项,具有从事公务的特征,应认定为国家工作人员。另外,日常管理中基层自治组织人员在自治事项中虽然也有一定的管理权限,但属于自治事项,不具有公务性特征,则属于非国家工作人员。

(二) 非国家工作人员受贿罪犯罪主体的具体判断
1. 医疗领域中商业贿赂犯罪主体的认定

在《刑法修正案(六)》实施以前,有的地方对于医疗机构工作人员利用职务之便收受贿赂的,认定为受贿罪。但随着医疗体制改革,有些民营医院的医务人员因不具有国家工作人员身份,难以纳入贿赂犯罪评价;即使国有医院中的医务人员,其处方行为是否可认定为职务行为也存在争议。但是,社会生活中反映医生利用处方权开药提成、开单提成,导致乱开药、多开药,甚至成为个别医疗机构内的通行惯例或者潜规则,不仅导致看病贵,浪费了医疗资源,还引发了人民群众的强烈不满。《刑法修正案(六)》实施后,解决了关于医生犯罪主体认定的问题。并且针对医疗机构中工作人员身份分类较多、职责复杂的情

---

① 孙国祥.贪污贿赂犯罪研究[M].北京:中国人民大学出版社,2018:15.
② 对此,刑法理论中也有批评这种扩大解释不当,造成了国家工作人员身份范围的扩张。参见:张明楷.刑法学[M].6 版.北京:法律出版社,2021:1556.

况,《商业贿赂意见》根据医务人员职责对应刑法中身份不同分别认定。

一类是医疗机构中的国家工作人员,在药品、医疗器械、医用卫生材料等医药产品采购活动中,利用职务上的便利,索取销售方财物,或者非法收受销售方财物,为销售方谋取利益,符合《刑法》第三百八十五条规定的,以受贿罪定罪处罚。医疗机构中的国家工作人员多是国有医院中从事管理职责的人员或者委派到非国有医院从事公共管理职责、从事公务的人员,以医院中院长、采购部门的主管人员等具有管理职权的人员为典型,对医药产品采购具有管理、决策的权力。多数情形下,这类人员与医务人员的区分也是相对明显的,有的情形中身份也存在交叉,常见是医院各个科室的主任医生,既直接从事医疗活动,具有处方权,又对医疗用品的采购具有一定的建议权、决策权,往往医院在药品、医疗器械采购方面也征询科室主任医生的意见,科室主任的建议甚至可以直接影响是否采购、采购的具体品牌以及采购的数量等。针对这类情况应具体分析,对于已经在医院中标企业供应采购药品的,科室主任收受贿赂后提出提高采购量建议的,因其自身并不具有管理、决策的权限,仅仅是建议,即使收受了贿赂,影响了采购量,也不是公务行为而是处方权的表现,认定为非国家工作人员受贿罪较为适宜。反之,科室主任接受相关人员的贿赂,向医院推荐或者建议采购受请托推荐的医药产品,甚至主动将医疗产品引入医院采购的目录,属于行使其管理职权,具有公务性质,认定为受贿罪较为适宜。

二类是医疗机构中的非国家工作人员,在药品、医疗器械、医用卫生材料等医药产品采购活动中,利用职务上的便利,索取销售方财物,或者非法收受销售方财物,为销售方谋取利益,数额较大的,以非国家工作人员受贿罪定罪处罚。这类主体主要是非国有医院在药品采购中具有管理职权的人员。

三类是医疗机构中的医务人员,利用开处方的职务便利,以各种名义非法收受药品、医疗器械、医用卫生材料等医药产品销售方财物,为医药产品销售方谋取利益,数额较大的,以非国家工作人员受贿罪定罪处罚。这是针对医药产品销售中,主要是对于医生利用开处方的便利收取药品回扣。这类行为在定性中一直存在争论,其利用处方行为是否属于利用了职务上的便利。一种观点认为,临床医生不属于刑法规定的国家工作人员,医生处方行为是技术性的公共服务活动,而非职务性的公共管理活动,我国刑法也无关于医生利用处方权收受回扣构成犯罪的规定,因此,不构成受贿罪。医生的处方行为不具有职务性,因而不论医院的性质如何,医生"开单提成"的行为也不构成非国家工作人员受贿罪。另一种意见则认为,医生开处方从表面上来看是技术工作,但实质上是对药品的管理行为,因为医生不仅对药品的采购有建议权,还对药品的使用有决定权,因此,对国有医院的医生应以受贿罪定罪,对非国有医院的医生则按非国家工作人员受贿罪处理。我们认为对医生的开药提成行为认定为非国家工作人员受贿罪具有合理性,也具有法律依据。第一,虽然医生处方行为是一种职务行为,但不具有从事公务的性质,不宜认定为受贿罪中犯罪主体。《经济犯罪会议纪要》规定:"从事公务,是指代表国家机关、国有公司、企业、事业单位、人民团体履行组织、领导、监督、管理等职责。公务主要表现为与职权相联系的公共事务以及监督、管理国有财产的职务活动。如国家机关工作人员依法履行职责,国有公司的董事、经理、监事、会计、出纳人员等管理、监督国有财产等活动,属于从事公务。那些不具备职权内容的劳务活动、技术服务工作,如售货员、售票员等所从事的工作,一般不认为是公务。"第二,医生的处方行为确实具有技术性特征,也具有管理性。医疗行为本职是一项社会公共服务,只是这项服务是通过医疗技术得以实现的。而医务人员的范围较广,包括医疗防疫人员、药剂人员、护理人员、其他技术人员,并不是所有医疗机构中医务人员均具有处方权。这种处方行为直接影响着患者,表明了处方行为具有公共职务性,对于采购的药品企业而言直接决定着药品的使用量,也具有一定职务管理性。这种管理性并非体现为医院对医药用品公司中是否采购的直接影响力,而是影响产品销量的管理权限,因此属于利用职务便利。

2. 教育机构中商业贿赂犯罪主体的认定

"两高"《商业贿赂意见》对于在学校及其他教育机构中在教材、教具、校服或者其他物品的采购等活动中的商业贿赂行为定性进行了规定。对于直接具有采购职责的人员,利用职务上的便利,索取销售方财物,或者非法收受销售方财物,为销售方谋取利益,构成犯罪的,根据属于主体身份分别认定为受贿罪或者非国家工作人员受贿罪。对于不具有直接采购职责的普通教师,应教材或者教材辅助资料、教具等销售方的请托,收受财物,在课堂中推荐使用或者向学校推荐使用该类产品的,属于利用教学活动的职务便利,并为销售方谋取利益,应以非国家工作人员受贿罪定罪处罚。

除了司法解释规定的情形,实践中还存在教师在教学和辅助的教学管理中收受贿赂的行为,对此如何定性?例如,教师在教学工作中收受学生的财物后,为学生通过特定的考核、考试等提供了便利;还有些教师在教学管理或者学生管理中,接受学生财物为其提供帮助以获取不正当利益,其范围比较广泛,从学生学科成绩的考核评定,到学生干部的选拔任用,从各种推优评先、奖助学金的分配发放到学生入党参军、研究生保送等。① 教师的本职工作是教学和辅助的教学管理,这些领域中教师的行为仍然是利用自身职务便利的行为。

本案中被告人高某、赵某某身为民办高等院校的非国家工作人员,利用职务上的便利,接受请托人财物,在招生过程中,为请托人谋取利益,数额较大,其行为已构成非国家工作人员受贿罪。

(三) 非国家工作人员受贿罪中不同身份共同犯罪的认定

司法实践中,商业贿赂犯罪常常以共同犯罪的形式出现,特别是非国家工作人员与国家工作人员通谋,共同收受他人财物的情形时有发生。在理论中,概括起来存在着"主犯决定说""分别定罪说""实行犯定罪说""身份犯定罪说""部分犯罪共同说""折中说"等。对于商业贿赂中共同犯罪的认定,可以根据情形分为两类:

一类是利用单一身份的情形。虽然共同犯罪的行为人分别具有非国家工作人员和国家工作人员身份,但只利用了其中一个行为人的职务便利实施了犯罪。根据最高人民法院、最高人民检察院《商业贿赂意见》第十一条的规定:"非国家工作人员与国家工作人员通谋,共同收受他人财物,构成共同犯罪的,根据双方利用职务便利的具体情形分别定罪追究刑事责任:(1)利用国家工作人员的职务便利为他人谋取利益的,以受贿罪追究刑事责任。(2)利用非国家工作人员的职务便利为他人谋取利益的,以非国家工作人员受贿罪

---

① 王守俊.论教师的非国家工作人员受贿犯罪行为[J].安阳师范学院学报,2019(04):56-60.

追究刑事责任。"这种观点实际上采取"实行行为说",即以实行行为作为认定共同犯罪的罪名的根据,因身份犯的实行行为总是与特定的义务相互关联,不具有身份的行为人不可能违反特定义务,也不可能实行特定实行行为。在共同犯罪罪名的认定中,实行行为反映出了共同犯罪的实质性特征,教唆或者帮助行为只是对实行行为的促成和支持。因此,在实行行为单一的情况下,国家工作人员利用自身职务上的便利或者非国家工作人员利用在单位中的职务便利的情形,应当以实行犯的罪名确定商业贿赂犯罪共同犯罪的整体罪名。

另一类是复合利用身份的情形,国家工作人员与非国家工作人员通谋,分别利用各自的职务便利为他人谋取利益,共同收受他人财物的如何追究刑事责任。常见的类型是,国有公司总经理(国家工作人员)与财务主管(非国家工作人员)共同利用职务便利在经济往来中于账外暗中收受回扣并归个人所有,在发挥的实际作用上无法区分孰轻孰重。在司法实践和理论中一直存在巨大争议。第一种意见是分别定罪说,对于各自利用职务便利为他人谋取利益的,分别认定为非国家工作人员受贿罪和受贿罪。第二种意见认为,应按照主犯性质认定或者核心行为说,根据犯罪过程中发挥主要作用的人员身份定罪处罚。主要理由是:第一,一律按受贿罪的共犯追究刑事责任不符合共同犯罪的规定,也突破了现行司法解释对类似情形规定的精神。如 2000 年 7 月 8 日施行的《最高人民法院关于审理贪污、职务侵占案件如何认定共同犯罪几个问题的解释》第三条规定:"公司、企业或者其他单位中,不具有国家工作人员身份的人与国家工作人员勾结,分别利用各自的职务便利,共同将本单位财物非法占为己有的,按照主犯的犯罪性质定罪。"第二,《经济犯罪会议纪要》在原则上也是按照主犯的犯罪罪名定罪。只是对难以区分主从犯的,才采用从重处断的原则以贪污罪定罪处罚。上述司法解释和规定对于贿赂犯罪同样适用,应按照主犯性质认定。第三种意见认为,分别利用各自的职务便利为他人谋取利益的,应以受贿罪的共犯追究刑事责任。根据主犯行为定罪,无法反映全案犯罪的基本特征。主犯与从犯的区分,仅解决量刑问题,而不解决犯罪的性质问题,不是定罪的根据,并且有些情形难以区分。第四种意见认为可以采取最高身份说。在两个行为人均具有特殊身份并都有实行行为的情形下,属于身份竞合,应采取身份地位较高的人的行为定罪。这里身份高的,是刑法中规定的身份更为特殊者,不是职位高低。① 按照这种学说,非国家工作人员与国家工作人员共同受贿的,首先以主犯身份定罪量刑,难以区分的应认定为受贿罪。"两高"《商业贿赂意见》明确规定,分别利用各自的职务便利为他人谋取利益的,按照主犯的犯罪性质追究刑事责任,不能分清主从犯的,可以受贿罪追究刑事责任。从罪责刑相适应原则上考虑,难以区分主从犯情形,国家工作人员与非国家工作人员相互勾结、通谋,实施犯罪的,其社会危害性更为严重,对其认定为受贿罪,体现了从严惩处的精神。

四、法条链接

1.《中华人民共和国刑法》

第一百六十三条【非国家工作人员受贿罪】 公司、企业或者其他单位的工作人员,利

---

① 陈兴良.刑法各论精释[M].北京:人民法院出版社,2015:1054.

用职务上的便利,索取他人财物或者非法收受他人财物,为他人谋取利益,数额较大的,处三年以下有期徒刑或者拘役,并处罚金;数额巨大或者有其他严重情节的,处三年以上十年以下有期徒刑,并处罚金;数额特别巨大或者有其他特别严重情节的,处十年以上有期徒刑或者无期徒刑,并处罚金。

国有公司、企业或者其他国有单位中从事公务的人员和国有公司、企业或者其他国有单位委派到非国有公司、企业以及其他单位从事公务的人员有前两款行为的,依照本法第三百八十五条、第三百八十六条的规定定罪处罚。

2.《最高人民法院 最高人民检察院《关于办理商业贿赂刑事案件适用法律若干问题的意见》(2008年11月20日施行)

二、《刑法》第一百六十三条、第一百六十四条规定的"其他单位",既包括事业单位、社会团体、村民委员会、居民委员会、村民小组等常设性的组织,也包括为组织体育赛事、文艺演出或者其他正当活动而成立的组委会、筹委会、工程承包队等非常设性的组织。

五、学校及其他教育机构中的国家工作人员,在教材、教具、校服或者其他物品的采购等活动中,利用职务上的便利,索取销售方财物,或者非法收受销售方财物,为销售方谋取利益,构成犯罪的,依照刑法第三百八十五条的规定,以受贿罪定罪处罚。

学校及其他教育机构中的非国家工作人员,有前款行为,数额较大的,依照刑法第一百六十三条的规定,以非国家工作人员受贿罪定罪处罚。

学校及其他教育机构中的教师,利用教学活动的职务便利,以各种名义非法收受教材、教具、校服或者其他物品销售方财物,为教材、教具、校服或者其他物品销售方谋取利益,数额较大的,依照刑法第一百六十三条的规定,以非国家工作人员受贿罪定罪处罚。

十一、非国家工作人员与国家工作人员通谋,共同收受他人财物,构成共同犯罪的,根据双方利用职务便利的具体情形分别定罪追究刑事责任:

(1) 利用国家工作人员的职务便利为他人谋取利益的,以受贿罪追究刑事责任。

(2) 利用非国家工作人员的职务便利为他人谋取利益的,以非国家工作人员受贿罪追究刑事责任。

(3) 分别利用各自的职务便利为他人谋取利益的,按照主犯的犯罪性质追究刑事责任,不能分清主从犯的,可以受贿罪追究刑事责任。

五、课后思考

非国家工作人员为他人谋取非法利益,而相对人对其本人或亲属等提供晋职招工、迁移户口等非财产性利益的,可否认定为非国家工作人员受贿罪?

六、延伸阅读

1. 王玉珏.国有医院"拉统方"行为的刑法性质[J].法学,2012(06):152-159.
2. 郑高键,谢杰.非国家工作人员受贿罪主体认定的司法适用[J].甘肃理论学刊,2010(03):135-139.

第四节　非法经营同类营业罪
——杨文康非法经营同类营业案

一、案情简介

嘉陵一本田发动机有限公司系中国嘉陵工业股份有限公司（国有公司）与日本本田株式会社等额出资（各50%）组建的合资公司。2000年4月，杨文康被该公司董事会聘任为营业部副部长，主管销售零件和售后服务。2000年7月，杨拟增加重庆一坪高级润滑油公司生产的SC15—40型机油为指定用油予以销售。

2000年8月8日，杨以其母赖发英为法定代表人，其妻谭继兰、岳母刘学梅和李从兵为股东注册成立重庆嘉本物资销售公司。随后，杨指使其下属黎海以嘉陵一本田发动机有限公司营业部的名义，委托嘉本物资销售公司在销售网络中销售重庆一坪高级润滑油公司生产的SC15—40机油给客户。黎海给一坪高级润滑油公司出具嘉陵一本田发动机有限公司授权委托书，要求在包装上印制"嘉陵一本田指定产品"标识。同年9月18日，杨以嘉陵一本田发动机有限公司营业部的名义，在销售网络中发出"我公司现推出金装版新型嘉陵一本田纯正机油"的通知，要求用户大力推广，并指定汇款直接汇入嘉本物资公司账户。9月至11月，嘉本物资销售公司共向嘉陵一本田发动机有限公司的用户销售重庆一坪高级润滑油公司生产的 SC15—40 机油 1 684 件，销售金额 385 805.13 元，获利 115 023.8 元。后被日方代表发现，终止了嘉本物资销售公司的销售活动。

法院认为，杨文康系合资企业的管理人员，利用职务之便，让其亲属经营与其任职公司业务范围同类的经营活动，从中谋取非法利益，其行为损害了合资企业的利益，系违法行为。但鉴于其任职的嘉陵一本田发动机有限公司不属国有公司，其所担任的职务不属国有公司董事、经理，与《刑法》第一百六十五条所要求的犯罪构成不符，不应按犯罪论处。公诉机关指控的事实成立，但指控的罪名不成立，不予支持；被告人及辩护人的辩护意见成立，予以采纳。判决被告人杨文康无罪。

宣判后，杨文康服判。检察院认为嘉陵一本田发动机有限公司系国有控股公司，杨在担任嘉陵一本田发动机有限公司营业部副部长期间，利用职务之便，让其家人注册公司经营与其所任职公司的同类营业，获取非法利益 115 023.18 元，数额巨大，其行为触犯《刑法》第一百六十五条，犯有非法经营同类业罪，提出抗诉。

二审法院审理认为，原判认定的事实清楚，证据确实、充分，审判程序合法。抗诉理由不能成立。依法裁定驳回上诉，维持原判。①

二、主要问题

1. 非法经营同类营业罪的犯罪构成。

---

① 杨文康非法经营同类营业罪[C]//中国刑事审判参考指导案例：第3卷.北京：法律出版社，2017年：102-106.

2. 非法经营同类营业罪与为亲友非法牟利罪的区分。

三、法律分析

本案中被告人杨文康行为在客观方面属于非法经营同类营业还是为亲友非法牟利？一种意见认为，被告人的行为属于非法经营同类营业，因为重庆嘉本物资销售公司虽然是以其亲属的名义成立的，但自己也参与到其中经营；另一种意见认为，被告人将嘉陵一本田发动机有限公司盈利业务交由自己的亲友进行经营，其目的在于为自己的亲友谋取非法利益。最终法院认定其无罪。因此，需要结合非法经营同类营业罪、为亲友非法牟利罪构成要件进行具体分析，以明确行为定性。

（一）非法经营同类营业罪的犯罪构成

非法经营同类营业罪，是国有企业、公司的董事、经理利用职务便利，自己经营或者为他人经营与其所任职的公司、企业同类的营业，获取非法利益，数额巨大的行为。1997年《刑法》第一百五十八条规定了本罪。依照《确定罪名的规定》，将罪名确定为非法经营同类营业罪，并沿用至今。

非法经营同类营业罪的构成要件包括：

本罪的犯罪客体是国有公司、企业的管理制度，具体表现为国有公司、企业的董事、经理的忠实义务。根据《公司法》第一百四十八条关于高级职员的禁止行为的规定，董事、高级管理人员不得有下列行为：……（五）未经股东会或者股东大会同意，利用职务便利为自己或者他人谋取属于公司的商业机会，自营或者为他人经营与所任职公司同类的业务……（八）违反对公司忠实义务的其他行为。董事、高级管理人员违反前款规定所得的收入应当归公司所有。国有公司、企业的董事、经理属于高级管理人员，应当忠实履行职务，维护国有公司、企业的合法权益。因此，这类高级管理人员经营同类营业的，属于违反对公司忠实义务的行为，也违反了国有公司、企业的管理制度。

本罪的客观方面主要包括以下内容：第一，必须利用职务上的便利。利用自己公司所任职务赋予的职权或者同职务相关的便利条件。常见的情形是利用自己在国有公司、企业担任董事、经理职务，负责管理生产材料、物资、市场、计划、销售等便利条件。第二，必须有非法经营同类营业的行为。同类经营与所任职公司、企业同类的业务。这里的同类业务可能是经营内容相同的业务，也可能是相近或者相似的经营内容的业务。但经营处于同一销售链条上的业务并非一律构成本罪，判断的本质应以是否与本职经营业务存在竞争关系为标准，由于经营同类营业会与自己任职的国有公司、企业在市场份额、市场价格等方面进行竞争、抢夺市场，从而形成损害任职国有公司、企业利益的横向竞争行为。如果自己经营的业务虽然与职务具有关联性，但不具有竞争关系的，不属于本罪规制的范围。经营同类的业务的方式包括：自己经营，以私人名义另行注册公司、企业，或者以亲友名义注册公司、企业，以及在他人经办的公司、企业中入股经营等，并非行为人实际参与到经营或者管理中。第三，获取的非法利益数额巨大。根据《立案追诉标准（二）》第十二条规定："国有公司、企业的董事、经理利用职务便利，自己经营或者为他人经营与其所任职公司、企业同类的营业，获取非法利益，数额在十万元以上的，应予立案追诉。"

本罪的犯罪主体是特殊主体，必须是国有公司、企业的董事、经理。对于非法经营同类营业罪中国有公司、企业的具体范围在认定上一直存在分歧：一种意见认为，《刑法》第九十三条所称的国有公司、企业应限制为资产全部为国有的公司、企业。另一种意见认为，参照财政部2003年《关于国有企业认定问题有关意见的函》(财企函〔2003〕9号)的答复精神，国有控股权超过50%的绝对控股公司、企业应当属于国有公司、企业。应当将国家全部出资，国家绝对控股的股份有限公司，国有企业产权占绝对多数的企业都视为国有公司、企业。根据《最高人民法院 最高人民检察院关于办理国家出资企业中职务犯罪案件具体应用法律若干问题的意见》第七条规定，"国家出资企业"包括国家出资的国有独资公司、国有独资企业，以及国有资本控股公司、国有资本参股公司。刑法学理论中，对于"国有公司、企业"一般作狭义解释，仅指国有独资公司、企业，通常认定"国有公司、企业"为国有全资企业。最高人民法院2001年5月22日下发的《关于在国有资本控股、参股的股份有限公司中从事管理工作的人员利用职务便利非法占有本公司财物如何定罪问题的批复》中规定，在国有资本控股、参股的股份有限公司中从事管理工作的人员，除受国家机关、国有公司、企业、事业单位委派从事公务的外，不属于国家工作人员。由此推论，国有控股公司的性质不属"国有公司"。2010年"两高"《关于办理国家出资企业中职务犯罪案件具体应用法律若干问题的意见》第六条规定："经国家出资企业中负有管理、监督国有资产职责的组织批准或者研究决定，代表其在国有控股、参股公司及其分支机构中从事组织、领导、监督、经营、管理工作的人员，应当认定为国家工作人员。"这主要是解决国有控股、国有参股企业中层层委派、多层委派的问题，不能直接将国家出资企业认定为"国有企业"。但是随着经济体制改革，国有企业改制，国有独资企业越来越少，大多采取参与投资、参股方式相对控股的方式。尤其是《监察法》实施后，监察对象中包括了国有公司、企业中工作人员，《监察法》中国有公司、企业是国有资本参股公司。因此，在上述背景下，不排除对于刑法学上国有公司的认定也会发生变化。实践中也有案件将国有控股公司的经理认定为本罪的犯罪主体。①

国有公司、企业的董事根据《公司法》规定予以认定，其中国有独资公司、企业的董事会根据《公司法》第六十七条规定设置。国有企业、企业中董事会设置相对统一，对董事的身份判断也较为容易。国有独资公司的经理根据《公司法》第六十八条规定，由董事会聘任。但在实践中常见的称谓有总经理、厂长等，与《公司法》中经理的称谓并不完全对应，应结合其身份职责予以实质性判断，是否具有对国有公司、企业全面管理的职责进行认定。

本罪的犯罪主观方面是直接故意。对经营同类营业行为、营业项目等都具有明确的认识，一般还伴随有营利的目的。

(二) 非法经营同类营业罪与为亲友非法牟利罪的区分

《刑法》中为保障公司、企业董事、经理忠实的义务，还设立了为亲友非法牟利罪。为亲友非法牟利罪，是指国家公司、企业、事业单位的工作人员，利用职务便利，将本单位的盈利业务交由自己的亲友进行经营，或者与亲友经营管理的单位发生明显有利于对方的

---

① 吴小军非法经营同类营业、对非国家工作人员行贿案[C]//刑事审判参考(总第120期).北京：法律出版社，2020：7-14.

购销活动,使国家利益遭受重大损失的行为。两者虽在主体和客观方面存在一定的共同之处,但通常情况下两者之间的界限还是较为明确的,可以从犯罪主体、客观方面进行区别。

第一,在犯罪主体上,非法经营同类营业罪犯罪主体是国有公司、企业董事、经理,为亲友非法牟利罪犯罪主体是国有公司、企业、事业单位的工作人员,犯罪主体范围更广,不仅仅指国有公司、企业、事业单位的管理人员或者国家工作人员,而是泛指国有公司、企业、事业单位的所有工作人员。

第二,在客观方面两者具有明显区别。为亲友非法牟利罪与非法经营同类营业罪虽然都有利用职务之便,但在行为人是否参与经营上存在区别。一方面,非法经营同类营业罪要求行为人具有具体的经营活动,不论是以个人名义,还是以他人名义或者参与他人公司的经营,行为人的经营行为必须是自己积极的作为。为亲友非法牟利罪表现为行为人在本单位的经营管理活动中,利用职务便利经营或者参与亲友的经营行为,并未参与到亲友经营的具体业务中。具体形态根据法律规定包括:将本单位的盈利业务交由自己的亲友进行经营的;以明显高于市场的价格向自己的亲友经营管理的单位采购商品或者以明显高于市场的价格向自己的亲友经营管理的单位销售商品的;向自己的亲友经营管理的单位采购不合格商品的。另一方面,非法经营同类营业罪要求行为人获取非法利益。获取非法利益同样包含两层含义:一是所获取的非法利益必须与其经营活动具有直接的对应关系,具体表现为经营利润或者经营报酬;为亲友非法牟利罪将本单位的盈利业务交由自己的亲友进行经营,其目的在于为自己的亲友谋取非法利益,行为人虽然也可能从中得到一定的"报酬"或者"好处费",但是,该报酬并非直接源于行为人在本单位的具体经营行为,而是其利用职务便利行为所获,属于受贿性质。实践中,有的国有公司、企业的董事、经理利用职务便利,将本单位的盈利业务交由其亲友的公司、企业,自己也参与经营,从中获取巨大的非法利益并给国家利益造成了重大损失,对此,应当根据具体情况择一罪定罪处罚,可以定非法经营同类营业罪。二是非法经营同类营业罪要求获取非法利益须数额巨大。为亲友非法牟利罪入罪条件存在多种情形。根据《立案追诉标准(二)》第十三条规定:"国有公司、企业、事业单位的工作人员,利用职务便利,为亲友非法牟利,涉嫌下列情形之一的,应予立案追诉:(一)造成国家直接经济损失数额在十万元以上的;(二)使其亲友非法获利数额在二十万元以上的;(三)造成有关单位破产,停业、停产六个月以上,或者被吊销许可证和营业执照、责令关闭、撤销、解散的;(四)其他致使国家利益遭受重大损失的情形。"因此,在入罪条件上非法经营同类营业罪表现为获利,为亲友非法牟利罪入罪条件既可能表现为获利,也可能表现为造成损失,只要具备其中一项,即可构成犯罪。

杨文康的案件中,从客观方面分析,在行为方式上,其将新指定的机油销售业务交给其亲友成立的嘉本物资公司经营,符合为亲友非法牟利罪的客观方面要件;杨文康在销售网络中为推销产品,要求用户大力推广,并指定汇款直接汇入嘉本物资公司账户,自己也参与到该公司的经营中,符合非法经营同类营业罪客观方面要件。司法实践中,对于将本单位盈利业务交由其亲友的公司、企业,自己也参与经营,从中获取巨大的非法利益并给国家利益造成了重大损失,对此,应当根据具体情况择一罪定罪处罚。但是,从犯罪主体分析,本案受害单位嘉陵一本田发动机有限公司属于中日合资公司,并非国有企业,且杨文康仅为公司销售部门的副经理,并不是非法经营同类营业罪中对公司负有全面管理职责的经理。因此,杨文康既不是为亲友非法牟利罪中犯罪主体国有公司的工作人员,也不是非法经营同类营业罪中犯罪主体国有公司、企业的董事、经理。据此,法院依法认定杨文康不构成犯罪,符合法律规定。

四、法条链接

《中华人民共和国刑法》

第一百六十五条【非法经营同类营业罪】 国有公司、企业的董事、经理利用职务便利,自己经营或者为他人经营与其所任职公司、企业同类的营业,获取非法利益,数额巨大的,处三年以下有期徒刑或者拘役,并处或者单处罚金;数额特别巨大的,处三年以上七年以下有期徒刑,并处罚金。

第一百六十六条【为亲友非法牟利罪】 国有公司、企业、事业单位的工作人员,利用职务便利,有下列情形之一,使国家利益遭受重大损失的,处三年以下有期徒刑或者拘役,并处或者单处罚金;致使国家利益遭受特别重大损失的,处三年以上七年以下有期徒刑,并处罚金:(一)将本单位的盈利业务交由自己的亲友进行经营的;(二)以明显高于市场的价格向自己的亲友经营管理的单位采购商品或者以明显低于市场的价格向自己的亲友经营管理的单位销售商品的;(三)向自己的亲友经营管理的单位采购不合格商品的。

五、课后思考

在一些国有公司中,企业负责人往往被称为厂长或者处长等,而一些部门具体负责人则被称为经理,这些人员是否符合非法经营同类营业罪主体?

六、延伸阅读

1. 罗开卷.非法经营同类营业罪疑难问题探讨[J].中国刑事法杂志,2009(04):31-35.

2. 祝贵财等贪污案——如何区分非法经营同类营业罪和贪污罪[C]//中国刑事审判参考指导案例:第1卷.北京:法律出版社,2017:693-697.

第五节 签订、履行合同失职被骗罪

——赵晨签订合同失职被骗案

一、案情简介

上海县城乡建设发展总公司(以下简称城乡总公司)是原上海县建设局所属的国有企业,红康房产是中国红十字总会所属的国有企业。上述两公司为"两块牌子、一套班子",但无任何行政、财务隶属关系。1992年9月至1993年2月,被告人赵晨任两公司的总经理、法定代表人。

1993年1月10日,原上海县劳动局干部姚关明、郝凤鸣到城乡总公司,向被告人赵晨介绍一笔线材生意。赵晨认为朋友的介绍一定可靠,就在未了解供货单位情况下便同意做此笔业务,并让沈才兴具体操办。沈才兴提出要了解一下供方情况后再做决定,赵晨不予理睬。数日后,姚关明、郝凤鸣来与赵晨商谈线材的规格、数量等事项,赵晨将沈才兴叫到其办公室,把商定的情况向沈才兴做了介绍。沈才兴提出要看一下提货单,赵晨不表态。1月16日,郝凤鸣又找赵晨催办签合同、付货款等事宜,赵晨让沈才兴与郝凤鸣拟定合同。沈才兴再次提出要先看提货单后再付款,赵晨仍不理会,还表示没问题,拍板叫沈才兴付款。沈才兴提出自己的部门无资金,赵晨让其向红康房产借支。在此情况下,沈才兴便与郝凤鸣回到自己的办公室,让本部门职工丁建华起草了一份城乡总公司购买上海大通科技工程公司(以下简称大通公司)线材500吨、总价款为152.5万元的合同。沈才兴还让丁建华按照赵晨的意思,写了一份以红康建材名义向红康房产借款152.5万元转入月笼纱商店的账户,再由月笼纱商店开出相同金额的转账支票付给大通公司。郝凤鸣将仅有城乡总公司一方签名盖章的合同书和转账支票送往大通公司业务部。大通公司业务部收款后,仅发了价值230 580元的线材75.6吨,其余货款用于还款和挥霍。

又查明,大通公司是上海市杨浦区科委下属的三产企业。该公司业务部由无业人员葛海根承包经营。大通公司于1992年12月终止了与葛海根签订的承包协议,并撤销该业务部,欠东民工贸公司贷款80余万元。在城乡总公司签订合同时,大通公司业务部已不存在。葛海根已于1996年3月因诈骗罪被上海市浦东新区人民法院判处有期徒刑14年,城乡总公司被骗的129万余元贷款至今无法追回。只是因城乡总公司一直坚持以债务纠纷追讨此笔根本无法追回的被骗款,故在葛海根的刑事判决书上对此节诈骗事实未予认定。

被告人赵晨在担任国有企业城乡总公司的法定代表人、总经理期间,轻信朋友的介绍,对签约对方的主体资格、履约能力及货源情况等不咨询、不调查,虽经下属一再提醒仍一意孤行,指令下属与他人签订购销合同,造成国家财产近130万元的重大损失。按照当时的法律,这种行为已构成玩忽职守犯罪。根据《中华人民共和国刑法》第十二条规定,对赵晨应当依照1997《刑法》的规定论处。

根据修订后1997年《刑法》,被告人赵晨是国有企业的主管人员,担负着管理、经营国有资产的重任,应当知道合同的签订、履行具有一定的风险,有被骗的可能,因此应当在签订合同前认真履行审查签约对方的主体资格、履约能力等职责。由于有朋友介绍,赵晨就轻信被骗的危害后果可以避免。在这种过失心理的驱使下,赵晨放弃履行自己的职责。赵晨的主观心态,符合此罪对主观方面的要求。因此,在客观方面发生了近130万元的国有财产损失的危害结果后,赵晨的行为确已构成签订合同失职被骗罪。

被告人赵晨虽然对自己的行为一度存在模糊认识,但经庭审后已认识到自己行为的危害性,诚恳表示认罪,并请求宽大处理。据此,上海市闵行区人民法院判决:被告人赵晨犯签订合同失职被骗罪,判处有期徒刑2年,缓刑2年。宣判后,被告人赵晨未提出上诉,检察机关也未抗诉,第一审判决发生法律效力。①

---

① 被告人赵晨犯签订合同失职被骗罪[J].中华人民共和国最高人民法院公报,2001(3).

二、主要问题

签订、履行合同失职被骗罪的犯罪构成。

三、法律分析

《刑法》第一百六十七条关于国有公司、企业、事业单位直接负责的主管人员签订、履行合同失职被骗的犯罪是从我国1979年《刑法》中玩忽职守罪中分离出来，单独设立的犯罪。依照《确定罪名的规定》将罪名确定为签订、履行合同失职被骗罪。

本案中，被告人赵晨的行为如何认定，在法律适用上存在两方面的争议：一是被告人赵晨的行为发生在1997年之前，但审判时1997年《刑法》已经生效实施，对其认定为渎职犯罪还是签订、履行合同失职被骗罪存在争议；二是签订、履行合同中，相对人的欺骗行为并未被认定为犯罪的，是否影响被告人赵晨签订、履行合同失职被骗罪的认定。因此，需要结合本罪犯罪构成及其刑法溯及力规定具体认定。

（一）签订、履行合同失职被骗罪的犯罪构成

签订、履行合同失职被骗罪是国有公司、企业、事业单位直接负责的主管人员，在签订、履行合同过程中，因严重不负责任被诈骗，致使国家利益遭受重大损失的行为。

关于签订、履行合同失职被骗罪的罪构成要件，具体分析如下：

本罪犯罪客体通常认为是国有公司、企业、事业单位的经济管理秩序或者正常生活秩序。本罪影响经济管理秩序具体原因是签订、履行合同过程中的失职给国有公司、企业、事业单位造成了经济损失。

本罪的犯罪客观方面具体表现为以下几方面：第一，必须发生在签订、履行合同过程中。签订合同过程中是指在合同的协商、条款拟定等过程中；履行合同过程中是合同成立以后，实际履行合同的权利义务过程中。第二，严重不负责任被诈骗。严重不负责可以表现为多种形态，可能是由于盲目轻信交易相对方的经济实力、履行能力，也可能是急于推销产品、追求业绩而对交易相对方的履约能力、经营资质等疏于审查，还可能是基于熟人介绍等原因盲目自信，对交易相对方不进行审查，本质是行为人玩忽职守导致的严重不责任。"被骗"是指合同相对人以非法占有为目的，在合同的签订、履行过程中通过虚构事实或者隐瞒真相的方式，导致行为人认识错误，进而被骗取财产导致经济损失。据此，可以判断并非合同签订或者履行过程中造成经济损失即构成本罪，必须是合同相对人具有故意诈骗的行为导致的经济损失，行为人才承担刑事责任。如果在合同签订或者履行过程中，由于合同相对人经营能力下降等导致的缔约过失、违约等经济损失，不属于本罪规制范围。关于"被骗"如何确定，依照《立案追诉标准（二）》第十四条的规定，"被骗"是指对方当事人的行为已经涉嫌诈骗犯罪，不以对方当事人已经被人民法院判决构成诈骗犯罪作为立案追诉的前提。此外，涉嫌诈骗犯罪包括普通诈骗罪、合同诈骗罪以及金融诈骗等诈骗类犯罪。另外，本罪规定以单位作为受害人的，因为合同是以单位名义实施的，同时所产生的经济后果也由单位来承担。① 单位的主管人员依职权作出处分导致单位利益受

---

① 王爱立.《中华人民共和国刑法》释解与适用[M].北京：人民法院出版社，2021：402.

到损失的,单位的主管人员属于被骗者,而单位作为实际损害的承担者,认定单位属于被害者。第三,致使国家利益遭受重大损失。依照《立案追诉标准(二)》第十四条规定:"因严重不负责任被诈骗,涉嫌下列情形之一的,应予立案追诉:(一)造成国家直接经济损失数额在五十万元以上的;(二)造成有关单位破产,停业、停产六个月以上,或者被吊销许可证和营业执照、责令关闭、撤销、解散的;(三)其他致使国家利益遭受重大损失的情形。"因本罪规定在"经济犯罪"一章中,因此在国家利益遭受重大损失的判断上,损失的范围应限于物质性的经济损失,不宜将非物质性的结果如造成恶劣影响等作为入罪条件。在现实情况中,造成损失往往有一个发展的过程,对于计算损失的截止时间一般以刑事立案时间为准。本案中虽然对葛海根的刑事判决书上对此节诈骗事实未予认定,城乡总公司一直坚持以债务纠纷追讨,但从规范意义上,葛海根的行为构成诈骗罪,城乡总公司是被害人,因被告人赵晨行为导致城乡总公司被骗。因此,符合本罪客观方面。

另外,根据全国人民代表大会常务委员会 1998 年 12 月 29 日通过的《关于惩治骗购外汇、逃汇和非法买卖外汇犯罪的决定》规定,金融机构、从事对外贸易经营活动的公司、企业的工作人员严重不负责任,造成大量外汇被骗购或者逃汇,致使国家利益遭受重大损失的,依照《刑法》第一百六十七条的规定定罪处罚。金融机构、从事对外贸易经营活动的公司、企业的工作人员严重不负责任,造成 100 万美元以上外汇被骗购或者逃汇 1 000 万美元以上的,应予立案追诉。

本罪的犯罪主体根据《刑法》和单行刑法《关于惩治骗购外汇、逃汇和非法买卖外汇犯罪的决定》的规定有两类。第一,《刑法》规定的国有公司、企业、事业单位直接负责的主管人员。对于"主管人员"的认定,需要从两个方面把握:一是必须具有管理人员的身份和职权,这里的主管人员不限定于单位的法定代表人,也可以是分管领导、部门负责人、分支机构负责人等具有管理、决策权限的人员。二是必须对合同的签订、履行负有直接责任。犯罪主体的职责必须是与合同的签订、履行具有职务上的关联,具有决策、授权、审批等权限,而不必然参与到合同的实际签订、履行经济活动中。如果国有公司、企业、事业单位中只是接受工作安排、受委派代表单位签订、履行合同的一般工作人员,不构成本罪主体。第二,根据我国单行刑法《关于惩治骗购外汇、逃汇和非法买卖外汇犯罪的决定》规定,本罪主体还包括金融机构和从事对外贸易经营活动的公司、企业人员。这两类机构并不局限于国有性质,其主体既可以是主管人员,也可以是一般工作人员。根据《关于惩治骗购外汇、逃汇和非法买卖外汇犯罪的决定》规定,金融机构、从事对外贸易经营活动的公司、企业的工作人员严重不负责任,造成大量外汇被骗购或者逃汇,致使国家利益遭受重大损失的,依照本罪定罪处罚。这里的金融机构是指经外汇管理机关批准,有权经营外汇业务的商业银行和外汇交易中心。从事对外经贸经营活动的公司、企业是指有权从事货物进出口与技术进出口的外贸单位以及国际服务贸易企业和组织。

本罪的犯罪主观方面是过失,既可能是疏忽大意的过失,也可能是过于自信的过失。本罪的犯罪主观方面不可能是故意,如果行为人明知交易相对方具有诈骗的故意而不予审查、报告的,属于配合行为的,明显具有犯罪意图的串通和联络;属于放纵行为的,具有片面帮助的犯罪故意,均可认定为与交易相对方具有共同诈骗犯罪的故意,应以共同犯罪论处。

（二）关于国有公司、企业人员渎职行为法律变动的溯及力

关于国有公司、企业、事业单位人员的渎职犯罪行为跨越1997年的，如何适用法律，涉及刑法溯及力的问题。被告人赵晨作为国有企业的负责人员，属于国家工作人员，其疏忽大意，经下属提醒后仍然没有尽到审查义务，导致签订合同被骗，发生了近130万元的国有财产被诈骗的危害结果。根据1979年《刑法》第一百八十七条规定：国家工作人员由于玩忽职守，致使公共财产、国家和人民利益遭受重大损失的，处5年以下有期徒刑或者拘役。其行为符合1979年《刑法》玩忽职守罪的规定，构成玩忽职守罪，处5年以下有期徒刑或者拘役。根据1997年《刑法》规定玩忽职守罪的犯罪主体是国家机关工作人员，赵晨的身份明显不属于国家机关工作人员，因此，不符合1997年《刑法》玩忽职守罪的构成要件。但根据1997年《刑法》第一百六十七条规定，致使国家利益遭受重大损失的，处3年以下有期徒刑或者拘役；致使国家利益遭受特别重大损失的，处3年以上7年以下有期徒刑。因此，被告人赵晨的行为符合1997年《刑法》签订、履行合同失职被骗罪的规定，构成签订、履行合同失职被骗罪适用第一档刑罚，处3年以下有期徒刑或者拘役。

根据1997年《刑法》第十二条第一款的规定，在法律适用中应选择适用行为时法律，但审判时依照法律规定，不认为是犯罪或者处刑较轻的，适用审判时法律，即刑法溯及力采取从旧兼从轻的适用原则。根据以上适用原则，结合1979年《刑法》玩忽职守罪和1997年《刑法》签订、履行合同失职被骗罪法定刑规定以及被告人赵晨应适用的法定刑对比，签订、履行合同失职被骗罪法定刑较低，故对其行为认定为签订、履行合同失职被骗罪符合法律规定。

四、法条链接

1.《中华人民共和国刑法》

第一百六十七条【签订、履行合同失职被骗罪】 国有公司、企业、事业单位直接负责的主管人员，在签订、履行合同过程中，因严重不负责任被诈骗，致使国家利益遭受重大损失的，处三年以下有期徒刑或者拘役；致使国家利益遭受特别重大损失的，处三年以上七年以下有期徒刑。

第一百六十八条【国有公司、企业、事业单位人员失职罪】【国有公司、企业、事业单位人员滥用职权罪】 国有公司、企业的工作人员，由于严重不负责任或者滥用职权，造成国有公司、企业破产或者严重损失，致使国家利益遭受重大损失的，处三年以下有期徒刑或者拘役；致使国家利益遭受特别重大损失的，处三年以上七年以下有期徒刑。国有事业单位的工作人员有前款行为，致使国家利益遭受重大损失的，依照前款的规定处罚。

国有公司、企业、事业单位的工作人员，徇私舞弊，犯前两款罪的，依照第一款的规定从重处罚。

2. 全国人民代表大会常务委员会《关于惩治骗购外汇、逃汇和非法买卖外汇犯罪的决定》（中华人民共和国第九届全国人民代表大会常务委员会第六次会议于1998年12月29日通过，自1998年12月29日起施行）

金融机构、从事对外贸易经营活动的公司、企业的工作人员严重不负责任，造成大量

外汇被骗购或者逃汇,致使国家利益遭受重大损失的,依照刑法第一百六十七条的规定定罪处罚。

五、课后思考

签订、履行合同失职被骗罪与国有公司、企业、事业单位人员失职罪、国有公司、企业、事业单位人员滥用职权罪之间的关系应如何理解?

六、延伸阅读

刘一守.高原、梁汉钊信用证诈骗,签订、履行合同失职被骗案——如何理解签订、履行合同失职被骗罪的客观要件?[M]//最高人民法院刑事审判一至五庭.中国刑事审判指导案例:第3卷.北京:法律出版社,2017:128-131.

第十二章

破坏金融管理秩序罪

第一节 危害货币管理制度犯罪
——段某某出售、购买假币、伪造货币案

一、案情简介

2016年4月中旬,被告人段某某通过网上聊天认识了假币制造者李某,分多次向李某购买了20元面额的假人民币共16 500张,用于贩卖牟利,其中部分贩卖给了被告人何某、管某、张某某、王某。段某某还通过李某联系购买了烫金机和金色磨具等制假工具准备用于加工制造假币。具体事实如下:2016年4月中旬,被告人段某某通过网上聊天认识李某(化名"圣君",另案处理),获悉李某有假币批发,经网络联系双方确定段某某通过支付宝付款方式购买假币:2016年4月20日支付人民币1 300元购买了20元面额假币2 000张;其后分别于4月23日、4月30日、5月3日、5月8日、5月14日、5月17日,每次支付2 400元共购买20元面额假币12 000张;5月20日支付人民币3 000元购买了2 500张20元面额假币;5月24日支付2 400元给李某用于购买20元面额假币,但李某还未发货就被抓获。段某某共向李某购买了20元面额的假币16 500张,面额共计33万元。被告人段某某将上述假币出售牟利。2016年5月下旬,段某某经李某联系购买了烫金机和金色磨具等制假工具,准备用于加工制造假币。2016年5月27日23时许,被告人段某某在珠海市斗门区井岸镇西埔村恒辉花园康佳住宿712房被公安民警抓获,查获作案工具NOKIA手机一台、小米手机一台及制造假币的工具一批。法院认为,被告人段某某出售、购买伪造的货币,数额特别巨大,其行为已构成出售、购买假币罪;同时,为了伪造货币,还准备了用于伪造的工具,其行为已构成伪造货币罪。①

二、主要问题

1. 如何认定伪造货币行为?
2. 如何认定伪造货币罪与变造货币罪的区别?
3. 如何认定伪造货币罪与出售、购买、运输假币罪等货币类犯罪的罪数形态?

---

① 广东省珠海市中级人民法院刑事裁定书,(2018)粤04刑终111号。

三、法律分析

（一）如何认定伪造行为

第一种观点认为，伪造货币不需要以现实存在的真实货币为前提，既可能以真币为样本，也可能不以真币为样本而自行设计制作假币，只要伪造的是货币，足以使人们发生误认的情况，均可以构成伪造货币罪。

第二种观点认为，伪造货币必须以被模拟的真币存在为前提，即必须是仿照人民币或者外币的面额、图案、色彩、质地、式样、规格等，使用各种方法，非法制造假货币，冒充真货币的行为。

我们认为，《刑法》第一百七十条伪造货币罪的本质在于"无中生有"，通过制造外观上足以使一般人误认为是真实货币的假货币，其法益侵害性在于对货币的流通秩序和公共信用造成侵害，因此必须有真实存在的货币为基础。本罪中货币包括人民币和外币，也包括普通纪念币、贵金属纪念币，以及港澳台币，但不包括历史上使用过但现在已经停止使用的货币。外币是指可在国内市场流通或者兑换的境外货币，以及虽然在我国不能流通和兑换但在境外正在流通的货币。如果伪造停止流通的货币，以及伪造银圆、金元宝等，没有影响货币的正常流通信用，应当以诈骗罪认定而非认定伪造货币罪。

伪造货币罪必须有"伪造"货币的行为，如果行为人只是通过诈术获取其他财物而没有伪造货币的行为，如将一些纸张夹在一叠货币之间冒充货币，可能构成诈骗罪而非伪造货币罪。关于伪造的标准，一般认为，伪造出的假货币只要与真货币相似，能够使一般人误认为是真币，即可视为伪造货币罪。基于货币类犯罪法益侵害本质在于侵犯货币的公共信用，对于假币认定需要达到足以使一般人误认的程度，如果伪造没有真实数额对应的假币，如伪造面值15元、200元的人民币钞票，基于没有相应面值的钞票发行与流通，也没有人会认为存在此种面额的真实钞票，此种伪造行为并不会侵犯到货币公共信用，不构成相应犯罪。

（二）伪造货币罪与变造货币罪的区别

《刑法》第一百七十三条规定变造的货币罪，是指通过对真实货币剪贴、涂改、挖补、拼接、揭层等方法，改变真币形态、价值，数额较大的行为，包括减少金属货币、硬币的金属含量。变造货币的本质在于"以少生多"，即以真币为基础进行的增加真币面额的行为。当然，通过变造减少货币面额的行为也属于变造行为，如将100元面额货币变造成50元。此外，将真币变为"错版"人民币，此种变造行为同样会侵害货币的公共信用，也成立变造货币罪。

对于伪造与变造货币的区分，除了行为手段的差异，针对变造的对象货币本身需要考察前后货币是否具有同一性，即并非所有对真币的加工都属于变造：对于真币进行的加工，在没有损害货币同一性的限度内，应认定为变造；如果已经丧失了与真币的同一性，则为伪造。这里的货币同一性可以从以下几方面考察：①币种同一，如果将人民币变造成美元则不属于变造，而是伪造。②必须在真币的基础上加工，不能将真币彻底毁掉后重造，如将金属货币融化后，以此为原料加工出其他货币，属于对货币进行根本性重造则非变造，应认定为伪造的货币。③伪造＋变造＝伪造，对于伪造的货币进行"变造"，制造真伪拼凑的货币,或者在作废的货币上"变造",对报废的货币碎片进行拼凑、粘贴,均非变造行为,而应理解为伪造货币。

本案中,段某某经李某联系购买了烫金机和金色磨具等制假工具,准备用于加工制造假币,属于典型的无中生有式制造假币行为,构成伪造货币罪。

(三) 货币类犯罪的罪数形态

《刑法》第一百七十一条规定出售、购买、运输假币罪。其中,出售伪造的货币,是指以营利为目的以各种方式,通过各种途径以一定的价格卖出伪造的货币的行为,体现出售行为的"有偿转让""有偿交付"的商品交易属性,包括直接交易、买卖,也包括以假币抵债债务等。

购买伪造的货币是指行为人以一定的价格用货币换取伪造的货币的行为,体现有偿获取属性。如果行为人甲欠乙10万元无力偿还,提出用50万元假币抵债,甲构成出售假币罪,乙构成购买假币罪。运输假币是指行为人行明知是伪造的货币,通过各种运输工具将假币由此地运往彼地。

第一种观点认为,本罪假币不仅包括伪造的货币,也包括变造的货币,由此出售、购买、运输变造的货币,数额较大的,也构成本罪。

第二种观点认为,假币仅指伪造的货币,不包括变造的货币,出售、购买、运输变造的货币不构成犯罪。

我们认为,虽然出售、购买、运输变造的货币同样会对货币的公共信用产生侵害,其法益侵害性或者社会危害性与出售、购买、运输伪造的货币并没有实质的差别,但从立法条文规定来看,本罪规制的对象明确表述为"伪造的货币",基于罪刑法定原则本罪并不处罚针对变造货币实施的出售、购买、运输等行为。本罪作为选择性罪名,如果行为人实施了其中两种或者三种行为,不实行数罪并罚,应依照选择性罪名的确定方法,根据行为人实施的具体行为按照相关罪名刑法确定的排列顺序并列确定罪名,数额不累计计算。

行为人实施伪造货币行为后通常会继续实施其他相关行为,如出售或运输其伪造的货币,使用其伪造的货币骗购财物等,后续行为分别触犯了出售、运输假币罪,使用假币罪等。对此应定一罪还是定数罪并罚?根据《刑法》第一百七十一条第三款规定,伪造货币并出售或者运输伪造的货币的,依伪造货币罪从重处罚,即对同一宗货币实施了刑法没有规定的选择性罪名的数个犯罪行为,如果行为人伪造货币后又出售、运输自己伪造的货币,应择一重罪处罚。上述规定中,行为人伪造货币后出售、运输的,或者购买货币后又使用的,符合牵连犯原理,应以伪造货币罪或者购买货币罪定罪,从重处罚。所谓牵连犯,是指犯罪人以实施某一犯罪为目的,但犯罪的方法(手段)或者结果行为又触犯其他罪名的犯罪。如果是对不同宗货币实施了刑法没有规定为选择性罪名的数个犯罪行为,应分别定罪,数罪并罚。例如行为人伪造货币后,又购买、运输非自己伪造的货币的,应当分别认定为伪造货币罪与出售、购买、运输假币罪,实行数罪并罚。本案中被告人伪造货币与购买、运输假币的对象并不同一,不属于同一宗货币,应当根据数行为侵害数法益进行数罪并罚。此外,根据2000年最高人民法院《关于审理伪造货币等案件具体应用法律若干问题的解释》第二条,行为人出售、运输假币构成犯罪,同时有使用假币行为的,依照刑法第一百七十一条、第一百七十二条的规定,实行数罪并罚。依照该解释规定,行为人出售、运输假币的同时具有使用假币行为,不论是否为同一宗假币都应当进行数罪并罚,即出售、运输假币行为与使用假币行为不具有牵连关系。我们认为,就数罪并罚适用的数行为侵犯数法益的刑法原理而言,前行为的出售、运输与后行为的使用行为应当是针对不同宗假币而言,如果是针对同一宗假币对象实施的出售、运输行为又有使用的,此时进行数罪并罚与刑法基本原理存在一定程度冲突。

四、法条链接

《中华人民共和国刑法》

第一百七十条【伪造货币罪】 伪造货币的,处三年以上十年以下有期徒刑,并处罚金;有下列情形之一的,处十年以上有期徒刑或者无期徒刑,并处罚金或者没收财产:(一)伪造货币集团的首要分子;(二)伪造货币数额特别巨大的;(三)有其他特别严重情节的。

第一百七十一条【出售、购买、运输假币罪】 出售、购买伪造的货币或者明知是伪造的货币而运输,数额较大的,处三年以下有期徒刑或者拘役,并处二万元以上二十万元以下罚金;数额巨大的,处三年以上十年以下有期徒刑,并处五万元以上五十万元以下罚金;数额特别巨大的,处十年以上有期徒刑或者无期徒刑,并处五万元以上五十万元以下罚金或者没收财产。

银行或者其他金融机构的工作人员购买伪造的货币或者利用职务上的便利,以伪造的货币换取货币的,处三年以上十年以下有期徒刑,并处二万元以上二十万元以下罚金;数额巨大或者有其他严重情节的,处十年以上有期徒刑或者无期徒刑,并处二万元以上二十万元以下罚金或者没收财产;情节较轻的,处三年以下有期徒刑或者拘役,并处或者单处一万元以上十万元以下罚金。

伪造货币并出售或者运输伪造的货币的,依照本法第一百七十条的规定定罪从重处罚。

第一百七十二条【持有、使用假币罪】 明知是伪造的货币而持有、使用,数额较大的,处三年以下有期徒刑或者拘役,并处或者单处一万元以上十万元以下罚金;数额巨大的,处三年以上十年以下有期徒刑,并处二万元以上二十万元以下罚金;数额特别巨大的,处十年以上有期徒刑,并处五万元以上五十万元以下罚金或者没收财产。

第一百七十三条【变造货币罪】 变造货币,数额较大的,处三年以下有期徒刑或者拘役,并处或者单处一万元以上十万元以下罚金;数额巨大的,处三年以上十年以下有期徒刑,并处二万元以上二十万元以下罚金。

五、课后思考

1. 如何区分伪造的货币与变造的货币?
2. 如何认定货币类犯罪的罪数形态?

六、延伸阅读

1. 杨金彪.伪造货币罪的保护法益[J].中国刑事法杂志,2011(03):54-59.
2. 杜文俊.货币犯罪的法律适用探析[J].政治与法律,2011(04):37-47.

3. 高铭暄,王红.数字货币时代我国货币犯罪的前瞻性刑法思考[J].刑法论丛,2019(02):247-271.

第二节　危害金融机构设立管理制度犯罪
——何某甲擅自设立金融机构案

一、案情简介

2013年8月,被告人何某甲与广州某新能源科技有限公司(以下简称某公司)董事长何某乙、台湾人王某及张某乙(均另案处理)认识后,共同商议成立"台湾金门银行"。同年8月21日,何某乙、王某、张某乙在厦门签署备忘录,约定成立"台湾金门银行"的筹备事宜,其中,任命被告人何某甲为厦门筹委会负责人。同年9月22日,某公司在厦门某酒店召开"台湾金门银行筹备委员会启动仪式暨新闻发布会",对外宣称"台湾金门银行筹备委员会"在厦门成立,正式启动"台湾金门银行"的筹建工作。同月26日,某公司聘任被告人何某甲为集团主席助理兼"台湾金门银行"行长,负责"台湾金门银行"筹备工作。被告人何某甲等人在该筹委会未经国家有关主管部门批准成立的情况下,在厦门市思明区体育路45号设立"台湾金门银行筹备委员会"办公室,加挂"台湾金门银行筹备委员会"铜牌,设计印刷"台湾金门银行"的有关标识、宣传手册,以"台湾金门银行筹备委员会""台湾金门银行筹备委员会秘书处"等名义招募入股金,积极开展设立"台湾金门银行"的一系列金融活动,后又在广东省广州市花都区镜湖路2号设立"台湾金门银行筹备委员会"的办公场所。在筹备过程中,被告人何某甲担任"台湾金门银行筹备委员会秘书长",使用"台湾金门银行筹备委员会秘书处"的印章,以每人民币50万元获得"台湾金门银行"0.1%股份的条件对外募集入股金,并以"台湾金门银行筹备委员会秘书处"的名义向投资者出具股东出资证明书。法院认为,被告人何某甲未经国家有关主管部门批准,擅自设立商业银行,其行为已构成擅自设立金融机构罪。①

二、主要问题

1. 如何认定擅自设立金融机构罪的"擅自设立"行为?
2. 如何认定擅自设立金融机构罪的罪数形态?

三、法律分析

(一) 擅自设立金融机构罪的"擅自设立"行为认定

《刑法》第一百七十四条规定擅自设立金融机构罪,是指未经国家有关主管部门批准,擅自设立商业银行、证券交易所、期货交易所、证券公司、期货经纪公司、保险公司或者其他金融机构的行为。本罪在1997年《刑法》中规定为"未经中国人民银行批准,擅自设立

---

① (2015)厦刑终字第153号。

商业银行或者其他金融机构",基于证券、保险等金融机构的设立审批部门并非中国人民银行,在1999年《刑法修正案(三)》中将批准机构修改为"国家有关主管部门",同时具体列举了商业银行等6种金融机构。

擅自设立金融机构罪作为典型行政犯,客观方面表现为行为人未经国家有关主管部门批准设立非法金融机构。"擅自设立"的具体表现即为未经国家有关主管部门批准。如根据《中华人民共和国商业银行法》(以下简称《商业银行法》)第十一条规定:"设立商业银行,应当经国务院银行业监督管理机构审查批准。未经国务院银行业监督管理机构批准,任何单位和个人不得从事吸收公众存款等商业银行业务,任何单位不得在名称中使用'银行'字样。"《中华人民共和国证券法》第一百二十二条规定:"设立证券公司,必须经国务院证券监督管理机构审查批准。未经国务院证券监督管理机构批准,任何单位和个人不得经营证券业务。"《中华人民共和国保险法》第六十七条:"设立保险公司应当经国务院保险监督管理机构批准。"由此可见,我国对于金融业务实行专营管理,只有经过有关主管部门批准才能从事金融业务,否则将属于本罪的"擅自设立"行为。

第一种观点认为,对于"擅自设立"所产生的非法金融机构的认定,既包括形式上仿冒国家各类金融机构名称开展金融业务活动的商业银行、证券交易所、期货交易所、证券公司、期货公司、保险公司或者其他金融机构,也包括虽然不使用上述国家法定金融机构名称,但以开展各类金融业务活动为主要内容的各类地下金融组织、"科技服务公司"、"信息咨询公司"等都可以作为实质非法金融机构认定。同时,如果合法金融机构虽然经过批准,但是在许可证失效之后即无权再经营金融业务,只有重新申请获得批准才能被认为是合法的金融机构,在没有再次获得批准前在实质上仍属于"未经批准",此时开展金融业务仍属于"擅自设立"。

第二种观点认为,合法金融机构在许可证失效之后仍经营金融业务的,可能成立非法经营罪,对于非法经营放贷、融资货币等地下钱庄业务的,不成立擅自设立金融机构罪而可能成立非法经营罪、非法吸收公众存款罪等。

我们认为,对于形式上不使用规范金融机构名称但实质开展金融业务的组织、机构,如开设地下钱庄旨在进行资金的吸储与发放活动等,达到较大规模或者具有一定组织形式的,应当认定为擅自设立金融机构罪。1998年国务院《非法金融机构和非法金融业务活动取缔办法》第三条:"本办法所称非法金融机构,是指未经中国人民银行批准,擅自设立从事或者主要从事吸收存款、发放贷款、办理结算、票据贴现、资金拆借、信托投资、金融租赁、融资担保、外汇买卖等金融业务活动的机构。非法金融机构的筹备组织,视为非法金融机构。"1998年中国人民银行《整顿乱集资乱批设金融机构和乱办金融业务实施方案》指出:非法金融机构"包括冠以银行、信用社、信托投资公司、财务公司、融资租赁公司、典当行等名称的机构,也包括虽未冠以上述名称,但实际是从事或变相从事金融业务的机构"。因此,对于金融机构的认定应根据开展业务的实质内容而言,并非通过所设立金融机构的形式名称判断,不论是从未获得批准从事金融活动,还是合法金融机构在许可证失效之后仍经营金融业务的,在本质上都不再具有开展金融活动的资质,对于以开展相关金融活动为目的设立或继续运行相关组织机构的行为都可以单独认定为非法设立金融机构行为,进行相应罪名认定。如果相关机构经有关主管部门批准设立但未经办理工商登记、领取营业执照即予开业运行,因为没有违反本罪前置性经济管理法律规定,不属于

"未经国家有关主管部门批准"的擅自设立范畴,不构成本罪,对于违反工商管理法规可以作为行政违法行为进行处罚。

此外,对于合法金融机构擅自设立分支机构是否构成本罪,在理论与实践认定中都存在一定争议。《商业银行法》第七十四条规定:"构成犯罪的,依法追究刑事责任:(一)未经批准设立分支机构的;(二)未经批准分立、合并或者违反规定对变更事项不报批的……"因此,从附属刑法角度而言,立法者并不排斥合法金融机构擅自设立分支机构应当作为擅自设立金融机构罪或者其他金融犯罪认定。但是,从刑事政策角度而言,对于已经依法取得经营业务主体资格的金融机构,如商业银行为了扩大储蓄业务网点,未等有关主管部门批准就设立分支机构等行为,可以依据《商业银行法》等有关规定给予行政处罚,不能认定擅自设立金融机构罪追究其刑事责任。

本案被告人何某甲等人意欲成立"台湾金门银行",在未经国家有关主管部门批准成立的情况下以"台湾金门银行筹备委员会"名义对外募集入股金,根据《刑法》第一百七十四条以及1998年国务院和中国人民银行相关法律文件,何某甲擅自设立金融机构的行为已经实施完成,成立本罪既遂,是否开展相应的金融业务活动并不影响本罪的成立。

(二)擅自设立金融机构罪的罪数形态

行为人设立非法金融机构的过程中往往与其他违法犯罪行为相勾连,如擅自设立金融机构之前会伪造大量的公文、证件、印章,伪造经营金融业务许可证等,在设立非法金融机构之后会开展非法吸收公众存款、诈骗罪等。对相关行为如何处理,在理论与实践中存在较大争议。

我们认为,行为人在擅自设立非法金融机构之前或者过程中伪造公文、证件、印章或者伪造、变造经营金融业务许可证、批准文件等行为,可能构成伪造国家机关公文、证件、印章罪,伪造公司、企业、事业单位、人民团体印章罪或者伪造、变造金融机构经营许可证、批准文件罪等。由于行为人伪造、变造相关公文、证件、印章、许可证或者批准文件时就有擅自设立金融机构的目的,属于典型的手段行为与目的行为的牵连关系,应当依照牵连犯从一重罪处罚原则进行认定。如果相关罪名法定刑相当,可以目的行为即擅自设立金融机构罪进行定罪处罚。对于行为人擅自设立金融机构之后实施诸如非法吸收公众存款、高利放贷等违法金融业务活动的,可以认为行为人设立非法金融机构时就具有非法吸收公众存款或高利放贷的目的,两者之间同样是一种手段行为与目的行为的牵连关系,适用牵连犯从一重罪处罚的原则。对于行为人利用设立的非法金融机构实施骗取钱款的诈骗行为,通常而言,可以将擅自设立金融机构行为认为是诈骗行为的手段行为,两者符合牵连犯的构造,择一重罪以诈骗罪论处。如果行为人预设立的非法金融机构并未实现基本的组织形式要件,属于特定个人实施的犯罪行为,或者单纯冒用其他金融机构的名义实施诈骗活动,应当直接以诈骗罪认定。如果行为人是在设立非法金融机构之后才产生诈骗的故意,则擅自设立机构行为与诈骗行为并不具有牵连关系,而是在不同犯罪故意支配下分别实施的不同犯罪行为,应分别定罪,数罪并罚。

四、法条链接

《中华人民共和国刑法》

第一百七十四条【擅自设立金融机构罪】 未经国家有关主管部门批准,擅自设立商业银行、证券交易所、期货交易所、证券公司、期货经纪公司、保险公司或者其他金融机构的,处三年以下有期徒刑或者拘役,并处或者单处二万元以上二十万元以下罚金;情节严重的,处三年以上十年以下有期徒刑,并处五万元以上五十万元以下罚金。

伪造、变造、转让商业银行、证券交易所、期货交易所、证券公司、期货经纪公司、保险公司或者其他金融机构的经营许可证或者批准文件的,依照前款的规定处罚。

单位犯前两款罪的,对单位判处罚金,并对其直接负责的主管人员和其他直接责任人员,依照第一款的规定处罚。

五、课后思考

1. 如何理解擅自设立金融机构罪中的"金融机构"范围?
2. 如何认定合法金融机构擅自设立分支机构的行为属性?
3. 如何认定擅自设立金融机构罪的既未遂标准?

六、延伸阅读

1. 张建,俞小海.擅自设立金融机构罪的司法认定[J].中国检察官,2017(20):3-7.
2. 孙静翙.立足业务范围规制擅自设立金融机构[N].检察日报,2018-07-16(03).
3. 王潜.擅自设立金融机构罪若干疑难问题研究[J].江西警察学院学报,2015(06):29-32.

第三节 危害金融机构存贷款管理制度犯罪
——某酒业有限公司、彭某骗取贷款案

一、案情简介

2012年10月,某银行与被告单位上海某酒业有限公司(以下简称酒业公司)签订《采购卡分期透支业务合作协议》,双方约定在酒业公司提供连带责任担保承诺的前提下,由银行为购买酒业公司产品且有分期付款需求的借款人提供贷款用以支付产品款项。2012年11月至2013年4月,被告人彭某作为被告单位酒业公司的实际负责人,虚构18人系酒业公司购货商的身份,伪造相关身份证明、购销合同、交易确认请款单等材料,骗取银行贷款人民币2 018万余元,至案发尚有人民币1 053万余元无力偿还,造成银行特别重大损失。法院判决被告单位上海某酒业有限公司犯骗取贷款罪,罚金人民币20万元。被告人彭某犯骗取贷款罪,判处有期徒刑1年6个月,罚金人民币2万元。违法所得责令退赔。①

二、主要问题

1. 如何认定骗取贷款罪的客观行为手段?

---

① (2014)浦刑初字第4171号。

2. 如何区分骗取贷款罪与民事贷款纠纷？

三、法律分析

(一) 骗取贷款罪的客观行为手段

骗取贷款罪是2006年《刑法修正案(六)》中增设罪名,规定在《刑法》第一百七十五条之一,本罪名的设立旨在对行为人采取虚假、欺骗等手段获取银行等金融机构贷款,但主观上不具有或难以认定非法占有目的,无法认定贷款诈骗罪情形下所设立的补漏性罪名。因此,骗取贷款罪与贷款诈骗罪两者的主要区别体现在行为人主观上对于骗取的银行等金融机构贷款是否具有非法占有目的,就客观欺骗手段而言,两罪表现形式往往相同。

第一种观点认为,行为人虚构事实、隐瞒真相骗取银行或者其他金融机构贷款,同时又提供担保的,不影响骗取贷款罪的认定。

第二种观点认为,行为人在贷款过程中提供了虚假的证明材料,如虚构贷款资金的使用用途,借贷人的银行流水、资信证明等,但同时提供了真实有效且足额的担保情况下,不应认定为骗取贷款罪。

我们认为,对于借贷过程中存在虚假材料的情形往往会落入"其他严重情节"的考量范围,在没有造成实际财产损失结果的情形下作为犯罪认定具有一定的随意性,成为悬在借贷人头上的达摩克利斯之剑,落入随时面临刑事责任追究的风险境地。即使行为人在贷款过程中提交了虚假的证明材料,基于骗取贷款罪保护的法益是借贷资金的安全,在存在真实有效担保的情况下,贷款资金随时可以通过担保财产予以补偿,不存在信贷资金的安全风险,也就不会造成本罪法益的实质侵害。对于借贷过程中的虚假证明材料瑕疵,并不会实质影响本罪的资金安全,因而不应当作为犯罪认定。因此,2021年3月1日正式施行的《刑法修正案(十一)》对骗取贷款罪的认定标准进行了修改,删除了本罪入罪门槛的"有其他严重情节的",只保留"造成重大损失"这一认定结果,更加凸显了骗取贷款罪保护的法益实质是资金的现实安全,只有造成贷款资金重大现实损失这一结果时才成立本罪。

基于《刑法》第一百七十五条之一的骗取贷款罪并没有规定欺骗手段的具体样态,可以参照《刑法》第一百九十三条贷款诈骗罪中的相关规定对客观欺骗行为表现进行判断,具体包括：①编造引进资金、项目等虚假理由的；②使用虚假的经济合同的；③使用虚假的证明文件的；④使用虚假的产权证明作担保或者超出抵押物价值重复担保的；⑤以其他方法诈骗贷款的。其中编造引进资金、项目等虚假理由是指行为人编造根本不存在或者情况不实的外资引进项目以寻求银行等金融机构的配套资金；使用虚假的经济合同、虚假的证明文件、虚假的产权证明担保以及其他虚假方法骗取贷款,形式上都是向银行等金融机构提交虚假的证明材料,如虚构贷款用途、伪造银行流水、资产负债表等财务证明材料,以及虚假的担保材料等,使金融机构对放贷资金的使用流向、借贷者的资信产生错误认识进而发放贷款。上述虚假材料之所以影响骗取贷款罪欺骗手段的认定,实质在于对放贷资金的使用追踪及收回风险产生根本影响,对银行资金安全的法益造成本质侵害。具体到本案,被告人彭某虚构18人系酒业公司购货商的身份,伪造相关身份证明、购销合同、交易确认请款单等材料,属于编造虚假的项目、使用虚假的经济购销合同及虚假的证明文件,是典型的以欺骗手段骗取银行贷款,使得银行陷入错误认识发放贷款,贷款资金处于无法归还的风险境地并最终造成无法收回的损害结果。

根据《刑法》第一百七十五条之一的骗取贷款罪规定,成立骗取贷款罪不仅要求有客观上骗取贷款的行为,还要求给银行或者其他金融机构造成重大损失或者有其他严重情节。对于造成"重大损失"的认定,是指银行等金融机构依法不能收回的贷款数额,对于行为人取得贷款后归还的本金和利息应从实际获得的贷款数额中扣除,不计入犯罪数额或者银行损失数额。根据2010年《立案追诉标准(二)》第二十七条规定,以欺骗手段取得贷款,数额在100万元以上的,或者给银行或者其他金融机构造成直接经济损失数额在20万元以上的,属于造成重大损失或者有其他严重情节,应当立案追诉。结合本案,被告人使用欺骗手段骗取银行贷款金额达到人民币2018万余元,并最终造成1053余万元无法返还的损失结果,属于造成特别重大的损失结果。

(二) 骗取贷款罪与贷款纠纷

贷款纠纷本身属于借贷主体(个人或单位)与银行等金融机构基于平等主体之间在贷款过程中因借款、还款问题出现争议产生的一般民事纠纷。相比较骗取贷款罪而言,贷款民事纠纷在取得银行等金融机构贷款过程往往是采取合法手段,通过提供真实有效的证明材料取得银行等金融机构贷款,因此在取得贷款原因行为上并没有采取虚假欺骗手段甚至犯罪行为,即使存在一定程度瑕疵,如借贷者资信证明、还款能力等材料可能与实际情况有一定出入,但金融机构发放贷款并非因为行为人提供了虚假的证明材料自身受骗而为之,相关行为不具备骗取贷款罪认定所要求的"以欺骗手段取得贷款"的实质要件。贷款纠纷产生的原因往往是还贷过程中行为人由于各种原因不履行还款义务,包括合法取得贷款后因为没有按照规定用途使用贷款,到期没有归还贷款的,或者因为经营不善等市场风险导致行为人无力偿还贷款,成为"老赖"的情形,不能因为行为人最终无力偿还贷款或者合法取得贷款后逃避还款义务倒推其为骗取贷款行为,进而以刑事手段打击。与此相对,骗取贷款罪是行为人通过实质欺骗手段,使得银行等金融机构在发放贷款之初基于被骗在错误认识的情况下发放贷款,使得贷款资金安全在一开始就处于无法收回的风险之中,刑法由此介入打击具有实质欺骗属性的骗取贷款行为。除了行为人本身实施的客观手段不同,其与贷款民事纠纷在金融机构资金安全法益保护的风险产生也存在本质差异,这也最终促成刑法与民法调整相关行为的边界差异:对于金融机构资金放贷安全本身不存在实质欺骗的贷款行为,即使在后期出现不还款的违约行为,银行可能同样面临贷款无法收回的损害结果,但此种贷款违约行为应属于民法调整的普通贷款纠纷,不应当通过刑法以骗取贷款罪进行打击。

四、法条链接

《中华人民共和国刑法》

第一百七十五条之一【骗取贷款、票据承兑、金融票证罪】 以欺骗手段取得银行或者其他金融机构贷款、票据承兑、信用证、保函等,给银行或者其他金融机构造成重大损失的,处三年以下有期徒刑或者拘役,并处或者单处罚金;给银行或者其他金融机构造成特别重大损失或者有其他特别严重情节的,处三年以上七年以下有期徒刑,并处罚金。

单位犯前款罪的,对单位判处罚金,并对其直接负责的主管人员和其他直接责任人员,依照前款的规定处罚。

五、课后思考

1. 如何认定骗取贷款罪的客观欺骗手段?
2. 如何判断骗取贷款罪"造成重大损失"结果?
3. 如何认定骗取贷款罪的数额?

六、延伸阅读

1. 孙国祥.骗取贷款罪司法认定的误识与匡正[J].法商研究,2016(05):50-57.
2. 张明楷.骗取贷款罪的构造[J].清华法学,2019(05):18-35.
3. 周铭川.论骗取贷款罪的行为构造——兼与张明楷教授、孙国祥教授商榷[J].中国刑事法杂志,2020(01):130-147.
4. 王新.骗取贷款罪的适用问题和教义学解析[J].政治与法律,2019(10):42-50.

第四节 危害金融票证、有价证券管理制度犯罪
——顾裔胤伪造金融票证案

一、案情简介

2020年2月前后,被告人顾裔胤为证明自身经济实力,以人民币200元的价格,通过他人伪造了1张户名为其本人、总金额为96万元的中国工商银行股份有限公司苏州横塘支行储蓄存单,后顾裔胤将该伪造的存单交给证人高某保管。2020年9月2日,证人高某持该伪造的存单前往中国工商银行万某广场支行查验真伪时,被银行工作人员发现并报警。经中国工商银行股份有限公司苏州横塘支行查询确认,涉案存单系伪造。法院审理认为,被告人顾裔胤犯伪造金融票证罪,判处有期徒刑7个月,并处罚金人民币2万元。①

二、主要问题

1. 如何认定伪造金融票证罪的"伪造"行为?
2. 如何认识伪造金融票证罪的目的犯属性?
3. 如何认定伪造金融票证罪的罪数形态?

三、法律分析

(一)伪造金融票证罪的"伪造"行为

《刑法》第一百七十七条规定的伪造金融票证罪,是指行为人以各种方法,伪造汇票、

---

① (2020)苏0508刑初804号。

本票、支票或者委托收款凭证、汇款凭证、银行存单等其他银行结算凭证的,或者伪造信用证或者附随的单据、文件或者伪造信用卡的行为。刑法上的伪造是指对被保护的对象进行仿制或者假造的行为。从伪造主体是否具有制作金融票证的权利角度而言,"伪造"行为可以分为两种形式:一是有形伪造,即没有金融票证制作权的人,假冒他人的名义,擅自制造外观上足以使一般人误认为是真实金融票证的虚假金融票证;二是无形伪造,即具有金融票证制作权的人,超越其制作权限,违背事实制造内容虚假的金融票证。

对于伪造行为的形式和内容而言,第一种观点认为,"伪造"是指行为人仿照真实票据的形式、图案、颜色、格式,通过印刷、复印、绘制等制作方法非法制作票据的行为,其强调票据伪造是对外观形式的伪造,忽视票据行为对权利变动的实质影响。

第二种观点认为,伪造既包括行为人对票据外观与内容进行非法仿制的行为,也包括假冒他人(包括虚无人)在票据上为一定的票据行为,包括出票、背书、承兑和保证等行为,该种观点认为票据伪造行为不仅包括形式上的伪造,还包括假冒出票人名义进行的签名、出票、背书、承兑、保证等实质内容的具体票据行为。

我们认为,伪造金融票证行为并非仅指形式意义上的票据格式仿制,必须以导致票据法中规定的法律责任发生为判断依据,否则只是一种伪造"票据用纸"行为,尚未形成真正有价证券,也不可能引发真正的票据权利变动。因此,只有在票据用纸上进行记载,完成签章、签名才能认为实现了设定权利内容的伪造票据行为,而不能是仅仅非法仿制票据用纸的形式伪造。但是,对于记载事项、签章填写是否完整、清晰并不影响伪造票据行为的性质,即使记载权利事项填写有欠缺,只要行为人实施仿制行为并将其作为真实有效的票据,均可认定为伪造金融票证行为。

本案中,被告人顾裔胤通过他人伪造了1张户名为其本人、总金额为96万元的中国工商银行股份有限公司苏州横塘支行储蓄存单,其伪造银行储蓄存单行为不仅对金融票证的样式、图案、颜色等进行形式上的伪造,还对于储蓄单的权利人、金额等主张票证权利的实质内容进行仿制,属于伪造金融票证行为。

(二) 伪造金融票证罪的目的犯属性

刑法没有明文将伪造金融票证罪作为目的犯规定,但本罪在认定时是否要求行为人具有使用的特定目的,存在不同看法。

第一种观点认为,伪造金融票证罪是行为犯,行为人只要有伪造金融票证的行为即可入罪,无需考虑是否具备特定的使用目的。

第二种观点认为,伪造金融票证罪是非法定的目的犯,行为人主观上应具有将金融票证投入到金融交易的使用目的才可以作为犯罪认定。

我们认为,虽然刑法没有将伪造金融票证罪规定为目的犯,但应当将使用目的作为本罪的责任要素,将没有侵害到金融管理秩序的单纯伪造金融票证行为排除在本罪适用之外。如果行为人只是为了哄骗家人、展示财力或者应对债权人上门讨债等,将伪造的金融票证拿出来炫耀或者作为证明自身具备还款能力的依据,但并不具有将伪造的金融票证流通到现实的金融交易过程中的目的,也没有将相关伪造的金融票证质押给他人的行为,则不会对金融票证监管秩序和相关金融机构的财产法益造成侵害,不应当作为本罪认定。本案案情介绍中表述"被告人顾裔胤为证明自身经济实力,以人民币200元的价格,通过他人伪造了1张户名为其本人、总金额为96万元的中国工商银行股份有限公司苏州横塘支行储蓄存单",单凭这一介绍还难以反映被告人顾裔胤具有使用该伪造银行存单的主观目的,如果只是为了"证明自身经济实力",则无法单独作为本罪认定。但是,本案中被告人顾裔胤并非证明自身经济实力后将该伪造的存单自己单独藏匿,而是交给高某保管,并且在事实上高某持该伪造的存单前往中国工商银行万某广场支行查验真伪导致银行报警案发。存有疑问的是,该判决书中没有明确高某的身份和保管该存单的原因,如果高某是作为顾裔胤的债权人或质押权人等,则交付该伪造的银行存单行为实质上是作为金融工具进入金融交易领域,现实侵害到金融交易安全与金融票证管理秩序,应当作为犯罪认定。如果高某只是顾裔胤的家属或亲友,在不知情的情况下共同保管该伪造的银行存单,则不应当作为本罪认定。

(三)伪造金融票证罪的罪数形态

《刑法》第一百七十七条将伪造金融票证行为与变造金融票证行为规定在同一条文中,由此产生如果同一行为人既实施了伪造金融票证犯罪,又实施了变造金融票证犯罪,对其应以一罪论处抑或数罪并罚问题。与此规定不同的是,《刑法》第一百七十条与第一百七十三条分别规定了伪造货币罪与变造货币罪,基于伪造货币与变造货币在行为手段与法益侵害属性上存在本质差异,立法者规定了差异较大的法定刑,由此行为人如果实施伪造货币行为与变造货币行为应当数罪并罚。然而,对于同一行为人同时实施伪造、变造金融票证行为,伪造与变造金融票证所记载的权利变动在客观危害性上并没有本质差别,立法者将两种行为作为选择性罪名规定,并且规定了相同的法定刑,当行为人实施伪造或变造金融票证中的任一行为,只要达到入罪程度即可认定为犯罪;当同时实施伪造、变造金融票证行为时,不实施数罪并罚,以伪造、变造金融票证罪一罪论处。

在司法实践中,经常出现行为人以实施票据诈骗、金融凭证诈骗、信用证诈骗和信用卡诈骗等为犯罪目的,先行实施伪造金融票证的犯罪行为,在此种情况下不论是行为人伪造金融票证后自己实施相关金融诈骗犯罪,抑或基于分工不同交给其他同伙实施金融票证诈骗犯罪,即使在共同犯罪中,先前的金融票证伪造行为与随后的具体金融诈骗犯罪,都属于较为典型的目的行为与手段行为之间的牵连关系,应当运用牵连犯原理从一重罪论处。但是,如果行为人伪造金融票证后出售给其他人用于具体金融诈骗犯罪,因为对于下游实施的具体金融诈骗犯罪,金融票证伪造行为人不具有共同犯罪的故意,前后行为应当分别认定伪造金融票证罪和相关金融诈骗罪,各自独立承担刑事责任。

四、法条链接

《中华人民共和国刑法》

第一百七十七条【伪造、变造金融票证罪】 有下列情形之一,伪造、变造金融票证的,处五年以下有期徒刑或者拘役,并处或者单处二万元以上二十万元以下罚金;情节严重的,处五年以上十年以下有期徒刑,并处五万元以上五十万元以下罚金;情节特别严重的,处十年以上有期徒刑或者无期徒刑,并处五万元以上五十万元以下罚金或者没收财产:(一)伪造、变造汇票、本票、支票的;(二)伪造、变造委托收款凭证、汇款凭证、银行存单等其他银行结算凭证的;(三)伪造、变造信用证或者附随的单据、文件的;(四)伪造信用卡的。单位犯前款罪的,对单位判处罚金,并对其直接负责的主管人员和其他直接责任人员,依照前款的规定处罚。

五、课后思考

1. 如何认定伪造金融票证罪中的"金融票证"?
2. 伪造金融票证罪是否需要行为人具有将票证投入使用的目的?
3. 如何认定伪造金融票证罪的罪数形态?

六、延伸阅读

1. 陈兴良.盗取空白现金支票伪造后使用行为的定性研究——周大伟案分析[J].华东刑事司法评论,2006(01):306-316.
2. 刘宪权.伪造、变造金融票证罪疑难问题刑法分析[J].法学,2008(02):138-145.
3. 董桂武.伪造金融票证罪的未遂[J].中国海洋大学学报(社会科学版),2013(04):100-105.

第五节 危害证券、期货管理制度犯罪
——汪建中操纵证券市场案

一、案情简介

被告人汪建中在担任北京首放投资顾问有限公司负责人期间,于2006年7月至2008年3月先后利用本人及他人身份证开立并实际控制沪、深证券账户。2007年1月9日至2008年5月21日,被告人汪建中采取先买入"工商银行""中国联通"等38只股票,并在公司例会上,要求分析师在股评分析报告中加入推荐其买入股票的信息和让分析师将上述股票作为个股加入掘金报告中;后利用首放公司名义通过新浪网、搜狐网、上海证券报、证券时报等媒介对外推荐先期买入的股票,并在股票交易时抢先卖出,人为影响上述股票的交易价格,获取非法利益。根据中国证券监督管理委员会统计,在首放公司推荐股票的内容发布后,相关38只股票交易量在整体上出现了较为明显的上涨:个股开盘价、当日均价明显提高;集合竞价成交量、开盘后1个小时成交量成倍放大;全天成交量大幅增长;当日换手率明显上升;参与买入账户明显增多;新增买入账户成倍增加。汪建中采取上述方式操纵证券市场55次,累计买入成交额人民币52.6亿余元,累计卖出成交额人民币53.8亿余元,非法获利1.25亿余元归个人所有。法院审理认为,被告人汪建中无视国家法律,为获取不正当利益,操纵证券市场,侵害了国家对证券交易的管理制度和投资者的合法权益,情节特别严重,其行为已构成操纵证券市场罪,依法应予惩处。①

---

① (2011)高刑终字第512号。

二、主要问题

1. 如何认定操纵证券、期货市场罪的行为方式?
2. 如何认定"以其他方法操纵证券、期货市场"的行为方式?

三、法律分析

《刑法》第一百八十二条规定的操纵证券、期货市场罪,是指行为人具有操纵或者影响证券市场行情的主观目的,实施操纵证券、期货市场,情节严重的行为。本罪在1997年《刑法》规定的罪名为操纵证券交易价格罪,后在1999年《刑法修正案》中增加对期货犯罪的规定,罪名修改为操纵证券、期货价格罪,至2006年《刑法修正案(六)》又对本罪进行修正,将罪名调整为操纵证券、期货市场罪,删除原有"获取不正当利益或者转嫁风险"的要件,同时取消了单位犯罪中主管人员和其他责任人员独立的法定刑,按照自然人操纵证券、期货市场罪的法定刑处罚单位中的自然人。2020年12月26日通过的《刑法修正案(十一)》对本罪行为要件进行修改,结合2020年3月1日施行的《证券法》和2019年6月28日最高人民法院、最高人民检察院《关于办理操纵证券、期货市场刑事案件适用法律若干问题的解释》(以下简称2019年"两高"《证券、期货司法解释》)对于"操纵行为"的认定,新增三类具体操纵证券、期货市场行为方式,严密法网,完善对资本市场领域"操纵行为"的刑法打击。

(一) 三类传统操纵证券、期货市场行为方式

对于操纵证券、期货市场罪的行为本质把握,存在欺诈说与操纵说之争。①

第一种观点认为,操纵证券、期货市场的行为往往通过欺诈手段或者虚假陈述,使投资人陷入错误判断进行市场交易最终遭受财产损失,因此本罪的本质属于"欺诈属性"。

第二种观点认为,操纵证券市场行为虽然多数情况采取欺诈的手段,但其"欺诈"的内容有别于传统的"欺诈",不是对事实的虚假捏造(即事实欺诈),而是对事实背后的价值判断的虚假陈述(即意见欺诈)。因此,滥用证券市场的优势或者影响力,人为控制或者影响证券市场情的"操纵性"才是本罪本质特征和危害实质所在。

我们认为,虽然操纵行为具有一定的欺骗性,给其他投资者造成财产损失,但市场操纵行为并非指向某一特定个体实施,无法满足欺诈行为必须针对具体、明确的特定对象的要求,因此其本质不符合欺诈犯罪的行为构造。② 具体而言,操纵证券、期货市场罪的本质应当滥用优势非法操纵市场,包括价量操纵与资本操纵,前者通过扭曲市场真实供求关系的交易行为,人为地控制证券、期货交易价格或交易量,手段包括连续交易、约定交易、洗售等行为方式;后者是通过向市场传递信息以作用于市场投资者,控制其参与特定证券、期货交易,即控制资本要素的配置。③《刑法》第一百八十二条第一款第一至三项规定了联合、连续交易操纵、约定交易操纵、自买自卖操纵(也称洗售操纵)等3种操纵证券、期

---

① 田宏杰.操纵证券市场罪:行为本质及其司法认定[J].中国人民大学学报,2014(04):85-95.
② 刘宪权.操纵证券、期货市场罪司法解释的法理解读[J].法商研究,2020(01):3-15.
③ 谢杰,朱以林.金融市场刑事法律适用与风险防控[M].上海:上海人民出版社,2020:311-312.

货市场的行为方式,这也是我国刑法惩治操纵证券、期货市场最传统、最典型的3种模式。

单独或者合谋,集中资金优势、持股或者持仓优势或者利用信息优势联合或者连续买卖,操纵证券、期货交易价格或者证券、期货交易量的。此种方式表现为利用各种资源优势如资金、持股、持仓或者信息优势单独操纵和合谋联合买卖、合谋连续买卖。基于资金、持股、持仓以及信息等因素在证券、期货市场具有举足轻重作用,不论是单独还是联合、连续对此类资源进行操纵都将引发证券、期货交易价格与交易量的非正常波动,实现行为人非法获利目的。

与他人串通,以事先约定的时间、价格和方式相互进行证券、期货交易,影响证券、期货交易价格或者证券、期货交易量的。此种通谋买卖的操纵方式也被称为约定交易操纵或者相对委托等,主要是指两个或两个以上具有资金、持股或者持仓、信息等优势的利益主体,在共同操纵的故意支配下在相同的时间内以事先预定的价格、数量和方式进行交易的行为。基于资本市场体量庞大,必须具有相当规模的资金、持股、持仓或者信息优势才能实现操纵效果,这客观上使得单一主体难以独立完成,需要联合其他犯罪分子共同实施,因此此种行为方式体系了典型的共同犯罪特征。

在自己实际控制的账户之间进行证券交易,或者以自己为交易对象,自买自卖期货合约,影响证券、期货交易价格或者证券、期货交易量的。此种自买自卖操纵方式也称为洗售操纵,主要是指同一主体以自己为交易对象,既当买方也当卖方,仅在形式上出现证券、期货买进或者卖出的假象,行为人仅是支出部分交易手续费用,事实上并没有发生转移证券、期货合约的所有权,由此误导其他投资者跟随买卖,从而抬高或者压低某种证券、期货交易价格,操纵者趁机谋利或者转嫁风险。法律对于洗售操纵的时间、价格、数量等行为要素没有明确规定,认定的焦点与难点主要体现在如何认定"自己实际控制的账户"。根据相关司法解释,主要以行为人对账户内资产具有交易决策权作为"自己实际控制的账户"认定依据,具体包括4种情形:第一项是行为人以自己的名义开户并使用的实名账户,第二项是行为人向账户转入或者从账户转出资金,并承担实际损益的他人账户,第三项是行为人通过第一项、第二项以外的方式管理、支配或者使用的他人账户,第四项是行为人通过投资关系、协议等方式对账户内资产行使交易决策权的他人账户。同时,还规定了"自己实际控制的账户"的例外情形,即有证据证明行为人对第一至三项账户内资产没有交易决策权的除外。

(二)"以其他方法操纵证券、期货市场"的行为方式

在2020年《刑法修正案(十一)》颁布之前,现实生活中发生诸多新型操纵证券、期货市场的行为方式并不完全符合《刑法》第一百八十二条列举的前3种具体操纵样态,对于没有明文规定的市场操纵行为能否作为兜底条款"以其他方法操纵证券、期货市场"进行认定,存在行为同质性判断的解释困境。因此,2019年"两高"《证券、期货司法解释》针对当时《刑法》第一百八十二条第一款第四项规定的"以其他方法操纵证券、期货市场"明确了6种操纵证券、期货市场的具体行为方式,主要包括"蛊惑交易操纵"、"抢帽子交易操纵"(即利用"黑嘴"荐股操纵)、"重大事件操纵"(主要是指"编故事、画大饼"的操纵行为)、"利用信息优势操纵"、"恍骗交易操纵"(也称虚假申报操纵)和"跨期、现货市场操纵"等情形。

"蛊惑交易操纵"是指行为人利用虚假或者不确定的重大信息，诱导投资者作出投资决策，影响证券、期货交易价格或者证券、期货交易量，并进行相关交易或者谋取相关利益的行为。蛊惑交易操纵中利用的信息必须是能够对证券、期货市场价格造成明显影响的信息。

"抢帽子交易操纵"是指行为人通过对证券及其发行人、上市公司、期货交易标的公开作出评价、预测或者投资建议，误导投资者作出投资决策，影响证券、期货交易价格或者证券、期货交易量，并进行与其评价、预测、投资建议方向相反的证券交易或者相关期货交易的行为。"抢帽子交易操纵"的本质在于信息发布者与信息接收者存在利益冲突。在汪建中操纵证券市场案中，其认识到北京首放作为比较有影响力的证券投资咨询机构，通过权威性的财经报纸和知名网站等媒体发布其投资咨询报告进行股票推荐，对投资者具有比较广泛、重要的影响，从而可能对大盘股股价波动造成影响，具有影响证券交易价格与证券交易量的客观可能性；同时，汪建中在主观操纵故意的支配下，利用投资咨询公司的特殊影响，推动所推荐股票价格上涨，影响投资人跟风买进，进而将先期买进的相关推荐股票抢先抛售，实现反向交易操作获利，干扰、破坏了正常证券、期货市场的管理秩序，"抢帽子交易操纵"与蛊惑交易等其他操纵行为具有法益侵害的同质性。

"重大事件操纵"是指行为人通过策划、实施资产收购或者重组、投资新业务、股权转让、上市公司收购等虚假重大事项，误导投资者作出投资决策，影响证券交易价格或者证券交易量，并进行相关交易或者谋取相关利益的行为。其中"重大事项"必须是虚假的，否则利用这些重大事项信息进行交易就可能构成内幕交易、泄露内幕信息罪。

"利用信息优势操纵"是指行为人通过控制发行人、上市公司信息的生成或者控制信息披露的内容、时点、节奏，误导投资者作出投资决策，影响证券交易价格或者证券交易量，并进行相关交易或者谋取相关利益的行为。实际上，蛊惑交易操纵和重大事件操纵等都属于利用信息型操纵。

"恍骗交易操纵"也称虚假申报操纵，是指行为人不以成交为目的，频繁申报、撤单或者大额申报、撤单，误导投资者作出投资决策，影响证券、期货交易价格或者证券、期货交易量，并进行与申报相反的交易或者谋取相关利益的行为。在虚假申报操纵中，行为人通过高频交易，可以在极短的时间内通过反复多次虚假申报的操作手段积累丰厚的收益。

"跨期、现货市场操纵"是指行为人通过囤积现货，影响特定期货品种市场行情，并进行相关期货交易的行为。此种操纵手段主要是利用现货市场与期货市场之间的价格传导机制使掌握现货筹码的交易者可以通过控制现货市场价格在期货市场中谋利。

《刑法修正案（十一）》在充分吸收考察 2019 年"两高"《证券、期货司法解释》和 2020 年新《证券法》对操纵证券、期货市场行为方式的规定的基础上，对本条行为方式进行了修改：除了将操纵证券、期货市场行为的共同表现形式"影响证券、期货交易价格或者证券、期货交易量"作为法定构成要件之一，不再以单独说明的方式在所列举的具体行为方式中逐一提示，使得条文表述更加简洁明了。同时，在 3 类传统操纵行为基础上增加 3 类新型证券、期货操纵行为方式，规定在本条第一款第四至六项，具体包括：不以成交为目的，频繁或者大量申报买入卖出证券、期货合约并撤销申报的；利用虚假或不确定的重大信息，诱导投资者进行证券、期货交易的；对证券、证券发行人、期货交易标的公开作出评价、预测或者投资建议,同时进行反向证券交易或者期货交易的。可以看出,《刑法修正案(十一)》新增加的3种操纵方式,分别是将2019年"两高"《证券、期货司法解释》第一条"以其他方法操纵证券、期货市场"中的第五项"恍骗交易操纵"(虚假申报操纵),第一项蛊惑交易操纵以及第三项抢帽子交易操纵,从"兜底"行为类型明确为独立的操纵行为方式,体现上述3种操纵类型的典型性和高发性。但对于其他在2019年"两高"《证券、期货司法解释》中规定的操纵行为方式,仍然可以继续作为本罪的"兜底性"操纵行为方式进行认定。

四、法条链接

1.《中华人民共和国刑法》

第一百八十二条【操纵证券、期货市场罪】 有下列情形之一,操纵证券、期货市场,影响证券、期货交易价格或者证券、期货交易量,情节严重的,处五年以下有期徒刑或者拘役,并处或者单处罚金;情节特别严重的,处五年以上十年以下有期徒刑,并处罚金:(一)单独或者合谋,集中资金优势、持股或者持仓优势或者利用信息优势联合或者连续买卖的;(二)与他人串通,以事先约定的时间、价格和方式相互进行证券、期货交易的;(三)在自己实际控制的账户之间进行证券交易,或者以自己为交易对象,自买自卖期货合约的;(四)不以成交为目的,频繁或者大量申报买入、卖出证券、期货合约并撤销申报的;(五)利用虚假或者不确定的重大信息,诱导投资者进行证券、期货交易的;(六)对证券、证券发行人、期货交易标的公开作出评价、预测或者投资建议,同时进行反向证券交易或者相关期货交易的;(七)以其他方法操纵证券、期货市场的。

单位犯前款罪的,对单位判处罚金,并对其直接负责的主管人员和其他直接责任人员,依照前款的规定处罚。

2. 2019年《最高人民法院 最高人民检察院关于办理操纵证券、期货市场刑事案件适用法律若干问题的解释》

第一条 行为人有下列情形之一的,可以认定为刑法第一百八十二条第一款第四项规定的"以其他方法操纵证券、期货市场":(一)利用虚假或者不确定的重大信息,诱导投资者作出投资决策,影响证券、期货交易价格或者证券、期货交易量,并进行相关交易或者谋取相关利益的;(二)通过对证券及其发行人、上市公司、期货交易标的公开作出评价、预测或者投资建议,误导投资者作出投资决策,影响证券、期货交易价格或者证券、期货交易量,并进行与其评价、预测、投资建议方向相反的证券交易或者相关期货交易的;(三)通过策划、实施资产收购或者重组、投资新业务、股权转让、上市公司收购等虚假重大事项,误导投资者作出投资决策,影响证券、期货交易价格或者证券、期货交易量,并进行相关交易或者谋取相关利益的;(四)通过控制发行人、上市公司信息的生成或者控制信息披露的内容、时点、节奏,误导投资者作出投资决策,影响证券、期货交易价格或者证券、期货交易量,并进行相关交易或者谋取相关利益的;(五)不以成交为目的,频繁申报、撤单或者大额申报、撤单,误导投资者作出投资决策,影响证券、期货交易价格或者证券、期货交易量,并进行与申报相反的交易或者谋取相关利益的;(六)通过囤积现货,影响特定期货品种市场行情,并进行相关期货交易的;(七)以其他方法操纵证券、期货市场的。

五、课后思考

1. 如何理解操纵证券、期货市场罪的行为本质？
2. 如何认定操纵证券、期货市场罪的行为方式？

六、延伸阅读

1. 刘宪权.操纵证券、期货市场罪司法解释的法理解读[J].法商研究,2020(01)：3-15.
2. 谢杰.市场操纵犯罪司法解释的反思与解构[J].法学,2020(01)：138-153.
3. 田宏杰.操纵证券市场罪：为本质及其司法认定[J].中国人民大学学报,2014(04)：85-95.
4. 郭研.操纵证券市场罪的立法检视及司法适用[J].人民检察,2019(13)：74-77.

第六节　危害客户、公众资金管理制度犯罪

——兴证期货有限公司大连营业部等背信运用受托财产案

一、案情简介

被告单位兴证期货有限公司大连营业部(以下简称兴证大连营业部)系兴证期货有限公司的下属分支机构。被告人孟某于 2009 年 8 月至 2014 年 7 月在兴证大连营业部担任总经理,负责大连营业部全面工作。被告人陈某于 2013 年 8 月至 2014 年 7 月在兴证大连营业部担任客户经理,负责开发及维护客户。2013 年,被告人陈某及胡某某认识了被害人高某,向其介绍兴证大连营业部有保本理财产品。经被告人孟某同意,被告人陈某向被害人高某承诺通过寻找第三方投资顾问的方式为高某操作期货账户,在保本保息基础上达到 7% 的年收益。

2013 年 10 月 22 日,被害人高某与兴证期货有限公司签订了《期货经纪合同》及相关文件,按照兴证大连营业部工作人员的指引开立了兴证期货保证金账户并向账户内转款人民币 1 670 万元,被告人陈某以对接投资顾问为由向高某索要了期货账户的交易密码。后被告人孟某、陈某未能够找到愿意接盘的投资顾问,在未通知被害人高某也未取得其同意的情况下,二被告人商议后决定使用高某的期货账户交易密码进行交易。2013 年 10 月 31 日至 2014 年 1 月 20 日,被告人孟某、陈某擅自运用被害人高某期货交易账户大量、频繁进行期货买卖,最终造成高某期货保证金账户亏损人民币 1 043.1 万元,共计产生交易手续费 1 533 642.48 元,其中为兴证期货有限公司赚取手续费 825 353.56 元,上交给期货交易所 708 288.92 元。案发后,被告人孟某、陈某及胡某某返还被害人高某人民币共计 191 万元。

法院认为,被告单位兴证期货有限公司大连营业部违背受托义务,擅自运用客户资金,情节特别严重,其行为侵犯了国家的金融管理秩序和客户的合法权益,构成背信运用

受托财产罪。被告人孟某作为该营业部直接负责的主管人员,被告人陈某作为该营业部其他责任人员,其行为均构成背信运用受托财产罪。[1]

二、主要问题

1. 如何认定背信运用受托财产罪的客观行为?
2. 如何认定背信运用受托财产罪的主体?

三、法律分析

《刑法》第一百八十五条之一第一款规定的"背信运用受托财产罪"是2006年《刑法修正案(六)》增设的罪名,是指商业银行、证券交易所、期货交易所、证券公司、期货经纪公司、保险公司或者其他金融机构,违背受托义务,擅自运用客户资金或者其他委托、信托的财产,情节严重的行为。本罪侵害的法益既包括金融机构对于委托人的诚实信用义务,体现背信类犯罪法益侵害的共性特征,又侵害了委托人的财产法益。

(一) 背信运用受托财产罪的客观行为

背信运用受托财产罪在客观方面表现为金融机构违背受托义务,擅自运用客户资金或者其他委托、信托的资产的行为。对于如何理解"违背受托义务"的内涵,第一种观点认为,本罪中的"违背受托义务"仅限于违背委托人与受托人之间的具体约定义务,即使金融机构违反法律、行政法规、部门规章规定的法定义务,但没有违背双方当事人之间的合同义务,则不能认定为"违背受托义务"。第二种观点认为,本罪中的"违背受托义务"应当包括法律违背法律、行政法规、部门规章规定的法定义务和委托人与受托人之间具体约定的义务。

我们认为,"违背受托义务"既包括对法定义务的违反,也包括金融机构对于委托人合同约定义务的违反。前者主要规定在《商业银行法》《证券法》《证券投资基金法》《期货交易管理条例》《保险法》《信托法》等相关金融法律、法规之中,如《信托法》第二十五条规定:"受托人应当遵守信托文件的规定,为受益人的最大利益处理信托事务。受托人管理信托财产,必须恪尽职守,履行诚实、信用、谨慎、有效管理的义务。"并且在第二十六条至第三十条具体列明了受托人诸如不得利用信托财产为自己谋取利益、不得将信托财产转为其固有财产、不得将其固有财产与信托财产进行交易或者将不同委托人的信托财产进行相互交易等具体义务。又如2014年6月30日中国证监会《私募投资基金监督管理暂行办法》第四条规定:"私募基金管理人和从事私募基金托管业务的机构管理、运用私募基金财产,从事私募基金销售业务的机构及其他私募服务机构从事私募基金服务活动,应当恪尽职守,履行诚实信用、谨慎勤勉的义务。"并且在第二十三条对私募基金管理人、私募基金托管人、私募基金销售机构及其他私募服务机构及其从业人员从事私募基金业务,明确不得有以下行为:①将其固有财产或者他人财产混同于基金财产从事投资活动;②不公平地对待其管理的不同基金财产;③利用基金财产或者职务之便,为本人或者投资者以外的人牟取利益,进行利益输送;④侵占、挪用基金财产;⑤泄露因职务便利获取的未公开信息,利用该信息从事或者明示、暗示他人从事相关的交易活动;⑥从事损害基金财产和投

---

[1] (2016)辽02刑初12号。

资者利益的投资活动;⑦玩忽职守,不按照规定履行职责;⑧从事内幕交易、操纵交易价格及其他不正当交易活动;⑨法律、行政法规和中国证监会规定禁止的其他行为。上述法律、行政法规、部门规章规定了受托人应当切实维护客户合法权益的最低法定义务。

除了对于法定义务的违反,受托义务还应当包括金融机构与委托人约定的具体义务,即双方在合同中约定的具体义务。但是,如果受托人与委托人达成的委托合意与法定义务相冲突,同样可能构成背信犯罪。如《私募投资基金监督管理暂行办法》规定,私募基金管理人、私募基金销售机构不得向投资者承诺投资本金不受损失或者承诺最低收益,如果受托金融机构承诺保本保息或给予高额回报,虽然符合双方约定的具体义务,但违反了法定义务同样属于"违背受托义务",构成背信运用受托财产罪。

此外,本罪客观上表现为"擅自运用客户资金或者其他委托、信托的财产"的行为,即受托人在没有得到委托人同意的情形下运用客户资金或者其他委托、信托的财产,对于相关资金、财产的使用用途与时间长短并没有特别要求。如果受托人对相关资金、财产的运用是得到委托人的同意、授权,则阻却"擅自"这一违法要素的成立。实践中对于"委托、信托的财产"认定,主要体现在如下客户资金和资产:①证券投资业务中的客户交易资金;②委托理财业务中的客户存放在金融机构进行管理的资产,如资金、证券等;③信托业务中的信托财产,包括资金信托和一般财产信托;④期货业务中存放在期货保证金账户中的资金;⑤公募基金业务中通过公开发售基金份额募集的客户资金,也称证券投资基金。在入罪标准上,根据2010年《立案追诉标准(二)》第四十条规定,本罪"情节严重"包括擅自运用受托财产的数额在30万元以上、多次擅自运用受托财产、擅自动用多个客户受托财产或者其他严重情节等情形,虽然没有明确造成委托人财产损失的数额要求,但对于擅自运用受托财产的数额、次数以及账户数量的规定,同样体现出本罪保护委托人财产法益的目标。

本案中,兴证大连营业部对于期货交易委托人承诺保本保息基础上达到7%的年收益,违背金融机构开展资产管理业务时不得承诺保本保收益的法律禁止性规定,属于违背法定受托义务。同时,被告人孟某和陈某在未征得委托人同意的情形下,利用掌握的交易密码自行操作其期货账户资金1670万元,属于擅自运用客户资金的行为,最终造成委托人亏损人民币1043.1万元。

(二)背信运用受托财产罪的主体

背信运用受托财产罪属于纯正的单位犯罪,犯罪主体为特殊主体,即商业银行、证券交易所、期货交易所、证券公司、期货经纪公司、保险公司或者其他金融机构,个人不能构成本罪的主体。基于本罪规定在刑法分则第三章第四节"破坏金融管理秩序罪"中,侵犯的同类法益为金融管理秩序,犯罪主体都是金融机构。本案中,被告人孟某作为兴证期货有限公司大连营业部的负责人,与被告人陈某共同利用高某的账户资金进行期货交易,收取的手续费亦归兴证期货有限公司所有,构成单位犯罪,均应承担相应的刑事责任。

对于私募基金管理人是否可以作为本罪"其他金融机构"进行认定,在司法实践中存在较大争议。

第一种观点认为,2014年中国人民银行发布的《金融机构编码规范》并没有包含私募基金管理公司,据此不应将私募基金管理人作为本罪主体。

第二种观点认为,私募基金管理人所从事的资金管理业务行为具有类似金融属性,将其纳入"其他金融机构"并没有超出条文语义射程,也不会超出一般民众的预测可能性,因此背信运用受托财产罪适用于私募基金管理人背信犯罪。

我们认为,私募基金管理公司应当认定为本罪"其他金融机构",即背信运用受托财产罪可以适用于私募基金领域,可以将私募基金管理人(私募基金管理公司)纳入本罪规制范围。一方面,私募基金管理公司与公募基金管理人在金融业务属性上本质相同。私募基金与公募基金虽然在募集方式、募资对象等方面存在不同,但两者在资金管理业务中所应负有的受托履行义务并无本质差别,即都应当恪尽职守,履行诚实信用、谨慎勤勉的义务。另一方面,在相关法律文件或法律规范说明中都有将私募基金作为金融机构认定的明确表述,如2017年7月1日中国人民银行《金融机构大额交易和可疑交易报告管理办法》第二条规定:"本办法适用于在中华人民共和国境内依法设立的下列金融机构:……(二)证券公司、期货公司、基金管理公司",不区分基金管理公司的公募与私募运行模式,统一作为金融机构认定。并且,在《刑法修正案(六)》相关立法说明中,对于"其他金融机构"的犯罪主体认定包括信托投资公司、投资咨询公司、投资管理公司等金融机构。虽然"投资管理公司"并不在中国人民银行《金融机构编码规范》之内,并非央行所确认的金融机构,但根据立法说明,仍然属于刑法意义上的金融机构范畴,能够成为背信运用受托财产罪的行为主体。

四、法条链接

《中华人民共和国刑法》

第一百八十五条之一【背信运用受托财产罪】 商业银行、证券交易所、期货交易所、证券公司、期货经纪公司、保险公司或者其他金融机构,违背受托义务,擅自运用客户资金或者其他委托、信托的财产,情节严重的,对单位判处罚金,并对其直接负责的主管人员和其他直接责任人员,处三年以下有期徒刑或者拘役,并处三万元以上三十万元以下罚金;情节特别严重的,处三年以上十年以下有期徒刑,并处五万元以上五十万元以下罚金。

五、课后思考

1. 如何认定背信运用受托财产罪的客观行为?
2. 如何认定背信运用受托财产罪的主体?

六、延伸阅读

1. 汪明亮,安汇玉.私募基金管理人之背信运用受托财产罪规制[J].上海政法学院学报(法治论丛),2020(03):78-93.
2. 谢焱.背信罪的法益研究[J].政治与法律,2016(01):40-47.
3. 彭少辉.我国刑法中的背信类犯罪及立法完善——关于增设金融行业从业人员背信罪的再思考[J].上海保险,2012(02):23-26+46.

第七节　危害外汇管理制度犯罪

——波驷贸易(上海)有限公司、尼某、陈某逃汇案

一、案情简介

波驷贸易(上海)有限公司(以下简称波驷上海公司)是一家注册在上海自贸区内从事国际贸易业务的外资企业。公司的实际控制人尼某在经营该公司期间，向中国建设银行、中信银行提交该公司与香港国际有限公司等境外公司签订的工程船等售货合同、发票等材料，收取外汇资金，后又向上述银行提交该公司与英国财富资源有限公司等境外公司签订的购货合同、发票、虚假提单等材料，由波驷上海公司总经理陈某根据尼某的指令将上述以转口贸易名义收取的外汇资金付汇至英国财富资源有限公司等境外公司的离岸账户，涉及资金 11 笔共约 1 082 万美元。法院认为，波驷上海公司以转口贸易名义付汇所依据的提单虚假，付汇缺乏真实存在的转口贸易，其行为符合逃汇罪"违反国家规定，将境内的外汇非法转移到境外，数额较大"的客观要件，且从客观上造成了我国转口贸易额在外汇统计上的虚增，扰乱了我国的外汇管理秩序，判决波驷上海公司、尼某、陈某犯逃汇罪，并作出相应处罚。①

二、主要问题

1. 如何认定逃汇罪的客观行为方式？
2. 如何认定逃汇罪的主体？

三、法律分析

(一) 逃汇罪客观行为

根据《刑法》第一百九十条规定，逃汇罪是指公司、企业或者其他单位，违反国家规定，擅自将外汇存放境外，或者将境内的外汇非法转移到境外，数额较大的行为。外汇作为本罪的犯罪对象，根据 1996 年国务院《外汇管理条例》(2008 年修订)规定，是指下列以外币表示的可以用作国际清偿的支付手段和资产：①外币现钞，包括纸币、铸币；②外币支付凭证或者支付工具，包括票据、银行存款凭证、银行卡等；③外币有价证券，包括债券、股票等；④特别提款权；⑤其他外汇资产。

对于逃汇罪客观行为的认定，主要体现为违反国家规定，擅自将外汇存放境外，或者将境内的外汇非法转移到境外，并达到数额较大。对于第一种情形，"违反国家规定，擅自将外汇存放境外"，是指违反法律、行政法规等规定中有关外汇存放境外的规定，将应调回国内的外汇不调回国内而存放在境外的情形。擅自将外汇存放在境外，既可以是存放在境外的银行，也可以是存放在境外单位或个人手中。对于第二种情形，"违反国家规定，将境内的外汇非法转移到境外"，是指未经批准，将境内外汇非法地转移到境外的行为，包括

---

① (2014)浦刑初字第 5741 号刑事判决。

违反规定将外汇汇出或者携带出境,或者未经外汇管理机关批准,擅自将外汇存款凭证、外币有价证券携带或邮寄出境的行为。此种情形可能和走私犯罪产生竞合,即外汇属于国家限制进出口的物品,根据 2014 年 8 月 12 日最高人民法院、最高人民检察院《关于办理走私刑事案件适用法律若干问题的解释》第二十一条,"未经许可进出口国家限制进出口的货物、物品,构成犯罪的,应当依照刑法第 151 条、第 152 条的规定,以走私国家禁止进出口的货物、物品罪等罪名定罪处罚"。因此,单位实施携带或邮寄外汇出境的行为,达到数额较大时,可能同时触犯逃汇罪与走私国家禁止进出口的货物、物品罪,成立想象竞合从一重罪处罚。

对于逃汇罪数额较大的认定,根据 2010 年《立案追诉标准(二)》第四十六条规定,公司、企业或者其他单位,违反国家规定,擅自将外汇存放境外,或者将境内的外汇非法转移到境外,单笔在 200 万美元以上或者累计数额在 500 万美元以上的,应予立案追诉。由此,对于单位实施携带或邮寄外汇出境的行为,就实施的现实可能性而言,通常而言很难达到逃汇罪所要求的携带或者邮寄外汇立案数额,而此种情况下也难以达到相关走私犯罪追诉要求,即单位走私外币出境的行为一般由所查处的海关监管部门进行扣留、没收等行政处罚,很少作为走私犯罪进行认定惩处。

(二) 逃汇罪主体

第一种观点认为,逃汇罪只能由单位构成,个人无法成为本罪独立认定的主体。

第二种观点认为,逃汇罪作为单位犯罪,其行为在客观表现上由具体自然人实施,以单位犯罪刑事责任呈现,但自然人如果以逃汇为目的而设立单位或者单位设立后以实施逃汇为主要活动的,仍满足单位犯罪的形式要求,可以构成逃汇罪。此外,自然人可以以共犯形态作为犯罪主体。

我们认为,逃汇罪属于纯正的单位犯罪,只能由单位构成本罪主体。在 1997 年《刑法》制定之初,逃汇罪的主体仅限于国有公司、企业或者其他国有单位,未将非国有单位纳入逃汇罪的主体范围,不利于对逃汇犯罪的打击。针对实际中出现的新情况,1998 年 12 月 29 日全国人民代表大会常务委员会审议通过《关于惩治骗购外汇、逃汇和非法买卖外汇的决定》,将本罪主体范围扩大为"公司、企业或者其他单位",以利于惩治一切单位逃汇行为,并且只有单位才能成为本罪主体,自然人不能成为本罪的主体。单位犯本款罪,实行双罚制,即对单位判处罚金,并对单位直接负责的主管人员和其他直接责任人员,根据情节分别判处 5 年以下有期徒刑或者拘役、5 年以上有期徒刑。虽然尼某、陈某并非本罪的犯罪主体,但分别系波驷上海公司实际控制人和总经理,其行为构成逃汇罪,应予以惩处。对于个人携带大量外汇逃避海关监管,出国(边)境的行为符合走私罪的成立条件时,就犯罪构成要件而言,应作为走私罪进行认定处罚。其他情形下对个人持有的外汇非法转移至国外的行为刑法没有通过逃汇罪规定为犯罪。

四、法条链接

《中华人民共和国刑法》

第一百九十条【逃汇罪】 公司、企业或者其他单位,违反国家规定,擅自将外汇存放境外,或者将境内的外汇非法转移到境外,数额较大的,对单位判处逃汇数额百分之五以上百分之三十以下罚金,并对其直接负责的主管人员和其他直接责任人员处五年以下有期徒刑或者拘役;数额巨大或者有其他严重情节的,对单位判处逃汇数额百分之五以上百分之三十以下罚金,并对其直接负责的主管人员和其他直接责任人员处五年以上有期徒刑。

五、课后思考

1. 如何认定逃汇罪的客观行为方式?
2. 如何认定逃汇罪与走私犯罪的竞合情形?
3. 如何认定自然人实施逃汇行为所承担的法律责任?

六、延伸阅读

1. 吴加明.内保外贷套利行为构成逃汇罪之商榷与反思[J].上海政法学院学报(法治论丛),2017(05):10-17.
2. 陈晨.新形势下外汇犯罪司法实务若干问题研究[J].中国刑事法杂志,2017(04):110-130.

第八节 洗钱犯罪
——潘儒民等洗钱案

一、案情简介

被告人潘儒民于2006年年初,通过张协兴(另案处理)的介绍和阿元(另案处理)取得联系,商定由潘儒民通过银行转账的方式为阿元转移从网上银行诈骗的钱款,潘儒民按转移钱款数额10%的比例提成。嗣后,潘儒民纠集了被告人祝素贞、李大明、龚嫒,利用杜福明(另案处理)收集到的陈涛、董梅华等多人的身份证,由杜福明在上海市有关银行办理了大量信用卡,然后再转交给潘儒民、祝素贞,而阿元则通过非法手段获取了网上银行客户黄明伟、芦禹等多人的中国工商银行牡丹灵通卡卡号和密码等资料,将资金划入潘儒民通过杜福明办理的中国工商银行上海分行的67张灵通卡内,并通知潘儒民取款。阿元划入上述67张灵通卡内共计人民币1 002 438.11元。此外,这些信用卡内还被通过汇款的方式注入人民币171 826元。潘儒民、祝素贞、李大明、龚嫒于2006年7月至8月,在上海市使用上述67张灵通卡和另外的27张灵通卡,通过自动柜员机提取现金共计人民币1 086 085元,通过银行柜台提取现金共计人民币73 615元,在扣除事先约定的份额后,将剩余资金再汇入阿元指定的账户内。法院审理认为:被告人潘儒民、祝素贞、李大明、龚嫒明知是金融诈骗犯罪所得,为掩饰、隐瞒其来源和性质,仍提供资金账户并通过转账等方式协助资金转移,其行为构成洗钱罪。①

---

① (2007)虹刑初字第719号。

二、主要问题

1. 如何理解和认定洗钱罪主观要件的"明知"?
2. 如何区分上游犯罪的共同犯罪与洗钱罪主体?
3. 如何区分洗钱罪与掩饰、隐瞒犯罪所得、犯罪所得收益罪?

三、法律分析

根据《刑法》第一百九十一条规定,洗钱罪是指行为人明知是毒品犯罪、黑社会性质的组织犯罪、恐怖活动犯罪、走私犯罪、贪污贿赂犯罪、破坏金融管理秩序犯罪、金融诈骗犯罪的所得及其产生的收益,所进行的掩饰、隐瞒其来源和性质的行为。具体包括下列行为:①提供资金账户;②协助将财产转换为现金、金融票据、有价证券;③通过转账或者其他结算方式协助资金转移;④协助将资金汇往境外;⑤以其他方法掩饰、隐瞒犯罪所得及其收益的来源和性质。由我国当前刑事立法规定可以看出,洗钱罪从1997年《刑法》颁布制定以来,其上游犯罪范围从毒品犯罪、黑社会性质的组织犯罪、走私犯罪3种类型,至2001年《刑法修正案(三)》中增加恐怖活动犯罪第四类种犯罪类型,并于2006年《刑法修正案(六)》中扩大至贪污贿赂犯罪、破坏金融管理秩序犯罪、金融诈骗犯罪等其他犯罪类型,至此当前刑法对于洗钱罪涉及的上游犯罪共包括7种犯罪类型。可以看出,刑法扩大洗钱罪上游犯罪的打击范围,严密下游犯罪刑事打击法网,意在围堵上游犯罪资金漂白的漏网之鱼,并加快实现与世界其他国家和国际公约对于洗钱行为刑法规制范围的衔接。

(一)洗钱罪主观要件"明知"的认定

洗钱罪条文中明确了本罪主观要件中的"明知"要素,如果行为人不明知其行为指向的犯罪违法所得及其产生的收益是上述七类犯罪所产生,则不构成洗钱罪。因此,对于本案被告人是否明知所转移钱款性质成为认定洗钱罪主观要件的关键。对于"明知"的认定,理论界与实务界存在不同的理解与认定标准。

第一种观点认为,"明知"就是行为人明确地知道是法律条文中规定的特定犯罪违法所得及其产生的收益。

第二种观点认为,"明知"除了明确知道,还包括应当知道或者可能知道。

我们认为,洗钱罪中的明知应当理解为"知道或者应当知道",不包括"可能知道"。这里的"知道"是指行为人明知自己洗钱行为的对象是七类特定犯罪类型,如果仅是概括知道是犯罪所得但不知道是七类特定犯罪所得,则不属于明知,不构成本罪。如果是在上述七类犯罪类型内部产生认识错误,如误将贪污贿赂犯罪所得认为是金融诈骗犯罪所得,或者将黑社会性质组织犯罪所得误认为是走私犯罪所得,则不影响洗钱罪明知的认定。此外,2009年11月4日《最高人民法院关于审理洗钱等刑事案件具体应用法律若干问题的解释》细化了洗钱犯罪中"明知"的司法认定,明确了应当结合被告人的认知能力,接触他人犯罪所得及其收益的情况,对犯罪所得及其收益的种类、数额,犯罪所得及其收益的转换、转移方式以及被告人的供述等主、客观因素进行认定,列举了6种推定"明知"的具体情形,即①知道他人从事犯罪活动,协助转换或者转移财物的;②没有正当理由,通过非法途径协助转换或者转移财物的;③没有正当理由,以明显低于市场的价格收购财物的;

④没有正当理由,协助转换或者转移财物,收取明显高于市场的"手续费"的;⑤没有正当理由,协助他人将巨额现金散存于多个银行账户或者在不同银行账户之间频繁划转的;⑥协助近亲属或者其他关系密切的人转换或者转移与其职业或者财产状况明显不符的财物的。

由此可知,"明知"并不等于确实知道,根据特定情形能够推定的"应当知道"同样纳入"明知"范畴。但是,推定知道并不等于"可能知道",当行为人只是具有认识可能性但事实上并不知道的情形,此时主观上属于"过失"。基于洗钱罪属于故意犯而不包括过失犯,刑法不处罚过失洗钱行为,因此行为人主观上必须是确实知道或者根据客观情况可以推定行为人应当知道,才可以完备洗钱罪主观"明知"要件。本案被告人潘儒民等人在知道阿元所得钱款系通过互联网由信用卡诈骗所得,而提供信用卡卡号和密码进行取款协助资金转移,涉嫌为金融犯罪所得钱款进行掩饰、隐瞒,符合洗钱罪客观构成要件以及满足对主观要件中"明知"的认定。

(二)上游犯罪共同犯罪与洗钱罪主体的认定

通常而言,洗钱罪的主体是实施上游犯罪以外的下游犯罪实施者,对于参与下游洗钱行为的性质认定,既可能成立上游特殊类型犯罪的共同犯罪,也可能单独认定洗钱罪,区分关键在于上下游犯罪人之间是否有犯罪共谋:如果行为人事前(或事中)与特定上游犯罪行为人之间有通谋,互相分工,约定上游犯罪实施完成后实施洗钱行为的,洗钱行为人成立上游犯罪的共犯;如果洗钱人与上游犯罪行为人事前(或事中)并无通谋,仅仅是事后实施了洗钱行为的,则单独成立洗钱罪。

以往刑法理论界与司法实务界对于上游犯罪行为人能否构成自身洗钱行为的犯罪主体,存在肯定说与否定说。肯定说认为洗钱犯罪的主体应当包括上游犯罪的行为人,否定说则认为洗钱罪的主体只能是"上游犯罪"行为以外的与之没有共犯关系的自然人或单位实施。基于《刑法修正案(十一)》颁布前刑法对洗钱罪的实然规定:一方面,《刑法》第一百九十一条规定"明知是毒品犯罪……",之所以强调"明知",就是因为洗钱者本身不是上游犯罪的实施主体,只有实施上游犯罪行为之外的人才存在对七类特定上游犯罪违法所得及其收益考察明知与否的问题;另一方面,从《刑法》第一百九十一条第一款第一至四项列举的洗钱行为方式来看,立法者使用"提供""协助"等具有帮助倾向性的表述,亦是针对上游犯罪实施者而言,即只有七类上游犯罪实施者以外的其他人才能称得上提供、协助等问题。此外,从不可罚的事后行为角度来看,行为人对于自身犯罪所得实施的掩饰、隐瞒行为属于前犯罪行为的自然延伸,行为人对于犯罪所得及收益进行"自洗"行为完全可由前犯罪行为所吸收,以前罪定罪处罚,无需单独认定洗钱罪。基于刑法的实然性规定,在以往理论讨论与司法实践操作中,洗钱罪的主体不包括上游七类犯罪的实施主体,亦即上游特殊七类犯罪主体实施自洗钱行为不单独认定洗钱罪,此种观点依据特定时期刑法规定具有正当性依据。

近年来上游犯罪主体实施自洗钱行为的泛滥,对金融秩序、经济安全产生的危害性不断加大,加之国际反洗钱和恐怖融资的政府间国际组织"金融行动特别工作组"(Financial Action Task Force, FATF)在2019年4月发布的第四轮互评估报告中,对中国履行FATF 40条建议中的第3条关于洗钱犯罪的法律制度评估为部分合规,其重要缺陷之一就是缺乏对自洗钱行为独立成罪的规定,不符合国际公约和FATF的建议要求,也与国际社会打击洗钱犯罪的坚决态度不相适应。① 从严打击洗钱犯罪,维护国家金融安全角度考虑,将洗钱罪的犯罪主体扩大至上游犯罪分子本人,也是与世界其他国家针对自洗钱犯罪刑事立法规定以及与国际协作相协调接轨的趋势所在。基于此,2020年12月26日通过的《刑法修正案(十一)》对自洗钱犯罪主体与行为方式进行修正:在主体认定上,删除了明知是他人实施特定犯罪所得或者犯罪所得收益的要件,将上游犯罪实施者本人纳入洗钱罪主体范围,同时删除了"提供""协助"等具有帮助倾向性的表述,从客观要件层面将自洗钱行为纳入洗钱罪规制范畴,当前实施洗钱罪上游特殊七类犯罪的主体同时实施洗钱行为,将进行数罪并罚。刑法条文对于洗钱犯罪的修改进一步严密法网,不论是对行为方式抑或行为主体都加大刑法打击力度,为有关部门有效预防、惩治洗钱违法犯罪以及境外追逃追赃提供了充足法律保障。

(三) 洗钱罪与掩饰、隐瞒犯罪所得、犯罪所得收益罪的区别

《刑法》第三百一十二条规定掩饰、隐瞒犯罪所得、犯罪所得收益罪,是指明知是犯罪所得及其产生的收益而予以窝藏、转移、收购、代为销售或者以其他方法掩饰、隐瞒的行为。对于洗钱罪与隐瞒犯罪所得、犯罪所得收益罪的区别,首先,从法益保护角度而言,洗钱罪规定在"破坏金融管理秩序罪"中,侵害的法益主要是金融管理秩序,由于洗钱罪对象针对特定上游犯罪所得及其收益,对司法机关依法追缴、没收造成妨害,因此同样侵害司法机关的正常活动;掩饰、隐瞒犯罪所得、犯罪所得收益罪规定在刑法分则第六章"妨害社会管理秩序罪"第二节"妨害司法罪"中,侵害的法益是单纯的司法机关正常活动,不包括金融管理秩序。

其次,就犯罪对象而言,前者的犯罪对象只限于法律明文规定的7种犯罪类型,后者针对的对象虽然从法律规定表述来看更为广泛,包括一切犯罪所得及其产生的收益,但根据2009年《最高人民法院关于审理洗钱等刑事案件具体应用法律若干问题的解释》第三条可知,"明知是犯罪所得及其产生的收益而予以掩饰、隐瞒,构成刑法第312条规定的犯罪,同时又构成刑法第191条或者第394条规定的犯罪的,依照处罚较重的规定定罪处罚"。即洗钱罪与掩饰、隐瞒犯罪所得、犯罪所得收益罪在面对7类特殊上游犯罪为对象时属于想象竞合关系从一重罪,依照洗钱罪处罚。因此,掩饰、隐瞒犯罪所得、犯罪所得收益罪实际适用对象只能是上述7类犯罪以外的犯罪类型,即针对7类上游犯罪的所得及其收益实施的洗钱行为,应认定为洗钱罪,其他犯罪对象只能以普通赃物犯罪即掩饰、隐瞒犯罪所得、犯罪所得收益罪认定。

此外,就两罪的行为方式而言,洗钱罪客观行为包括提供资金账户,协助将财产转换为现金或者金融票据,通过转账或者承兑等其他结算方式协助资金转移,协助将资金汇往境外等,使违法所得表面合法化,赃物表现形态可能发生属性变化,如将财产转换为现金、金融票据等,后者表现为窝藏、转移、收购、代为销售或以其他方法掩饰、隐瞒犯罪所得及其收益行为,其中窝藏、转移赃物等仅仅是对违法所得通过物理空间的隐匿从而不被司法机关发现,行为方式相较洗钱而言较为粗陋、低级。

---

① 贾济东,赵学敏."自洗钱"行为应当独立成罪[N].检察日报,2019-08-07(03).

四、法条链接

1.《中华人民共和国刑法》

第一百九十一条【洗钱罪】 为掩饰、隐瞒毒品犯罪、黑社会性质的组织犯罪、恐怖活动犯罪、走私犯罪、贪污贿赂犯罪、破坏金融管理秩序犯罪、金融诈骗犯罪的所得及其产生的收益的来源和性质,有下列行为之一的,没收实施以上犯罪的所得及其产生的收益,处五年以下有期徒刑或者拘役,并处或者单处罚金;情节严重的,处五年以上十年以下有期徒刑,并处罚金:(一)提供资金账户的;(二)将财产转换为现金、金融票据、有价证券的;(三)通过转账或者其他支付结算方式转移资金的;(四)跨境转移资产的;(五)以其他方法掩饰、隐瞒犯罪所得及其收益的来源和性质的。

单位犯前款罪的,对单位判处罚金,并对其直接负责的主管人员和其他直接责任人员,依照前款的规定处罚。

2.《最高人民检察院 公安部关于公安机关管辖的刑事案件立案追诉标准的规定(二)》

第四十八条 明知是毒品犯罪、黑社会性质的组织犯罪、恐怖活动犯罪、走私犯罪、贪污贿赂犯罪、破坏金融管理秩序犯罪、金融诈骗犯罪的所得及其产生的收益,为掩饰、隐瞒其来源和性质,涉嫌下列情形之一的,应予立案追诉:(一)提供资金账户的;(二)协助将财产转换为现金、金融票据、有价证券的;(三)通过转账或者其他结算方式协助资金转移的;(四)协助将资金汇往境外的;(五)以其他方法掩饰、隐瞒犯罪所得及其收益的来源和性质的。

五、课后思考

1. 如何理解洗钱罪上游犯罪的范围?
2. 如何认定洗钱罪的客观行为方式?
3. 如何区分洗钱罪与上游犯罪的共犯?

六、延伸阅读

1. 贾宇,舒洪水.洗钱罪若干问题研究[J].中国刑事法杂志,2005(05):44-47.

2. 陈兴良.协助他人掩饰毒品犯罪所得行为之定性研究——以汪照洗钱案为例的分析[J].北方法学,2009(04):35-44.

3. 王新.国际视野中的我国反洗钱罪名体系研究[J].中外法学,2009(03):375-389.

4. 赵秉志,袁彬.中国洗钱犯罪的基本逻辑及其立法调整[J].江海学刊,2018(01):138-146.

5. 赵远.洗钱罪之"上游犯罪"的范围[J].法学,2017(11):130-138.

第十三章 金融诈骗罪

第一节 集资诈骗罪
——吴英集资诈骗案

一、案情简介

吴英是原浙江本色控股集团有限公司法人代表,因涉嫌非法吸收公众存款罪,2007年3月被逮捕。2008年11月,金华市人民检察院以集资诈骗罪对吴英提起公诉。2009年4月16日,金华市中级人民法院对该案开庭审理。经审理查明:从2003年起,吴英在浙江省东阳市开办了美体沙龙等企业,2006年注资5 000万元设立了本色控股集团有限公司。2005年起,吴英以合伙和投资为名高息集资,本色集团成立时,已经负债1 400万元。为能继续集资,吴英用集资款注册了多家本色系公司,成立后大都未实际经营或亏损经营。吴英采用虚假宣传等方法,给公众造成其公司有雄厚经济实力的假象,以高额利息为诱饵,以投资、借款、资金周转等名义,截至2007年,先后从林卫平、杨卫陵、杨卫江等11人处集资约7.8亿元,用于偿还本金、支付利息、购买房产、汽车、珠宝、公司运营及个人挥霍等,至案发时尚有约3.8亿元无法归还。2009年12月18日,金华市中院作出一审判决,以集资诈骗罪判处吴英死刑。2012年1月18日,浙江省高级法院维持一审法院死刑判决,依法报请最高人民法院复核。2012年4月20日,最高人民法院以"吴英归案后,如实供述所犯罪行,并供述了其贿赂多名公务人员的事实,综合全案考虑,对吴英判处死刑,可不立即执行"为由,依法作出不核准吴英死刑,并裁定将该案发回浙江省高级人民法院重新审判。随后浙江省高级人民法院于2012年5月21对吴英案进行重新审理,认为被告人吴英集资诈骗数额特别巨大,给受害人造成重大损失,且其行为严重破坏了国家金融管理秩序,危害特别严重,应依法惩处。法院鉴于吴英归案后如实供述所犯罪行,并主动供述了其贿赂多名公务人员的事实,其中已查证属实并追究刑事责任的3人,综合考虑,对吴英判处死刑,缓期二年执行。①

二、主要问题

1. 如何认定非法集资犯罪的客观要件?
2. 如何认定集资诈骗罪中的非法占有目的?

---

① (2012)浙刑二重字第1号。

三、法律分析

吴英及其辩护人提出,吴英客观上是向特定亲朋借款,不符合集资诈骗罪所要求的面向社会不特定公众的要件,且没有使用诈骗手段非法集资,所借款项用于单位经营活动,主观上没有非法占有目的。吴英行为本质上属于民间借贷行为,不应作为犯罪认定。

第一种观点认为,吴英在客观上没有实施欺诈行为,没有用虚假宣传欺骗债权人,且本案债权人不属于社会公众,吴英没有向社会非法集资;吴英主观上没有诈骗故意,也没有非法占有目的,所借资金大部分用于经营,没有肆意挥霍,不构成集资诈骗罪。

第二种观点认为,吴英明知没有归还能力,虚构借款用途,以高息为诱饵,大肆向社会民众集资,并对取得集资款恶意处分与挥霍,造成巨额资金不能返还,主观上具有非法占有的故意,吴英行为构成集资诈骗罪。

我们认为,吴英客观上使用诈骗方法向社会不特定公众进行非法集资行为,主观上具有非法占有目的,应当构成集资诈骗罪。《刑法》第一百七十六条和第一百九十二条分别规定了非法吸收公众罪和集资诈骗罪,这两条罪名也成为我国当前规制非法集资犯罪最主要刑法罪名。集资诈骗罪与非法吸收公众存款罪在犯罪构成要件上的最主要差别在于客观上非法集资人采用诈骗方法非法集资,主观上具有非法占有目的,但不论是非法吸收公众存款罪还是集资诈骗罪,其最基本构造都是实施了非法集资行为。

(一)吴英客观上能否认定实施非法集资行为

当前主要根据 2010 年《最高人民法院关于审理非法集资刑事案件具体应用法律若干问题的解释》(以下简称《2010 年非法集资解释》)非法集资 4 个要件进行判断,即对非法性、公开性、利诱性、社会性(不特定性)4 个方面客观特征准确把握。在吴英案中,对于四性中的非法性、公开性与利诱性并没有太大的争议,即吴英本身不具有吸收公众存款的主体资质,属于未经有关部门依法批准或者借用合法经营的形式吸收资金情形,通过对外公开宣传手法募集资金,并对于集资对象给出高额利息承诺,具有公开性与利诱性特征。存在争议的集中在社会性,即有观点指出吴英与 11 名债权人是朋友关系,不能认定为社会公众。

吴英虽然直接吸收资金的对象是特定的 11 个人,并声称都是朋友关系,但一方面,吴英与这 11 名直接受害对象并非所谓"亲友",除了其中 2 人在借款之前就认识,其余都是经中间人介绍为集资而认识,在实施非法集资之前与集资对象并不具有特定的社会关系基础;另一方面,吴英明知从林卫平等人处的集资款并非其自有资金,而是从不特定社会公众处集资而来,对于林卫平等人向社会更大范围公众吸收资金具有明确认识,因此吴英本人具有向社会不特定公众集资的明知与故意。吴英非法集资的对象作为职业借贷掮客,既是吴英非法集资链条上的中间人,也是吴英非法集资的下线,还是独立的非法集资行为主体,在进行非法集资的同时向吴英进行更高额利息的放贷从中收取利息差,其集资借贷行为被法院判处非法吸收公众存款罪。吴英明知并授意借贷对象继续从他人处集资的行为符合非法集资向不特定社会公众吸收存款的社会性要求。

(二) 吴英客观上使用诈骗方法非法集资的认定

对于集资诈骗罪要求的使用诈骗方法非法集资,实质上就是使用欺骗的手段进行非法集资,在吴英案中具体表现为包括隐瞒巨额负债事实,虚构投资项目,编造资金使用用途,制造实力雄厚经济实力假象等,谎称处于巨额亏损状态的期货投资交易盈利并予以分红等,意图骗取更多社会资金,吴英客观上使用诈骗的方法非法集资符合集资诈骗罪的法律条文规定。

(三) 关于吴英主观上非法占有目的的认定

根据《2010年非法集资司法解释》第4条规定,使用诈骗方法非法集资,具有下列情形之一的,可以认定为"以非法占有为目的":①集资后不用于生产经营活动或者用于生产经营活动与筹集资金规模明显不成比例,致使集资款不能返还的;②肆意挥霍集资款,致使集资款不能返还的;③携带集资款逃匿的;④将集资款用于违法犯罪活动的;⑤抽逃、转移资金、隐匿财产,逃避返还资金的;⑥隐匿、销毁账目,或者搞假破产、假倒闭,逃避返还资金的;⑦拒不交代资金去向,逃避返还资金的;⑧其他可以认定非法占有目的的情形。

吴英在早期高息集资已经形成巨额外债的情况下,明知无法归还,编造投资"高回报项目"以高息不断从林卫平等人处非法集资。吴英将集资款部分用于偿还钱款和利息,部分用于购买房产、车辆和个人挥霍,对于部分集资款进行随意处置和捐赠,为误导公众对其经济实力假象的认识,肆意挥霍,花费2 000万元购买豪车,签订上亿元珠宝合同对所购珠宝随意处置。而用非法集资款注册的多家公司成立后大多没有实际经营或亏损经营,其经营收益根本无法满足高额利息回报。因此,吴英在本身没有经济基础无力偿还巨额高息集资款的前提下,虚构对外投资事实,隐瞒巨额亏损真相,通过吸收后参与集资活动人的钱款弥补前期集资参与人的本息,骗取巨额资金进行拆东墙补西墙式的庞氏骗局运作,并对于集资款随意处置,借贷账目混乱,最终造成3.8亿元集资资金无法返还的结果。在明知无法偿还集资款本息的情形下不断扩大非法集资的规模,足以认定吴英主观上具有非法占有目的的故意。

需要注意的是,在吴英案审理终结之后,针对我国近年来不断高发的非法集资案件,我国最高司法机关陆续发布相关司法解释,针对非法集资公开性、社会性等问题作进一步明确判断标准。根据2014年最高人民法院、最高人民检察院、公安部(以下简称"两高一部")《关于办理非法集资刑事案件适用法律若干问题的意见》,如对于"向社会公开宣传"的公开性判断,包括以各种途径向社会公众传播吸收资金的信息,以及明知吸收资金的信息向社会公众扩散而予以放任等情形。又如关于"针对特定对象吸收资金"的社会性认定,即使是针对特定亲友进行吸收资金,如果明知亲友向不特定对象吸收资金而予以放任的,同样应当认定为向社会公众吸收资金,具备非法集资涉众性要件。此外,2019年"两高一部"《关于办理非法集资刑事案件若干问题的意见》中关于犯罪数额的认定,将在向亲友或者单位内部人员吸收资金的过程中,明知亲友或者单位内部人员向不特定对象吸收资金而予以放任的情形一并计入非法集资犯罪数额,这从侧面反映了即使针对特定亲友集资但涉及向不特定人员扩散的情形同样作为非法集资社会性的认定范畴。吴英虽然直接非法集资的对象为11人,但其对于该11人的资金主要是从其他不特定社会公众处吸收而来具有认识,在当前进一步细化的诸多司法解释认定标准中符合对于集资诈骗罪的认定。

2020年12月26日通过的《刑法修正案(十一)》加大了对非法吸收公众存款罪与集资诈骗罪的刑罚处罚力度,包括非法吸收公共存款罪的最高刑从有期徒刑10年提高到15年,集资诈骗罪法定最低刑由拘役改为3年以上有期徒刑,将数额罚金刑改为无限额罚金刑,体现了立法者对于近年来不断高发的非法集资犯罪加大刑罚处罚力度的基本立场。

四、法条链接

《中华人民共和国刑法》

第一百七十六条【非法吸收公众存款罪】 非法吸收公众存款或者变相吸收公众存款,扰乱金融秩序的,处三年以下有期徒刑或者拘役,并处或者单处罚金;数额巨大或者有其他严重情节的,处三年以上十年以下有期徒刑,并处罚金;数额特别巨大或者有其他特别严重情节的,处十年以上有期徒刑,并处罚金。

单位犯前款罪的,对单位判处罚金,并对其直接负责的主管人员和其他直接责任人员,依照前款的规定处罚。

有前两款行为,在提起公诉前积极退赃退赔,减少损害结果发生的,可以从轻或者减轻处罚。

第一百九十二条【集资诈骗罪】 以非法占有为目的,使用诈骗方法非法集资,数额较大的,处三年以上七年以下有期徒刑,并处罚金;数额巨大或者有其他严重情节的,处七年以上有期徒刑或者无期徒刑,并处罚金或者没收财产。

单位犯前款罪的,对单位判处罚金,并对其直接负责的主管人员和其他直接责任人员,依照前款的规定处罚。

五、课后思考

1. 如何理解非法集资中的社会性特征?
2. 如何判断集资诈骗中的"非法占有目的"?
3. 如何认定非法集资犯罪的单位犯罪?
4. 如何认定集资诈骗罪的数额?

六、延伸阅读

1. 彭冰.非法集资行为的界定——评最高人民法院关于非法集资的司法解释[J].法学家,2011(06):38-53+175.
2. 王新.非法吸收公众存款罪的司法适用[J].法学,2019(05):103-118.
3. 刘伟.非法吸收公众存款罪的扩张与限缩[J].政治与法律,2012(11):40-49.
4. 时方.非法集资犯罪中的被害人认定——兼论刑法对金融投机者的保护界限[J].政治与法律,2017(11):43-52.
5. 国家检察官学院课题组.P2P网络借贷平台异化的刑事规制[J].国家检察官学院学报,2018(01):76-95+173-174.

第二节 贷款诈骗罪
——蔡玉明骗取贷款、贷款诈骗案

一、案情简介

被告人蔡玉明为获取光大银行苏州分行贷款,虚构东方成套公司(系东方电力公司前身)在国电物资集团有大额应收账款的事实,使用伪造的合同书、送货单及虚开的发票等材料,分别于 2011 年年底、2012 年年底向光大银行苏州分行贷款,骗得光大银行苏州分行贷款共计人民币 5.3 亿元。1.被告人蔡玉明采用上述手段向光大银行苏州分行贷款,在光大银行苏州分行工作人员徐某 1 等人至国电物资集团面签《订单融资三方合作协议》等材料时,指使党某(另案处理)等人冒充国电物资集团员工,使用其私刻的国电物资集团印章在面签材料上盖章,于 2011 年 11 月 24 日、12 月 15 日以订单融资的方式骗取该行贷款人民币 2.3 亿元。2012 年 12 月,被告人蔡玉明使用过桥资金归还该笔贷款。2.被告人蔡玉明采用上述手段向光大银行苏州分行贷款,在光大银行苏州分行工作人员钱某等人至国电物资集团面签《订单融资三方合作协议》等材料时,指使党某等人冒充国电物资集团员工,使用私刻的国电物资集团印章在面签材料上盖章,于 2012 年 12 月 3 日、12 月 7 日、12 月 27 日以订单融资的方式骗取该行贷款人民币 3 亿元。被告人蔡玉明将大部分贷款用于归还上述第一笔贷款的过桥资金、其他借款及利息。2014 年年初,被告人蔡玉明使用从东方环境公司骗得的款项及其他资金归还该笔贷款。

被告人蔡玉明使用虚假的财务报表、虚假合同书、虚假送货单等材料,向邮储银行苏州分行贷款。在邮储银行苏州分行工作人员李某 4 等人至北京面签《应收账款质押合同》等材料时,被告人蔡玉明将李某 4 等人带至国电科技环保集团股份有限公司,并指使白某(另案处理)冒充国电物资集团员工,使用私刻的国电物资集团印章在面签材料上盖章,于 2013 年 6 月 18 日、8 月 27 日与邮储银行苏州分行签订《供应链金融业务人民币借款合同》,骗得该行贷款人民币 4 000 万元。后被告人蔡玉明归还本金人民币 103.403 71 万元,归还利息人民币 247.502 183 万元,造成该行损失人民币 3 649.094 107 万元。

法院认为,被告人蔡玉明使用私刻印章伪造的材料骗取银行贷款,情节特别严重,其行为构成骗取贷款罪;以非法占有为目的,在签订、履行合同过程中,骗取对方当事人财物,数额特别巨大,其行为构成合同诈骗罪;以非法占有为目的,诈骗银行贷款,数额特别巨大,其行为构成贷款诈骗罪。蔡玉明一人犯数罪,应予数罪并罚。[①]

二、主要问题

1. 如何认定贷款诈骗罪的非法占有目的?
2. 如何区分贷款诈骗罪与骗取贷款罪?

---

① (2017)苏刑终 250 号。

三、法律分析

(一) 贷款诈骗罪非法占有目的认定

对于骗取贷款后产生非法占有目的如何定性？通过合法手段、程序取得贷款后，在贷款使用过程中产生非法占有目的，能否构成贷款诈骗罪，存在不同的观点。

第一种观点认为，行为人在申请、取得贷款之时，主观上没有诈骗的故意，所提供的手续也完全符合要求，但在使用贷款的过程中产生了非法占有所贷款项的目的，采取隐匿贷款去向、改变贷款用途等手段转移贷款，致使贷款不能收回，属于"以其他方法诈骗贷款"，应当构成贷款诈骗罪。① 即对于实行阶段的犯意转化，行为人在申请取得贷款时虽然不具有非法占有目的，但在使用过程中产生非法占有贷款的目的，应当以贷款诈骗罪定罪。②

第二种观点认为，行为人合法取得贷款后，因情势变更而产生犯罪意图，基于非法占有目的转移、隐匿贷款等行为，拒不还本付息，但没有采取欺骗手段使贷款人免除还本付息义务的，不成立贷款诈骗罪。③

也有其他观点对此问题处于摇摆状态：一方面认为贷款诈骗罪中的行为人在贷款时就已经具有了非法占有贷款的目的，另一方面认为对于事后故意不归还贷款行为的定性，关键不在于行为人是合法取得还是非法取得贷款，而在于查明行为人是否具有非法占有目的，无论这种目的的产生在贷款之前还是贷款之后，只要行为人具有非法占有目的，就应当构成贷款诈骗罪。④

我们认为，根据刑法对于贷款诈骗罪的立法表述和非法占有目的在诈骗罪中认定的逻辑结构，取得财产应当是在非法占有目的的主观故意支配下完成的，而非取得财产后产生非法占有的故意。就贷款诈骗罪而言，行为人非法占有目的应当产生在贷款行为之前，如果在合法取得贷款之后，由于情势变更行为人产生非法占有所贷款项的犯目的，并实施转移、隐匿贷款行为的，不应当构成本罪。

(二) 贷款诈骗罪与骗取贷款罪的区分

贷款诈骗罪作为特殊类型的诈骗犯罪，行为人主观上"非法占有目的"的认定往往通过客观行为表现得以认定。在客观上存在提交虚假贷款申请材料的情形，如果申请贷款行为人根本不具备还款能力，或者对于贷款的处置没有实际运用到生产经营活动中，抑或没有偿还贷款的积极态度与意愿，往往可以推定其对于骗取的贷款具有非法占有目的。对此具有实践指导意义的2001年《全国法院审理金融犯罪案件工作座谈会纪要》中指出，如果有下列情形之一的可以认定为非法占有为目的：①明知没有归还能力而大量骗取资金的；②非法获取资金后逃跑的；③肆意挥霍骗取资金的；④使用骗取的资金进行违法犯罪活动的；⑤抽逃、转移资金、隐匿财产，以逃避返还资金的；⑥隐匿、销毁账目，或者搞假破产、假倒闭，以逃避返还资金的；⑦其他非法占有资金、拒不返还的行为。但是，在处理

---

① 马克昌.百罪通论：上卷[M].北京：北京大学出版社，2014：298.
② 罗开卷.新型经济犯罪实务精解[M].上海：上海人民出版社，2017：145.
③ 张明楷.刑法学[M].5版.北京：法律出版社，2016：799.
④ 刘宪权.金融犯罪刑法学原理[M].上海：上海人民出版社，2017：458+462-464.

具体案件的时候,对于有证据证明行为人不具有非法占有目的的,不能单纯以财产不能归还就按金融诈骗罪处罚。此外,针对行为人的还款态度而言,如果行为人采取欺骗手段获得贷款后,有能力偿还而拒不偿还,可以认定具有非法占有目的。

从法律规定可以看出,骗取贷款罪是指以欺骗手段取得银行或者其他金融机构贷款,给银行或者其他金融机构造成重大损失或者有其他严重情节的行为。贷款诈骗罪是指以非法占有为目的,诈骗银行或者其他金融机构的贷款,数额较大或者有其他严重情节的行为。两罪在客观手段上基本相同,都具有骗取贷款的行为,区分的关键在于非法占有目的有无的判断。

具体而言,如果行为人采取欺骗手段获得贷款,但主观上并不具有非法占有目的,而是用于生产经营,并且实际上全部或者大部分资金也确实用于生产经营,应作为骗取贷款罪认定;相反,如果行为人骗取贷款是为了用于个人挥霍,或者用于其他违法犯罪活动等,应定贷款诈骗罪。如果行为人骗取的贷款全部或者大部分已经归还,应定骗取贷款罪。如果实际没有归还,则应进一步考察没有归还的原因,如果资金并非经营失败造成贷款不能归还,而是因为个人挥霍等其他原因造成不能归还,应定贷款诈骗罪。

本案中蔡玉明分别构成骗取贷款罪与贷款诈骗罪,比较行为人在涉及两个罪名认定中的不同表现,客观上都有虚构贷款事实、使用虚假贷款证明材料的欺骗行为,但是否具有偿还贷款行为,成为判断行为人主观上是否具有非法占有目的的关键:前者蔡玉明为获取光大银行苏州分行贷款,虚构东方成套公司在国电物资集团有大额应收账款的事实,使用伪造的合同书、送货单及虚开的发票等材料,分别于2011年年底、2012年年底向光大银行苏州分行贷款,骗得光大银行苏州分行贷款共计人民币5.3亿元;后者蔡玉明使用虚假的财务报表、虚假合同书、虚假送货单等材料,向邮储银行苏州分行贷款,骗得该行贷款人民币4 000万元,后被告人蔡玉明归还本金人民币103.403 71万元,归还利息人民币247.502 183万元,造成该行损失人民币3 649.094 107万元。

分析本案前后两起行为事实,客观手段都存在伪造贷款材料的欺骗行为,究竟是认定为骗取贷款罪还是贷款诈骗罪,关键是对于骗取的贷款款项是否具有实质的还款行为,通过客观还款行为的有无以及是否具有归还能力、有无重大财产损失推定行为人是否具有主观上的非法占有目的。如果行为人虽然采取提供虚假证明材料骗取银行等金融机构贷款,但将所取得贷款用于实际生产、经营活动,并有积极归还贷款的行为与意愿,即使由于经营不善、市场风险等意志以外原因最终无法还款,因为不具有主观非法占有目的,对于最终造成的损失结果只能认定为骗取贷款罪而非贷款诈骗罪。本案中蔡玉明通过欺骗手段从光大银行苏州分行获取的5.3亿元贷款,最终通过"拆东墙补西墙"式的其他贷款行为实现了该笔贷款的归还,没有造成银行财产损失结果,体现了行为人主观上积极还款的意愿,不具有非法占有目的,无法认定为贷款诈骗罪,但基于通过欺骗手段取得贷款数额达到5.3亿元,属于"有其他特别严重情节",最终认定为骗取贷款罪。对于蔡玉明以欺骗手段从邮储银行苏州分行贷款的4 000万元并没有主要用于经营活动,最终造成邮储银行损失人民币3 649余万元,应当认定为贷款诈骗罪。根据最高人民法院《关于审理诈骗案件具体应用法律的若干问题的解释》规定,个人进行贷款诈骗数额在20万元以上的,为"数额特别巨大"情形。

四、法条链接

《中华人民共和国刑法》

第一百九十三条【贷款诈骗罪】 有下列情形之一,以非法占有为目的,诈骗银行或者其他金融机构的贷款,数额较大的,处五年以下有期徒刑或者拘役,并处二万元以上二十万元以下罚金;数额巨大或者有其他严重情节的,处五年以上十年以下有期徒刑,并处五万元以上五十万元以下罚金;数额特别巨大或者有其他特别严重情节的,处十年以上有期徒刑或者无期徒刑,并处五万元以上五十万元以下罚金或者没收财产:(一)编造引进资金、项目等虚假理由的;(二)使用虚假的经济合同的;(三)使用虚假的证明文件的;(四)使用虚假的产权证明作担保或者超出抵押物价值重复担保的;(五)以其他方法诈骗贷款的。

五、课后思考

1. 如何认定贷款罪非法占有目的?
2. 如何区分贷款诈骗罪与骗取贷款罪?
3. 如何确定单位实施贷款诈骗行为刑事责任?

六、延伸阅读

1. 肖晚祥,肖伟琦.非法占有目的是区分骗取贷款罪和贷款诈骗罪的关键[J].人民司法,2011(16):11-14.
2. 曹坚.贷款诈骗罪与骗取贷款罪主观犯意的证据认定——以个案为例[J].上海公安高等专科学校学报,2015,25(02):80-85.

第三节 信用卡诈骗罪

——张洪信用卡诈骗案

一、案情简介

2013年5月,被告人张洪伙同他人事先预谋后,以虚假身份在上海联家超市有限公司中山公园店应聘工作。其利用担任该超市收银员的身份趁顾客刷卡时利用读卡器盗取顾客的银行卡信息并偷记密码,并在广州利用盗取的信息制成伪卡。2013年9月18日、19日,被告人张洪使用其中一张利用盗取受害人朱某某银行卡信息制作伪造的银行卡在陕西省华阴市取现金3.5万元。当月20日晚,被告人张洪使用另一张利用盗取被害人篠崎政秀(日本籍)银行卡信息制作伪造的银行卡在中国银行安阳市文明大道支行取现金2万元,另转款4万元至张洪所控制的银行卡上,随后张洪又从其所控制的该银行卡上取走现金2万元。当张洪在另一家中国银行网点准备再次取钱时被抓获,从其身上搜出现金71 200元、银行卡8张、不同姓名的身份证7张、口罩4个、帽子1个。案发后,公安机关追回赃款71 200元,退还受害人朱某某31 200元,退还篠崎政秀40 000元。另查明,张洪因犯妨害信用卡管理罪,于2011年8月15日被温州市鹿城区人民法院判处有期徒刑10个月,并处罚金人民币50 000元,2011年12月18日刑满释放。

安阳市龙安区人民法院于2014年6月16日作出(2014)龙刑初字第27号刑事判决:被告人张洪犯信用卡诈骗罪,判处有期徒刑6年6个月,并处罚金人民币60 000元。责令被告人张洪退赔被害人朱某某人民币3 800元,退赔被害人篠崎政秀人民币20 000元;随案移送被告人张洪犯罪时所使用的银行卡8张、身份证7张、口罩4个、帽子1个予以没收。一审宣判后,被告人未上诉,公诉机关未抗诉,判决已发生法律效力。①

二、主要问题

1. 如何认定信用卡诈骗罪的客观行为类型?
2. 如何认定信用卡诈骗罪的非法占有目的?

三、法律分析

(一) 信用卡诈骗罪的客观行为类型

信用卡诈骗罪规定在《刑法》第一百九十六条,是指以非法占有为目的,利用信用卡进行诈骗活动,骗取数额较大财物的行为。根据2004年全国人民代表大会常务委员会《关于〈中华人民共和国刑法〉有关信用卡规定的解释》,刑法规定的"信用卡"是指由商业银行或者其他金融机构发行的具有消费支付、信用贷款、转账结算、存取现金等全部功能或者部分功能的电子支付卡。因此,信用卡诈骗罪中的犯罪对象既包括可以透支的信用卡,也包括不具有透支功能的借记卡,与金融学中作为金融工具的信用卡概念不一致,内涵外延更加宽泛。

根据《刑法》第一百九十六条规定,信用卡诈骗罪的客观行为类型主要包括使用型、冒用型以及恶意透支型三种类型。使用型信用卡诈骗包括使用伪造的信用卡、使用以虚假的身份证明骗领的信用卡、使用作废的信用卡三种具体方式,具体表现为使用伪造的、虚假身份证明骗领的、作废的信用卡购买商品,在银行或自动柜员机取现以及接受信用卡进行支付结算的各种服务等。此种"使用"必须是利用信用卡的法定功能进行支付、消费、结算等行为。冒用型信用卡诈骗是冒用他人信用卡实施的诈骗行为,根据2009年《最高人民法院 最高人民检察院关于办理妨害信用卡管理刑事案件具体应用法律若干问题的解释》规定,"冒用他人信用卡"是指非持卡人未经持卡人同意或者授权,擅自以持卡人的名义使用信用卡,进行支付、消费、结算等行为,具体包括以下几种情形:第一,拾得他人信用卡并使用的;第二,骗取他人信用卡并使用的;第三,窃取、收买、骗取或者以其他非法方式获取他人信用卡信息资料,并通过互联网、通讯终端等使用的;第四,其他冒用他人信用卡的情形。恶意透支型信用卡诈骗是指持卡人以非法占有为目的,超过规定限额或者规定期限透支,并且经发卡银行催收后仍不归还的行为。根据2009年最高人民法院、最高人民检察院《关于办理妨害信用卡管理刑事案件具体应用法律若干问题的解释》规定,"经

---

① (2014)龙刑初字第27号。

发卡银行催收后仍不归还的行为"是指经发卡银行两次有效催收后超过 3 个月仍不归还的情形。

对于使用型信用卡诈骗中的使用伪造的信用卡,第一种观点认为,只能是明知他人伪造的信用卡而自己使用,且与伪造者之间没有共同故意,即伪造的行为与使用的行为不是同一主体完成,行为人只是单纯使用他人伪造的信用卡,不包括自己伪造信用卡后自己使用的情形,如果是自己伪造的信用卡并加以使用,属于牵连犯,应认定伪造金融票证罪。

第二种观点认为,使用伪造的信用卡可以是行为人先伪造信用卡后自己使用,前行为构成伪造金融票证罪,后行为构成信用卡诈骗罪,两者存在牵连关系,从一重罪处罚,一般认定信用卡诈骗罪。

我们认为,对于本案被告人利用盗取的银行卡信息制作伪造的信用卡并使用的行为,属于伪造信用卡并使用伪造信用卡进行诈骗的行为,伪造与使用属于牵连关系,当同时构成伪造金融票证罪和信用卡诈骗罪时,应从一重罪论处,当两罪对应的刑罚相当时,一般应当以目的行为定罪处罚,即应当以信用卡诈骗罪处罚。同时,本案行为人在窃取被害人信用卡信息后并没有直接并通过互联网、通讯终端等使用,而是利用窃取的银行卡信息伪造信用卡后使用取现,因此虽然两种行为类型都构成信用卡诈骗罪,但本案属于使用伪造的信用卡型而非冒用型信用卡诈骗罪。

(二) 信用卡诈骗罪的非法占有目的

信用卡诈骗罪在主观方面符合诈骗罪的基本构造,必须要求具有非法占有他人财物的主观目的。对于本罪非法占有目的认定,2009 年最高人民法院、最高人民检察院《关于办理妨害信用卡管理刑事案件具体应用法律若干问题的解释》作出详细规定,并于 2018 年最高人民法院、最高人民检察院《关于修改〈关于办理妨害信用卡管理刑事案件具体应用法律若干问题的解释〉的决定》进行修改完善。根据最新的司法解释规定,对于是否以非法占有为目的,应当综合持卡人信用记录、还款能力和意愿、申领和透支信用卡的状况、透支资金的用途、透支后的表现、未按规定还款的原因等情节作出判断,不得单纯依据持卡人未按规定还款的事实认定非法占有目的。在排除单纯不能还款的结果归责前提下,明确具有以下情形之一的,应当认定为《刑法》第一百九十六条第二款规定的以非法占有为目的,但有证据证明持卡人确实不具有非法占有目的的除外:①明知没有还款能力而大量透支,无法归还的;②使用虚假资信证明申领信用卡后透支,无法归还的;③透支后通过逃匿、改变联系方式等手段,逃避银行催收的;④抽逃、转移资金,隐匿财产,逃避还款的;⑤使用透支的资金进行犯罪活动的;⑥其他非法占有资金,拒不归还的情形。比较 2009 年与 2018 年两部司法解释对于非法占有目的的规定,形态大体一致,存在区别的是 2018 年司法解释不再将 2009 年司法解释规定的"肆意挥霍透支的资金,无法归还的"作为认定非法占有目的的情形,同时增加"使用虚假资信证明申领信用卡后透支,无法归还的"作为非法占有目的的情形之一。这一方面说明使用信用卡消费透支无法归还资金的行为不单独认定主观上具有非法占有目的,这是基于信用卡本身具有的消费、支付、结算功能所决定的;另一方面,根据行为人是否采取虚假资信证明申领信用卡的欺骗手段取得信用卡,而后透支无法归还,推定其主观具有非法占有目的。

四、法条链接

《中华人民共和国刑法》

第一百九十六条【信用卡诈骗罪】 有下列情形之一,进行信用卡诈骗活动,数额较大的,处五年以下有期徒刑或者拘役,并处二万元以上二十万元以下罚金;数额巨大或者有其他严重情节的,处五年以上十年以下有期徒刑,并处五万元以上五十万元以下罚金;数额特别巨大或者有其他特别严重情节的,处十年以上有期徒刑或者无期徒刑,并处五万元以上五十万元以下罚金或者没收财产:(一)使用伪造的信用卡,或者使用以虚假的身份证明骗领的信用卡的;(二)使用作废的信用卡的;(三)冒用他人信用卡的;(四)恶意透支的。

前款所称恶意透支,是指持卡人以非法占有为目的,超过规定限额或者规定期限透支,并且经发卡银行催收后仍不归还的行为。

盗窃信用卡并使用的,依照本法第二百六十四条的规定定罪处罚。

五、课后思考

1. 如何认定信用卡诈骗罪客观行为类型?
2. 如何认定信用卡诈骗罪主观非法占有目的?
3. 如何认定伪造信用卡并使用的行为定性?

六、延伸阅读

1. 陈兴良.利用柜员机故障恶意取款行为之定性研究[J].中外法学,2009(01):6-29.
2. 刘宪权.盗窃信用卡并使用行为定性的困境与破解[J].法学评论,2018(06):36-44.
3. 张明楷.恶意透支型信用卡诈骗罪的客观处罚条件——《刑法》第 196 条第 2 款的理解与适用[J].现代法学,2019(02):147-163.

第四节 保险诈骗罪
——莫建兵等保险诈骗案

一、案情简介

2013 年 4 月 1 日,被告人杨小党在扬州市宏达工具厂(系被告人莫建兵的叔叔莫四红开办)上班时发生工伤事故,因宏达工具厂没有给被告人杨小党缴纳工伤保险,被告人莫建兵遂与被告人杨小党合谋,欲编造虚假的交通事故骗取保险公司的保险金,以支付被告人杨小党的医疗费等费用。2013 年 4 月 2 日,被告人莫建兵向朋友李亚美借来苏 KPC155 号轿车,指使被告人王江向扬州市江都区交巡警大队和太平洋江都支公司报警,谎称被告人王江驾驶苏 KPC155 号轿车,于 2013 年 4 月 1 日在扬州市江都区仙女镇长江路新鸿源大酒店门前,与骑电动车的被告人杨小党发生交通事故,致被告人杨小党受伤,并制造轿车与电动车碰撞的痕迹。2013年4月4日,扬州市江都区交巡警大队出具交通事故认定书,认定被告人王江负事故的全部责任。2013年11月27日,经扬州市江都区人民医院司法鉴定所鉴定,被告人杨小党左手中、环、小指严重碾挫伤,致双手功能丧失10%以上,构成九级伤残。

2013年11月28日,经被告人杨小党、莫建兵共同商定,被告人王江打电话给太平洋江都支公司,称双方当事人已达成协议,不再需要保险公司赔偿;被告人王江随即向莫建兵表示拒绝参与以后的任何事宜。几天后,被告人莫建兵又找到被告人杨小党,承诺给其人民币50 000元,让被告人杨小党起诉太平洋江都支公司索赔保险金,被告人杨小党当即同意,后反悔。2014年2月18日,被告人莫建兵在未经被告人杨小党同意的情况下,伪造被告人杨小党的签名,以被告人杨小党的名义向扬州市江都区人民法院提起诉讼,要求太平洋江都支公司赔偿人民币164 600元。2013年12月16日,被告人杨小党的弟弟打电话给太平洋江都支公司,称该案是假案。2014年3月10日,太平洋江都支公司向扬州市江都区公安局报案。次日,被告人莫建兵主动到扬州市江都区人民法院申请撤诉。2014年3月13日,公安机关进行立案侦查。被告人莫建兵和王江分别于2014年3月13日、17日主动向公安机关投案,并如实供述了犯罪事实。

被告人莫建兵采用编造未曾发生的保险事故,骗取公安机关事故责任认定书,并伪造被告人杨小党的签名起诉太平洋江都支公司要求赔付保险金的方式骗取保险金,数额巨大,其行为已构成保险诈骗罪。被告人杨小党、王江受被告人莫建兵指使与莫建兵共同编造未曾发生的交通事故,为被告人莫建兵诈骗提供条件,其行为均已构成保险诈骗罪。①

二、主要问题

1. 如何认定保险诈骗罪的客观行为类型?
2. 如何认定保险诈骗罪的共犯情形?

三、法律分析

(一)保险诈骗罪的客观行为类型

《刑法》第一百九十八条规定保险诈骗罪,具体包括5种客观行为类型:

第一,投保人故意虚构保险标的,骗取保险金的。所谓保险标的,是指作为保险对象的财产及其有关利益或者人的寿命或者身体,此种情形是指投保人为获取保险金,故意使用虚假的证明材料或虚构事实编造保险标的,包括虚构一个不存在的保险标的以及将不符合保险要求的标的谎称为符合要求的标的,发生保险事故后非法获取保险金的行为,行为主体仅限于投保人。典型情形如行为人隐瞒自身患有严重疾病与保险人签订健康保险合同,后向保险公司通知病情骗取保险金;又如事后投保骗取保险金情形,行为人在投保时隐瞒了投保标的的已经发生事故的实际情况,即投保标的与实际存在的标的并不完全一致,应当认定虚构保险标的的保险诈骗行为。

第二,投保人、被保险人或者受益人对发生的保险事故编造虚假的原因或者夸大损失

---

① (2014)扬刑二终字第00129号。

的程度,骗取保险金的。所谓保险事故,是指保险合同约定的保险责任范围内的事故,此种情形是指行为人将本来不属于保险理赔范围内的原因,或者蓄意夸大保险事故导致保险标的的损失程度,骗取保险金的行为。行为主体包括投保人、被保险人或者受益人,其中投保人是与保险人(保险机构)签订保险合同并向保险人交付保险费的人;被保险人是受保险合同保障的人;受益人特指在人身保险中有权领取保险金的人,在不同保险类型中,上述行为人身份可能有重合或者统一,如人身保险中行为人既是投保人,也是被保险人,还是受益人。典型情形如行为人失火引发火灾谎称雷电等自然因素引起火灾,使保险人承担保险事故赔偿责任。

第三,投保人、被保险人或者受益人编造未曾发生的保险事故,骗取保险金的。所谓编造未曾发生的保险事故是指保险事故在没有发声的情况下,采取虚构、捏造事实的方法,谎称发生保险事故而骗取保险金的行为。如行为人将自己汽车隐匿后欺骗保险人车辆被盗要求索赔。

第四,投保人、被保险人故意造成财产损失的保险事故,骗取保险金的。此种情形发生在财产保险中,一些人为了骗取保险金,人为制造保险事故,故意毁损投保财产,要求保险人进行理赔。如投保人故意烧毁汽车后向保险公司进行索赔。同时,行为人故意造成财产损失后果骗取保险金,同时构成其他犯罪的,依照数罪并罚的规定处罚。如行为人故意烧毁房屋意图索赔,构成放火罪与保险诈骗罪数罪并罚。

第五,投保人、受益人故意造成被保险人死亡、伤残或者疾病,骗取保险金的。此种情形发生在人身保险中,投保人、受益人采取故意杀害、伤害等方法故意制造人身保险事故,致使被保险人死亡、伤残或者疾病,骗取保险金的行为。如果被保险人采取轻生、自残方式骗取保险金,并不构成此种形态的保险诈骗罪,但可能构成第三种情形,即被保险人编造未曾发生的保险事故,骗取保险金的情形。同时,行为人故意造成被保险人伤亡后果骗取保险金,同时构成其他犯罪的,依照数罪并罚的规定处罚,如故意杀人罪、故意伤害罪与保险诈骗罪数罪并罚。

本案中,被告人莫建兵借来苏 KPC155 号轿车,指使被告人王江向扬州市江都区交巡警大队和太平洋江都支公司报警骗得公安交警部门的事故责任认定书后,假冒受害人签名向人民法院起诉保险公司要求赔偿保险金。在主体身份及赔偿范围上,根据2006年国务院《机动车交通事故责任强制保险条例》第二十一条规定,被保险机动车发生道路交通事故造成本车人员、被保险人以外的受害人人身伤亡、财产损失的,由保险公司依法在机动车交通事故责任强制保险责任限额范围内予以赔偿。另外,第四十二条规定,被保险人是指投保人及其允许的合法驾驶人。被告人莫建兵通过其借来的汽车编造交通事故,符合《机动车交通事故责任强制保险条例》的被保险人主体身份与保险诈骗罪客观行为类型"编造未曾发生的保险事故",应当构成保险诈骗罪。

(二) 保险诈骗罪的共犯情形

根据《刑法》第一百九十八条第四款,保险事故的鉴定人、证明人、财产评估人故意提供虚假的证明文件,为他人诈骗提供条件的,以保险诈骗的共犯论处,即上述人员构成保险诈骗罪而非《刑法》第二百二十九条第一、二款规定的中介组织人员提供虚假证明文件罪。对于上述特殊主体提供虚假证明文件以保险诈骗罪共犯的规定,在客观上以保险诈骗实行行为构成犯罪为前提,在主观上具有帮助他人完成保险诈骗行为的故意,并且在帮助犯的行为属性上,此类帮助犯可以成立片面共犯,即在没有通谋的情况下单方面故意提供虚假证明文件,同样可以构成保险诈骗罪的共犯。此外,对于《刑法》第一百九十八条规定的投保人、被保险人、受益人这三类保险诈骗罪主体的身份要求之外,不具有这三类保险合同主体身份的人员能否成立保险诈骗罪的正犯或实行犯,理论与司法实践中存在一定争议。

第一种观点认为,只有保险诈骗罪规定的投保人、被保险人、受益人这三类主体可以成为本罪的实行犯,其他人只能构成本罪的共犯即教唆犯或者帮助犯。

第二种观点认为,不具有特定身份的一般主体可以作为保险诈骗罪的正犯进行认定。

我们认为,在否认保险诈骗罪属于亲手犯的情形下,其他人员完全可以成立于投保人员的共同正犯。本案中,被告人杨小党、王江参与共同编造交通事故,应当作为保险诈骗罪的共犯认定,同时被告人王江故意开车将杨小党撞伤,经鉴定构成九级伤残,应当构成保险诈骗罪与故意伤害罪数罪并罚。此外,根据《刑法》第一百八十三条规定,保险公司的工作人员利用职务上的便利,故意编造未曾发生的保险事故进行虚假理赔,骗取保险金归自己所有的,依照第二百七十一条职务侵占罪定罪处罚。对于国有保险公司工作人员和国有保险公司委派到非国有保险公司从事公务的人员进行虚假理赔,骗取保险金归自己所有的,依照《刑法》第三百八十二条、第三百八十三条贪污罪的规定定罪处罚。这是对保险公司工作人员虚假理赔行为的认定,对于保险合同的当事主体与保险公司工作人员内外勾结骗取保险金,或者有身份者与无身份者共同实施的保险诈骗犯罪的认定,应当坚持以主犯的行为性质定性。

四、法条链接

《中华人民共和国刑法》

第一百九十八条【保险诈骗罪】 有下列情形之一,进行保险诈骗活动,数额较大的,处五年以下有期徒刑或者拘役,并处一万元以上十万元以下罚金;数额巨大或者有其他严重情节的,处五年以上十年以下有期徒刑,并处二万元以上二十万元以下罚金;数额特别巨大或者有其他特别严重情节的,处十年以上有期徒刑,并处二万元以上二十万元以下罚金或者没收财产:(一)投保人故意虚构保险标的,骗取保险金的;(二)投保人、被保险人或者受益人对发生的保险事故编造虚假的原因或者夸大损失的程度,骗取保险金的;(三)投保人、被保险人或者受益人编造未曾发生的保险事故,骗取保险金的;(四)投保人、被保险人故意造成财产损失的保险事故,骗取保险金的;(五)投保人、受益人故意造成被保险人死亡、伤残或者疾病,骗取保险金的。

有前款第四项、第五项所列行为,同时构成其他犯罪的,依照数罪并罚的规定处罚。

单位犯第一款罪的,对单位判处罚金,并对其直接负责的主管人员和其他直接责任人员,处五年以下有期徒刑或者拘役;数额巨大或者有其他严重情节的,处五年以上十年以下有期徒刑;数额特别巨大或者有其他特别严重情节的,处十年以上有期徒刑。

保险事故的鉴定人、证明人、财产评估人故意提供虚假的证明文件,为他人诈骗提供条件的,以保险诈骗的共犯论处。

五、课后思考

1. 如何认定保险诈骗罪的客观行为类型？
2. 如何认定保险诈骗罪的共犯情形？
3. 如何认定保险诈骗罪的罪数形态？

六、延伸阅读

1. 谢望原.保险诈骗罪的三个争议问题[J].中外法学,2020(04):1081-1101.
2. 孙万怀.保险诈骗罪共同犯罪的实践难题及合理解决[J].法学家,2012(06):93-106+176.
3. 张明楷.论身份犯的间接正犯——以保险诈骗罪为中心[J].法学评论,2012(06):126-135.

第十四章 危害税收征管罪

第一节 逃 税 罪
——某公司、罗某等逃税案

一、案情简介

某家居公司于2011年5月注册成立,法定代表人罗某,经营地址铜陵金桥工业园,主营范围为房地产开发、销售、房地产配套设施建设、销售业务,周某任公司副董事长分管财务、办公室等。2014年3月之后,周某不再分管财务,由罗某负责。2013年度,在罗某、周某的授意下,某家居公司采用少列收入、虚列成本等方式进行虚假纳税申报。2014年,铜陵市地税局稽查局对该公司下达自查自纠通知书,公司财务人员经过自查发现了相关逃税项目,向被告人罗某、周某汇报后,二人决定对涉嫌逃税项目不作调整。2015年,铜陵市地税局稽查局对该公司作出了税务处理及行政处罚决定,但该公司未能缴纳所欠税款及罚款等。2015年11月27日,铜陵市地税局稽查局将某家居公司涉嫌逃税犯罪案件移送公安机关,公安机关同日立案。经铜陵华诚税务师事务所有限责任公司(以下简称华城税务师事务所)鉴定,某家居公司2013年度逃避各项税款共计24 638 880.22元,占当年各税种应纳税总额的57.28%。

一审法院据此判决:①被告单位铜陵某家居公司有限公司犯逃税罪,判处罚金人民币1 230万元;②被告人罗某犯逃税罪,判处有期徒刑4年6个月,并处罚金人民币100万元;③被告人周某犯逃税罪,判处有期徒刑3年6个月,并处罚金70万元;④被告单位铜陵某家居公司有限公司逃避缴纳的税款计24 638 880.22元,继续追缴。

一审判决后,相关当事人不服提出上诉,上诉理由主要为:①5 000多万元政府土地返还款系返还契税,不应当作为纳税收入;②税务机关未下达追缴通知的逃税数额,不能作为认定逃税的数额。本案中,税务机关追缴的税款数额是22 845 326.99元,并非税务鉴定报告认定的24 638 880.22元。

二审法院认为:①在案证据证明,上诉人某家居公司、罗某提出的土地返还款,系金桥开发区依据金桥开发区招商时与某家居公司达成的协议而返还的土地出让金,系所得税法规定的补贴收入,并非返还契税收入。依据所得税法相关规定,该款项不在免交所得税范围内,应当记入企业应纳税所得额之中。因此,该上诉意见不予采纳。②对于某家居公司、罗某及其辩护人提出的逃税数额问题。经查,本案中,税务机关向某家居公司下达追缴通知书进行追缴的逃税数额为22 845 326.99元。罗某辩护人提出本案应当以税务机关追缴的逃税数额22 845 326.99元为犯罪数额的意见,符合相关法律规定,予以采纳。

二审法院判决：①铜陵某家居公司有限公司犯逃税罪，判处罚金人民币1 143万元；②罗某犯逃税罪，判处有期徒刑4年零3个月，并处罚金人民币100万元；③周某犯逃税罪，判处有期徒刑3年零3个月，并处罚金70万元；④铜陵某家居公司有限公司逃避缴纳的税款计22 845 326.99元，继续追缴。①

二、主要问题

逃税数额应当以何方式确定？

三、法律分析

第一种观点认为，对于逃税的数额应当以相关单位鉴定意见为准。司法实践中，侦查机关不仅缺乏具有税务、会计、审计方面专业税务人才，也缺乏相应的税务软件设备，其自身并不具备认定逃税数额的专业能力。因此，有的地方直接根据税务机关的税务鉴定对行为人逃税数额加以认定，也有的地方直接委托税务事务所进行鉴定，为方便起见，侦查机关直接委托鉴定，以鉴定意见确定逃税数额。

第二种观点认为，逃税数额应当以税务机关通知下达追缴通知书进行追缴的逃税数额为准。

我们认为，《刑法修正案（七）》将《刑法》第二百零一条的偷税罪改为逃税罪，此次修改加上免责条款，即对已构成逃税罪的初犯，满足以下3个条件可不追究逃税人的刑事责任：一是在税务机关依法下达追缴通知补交应纳税款的；二是缴纳滞纳金的；三是已受税务机关行政处罚的（5年内逃避缴纳税款受过刑罚或被税务机关给予2次以上行政处罚的除外）。此次修改对纳税人"更人性化的保护"，旨在保证纳税人遵守行政法规，同时赋予纳税人改正错误的机会，而且更有利于保障国家税收和生活稳定。根据新刑法的规定，税务机关查出应交未缴税款的，凡按照规定补缴了应纳税款和滞纳金，还已接受行政处罚的，税务机关不应再移交公安机关追究其刑事责任，亦即只有税务机关在下达追缴通知或给予行政处罚决定后，义务人仍拒不缴纳的，才能移送公安机关。故逃税罪本质上是行政犯，其税务机关未下达追缴通知的逃税数额，不能作为认定逃税的数额。

四、法条链接

《中华人民共和国刑法》

第二百零一条【逃税罪】 纳税人采取欺骗、隐瞒手段进行虚假纳税申报或者不申报，逃避缴纳税款数额较大并且占应纳税额百分之十以上的，处三年以下有期徒刑或者拘役，并处罚金；数额巨大并且占应纳税额百分之三十以上的，处三年以上七年以下有期徒刑，并处罚金。

扣缴义务人采取前款所列手段，不缴或者少缴已扣、已收税款，数额较大的，依照前款的规定处罚。

对多次实施前两款行为，未经处理的，按照累计数额计算。

---

① （2017）皖0706刑初16号、2017皖07刑终92号。

有第一款行为,经税务机关依法下达追缴通知后,补缴应纳税款,缴纳滞纳金,已受行政处罚的,不予追究刑事责任;但是,五年内因逃避缴纳税款受过刑事处罚或者被税务机关给予二次以上行政处罚的除外。

五、课后思考

1. 打击逃税犯罪的主要目的是什么?
2. 构成逃税罪是不是必须经税务机关下达追缴通知?
3. 逃税数额应当如何来确定?

六、延伸阅读

1. 熊亚文.逃税罪初犯免责:价值、困境与出路[J].税务与经济,2019(02):1-4.
2. 张明楷.逃税罪的处罚阻却事由[J].法律适用,2011(08):38-42.

第二节　逃避追缴欠税罪

——张某某逃避追缴欠税案

一、案情简介

王某某为某市某开发有限公司变更法人代表,张某某(现已移送起诉)为了得到该公司开放项目的资质,以刘某某的名义挂靠到该房产公司名下开发建设楼盘某花园,实际经营决策人为张某某;某房地产开发公司法人王某某授权张某某为某房地产开发公司开发建设的某花园项目负责人,负责项目开发建设、签订协议、房屋销售、财务管理等自负盈亏、自主经营一切相关事宜,并签订"协议书"、授权委托书;张某某欠税务机关552万元税款,并将税务机关查封、拍卖房产变卖,钱款归张某某个人使用,王某某不知该情况,后税务机关发现后,移送公安机关查处而案发。①

二、主要问题

张某某构成抗税罪还是逃避追缴欠税罪?涉案公司是否构成单位犯罪?

三、法律分析

第一种观点认为,被告人张某某作为实际自主经营人,具有纳税义务人,拒不缴纳税款,并且采取转移、变卖扣押财产的手段,致使税务机关无法追缴欠缴的税款,数额达500多万元,其行为构成抗税罪。张某某挂靠某公司,属于单位犯罪。

第二种观点认为,本案被告人张某某只是以转移财产的手段逃避纳税,并没有以暴力、威胁的方法抗拒纳税,其行为显然不符合抗税罪的特征,不构成抗税罪,而是构成逃避

---

① (2019)黑0113刑初299号。

追缴欠税罪。

第三种观点认为,构成逃避追缴欠税罪,逃避追缴欠税罪系故意犯罪,要构成单位犯罪需要为单位谋取非法利益,本案中明显是个人意志,不构成单位犯罪。

我们认为,构成逃避追缴欠税罪。

逃避追缴欠税罪的主观方面:行为人表现为故意,并且具有逃避应当缴纳税款而非法获取利益的目的,对自己缴纳税款的事实是明知的,还表现为行为人为了达到最终逃避缴纳税款的目的而故意转移或者隐匿财产。行为人的动机是多种多样的,但行为人的动机不影响逃避追缴欠税罪成立。客观方面:必须有欠税的事实存在。欠税是指纳税单位或个人超过税务机关核定的纳税期限,没有按时缴纳税款。必须查明是否已超过法定期限;行为人必须有实际的逃避行为,致使税务机关无法追缴后果,如果转移或者隐匿的财产最终还是被税务机关追回,就没有无法追缴后果。无法追缴欠税的数额必须达到1万元以上。

逃避追缴欠税罪与抗税罪确有相似之处。两罪都是负有纳税义务的人故意违反税收法规,拒不缴纳税款,情节严重的行为。但两罪又有明显的区别。逃避追缴欠税罪的行为人采取转移或者隐匿财产的手段,致使税务机关无法追微欠缴的税款;而抗税罪的行为人则是以暴力、威胁的手段,采取公然对抗的方法拒不缴纳税款。本案被告人张某某只是以转移财产的手段逃避纳税,并没有以暴力、威胁的方法抗拒纳税,其行为显然不符合抗税罪的特征,不构成抗税罪。

本案中张某某出售的税务机关查封、扣押的房产的行为,并非单位授权的行为,也不是单位集体讨论后决定的,而是张某某自己意志的体现,出售房屋获得的利益并没有上交公司,而是被其自己使用,不构成单位犯罪。

四、法条链接

1.《中华人民共和国刑法》

第二百零三条【逃避追缴欠税罪】 纳税人欠缴应纳税款,采取转移或者隐匿财产的手段,致使税务机关无法追缴欠缴的税款,数额在一万元以上不满十万元的,处三年以下有期徒刑或者拘役,并处或者单处欠缴税款一倍以上五倍以下罚金;数额在十万元以上的,处三年以上七年以下有期徒刑,并处欠缴税款一倍以上五倍以下罚金。

2.《最高人民检察院 公安部关于公安机关管辖的刑事案件立案追诉标准的规定(二)》

第五十九条 纳税人欠缴应纳税款,采取转移或者隐匿财产的手段,致使税务机关无法追缴欠缴的税款,数额在一万元以上的,应予立案追诉。

五、课后思考

1. 逃避追缴欠税罪与抗税罪构成要件上的区别?
2. 逃避追缴欠税罪中如何理解采取转移或者隐匿财产的手段?

六、延伸阅读

高勇.我国危害税收征管罪立法存在的问题及建议[J].税务研究,2018(05):74-76.

第三节 骗取出口退税罪

——刘某等骗取出口退税案

一、案情简介

2011年1月至2012年7月,被告人刘某等人在非法获得他人无需退税的出口货物信息后,利用被告单位欧美公司、被告人潘某某提供的空白出口收汇核销单等资料,伙同报关行相关人员以被告单位欧美公司和乐意公司名义报送出口,并采用虚构外商、伪造外贸合同、虚报出口货物数量、金额、虚开增值税专用发票、从境外非法调入外汇等手段先后119次套用他人出口货物信息,虚构被告单位欧美公司和乐意公司已税货物出口的事实,骗取国家出口退税款;被告单位欧美公司、被告人潘某某在不见货物、不见供货方、不见外商的情况下将空白出口收汇核销单等出口单证资料交给被告人刘某等人使用,允许被告人刘某等人自带客户、自带货源、自带汇票、自行报送,并由被告人潘某某伪造出口合同、出口货物明细单、装箱单、形式发票等出口货物备案资料,与被告人刘某等人共同骗取国家出口退税款共计人民币17 843 140.03元,另有已申报的退税款人民币2 276 966.67元因被税务机关发现虚假而未实际取得。

一审戚墅堰法院判决,以骗取出口退税罪分别判处上诉人刘某有期徒刑14年,并处罚金人民币11 000 000元;判处被告单位欧美公司罚金人民币7 500 000元;判处潘某某执行有期徒刑12年,并处罚金人民币2 500 000元。二审常州市中级人民法院维持了原判。①

二、主要问题

相关公司在"四自三不见(自带客户、自带货源、自带汇票、自行报关,不见进口产品、不见供货货主、不见外商)"的情况下,将代理出口业务伪造为自营出口业务,致使国家税款被骗的,能否认定具有骗取国家出口退税款的主观故意?

三、法律分析

第一种观点认为,相关企业仅仅是提供相关资料伪造出口业务,没有实施骗取国家出口退税款的行为,仅仅有谋取提成、手续费、好处费等其他动机,不具有骗取出口退税款的主观故意,依法不构成骗取出口退税罪。

第二种观点认为,"四自三不见"是代理出口业务中的一种违规操作行为,是国家明令禁止的做法。明知他人意欲骗取国家出口退税款,仍违反有关进出口经营的规定,允许他人采取"四自三不见"手段骗取出口退税的,应当认定具有骗取出口退税款的主观故意。

我们认为,本案中,涉案公司的出口方式从形式上看属于自营出口,但是经过调查,涉案

---

① (2015)常刑二终字第1号。

公司的出口与真正的自营出口有以下差异：第一，跟供货单位不接触，对供货单位情况不熟悉；第二，跟报关行或货代公司不联系；第三，没有报关费、国内运输费、仓储费、报关等相关凭证；第四，出口业务毛利率过低，如果加上报关费等各项成本支出，不足以支撑公司正常经营。

刑法意义上的"明知"，包括知道和应当知道。知道的情况即根据案件事实、证据材料直接证实被告单位或被告人知道他人意欲骗税的目的。应当知道，则需要根据行为当时的具体情况、客观条件来综合分析判断被告单位或被告人当时是否知道、能否知道。这是法律上的一种推定，而不是一般意义上的明知，是对客观行为的一种法律评价。本案中，被告单位明知他人意欲骗取国家出口退税款，仍违反国家规定，允许他人自带客户、自带货源、自带汇票、自行报关，骗取国家出口退税款。在"四自三不见"业务中，外贸公司、企业往往出于完成创汇任务和谋取提成、手续费、好处费等其他动机，在知道或者知道他人可能是在骗取国家出口退税款的情况下，置国家有关禁令和国家出口退税款可能被骗的后果于不顾，积极向其提供空白单证，假报出口，并利用交回的单证申报退税。根据共同犯罪理论，对于这种行为，应以骗取出口退税罪的共犯处理。即使对方在逃或者不能查明外贸企业与对方存在勾结、通谋的事实，因其实行行为或者帮助行为系在明知他人意欲骗取出口退税款情形下提供的，亦应对其定罪处罚。基于此，最高人民法院《关于审理骗取出口退税刑事案件具体应用法律若干问题的解释》第六条规定，"有进出口经营权的公司、企业，明知他人意欲骗取国家出口退税款，仍违反国家有关进出口经营的规定，允许他人自带客户、自带货源、自带汇票并自行报关，骗取国家出口退税款的"，依照刑法第二百零四条第一款、第二百一十一条的规定定罪处罚。

四、法条链接

1.《中华人民共和国刑法》

第二百零四条【骗取出口退税罪】【逃税罪】 以假报出口或者其他欺骗手段，骗取国家出口退税款，数额较大的，处五年以下有期徒刑或者拘役，并处骗取税款一倍以上五倍以下罚金；数额巨大或者有其他严重情节的，处五年以上十年以下有期徒刑，并处骗取税款一倍以上五倍以下罚金；数额特别巨大或者有其他特别严重情节的，处十年以上有期徒刑或者无期徒刑，并处骗取税款一倍以上五倍以下罚金或者没收财产。纳税人缴纳税款后，采取前款规定的欺骗方法，骗取所缴纳的税款的，依照本法第二百零一条的规定定罪处罚；骗取税款超过所缴纳的税款部分，依照前款的规定处罚。

2.《最高人民法院关于审理骗取出口退税刑事案件具体应用法律若干问题的解释》

第六条 有进出口经营权的公司、企业，明知他人意欲骗取国家出口退税款，仍违反国家有关进出口经营的规定，允许他人自带客户、自带货源、自带汇票并自行报关，骗取国家出口退税款的，依照刑法第二百零四条第一款、第二百一十一条的规定定罪处罚。

第七条 实施骗取国家出口退税行为，没有实际取得出口退税款的，可以比照既遂犯从轻或者减轻处罚。

第八条 国家工作人员参与实施骗取出口退税犯罪活动的，依照刑法第二百零四条第一款的规定从重处罚。

第九条　实施骗取出口退税犯罪，同时构成虚开增值税专用发票罪等其他犯罪的，依照刑法处罚较重的规定定罪处罚。

五、课后思考

1. 将代理出口业务伪造为自营出口业务，致使国家税款被骗的，能否认定具有骗取国家出口退税款的主观故意？

2. 嫌疑人给他人伪造报关单，让他人得以骗取出口退税，嫌疑人主观上应知对方是骗税。在此种情况下，嫌疑人的行为认定为骗取出口退税的共犯还是认定为买卖国家机关证件罪？

六、延伸阅读

田宏杰.骗取出口退税罪的违法本质及其司法认定[N].检察日报，2019-04-18(03).

第四节　虚开增值税发票罪
——王某某、鞠某某虚开增值税专用发票案

一、案情简介

2015年7月至8月，被告人鞠某某因经营的北京今创兴隆金属材料有限公司缺少进项票，找到被告人王某某，让王某某为其虚开所需增值税专用发票。王某某从他人处虚开17张机打增值税专用发票，购买方为北京今创兴隆金属材料有限公司，销售方为北京中鑫万特商贸有限公司，双方无发票记载的真实货物交易。17张增值税专用发票均为真票，其中8张已认证。每张增值税专用发票票面记载的货物（钢材）金额均为99 922.91元，税率17%，税额16 986.89元，共计288 777.13元。王某某后在朝阳区朝龙不锈钢市场内以3 700元的价格将上述发票出售给鞠某某。2016年4月15日，鞠某某因所购增值税专用发票中部分票无法认证，与王某某发生纠纷。王某某报案，二人于当日被民警传唤到案。案发后，王某某退缴违法所得3 700元。

法院认为，被告人王某某明知没有真实货物购销，为谋取利益，介绍他人开具增值税专用发票，被告人鞠某某没有真实货物购销，让他人为自己开具增值税专用发票，二被告人的行为均已构成虚开增值税专用发票罪，依法应予惩处。公诉机关指控的犯罪事实清楚，证据确实、充分，但指控罪名不当，依法应予更正。王某某明知没有真实货物购销，介绍他人虚开增值税专用发票，鞠某某明知没有真实货物购销，让他人为自己虚开增值税专用发票，二被告人的行为属于虚开增值税专用发票罪和非法出售增值税专用发票罪、非法购买增值税专用发票罪的牵连犯，应依照《中华人民共和国刑法》第二百零五条第三款的规定，以虚开增值税专用发票罪追究二被告人的刑事责任。鉴于二被告人归案后如实供述所犯罪行，王某某退缴违法所得，故对二被告人均可依法予以从轻处罚。二被告人因相互间经济纠纷而报案，并无就各自实施的犯罪行为置于司法机关制裁的主观意愿，缺乏投

案自首的主动性,不构成自首,故对辩护人所提二被告人均有自首情节的辩护意见不予采纳。增值税专用发票虽非王某某直接开具,但王某某积极实施了介绍他人虚开增值税专用发票的行为,不属于从犯,故对王某某的辩护人所提王某某系从犯的辩护意见不予采纳。二被告人虚开增值税专用发票税款数额达人民币28万余元,不宜适用缓刑,故对辩护人所提对二被告人适用缓刑的辩护意见不予采纳。综上,依照《中华人民共和国刑法》第二百零五条第一款、第三款,第二十五条第一款,第六十七条第三款,第六十一条,第四十五条,第四十七条,第五十二条,第六十四条之规定,以虚开增值税专用发票罪,分别判处被告人王某某有期徒刑1年6个月,并处罚金人民币10万元;判处被告人鞠某某有期徒刑1年6个月,并处罚金人民币10万元。

一审宣判后,被告人鞠某某以量刑过重为由提出上诉。二审法院审理后裁定驳回上诉,维持原判。①

二、主要问题

王某某、鞠某某行为是构成虚开增值税专用发票罪与非法出售增值税专用发票罪的想象竞合还是牵连犯?

三、法律分析

第一种观点认为,被告人王某某非法出售增值税专用发票,构成非法出售增值税专用发票罪,被告人鞠某某非法购买增值税专用发票,构成非法购买增值税专用发票罪。

第二种观点认为,王某某、鞠某某的行为属于非法出售增值税专用发票罪、非法购买增值税专用发票罪和虚开增值税专用发票罪的想象竞合,应当从一重罪处罚。

第三种观点认为,二被告人的行为均构成虚开增值税专用发票罪。

我们认为,王某某、鞠某某的行为符合虚开增值税专用发票罪的犯罪构成要件。理由如下:

根据《刑法》第二百零五条第三款规定,虚开增值税专用发票罪是指有为他人虚开、为自己虚开、让他人为自己虚开、介绍他人虚开增值税专用发票行为之一的行为。最高人民法院1996年发布的《关于适用〈全国人民代表大会常务委员会关于惩治虚开、伪造和非法出售增值税专用发票犯罪的决定〉的若干问题的解释》(以下简称《解释》)中,对虚开增值税专用发票的行为如何认定作了明确规定:①没有货物购销或者没有提供或接受应税劳务而为他人、为自己、让他人为自己、介绍他人开具增值税专用发票;②有货物购销或者提供或接受了应税劳务但为他人、为自己、让他人为自己、介绍他人开具数量或者金额不实的增值税专用发票;③进行了实际经营活动,但让他人为自己代开增值税专用发票。

需要指出的是,虽然刑法并未明确规定成立虚开增值税专用发票罪必须具有特定的目的,但从本罪设立的立法原意和司法实践中的掌握来看,行为人虚开增值税专用发票的目的应是抵扣税款或者挣取"交易费""介绍费"。《全国人民代表大会常务委员会关于惩治虚开、伪造和非法出售增值税专用发票犯罪的决定》(以下简称《决定》)开篇即明确了设

---

① 《刑事审判参考》指导案例第1209号。

立虚开增值税专用发票罪的立法意图即"为了惩治虚开、伪造和非法出售增值税专用发票和其他发票进行偷税、骗税等犯罪活动,保障国家税收"。2015年最高人民法院研究室在给公安部经济犯罪侦查局的《〈关于如何认定以"挂靠"有关公司名义实施经营活动并让有关公司为自己虚开增值税专用发票行为的性质〉征求意见的复函》中更是明确地指出:"虚开增值税发票罪的危害实质在于通过虚开行为骗取抵扣税款,对于有实际交易存在的代开行为,如行为人主观上并无骗取抵扣税款的故意,客观上未造成国家增值税款损失的,不宜以虚开增值税专用发票罪论处。"

本案中,被告人鞠某某为了抵扣税款,在没有真实货物交易的情况下,让他人为自己虚开增值税专用发票。被告人王某某为了获取"交易费",明知他人没有真实货物交易,而为他人虚开(或者说介绍他人虚开)增值税专用发票,二被告人均具有虚开增值税专用发票罪的主观故意,也实施了虚开增值税专用发票罪所要求的特定行为,完全符合该罪的犯罪构成要件,依法应当认定为虚开增值税专用发票罪。事实上,如果以非法出售增值税专用发票罪来评价王某某的行为,则无法涵盖其介绍他人虚开增值税专用发票的行为;以非法购买增值税专用发票罪来评价鞠某某的行为,则无法涵盖其让他人为自己虚开增值税专用发票的行为。

想象竞合犯,是指行为人基于一个罪过,实施一个危害行为,触犯数个罪名的犯罪形态。在本案中,被告人王某某实施了介绍他人开具增值税专用发票和非法出售增值税专用发票两个行为,被告人鞠某某实施了让他人为自己开具增值税专用发票和非法购买增值税专用发票两个行为。本案不存在虚开增值税专用发票罪和非法出售增值税专用发票罪、非法购买增值税专用发票罪的想象竞合关系。而牵连犯,是指犯罪的手段行为或者结果行为,与目的行为或者原因行为分别触犯不同罪名的犯罪形态,罪名之间存在牵连关系。因此,王某某、鞠某某的行为不存在虚开增值税专用发票罪与非法出售增值税专用发票罪、非法购买增值税专用发票罪的想象竞合关系,而是属于虚开增值税专用发票罪与非法出售增值税专用发票罪、非法购买增值税专用发票罪的牵连犯,依法应以虚开增值税专用发票罪论处。

四、法条链接

《中华人民共和国刑法》

第二百零五条 【虚开增值税专用发票、用于骗取出口退税、抵扣税款发票罪】虚开增值税专用发票或者虚开用于骗取出口退税、抵扣税款的其他发票的,处三年以下有期徒刑或者拘役,并处二万元以上二十万元以下罚金;虚开的税款数额较大或者有其他严重情节的,处三年以上十年以下有期徒刑,并处五万元以上五十万元以下罚金;虚开的税款数额巨大或者有其他特别严重情节的,处十年以上有期徒刑或者无期徒刑,并处五万元以上五十万元以下罚金或者没收财产。

单位犯本条规定之罪的,对单位判处罚金,并对其直接负责的主管人员和其他直接责任人员,处三年以下有期徒刑或者拘役;虚开的税款数额较大或者有其他严重情节的,处三年以上十年以下有期徒刑;虚开的税款数额巨大或者有其他特别严重情节的,处十年以上有期徒刑或者无期徒刑。

虚开增值税专用发票或者虚开用于骗取出口退税、抵扣税款的其他发票,是指有为他人虚开、为自己虚开、让他人为自己虚开、介绍他人虚开行为之一的。

五、课后思考

1. 虚开增值税专用发票主从犯认定?
2. 虚开增值税专用发票中开票费属于违法所得,还是属于税款?

六、延伸阅读

1. 姚龙兵.如何解读虚开增值税专用发票罪的"虚开"[N].人民法院报,2016-11-16(06).
2. 袁彬.虚开增值税专用发票罪的限制适用探讨[J].人民检察,2017(17):16-20.

第五节 虚开发票罪之一
——崔某某虚开发票案

一、案情简介

被告人崔某某,男,汉族,大学文化,北京某通法定代表人。因涉嫌犯非法出售发票罪于2012年3月14日被羁押,同日被刑事拘留,同年3月23日被逮捕。

被告人崔某某在没有真实业务发生的情况下,以自己担任法定代表人的北京某通为收款单位为他人虚开北京市服务业、娱乐业、文化体育业专用发票3张(票面金额达人民币80.55万元)。2012年3月14日15时许,被告人崔某某在本市朝阳区三元桥内环辅路处同对方交易时被当场抓获,民警当场起获被告人崔某某持有的三星手机1部,并在对被告人崔某某住所进行搜查的过程中起获松下牌打印机1台、公司印章1枚、税控器1台及空白的北京市文化体育业专用发票31张。

一审法院判决被告人崔某犯虚开发票罪,判处拘役4个月,罚金2万元,在案所扣押之三星手机1部予以没收;松下牌打印机1台、公司印章1枚、税控器1台发还北京某通,北京市文化体育业专用发票31张存档备查。

宣判后,被告人服判,未提出上诉,判决已生效。①

二、主要问题

如何区分虚开发票罪与非法出售发票罪?

三、法律分析

第一种观点认为,崔某某构成非法出售发票罪。
第二种观点认为,崔某某构成虚开发票罪。
我们认为,2011年《刑法修正案(八)》增设虚开发票罪,将之作为《刑法》第二百零五

---
① 2012朝刑初字第1764号。

条之一。虚开发票罪,是指违反发票管理规定,虚开各种不能用于出口退税、抵扣税款的发票的行为。参照虚开增值税专用发票、用于骗取出口退税、抵扣税款罪的罪状表述,本罪的"虚开"行为应当包括4种表现形式,即为他人虚开发票,为自己虚开发票,让他人为自己虚开发票及介绍他人虚开发票。这里的"虚开"包括没有实际商品、服务等交易内容,票面内容与实际数量或金额不相符等情况。

《刑法》第二百零九条第四款规定的非法出售发票罪是简明罪状,并未对犯罪的客观行为进行具体规范,通过司法实践来看,本罪客观行为一般情况下可概括为以下三个特点:表现为买卖交易,发票来源多为非正常渠道,票面明细内容多为虚构。值得注意的是,一般司法实践中,在具体案件中会作分类处理,对在有真实交易情况下,不具有骗取国家税款的目的,未造成国家税款损失的,其行为不构成虚开增值税专用发票罪。

区分二者,主要在于:一是虚开发票罪的犯罪主体往往具有合法的发票申领资格,而非法出售发票罪的犯罪主体往往不具备这一资格。虚开发票类犯罪的犯罪主体申领发票是符合税法规定的,其虚开的发票多是具备发票申领资格的企业从税务局领回的。这些企业可以是具有实际经营项目的企业,也可以是之前有经营内容,后因经营不善不存在贸易内容但保有领取发票资格的企业。这些公司企业申领发票均是符合税法的。以本案为例,崔某某为他人虚开的发票是其担任法定代表人的公司从税务部门合法申领的。

非法出售发票类案件的被告人绝大多数都是职业票贩子,他们在整个发票贩售链中处于中间一环,发票来源一般有二:一是从网上购买,二是从一些皮包公司购买。根据《中华人民共和国发票管理办法》的规定,除税务机关可以依法发售各种发票,其他一切出售发票的行为都是非法的。因此,除了税务机关之外的其他主体发售发票,达到犯罪标准均构成非法出售发票罪。

二是虚开发票罪的主观故意为"明知无交易或交易不实而虚开",并不要求主观上要以"谋利"为目的。虚开发票罪主观方面为"明知无交易或交易不实而虚开",即要求行为人明知是虚开行为而故意为之,多数情况下,会伴随谋利行为,即通过虚假开票从中赚取高额手续费。当然"以谋利为目的"并不是本罪主观故意的必要条件,不管行为人是出于谋利的动机,还是出于给朋友帮忙等其他动机,只要存在虚开发票的行为,且达到了刑事案件立案追诉标准的,就应构成虚开发票罪。本案中,崔某某明知本公司与他人之间并无材料购销贸易,仍为他人虚开发票。在虚开发票时,崔某某给对方的发票联金额大,记账联金额小,即上下联不符的"阴阳发票",其虚开行为可谓一举两得,既可收取对方支付较高手续费,又可在向税务部门报税并购买新的发票时少申报应税收入,从而赚取虚开发票所得佣金与税款之间的差额。而在非法出售发票中,其主观故意表现为"明知不能卖而卖",即单纯出售发票而获利。

三是虚开发票罪的行为方式有别于非法出售发票罪中的"虚开环节"。虚开发票罪中"虚开"的行为方式多于非法出售发票罪,囊括了非法出售发票罪中"虚开行为手段"。在虚开发票罪的四种行为方式中,"为自己虚开,让他人为自己虚开、介绍他人虚开"一般不会出现于非法出售发票罪的客观行为中,而"为他人虚开发票"仅可能是非法出售发票罪的手段行为,进行出售并获得利益才是此罪的目的行为。可见,相较于非法出售发票罪,虚开发票罪的客观行为强调是"虚开",而非虚开后的谋利行为。同时,虚开发票罪并非必然伴随金钱交易。金钱交易不等同于谋利,强调的是双方或多方基于一定目的的钱财与货物或服务的流转。虚开发票罪中"为自己虚开"是典型的不存在金钱交易的形式,而其他三种虚开发票的方式一般情况下均具有金钱交易。但也有例外,如朋友间为帮忙而进行的虚开并提供发票的行为,此种行为是不能用非法出售发票罪来评价的。而在非法出售发票类案件中,金钱交易是必然存在的。此时对于"出售"应当作狭义的理解,不包括行为人没有从中谋利的转借发票的行为等。再次,两种行为侵犯的法益存在细微差别。非法出售发票罪与虚开发票罪虽然都是妨害发票管理制度的行为,但后者同时侵害了国家税收管理制度,会导致除增值税、关税等以外的其他税款的流失。因此,非法出售发票罪中"出售"是核心行为;而虚开发票罪中的重点在于虚开发票的行为,本案中崔某某获取利益即是虚开交易内容后收取开票费,然后向税务机关虚报交易额后赚取税金差价。

综上所述,应当认定为崔某某犯虚开发票罪。

四、法条链接

《中华人民共和国刑法》

第二百零五条之一【虚开发票罪】 虚开本法第二百零五条规定以外的其他发票,情节严重的,处二年以下有期徒刑、拘役或者管制,并处罚金;情节特别严重的,处二年以上七年以下有期徒刑,并处罚金。单位犯前款罪的,对单位判处罚金,并对其直接负责的主管人员和其他直接责任人员,依照前款的规定处罚。

五、课后思考

1. 犯罪嫌疑人虚开假发票的行为能否构成虚开发票罪?

2. 有虚开增值税发票的事实,但未用于扣抵税款,实际上未造成税收损失,是否构成虚开增值税发票罪?

3. 《刑法》第二百零八条第二款:"非法购买增值税专用发票或者购买伪造的增值税专用发票又虚开或者出售的,分别依照本法第二百零五条、第二百零六条、第二百零七条的规定定罪处罚。"该规定怎么理解,是按照牵连犯处理原则,从一重罪处罚,还是分别定罪按照数罪并罚原则处罚?

六、延伸阅读

孙立平.基于税法交易定性理论的虚开发票行为法律评价[J].山东社会科学,2016(03):188-192.

第六节 虚开发票罪之二

——某建设有限公司等七家公司及经营者虚开发票系列案

一、案情简介

涉案单位江苏甲建设有限公司(以下简称甲公司)等7家公司均为民营企业,经营建筑工程相关业务。许某等7人分别是以上7家公司负责人,分别于2018年4月25日至5月2日被取保候审。

2011年至2015年,陈某在经营昆山某房地产开发有限公司、昆山某置地有限公司、昆山某置业有限公司(陈某及以上3家公司另案处理)期间,在开发昆山某花园等房地产项目过程中,为虚增建筑成本,偷逃土地增值税、企业所得税,在无真实经营业务的情况下,以支付6%~11%开票费的方式,要求甲公司等7家工程承揽企业为其虚开建筑业统一发票、增值税普通发票,虚开金额共计3亿余元。应陈某要求,为顺利完成房地产工程建设、方便结算工程款,甲公司等7家企业先后在承建昆山某花园等房地产工程过程中为陈某虚开发票,使用陈某支付的开票费缴纳全部税款及支付相关费用。许某等7人在公安机关立案前投案自首,主动上缴违法所得、缴纳罚款。

江苏省苏州市公安局直属分局2018年4月20日以涉嫌虚开发票罪对甲公司等7家涉案公司立案侦查,5月23日分别向昆山市人民检察院移送审查起诉。昆山市人民检察院经审查认为,甲公司等7家公司及许某等7人实施了《刑法》第二百零五条之一规定的虚开发票行为,具有自首、坦白等法定从轻或减轻处罚情节,没有在虚开发票过程中偷逃税款,案发后均积极上缴违法所得、缴纳罚款,在犯罪中处于从属地位,系陈某利用项目发包、资金结算形成的优势地位要求其实施共同犯罪,具有被动性。依据《中华人民共和国刑事诉讼法》第一百七十七条第二款规定,昆山市人民检察院于2018年12月19日对甲公司等7家公司及许某等7人作出不起诉决定。同时,对陈某及其经营的3家公司以虚开发票罪依法提起公诉。①

二、主要问题

对处于从属地位,被动实施共同犯罪的民营企业,刑事政策导向是什么?

三、法律分析

第一种观点认为,甲公司等7家企业明知陈某承建昆山某花园等房地产工程通过虚开发票过程中偷逃税款而为其虚开发票,应当按照相应虚开金额从严惩处。

第二种观点认为,司法机关应当按照宽严相济的刑事政策,办理涉民营企业经济犯罪案件,要注意保护和促进市场经济秩序良性发展。对于偷逃税款、虚开发票等严重破坏合法、健康的市场经济秩序,破坏公开、公平、公正的市场竞争秩序的犯罪行为,应当依法追究刑事责任。

我们认为,民营经济是社会主义市场经济发展中不可或缺的重要力量,但实践中,民营企业发展壮大过程中,存在一些不规范现象。如何正确把握法律政策界限,严格区分犯罪与违法的界限,依法妥善处理涉及民营企业的案件,是司法者必须充分考虑的问题。对于在经济犯罪活动中处于不同地位的民营企业经营者,要依法区别对待,充分考虑企业在上下游经营活动中的地位。对在共同犯罪中处于从属地位,主观恶性不大,自首、坦白,积

---

① 本案引自最高人民检察院网上发布厅.最高检发布首批涉民营企业司法保护典型案例[EB/OL](2018-12-19)[2021-10-22].https://www.spp.gov.cn/xwfbh/wsfbt/201812/t20181219_405690.shtml#1.

极退赃退赔、认罪认罚的,应当依法从宽处理,促进民营企业恢复正常生产经营活动,维护企业员工就业和正常生活。对于在共同犯罪中,主观恶性较大、情节严重、采取非法手段牟取非法利益的主犯,应当依法追究刑事责任。

2018年11月1日,习近平总书记在民营企业座谈会上发表重要讲话,充分肯定民营经济的重要地位和作用,强调民营经济是社会主义市场经济发展的重要成果,是推动社会主义市场经济发展的重要力量,深入分析了民营经济发展遇到的困难和问题,明确提出支持民营企业发展壮大的政策举措,要求对一些民营企业历史上曾有过的一些不规范行为,要以发展的眼光看问题,按照罪刑法定、疑罪从无的原则处理,让企业家卸下思想包袱,轻装前行。最高人民检察院认真贯彻习近平总书记重要讲话精神,坚持把服务和保障非公有制经济健康发展作为服务大局的重要内容,先后制定实施了《关于充分发挥检察职能依法保障和促进非公有制经济健康发展的意见》《关于充分履行检察职能加强产权司法保护的意见》《关于充分发挥职能作用营造保护企业家合法权益的法治环境支持企业家创新创业的通知》等文件。本案例即纳入了《检察机关涉民营企业司法保护典型案例选编》,虽然不具有判例性质的指导意义,但是,充分发挥案例针对性强和阐释问题具体的特点,用简明扼要的典型案例指导类似案件的办理,为各地检察机关提供"参照标准"。本案中,鉴于某建设有限公司等7家公司及其经营者虽然实施了刑法规定的虚开发票行为,但具有自首、坦白等法定从轻或减轻处罚情节,在虚开发票过程中没有偷逃税款,案发后均上缴违法所得、缴纳罚款,在犯罪中处于从属地位,属于应上游企业要求实施共同犯罪,且经过教育,7家公司积极退赃退赔、认罪认罚,检察机关依法作出从宽处理,帮助民营企业恢复正常生产经营活动,维护企业员工就业和正常生活。

四、法条链接

《中华人民共和国刑法》

第二百零五条【虚开增值税专用发票罪、用于骗取出口退税、抵扣税款发票罪】 虚开增值税专用发票或者虚开用于骗取出口退税、抵扣税款的其他发票的,处三年以下有期徒刑或者拘役,并处二万元以上二十万元以下罚金;虚开的税款数额较大或者有其他严重情节的,处三年以上十年以下有期徒刑,并处五万元以上五十万元以下罚金;虚开的税款数额巨大或者有其他特别严重情节的,处十年以上有期徒刑或者无期徒刑,并处五万元以上五十万元以下罚金或者没收财产。

五、课后思考

最高人民检察院公布的涉民营企业虚开发票司法案例意义在哪里?

六、延伸阅读

周振杰.民营经济刑法平等保护的体系化思考[J].政法论丛,2019(01):126-136.

第七节　非法出售增值税发票罪
——赵某某、尤某某非法出售增值税发票案

一、案情简介

2013年9月，被告人赵某某、尤某某经事先预谋，由赵某某发布购买一般纳税人资格公司的信息，联系常州市某化工有限公司负责人徐某某。被告人尤某某持他人身份证与徐某某进行洽谈并履行公司变更手续，将公司更名为常州市某贸易有限公司。2013年10月23日、11月6日，被告人尤某某分两次以该贸易公司的名义从金坛市国家税务局领取了空白增值税专用发票共计500张。后被告人赵某某将该500张空白增值税专用发票销售给张某豪（音，另案处理），得款人民币47万元，被告人尤某某分得人民币18万元。

经查证，该贸易公司的增值税专用发票被虚开至湖南湘阴县某砂石销售有限公司、湖南岳阳某贸易有限公司等公司共计133张。

一审法院判决赵某某、尤某某犯非法出售增值税专用发票罪，分别判处有期徒刑3年，缓刑4年，并处罚金20万元和有期徒刑3年，缓刑3年6个月，并处罚金12万元。二人服判未上诉。①

二、主要问题

购买他人公司后到国税局虚开增值税专用发票，后将发票转卖给他人，构成何罪？

三、法律分析

第一种观点认为，被告人赵某某、尤某某使用欺骗手段领取增值税发票500张，应当构成诈骗罪。

第二种观点认为，二被告人通过购买公司骗领增值税发票卖与他人，应当构成非法出售增值税发票罪。

我们认为，赵某某、尤某某购买他人公司骗领增值税发票的行为属于手段行为，其目的行为是出售增值税发票牟利。根据《刑法》第二百零七条的规定，非法出售增值税专用发票罪是指违反国家发票管理法规，非法出售增值税专用发票的行为。被告人赵某某、尤某某为了牟利，通过购买公司骗领空白增值税专用发票500份后卖予他人，并获利47万元。根据证人证言、增值税专用发票复印件等证据可以查证出二人出售的增值税共计133份虚开给了其他公司。根据《最高人民法院关于适用〈全国人民代表大会常务委员会关于惩治虚开、伪造和非法出售增值税专用发票犯罪的决定〉的若干问题的解释》第三款，出售增值税专用发票100份以上的，属于数量较大。

---

① （2014）坛刑二初字第0199号。

四、法条链接

1. 《中华人民共和国刑法》

第二百零七条【非法出售增值税专用发票罪】 非法出售增值税专用发票的,处三年以下有期徒刑、拘役或者管制,并处二万元以上二十万元以下罚金;数量较大的,处三年以上十年以下有期徒刑,并处五万元以上五十万元以下罚金;数量巨大的,处十年以上有期徒刑或者无期徒刑,并处五万元以上五十万元以下罚金或者没收财产。

第二百零八条【非法购买增值税专用发票、购买伪造的增值税专用发票罪】 非法购买增值税专用发票或者购买伪造的增值税专用发票的,处五年以下有期徒刑或者拘役,并处或者单处二万元以上二十万元以下罚金。

【虚开增值税专用发票罪、出售伪造的增值税专用发票罪、非法出售增值税专用发票罪】 非法购买增值税专用发票或者购买伪造的增值税专用发票又虚开或者出售的,分别依照本法第二百零五条、第二百零六条、第二百零七条的规定定罪处罚。

第二百一十条【盗窃罪】 盗窃增值税专用发票或者可以用于骗取出口退税、抵扣税款的其他发票的,依照本法第二百六十四条的规定定罪处罚。

使用欺骗手段骗取增值税专用发票或者可以用于骗取出口退税、抵扣税款的其他发票的,依照本法第二百六十六条的规定定罪处罚。

2. 《关于适用〈全国人民代表大会常务委员会关于惩治虚开、伪造和非法出售增值税专用发票犯罪的决定〉的若干问题的解释》

第六条 伪造、擅自制造或者出售伪造、擅自制造的可以用于骗取出口退税、抵扣税款的其他发票的,构成非法制造专用发票罪或出售非法制造的专用发票罪。

伪造、擅自制造或者出售伪造、擅自制造的可以用于骗取出口退税、抵扣税款的其他发票 50 份以上的,应当依法定罪处罚;伪造、擅自制造或者出售伪造、擅自制造的可以用于骗取出口退税、抵扣税款的其他发票 200 份以上的,属于"数量巨大";伪造、擅自制造或者出售伪造、擅自制造的可以用于骗取出口退税、抵扣税款的其他发票 1 000 份以上的,属于"数量特别巨大"。

五、课后思考

1. 非法出售增值税发票案的构成要件?

2. 2016 年 5 月 1 日营业税改增值税后,非法制造、出售非法制造的发票罪及持有伪造的发票罪中的所谓发票是否包括普通发票(非增值税发票)?持有非增值税的发票或持有"营改增"前的普通发票是否构成犯罪?

六、延伸阅读

叶潇、王燎、杨中良.司法解释滞后情况下非法出售增值税专用发票罪的量刑[J].人民司法,2019(05):4-6.

第十五章 侵犯知识产权罪

第一节 假冒注册商标罪
——叶某某假冒注册商标案

一、案情简介

被告人叶某某自2014年起,伙同王某迪(另案处理)制作并销售惠普牌硒鼓。2016年7月25日,被告人叶某某被公安机关抓获。公安机关当场在其位于北京市海淀区中关村科贸大厦4A027经营地内查获惠普牌硒鼓50个及灌粉机等物品,在该大厦1123C号仓库内查获惠普牌硒鼓195个及惠普牌防伪标、气泡袋、包装盒等物品;后公安机关在其位于本市海淀区双塔村的出租房内查获惠普牌硒鼓131个及碳粉等物品,在该村仓库内查获惠普牌硒鼓272个及惠普牌包装盒等物品。经查,上述硒鼓均系假冒惠普牌注册商标的产品,价值共计人民币624 961元。

法院认为:被告人叶某某未经注册商标所有人许可,在同一种商品上使用与其注册商标相同的商标,情节特别严重,其行为已构成假冒注册商标罪,应予惩处。北京市海淀区人民检察院指控被告人叶某某犯假冒注册商标罪的事实清楚,证据确实充分,指控罪名成立。关于辩护人提出扣押在案的这些灌装完成的硒鼓中还有可能被作为京惠品牌出售的相关辩护意见,经查,叶某某在公安机关的供述及证人吕贝的证言显示,其是在灌粉前将惠普标识涂改贴上京惠标签,在贴"京惠"标时,其会留一部分不涂掉"惠普"商标,也不贴"京惠"商标,直接二次灌粉,可见其涂改惠普标识是在灌粉之前实施。而且从现场起获的硒鼓情况看,已经涂改惠普标识和贴了京惠标识的硒鼓只占小部分,且大部分被涂改的硒鼓上仍能轻易识别出惠普标识,其所粘贴的京惠标识简单粗糙,只是对原有惠普标识的简单覆盖,很多标签未对惠普标签进行实质覆盖,包括其已经封口包装好的贴了京惠标签的待出售硒鼓上,均能轻易地发现惠普标识,这与叶某某的供述内容相符。这种简单的贴标行为,足以使消费者对产品来源的评判指向知名的惠普品牌,误导消费者。另外,现场还起获了部分封装进入带有惠普标识的气泡袋及包装盒的重新灌粉的硒鼓,与扣押在案的其他未包装但已灌装完成的硒鼓在外观特征及做工上基本一致,同时结合现场起获了大量带有惠普标识的假冒硒鼓拉条或拉环、气泡袋、包装盒,足以认定叶某某等人用这些产品假冒惠普品牌商品出售的故意和行为。叶某某等人用京惠标识简单覆盖惠普标识,只是掩盖其造假售假的一种手段,并不影响对其假冒他人注册商标的行为定性,也不影响对扣押在案的假冒硒鼓数量认定。法院最终一审判决:被告人叶某某犯假冒注册商标罪,判处有期徒刑3年,罚金人民币40万元;起获扣押的假冒惠普牌注册商标的硒鼓、包装材料及作案工具等依法予以没收。一审宣判后,被告人叶某某未提出上诉。①

二、主要问题

假冒注册商标罪的"同一种商品"如何认定?

三、法律分析

假冒注册商标的商品,不仅违反国家商标管理法规,破坏商标管理秩序,也侵犯商标专用权,挤占注册商标权利人在同种商品销售市场上的份额,造成了商标权利人的经济损失。我国现行法律对侵犯商标专用权的行为规定了民事、行政和刑事等不同制裁方法和措施。就刑事规制而言,《刑法》第二百一十三条规定:未经注册商标所有人许可,在同一种商品上使用与其注册商标相同的商标,情节严重的,处3年以下有期徒刑或者拘役,并处或者单处罚金;情节特别严重的,处3年以上7年以下有期徒刑,并处罚金。由上可见,是否属于"同一种商品"成为区分罪与非罪的关键问题。但相关规定对于同一种商品的认定不甚明确,商标注册人在核定使用商品上使用注册商标的情况也纷繁复杂,在一定程度上影响了假冒注册商标罪的准确认定。

对"同一种商品"的理解,学界主要有三种观点:一是主张应以相关公众对商品的一般性认识作为判断标准。"同一种商品"说到底是性质和用途相同的商品。普通消费者乃是透过商品在功能、用途、主要原料以及销售渠道等方面呈现出与另一商品相同或者基本相同之认识而确认为同一商品的,因此,以普通消费者的认识为准是合理的,符合商标功能原理。② 二是主张应严格以《商标注册用商品和服务国际分类表》作为区分的标准。根据该表,只要是处于同一种目下的商品,无论其类型、重量、规格、型号等如何,均为同一种商品。如果行为人在他人注册商标核定使用的该商品上使用其注册商品,就可能构成假冒注册商标罪。③ 三是主张"应当在依照尼斯分类法的规定同时结合相关消费者的一般认识对两商品是否属于同一种商品进行综合判断。"④

我们认为,第三种主张较为科学合理。主要理由在于:

第一,从法律条文的规定来看,应当区别认定民事侵权与刑事犯罪中的"同一种商品"。2011年1月10日《最高人民法院 最高人民检察院 公安部关于办理侵犯知识产权刑事案件适用法律若干问题的意见》第五条就本条"同一种商品"的认定作出了解释。该解释为"同一种商品"的判断提供了三种认定标准:①认定"同一种商品",应当在权利人注册商标核定使用的商品和行为人实际生产销售的商品之间进行比较;②名称相同的商品以及名称不同但指同一事物的商品,可以认定为"同一种商品";③"名称不同但指同

---

① 2017年度知识产权"十大"案例[DB/OL].[2021-12-20]. https://bjgy.chinacourt.gov.cn/article/detail/2018/04/id/3273629.shtml.
② 姜伟.知识产权刑事保护研究[M].北京:法律出版社,2004:82.
③ 吴允锋.假冒注册商标罪若干问题研究[C]//王立民,黄武双.知识产权法研究:第3卷.北京:北京大学出版社,2006;张泗汉.假冒商标犯罪的若干问题研究[J].政治与法律,2008(07):31-36.
④ 柏浪涛,谷翔.假冒注册商标罪疑难问题研究[J].法律适用,2004(07):58-61.

一事物的商品",是指在功能、用途、主要原料、消费对象、销售渠道等方面相同或者基本相同,相关公众一般认为是同一种事物的商品。民事法律规范对于"同一种商品"也有其自己的认定规定。2002年10月12日《最高人民法院关于审理商标民事纠纷案件适用法律若干问题的解释》第十一条第一款规定:"商标法第52条第(一)项规定的类似商品,是指在功能、用途、生产部门、销售渠道、销售对象等方面相同,或者相关公众一般认为其存在特定联系、容易造成混淆的商品。"虽然两个规定中都有"功能、用途、生产部门、销售渠道、销售对象等方面相同"的表述,但在刑事案件的判断标准中还要求"相关公众一般认为是同一种事物";而民事规范中运用的是"或者"且仅要求"相关公众一般认为其存在特定联系、容易造成混淆"。由此可见,作为刑事犯罪认定的"同一商品"的标准要严格于民事侵权中的标准,后者指称的是更为宽泛的同一类商品。

第二,"同一种商品"的判断不仅应具备法律的限定性,也应考虑判断的合理性。通常我们从内涵和外延两个方面界定事物。内涵和外延均相同的事物当然属于同一事物,但内涵相同、外延不同的事物是否属于相同的事物,在法律上有不同的判断标准和方法。在这类侵犯商标权的犯罪中,同一种商品的认定主要有三种情形:一是名称完全相同的商品;二是名称实质相同的商品;三是名称不同但指同一事物的商品。"名称"是指国家商标局在商标注册工作中对商品使用的名称,通常即《商标注册用商品和服务国际分类表》中规定的商品名称。所有商品均是按照类、组、种三个级次进行分类的,同种商品就是指同一种目下所列举的商品。因此,只要是处于同一种目的商品,无论其类型、重量、规格、型号等如何,均为同一种商品。① 因此,针对第一种情况,同一种商品的判断相对简单,只要根据分类表中有无该商品名称以及注册商标核定使用商品的种类,就可得出明确的结论。第二种情况中主要是由于地域不同和风俗习惯的差异造成商品的称法不同,例如,权利人将其生产的某种商品命名为电吹风,行为人将其生产的同种商品命名为插电式风力干发器,实际上两者在《类似商品和服务区分表》中对应的商品名称均为"电吹风",故而应判定为"名称相同"的"同一种商品"②。但是对于第三种情况"名称不同但指同一事物"的认定就有些复杂。一方面,分类表每5年会修订一次,纳入新的变动,呈现一个新版本;另一方面,事物种类繁多,新出现的事物更是无法被分类表所穷尽或者形成统一名称,因此,完全以该表中的商品类别名称来界定是否为"同一种商品"无法总是作出准确判断,很多时候还需要结合公众的经验进行判定。也就是说,除了在功能、用途、主要原料、消费对象、销售渠道等方面比较两种商品是否全部相同或者全部基本相同外,还应从一般消费者的经验、常识角度判断是否会将其二者视为同一种商品。因为一般消费者正是从这些角度所呈现出的某一商品的样态与另一商品的样态相对比来确认是否为同一种商品,符合事物判断过程中的基本生活经验。比如,某些商品名称虽然是非规范的商品名称,也没有记载在《商标注册用商品和服务国际分类》中,但与被侵权商标注册证上所列的商品在功能、用途上、消费对象等方面基本相同,指向同一事物,则应当认定同一种商品。例如,"水饺"与

---

① 孙国祥,魏昌东.经济刑法研究[M].北京:法律出版社,2005:496.
② 逄锦温,刘福谦,王志广,等《关于办理侵犯知识产权刑事案件适用法律若干问题的意见》的理解与适用[J].人民司法(应用版),2011(05):16-23.

"饺子"、"汤圆"与"元宵"、"自行车"与"脚踏车"等,尽管名称有差异,但所指向的实际是同一种事物,应当认定为"同一种商品"。

第三,符合刑法作为保障法的属性。过于片面地理解"同一种商品"的定义,单一适用"同一种商品"的判断标准有过度扩大犯罪圈的倾向。如前文所述,若是判断"名称相同"的商品,则可依据相对客观、明确的分类表。但在"名称不同但指同一事物"的认定中,应当遵循客观认定和主观认定同时具备、缺一不可的原则,即"同一种商品"不仅应在功能、用途、主要原料、消费对象、销售渠道等客观方面相同或基本相同,在相关公众的认知的主观方面也应当相同或基本相同。当二者出现不一致时,"就说明该两种商品势必在某些方面存在差异,虽然可以构成民事侵权或行政违法,但其社会危害性尚未达到需要科处刑罚的程度,不应将其认定为'同一种商品'。因为客观或主观之一属于'同一种商品'情形下的行为的社会危害性势必小于客观和主观均属于'同一种商品'的情形。基于刑法只应适用于同类行为中社会危害性最大行为的刑法原理,以及认定刑事犯罪的标准和要求应高于民事侵权和行政违法的基本要求,我们就不能将其认定为'同一种商品'进而追究其刑事责任"①。

四、法条链接

1.《中华人民共和国商标法》

第五十六条　注册商标的专用权,以核准注册的商标和核定使用的商品为限。

第五十七条　有下列行为之一的,均属侵犯注册商标专用权:(一)未经商标注册人的许可,在同一种商品上使用与其注册商标相同的商标的;(二)未经商标注册人的许可,在同一种商品上使用与其注册商标近似的商标,或者在类似商品上使用与其注册商标相同或者近似的商标,容易导致混淆的;(三)销售侵犯注册商标专用权的商品的;(四)伪造、擅自制造他人注册商标标识或者销售伪造、擅自制造的注册商标标识的;(五)未经商标注册人同意,更换其注册商标并将该更换商标的商品又投入市场的;(六)故意为侵犯他人商标专用权行为提供便利条件,帮助他人实施侵犯商标专用权行为的;(七)给他人的注册商标专用权造成其他损害的。

2.《最高人民法院　最高人民检察院公安部关于办理侵犯知识产权刑事案件适用法律若干问题的意见》

五、关于刑法第二百一十三条规定的"同一种商品"的认定问题

名称相同的商品以及名称不同但指同一事物的商品,可以认定为"同一种商品"。"名称"是指国家工商行政管理总局商标局在商标注册工作中对商品使用的名称,通常即《商标注册用商品和服务国际分类》中规定的商品名称。"名称不同但指同一事物的商品"是指在功能、用途、主要原料、消费对象、销售渠道等方面相同或者基本相同,相关公众一般认为是同一种事物的商品。

认定"同一种商品",应当在权利人注册商标核定使用的商品和行为人实际生产销售的商品之间进行比较。

---

① 李振林.假冒注册商标罪之"同一种商品"认定[J].法律适用,2015(07):65-70.

五、课后思考

1. 帮助他人假冒注册商标应该如何定罪？
2. 如何区分销售假冒注册商标的商品罪与销售伪劣产品罪，以及如何认定"以假卖假"尚未销售情形下假冒注册商标商品的销售金额、非法经营数额和犯罪停止形态？

六、延伸阅读

1. 肖中华,涂龙科.对假冒注册商标罪规定中"相同"的理解[J].人民检察,2005(17)：22-25.
2. 涂龙科.假冒注册商标罪的司法疑难与理论解答[J].政治与法律,2014(10)：55-61.
3. 李振林.假冒注册商标罪之"同一种商品"认定[J].法律适用,2015(07)：65-70.

第二节　销售假冒注册商标的商品罪

——杨昌君销售假冒注册商标的商品案

一、案情简介

被告人杨昌君自2007年5月起,在北京市朝阳区秀水市场地下三层一仓库内等地,存放带有Louis Vuitton、Gucci、Chanel,注册商标标识的男女式包,用于销售牟利。2009年8月9日,公安人员从其仓库内起获各种型号带有Louis Vuitton、Gucci、Chanel注册商标标识的男女式包共计8 425个,货值金额为人民币766 990元。经鉴定,上述物品均为假冒注册商标的商品。

北京市朝阳区人民法院认为,被告人杨昌君法治观念淡薄,为牟利,销售明知是假冒注册商标的商品,货值金额数额巨大,其行为构成销售假冒注册商标的商品罪,依法应予惩处。在押的假冒商品,应予没收。北京市朝阳区人民检察院指控被告人杨昌君犯销售假冒注册商标的商品罪的事实清楚,证据确实、充分,罪名成立。本案涉案物品尚未售出即被查获,系犯罪未遂,被告人杨昌君案发后具有认罪悔罪表现,对其所犯罪行依法可以从轻处罚。综上,根据被告人杨昌君的犯罪事实、性质、情节以及社会危害程度,依照《刑法》第二百一十四条、第二十三条、第五十二条、第五十三条、第六十一条、第六十四条之规定,判决如下：被告人杨昌君犯销售假冒注册商标的商品罪,判处有期徒刑3年6个月,罚金人民币10 000元；在案之包8 425个,予以没收。

一审宣判后,北京市朝阳区人民检察院未抗诉,被告人杨昌君不服,提出上诉。

北京市第二中级人民法院经审理认为,一审判决认定的事实清楚,证据确实、充分,定罪及适用法律正确,量刑适当,审判程序合法,应予维持。依照《中华人民共和国刑事诉讼法》第一百八十九条之规定,裁定驳回上诉,维持原判。①

---

① 杨昌君销售假冒注册商标的商品案[Z]//最高人民法院刑事审判第一、二、三、四、五庭.刑事审判参考(2011年第1集).北京：法律出版社,2011：111-112.

二、主要问题

"违法所得数额""销售金额数额""非法经营数额"应如何理解与计算？

三、法律分析

销售假冒注册商标的商品罪最早是在1993年2月22日《全国人民代表大会常务委员会关于惩治假冒注册商标犯罪的补充规定》中设立的，1997年《刑法》修订时对其进行吸收和调整，最主要的变化，就是将前述规定中定罪量刑的标准由"违法所得数额"改为"销售金额数额"。而《刑法修正案（十一）》又修正为"违法所得数额"加情节。

如何准确认定犯罪数额，成为认定此罪的关键。要弄清销售假冒注册商标的商品罪的犯罪数额，需要先明确违法所得数额、销售金额数额、非法经营数额几种数额的具体含义及关系。"违法所得数额"是指行为人销售假冒注册商标的商品非法获利的数额。"销售金额"是指销售假冒注册商标的商品后所得和应得的全部违法收入。[①] 从数额上看，"违法所得数额"的认定计算小于"销售金额数额"。这一计算方法的改变意味着不论销售者有无违法所得以及违法所得大小，只要销售假冒注册商标的商品的金额数额较大，都应当依照刑法追究刑事责任。而根据《最高人民法院 最高人民检察院关于办理侵犯知识产权刑事案件具体应用法律若干问题的解释》第十二条规定："本解释所称'非法经营数额'，是指行为人在实施侵犯知识产权行为过程中，制造、储存、运输、销售侵权产品的价值。"从定义可以看出，"销售金额"主要适用于销售假冒注册商标的新产品既遂后商品计算，而"非法经营数额"则相对更为宽泛，不仅针对销售假冒注册商标商品的行为，还针对其他侵犯知识产权的行为；不仅包括侵权产品在销售环节的价值，还包括在制造、储存、运输环节的价值；而销售环节的价值又可区分为已销售产品的价值和未销售产品的价值。因此，这三个数额的内涵并不相同。

实践中准确查明犯罪数额存在诸多困难。通常销售假冒注册商标的商品的行为是一种持续的行为，往往既包含已经销售的部分，也有尚未销售的部分。2011年1月《最高人民法院 最高人民检察院 公安部 司法部关于办理侵犯知识产权刑事案件适用法律若干问题的意见》第八条规定："（一）假冒注册商标的商品尚未销售，货值金额在十五万元以上的；（二）假冒注册商标的商品部分销售，已销售金额不满五万元，但与尚未销售的假冒注册商标的商品的货值金额合计在十五万元以上，可以销售假冒注册商标的商品罪（未遂）定罪处罚。"由于此类犯罪活动情况相当复杂，行为方式相对隐蔽、零散，以及商标领域的专业性，不仅销售者已经销售的侵权商品金额往往难以查实，而且大量能够查获的都是未销售的侵权产品。这些产品未销售即被查获，无法确定销售金额，但不能据此就认为无法确定其犯罪数额。

《最高人民法院 最高人民检察院关于办理侵犯知识产权刑事案件具体应用法律若干问题的解释》规定："已销售的侵权产品的价值，按照实际销售的价格计算。制造、储存、

[①] 2004年《最高人民法院 最高人民检察院关于办理侵犯知识产权刑事案件具体应用法律若干问题的解释》第九条。

运输和未销售的侵权产品的价值,按照标价或者已经查清的侵权产品的实际销售平均价格计算。侵权产品没有标价或者无法查清其实际销售价格的,按照被侵权产品的市场中间价格计算。"这里列明了计算非法经营数额的 3 种计算方法,且上述 3 种计算方法呈现依次递进关系——只有当按照前一种方法无法认定侵权产品的价格时,才适用后一种方法计算。

但即便如此,使用不同的计算方法得出的犯罪数额也会很悬殊。"要选取科学、合理的计算方法计算犯罪数额,关键是对《知产解释》第十二条规定的'无法查清实际销售价格'进行准确把握。如果控辩双方对实际销售价格能否查清有不同意见,法院对在案的证实相关交易细节的证据更应慎重对待。同时,考虑到实际销售价格这一计算标准对被告人更为有利,在判断有关实际销售价格的事实是否清楚,证据是否确实、充分时,应当根据案件实际情况具体认定,充分挖掘相关证据的证明价值。"[①]

四、法条链接

1.《中华人民共和国刑法》

第二百一十四条【销售假冒注册商标的商品罪】 销售明知是假冒注册商标的商品,违法所得数额较大或者有其他严重情节的,处三年以下有期徒刑,并处或者单处罚金;违法所得数额巨大或者有其他特别严重情节的,处三年以上十年以下有期徒刑,并处罚金。

2.《最高人民检察院 公安部关于公安机关管辖的刑事案件立案追诉标准的规定(二)》

第七十条【销售假冒注册商标的商品案(刑法第二百一十四条)】 销售明知是假冒注册商标的商品,涉嫌下列情形之一的,应予立案追诉:(一)销售金额在五万元以上的;(二)尚未销售,货值金额在十五万元以上的;(三)销售金额不满五万元,但已销售金额与尚未销售的货值金额合计在十五万元以上的。

3.《最高人民法院 最高人民检察院关于办理侵犯知识产权刑事案件具体应用法律若干问题的解释》

第二条 销售明知是假冒注册商标的商品,销售金额在五万元以上的,属于刑法第二百一十四条规定的"数额较大",应当以销售假冒注册商标的商品罪判处三年以下有期徒刑或者拘役,并处或者单处罚金。

销售金额在二十五万元以上的,属于刑法第二百一十四条规定的"数额巨大",应当以销售假冒注册商标的商品罪判处三年以上七年以下有期徒刑,并处罚金。

第九条 刑法第二百一十四条规定的"销售金额",是指销售假冒注册商标的商品后所得和应得的全部违法收入。

具有下列情形之一的,应当认定为属于刑法第二百一十四条规定的"明知":(一)知道自己销售的商品上的注册商标被涂改、调换或者覆盖的;(二)因销售假冒注册商标的商品受到过行政处罚或者承担过民事责任,又销售同一种假冒注册商标的商品的;(三)伪

---

① 王译辉销售假冒注册商标的商品案[Z]//最高人民法院刑事审判第一、二、三、四、五庭.刑事审判参考(2013 年第 6 集).北京:法律出版社,2014:15.

造、涂改商标注册人授权文件或者知道该文件被伪造、涂改的;(四)其他知道或者应当知道是假冒注册商标的商品的情形。

第十五条 单位实施刑法第二百一十三条至第二百一十九条规定的行为,按照本解释规定的相应个人犯罪的定罪量刑标准的三倍定罪量刑。

4.《最高人民法院 最高人民检察院关于办理非法生产、销售烟草专卖品等刑事案件具体应用法律若干问题的解释》

第一条第三款 销售明知是假冒他人注册商标的卷烟、雪茄烟等烟草专卖品,销售金额较大的,依照刑法第二百一十四条的规定,以销售假冒注册商标的商品罪定罪处罚。

第五条 行为人实施非法生产、销售烟草专卖品犯罪,同时构成生产、销售伪劣产品罪、侵犯知识产权犯罪、非法经营罪的,依照处罚较重的规定定罪处罚。

第六条 明知他人实施本解释第一条所列犯罪,而为其提供贷款、资金、账号、发票、证明、许可证件,或者提供生产、经营场所、设备、运输、仓储、保管、邮寄、代理进出等便利条件,或者提供生产技术、卷烟配方的,应当按照共犯追究刑事责任。

5.《最高人民法院 最高人民检察院 公安部关于办理侵犯知识产权刑事案件适用法律若干问题的意见》

八、关于销售假冒注册商标的商品犯罪案件中尚未销售或者部分销售情形的定罪量刑问题

销售明知是假冒注册商标的商品,具有下列情形之一的,依照刑法第二百一十四条的规定,以销售假冒注册商标的商品罪(未遂)定罪处罚:(一)假冒注册商标的商品尚未销售,货值金额在十五万元以上的;(二)假冒注册商标的商品部分销售,已销售金额不满五万元,但与尚未销售的假冒注册商标的商品的货值金额合计在十五万元以上的。

假冒注册商标的商品尚未销售,货值金额分别达到十五万元以上不满二十五万元、二十五万元以上的,分别依照刑法第二百一十四条规定的各法定刑幅度定罪处罚。

销售金额和未销售货值金额分别达到不同的法定刑幅度或者均达到同一法定刑幅度的,在处罚较重的法定刑或者同一法定刑幅度内酌情从重处罚。

6. 最高人民法院、最高人民检察院、公安部、国家烟草专卖局《关于办理假冒伪劣烟草制品等刑事案件适用法律问题座谈会纪要》

二、关于销售明知是假冒烟用注册商标的烟草制品行为中的"明知"问题

根据刑法第二百一十四条的规定,销售明知是假冒烟用注册商标的烟草制品,销售金额较大的,构成销售假冒注册商标的商品罪。

"明知",是指知道或应当知道。有下列情形之一的,可以认定为"明知":1.以明显低于市场价格进货的;2.以明显低于市场价格销售的;3.销售假冒烟用注册商标的烟草制品被发现后转移、销毁物证或者提供虚假证明、虚假情况的;4.其他可以认定为明知的情形。

7.《中华人民共和国商标法》

第六十三条 人民法院审理商标纠纷案件,应权利人请求,对属于假冒注册商标的商品,除特殊情况外,责令销毁;对主要用于制造假冒注册商标的商品的材料、工具,责令销毁,且不予补偿;或者在特殊情况下,责令禁止前述材料、工具进入商业渠道,且不予补偿。假冒注册商标的商品不得在仅去除假冒注册商标后进入商业渠道。

第六十七条　销售明知是假冒注册商标的商品,构成犯罪的,除赔偿被侵权人的损失外,依法追究刑事责任。

五、课后思考

如何区分销售假冒注册商标的商品罪与销售伪劣产品罪?

六、延伸阅读

1. 庄绪龙,王星光.销售假冒注册商标的商品罪中"既、未遂形态并存"的司法认定反思——"折算说"理念的初步提出[J].政治与法律,2013(03):56-66.

2. 鲍振强.网络环境下销售假冒注册商标的商品犯罪实证分析[J].人民检察,2015(13):64-66.

3. 周洁.无实际被假冒对象的销售假冒注册商标商品行为不宜入罪——以"梅兰日兰"商标案为例[J].知识产权,2016(02):51-55.

4. 邓洪涛,阮齐林.论销售假冒注册商标商品之犯罪数额[J].人民检察,2016(17):11-16.

第三节　非法制造、销售非法制造的注册商标标识罪

——肖某某非法制造、销售非法制造的注册商标标识案

一、案情简介

被告人肖某某未经注册商标权利人许可,以个人名义接受了一名吴姓客户(姓名不详)的定金,非法接受该客户的委托生产带有"欧珀莱""AUPRES"注册商标标识的面膜包装袋,并制作好铜版后委托位于深圳市龙岗区横岗街道西坑社区宝桐南路21号的深圳市建鸿兴塑胶制品有限公司(以下称建鸿兴公司)生产。建鸿兴公司成立于2007年2月16日,法定代表人为龚某楄,被告人张某锋系该公司的生产主管,负责生产管理工作。2015年4月21日,公安民警在上述地点查获带有"欧珀莱""AUPRES"标识的塑料薄膜共3万个(每个塑料薄膜上均含有"欧珀莱""AUPRES"标识各一个),并当场抓获被告人张某锋及肖某某。法院认为,《最高人民法院　最高人民检察院关于办理侵犯知识产权刑事案件具体应用法律若干问题的解释》第十二条明确,本解释第三条所规定的"件",是指标有完整商标图样的一份标识。"欧珀莱"与"AUPRES"是两个不同的商标,其商标注册号分别为第632834号与第626373号。本案中,上诉人张某锋、肖某某共同参与印制了同时印有第632834号"欧珀莱"和第626373号"AUPRES"注册商标的塑料薄膜3万个。故上诉人张某锋、肖某某非法制造注册商标标识数量应认定为6万件。上诉人张某锋、肖某某及辩护人关于本案非法制造注册商标标识数量应认定为3万件没有法律依据,本院不予采信。①

---

① (2016)粤03刑终637号。

二、主要问题

依据2004年12月《最高人民法院 最高人民检察院关于办理侵犯知识产权刑事案件具体应用法律若干问题的解释》第三条规定,伪造、擅自制造或者销售伪造、擅自制造的注册商标标识数量在二万件以上就应当承担刑事责任,那么非法制造、销售非法制造的注册商标标识罪中注册商标标识"件"的数量如何认定?

三、法律分析

依据《刑法》第二百一十五条规定,非法制造、销售非法制造的注册商标标识罪是指伪造、擅自制造他人注册商标标识或者销售伪造、擅自制造他人注册商标标识,情节严重的行为。本罪的犯罪对象是他人注册商标的标识,包括商品商标标识和服务商标标识。伪造、擅自制造他人注册商标标识,不仅侵犯了注册商标所有人的合法权益——商标专用权,而且破坏了正常的市场经济秩序。依据2004年12月《最高人民法院 最高人民检察院关于办理侵犯知识产权刑事案件具体应用法律若干问题的解释》第三条规定,伪造、擅自制造或者销售伪造、擅自制造的注册商标标识数量在二万件以上就应当承担刑事责任。同时,还对"件"的概念进一步明确:"本解释第三条所规定的'件',是指标有完整商标图样的一份标识。"问题的关键在于其中"一份"的理解,因为"一份标识",既可以理解为"一个标识",也可以理解为包含若干标识的"一份标识"。基于不同的理解,司法实务对于"件"的理解主要存在三种意见:

第一种意见是"折算说"(或者"整体说"),将一个包装盒视为一个整体,至于一个包装盒上究竟印制多少个注册商标标识在所不问,即以最终有几个包装盒作为认定注册商标标识"件数"的依据。

第二种意见是"实际数量说",包装盒上的每一个注册商标标识都应当纳入"件数"的评价范围,即以注册商标标识的实际总数作为认定注册商标标识"件数"的依据。

第三种意见则是"区分说",这种意见折中了"折算说"与"实际数量说",以行为人是否明知买卖相对人对非法制造、销售非法制造的注册商标的使用范围为区分标准。若行为人明知买卖相对人对非法制造、销售非法制造的注册商标的使用范围,那么以"折算说"作为认定注册商标标识"件数"的依据。若行为人不明知买卖相对人对非法制造、销售非法制造的注册商标的使用范围,那么以"实际数量说"作为认定注册商标标识"件数"的依据。[1]

虽然三种意见各有利弊,但我们认为,相较而言,"实际数量说"更具理论基础和实践操作性。

第一,符合商标标识、商标与商品的关系定位。《商标印制管理办法》第十五条第二款规定:本办法所称"商标标识"是指与商品配套一同进入流通领域的带有商标的有形载体,包括注册商标标识和未注册商标标识。作为法律名词的商标标识是带有商标图样的用于包装、装饰、美化、说明、宣传商品的物质载体,一般出现在商品上、商品的包装上、商

---

[1] 非法制造、销售非法制造的注册商标标识罪中"件数"的认定[DB/OL].[2020-06-10]. https://www.sohu.com/a/400848005_100013185.

品说明书上或在服务场所中、服务用品上等处,比如商标标牌、商标织带、商标贴纸、带有商标的包装等。而商标是指能够将自然人、法人或者其他组织的商品与他人的商品区别开的标志,包括文字、图形、字母、数字、三维标志、颜色组合和声音等,以及上述要素的组合。由以上定义可知,商标标识与商标是形式与内容的关系,即商标标识是商标所附着的物质或有形载体,商标是商标标识上的内容。由于商标标识是指"与商品配套一同进入流通领域的带有商标的有形载体",因此一个注册商标标识可以包含多个商标图样,以"折算说"来计算商标标识数会缩小处罚范围。

第二,有助于实现量刑的公正与统一。在行为人非法制造注册商标标识数量相等的情况下,单个商品包装盒上粘附的注册商标标识的数量越多,所对应的"件"数就越少,从而人为制造出"同罪不同罚"的制度不公和失衡,即在非法制造的同样数量注册商标标识的情况下,有的行为人会被认定的"件"数多,而有的行为人则会被认定的"件"数少,无法实现认定标准的统一。同时,每一个注册商标标识都独立存在着证明商品价值的意义,每一个非法制造的注册商标标识都单独地侵害了注册商标权利人的合法权益。因此不能因单个包装盒上有若干注册商标标识而简单折算为一次。这也便于计算和处理案发时尚未使用于商品包装盒或尚未形成完整的商品包装的商标标识。

第三,符合立法本意。"客观上来说,非法制造假冒注册商标就是假冒注册商标罪行为的一个非常核心的组成部分。而且,假冒他人注册商标的行为和非法制造他人注册商标标识的行为,在整个侵犯注册商标犯罪的过程中,具有造意功能,起了龙头的作用。某种程度上来说,这两种行为在侵犯商标权的犯罪中属于源动力和最基本的犯罪行为。如果没有这种造意和源动力的行为,就不可能有后面的销售行为,所以,它们对于注册商标的侵犯是直接的、严重的,因而应当对之规定较重的法定刑。"[①]

第四,符合文义解释的要求。根据《商标法》的规定,经商标局核准注册的商标为注册商标,注册商标的认定应以申请人向商标管理部门提供的商标图样为准。商标标识的"件"是指标有完整商标图样的一份标识,在计算商标标识数量时,只要符合规定的"标有完整商标图样的一份标识",应当认定为一件。所以,无论是何种形式的图样,只要其图样与商标申请人申请注册时提供的商标图样基本相符,就应认定为是一件商标。

这也与一般人的理解习惯相一致。"标有完整商标图样"作为对"一份标识"的限定和修饰,这个定语通常可以被理解为只要标有完整商标图样的,不管完整商标图样是只有一个还是更多。因此,只要标有一个完整商标图样的,就可以被认定为一件商标标识的观点符合法条所意味表达的内容,并没有刻意扩大。

四、法条链接

1.《最高人民法院 最高人民检察院关于办理侵犯知识产权刑事案件具体应用法律若干问题的解释》

第三条 伪造、擅自制造他人注册商标标识或者销售伪造、擅自制造的注册商标标

[①] 刘科.TPIPs协定中刑罚措施研究:兼论中国侵犯知识产权犯罪刑罚措施的立法完善[J].知识产权,2010(06):76-81.

识,具有下列情形之一的,属于刑法第二百一十五条规定的"情节严重",应当以非法制造、销售非法制造的注册商标标识罪判处三年以下有期徒刑、拘役或者管制,并处或者单处罚金:(一)伪造、擅自制造或者销售伪造、擅自制造的注册商标标识数量在二万件以上,或者非法经营数额在五万元以上,或者违法所得数额在三万元以上的;(二)伪造、擅自制造或者销售伪造、擅自制造两种以上注册商标标识数量在一万件以上,或者非法经营数额在三万元以上,或者违法所得数额在二万元以上的;(三)其他情节严重的情形。

具有下列情形之一的,属于刑法第二百一十五条规定的"情节特别严重",应当以非法制造、销售非法制造的注册商标标识罪判处三年以上七年以下有期徒刑,并处罚金:(一)伪造、擅自制造或者销售伪造、擅自制造的注册商标标识数量在十万件以上,或者非法经营数额在二十五万元以上,或者违法所得数额在十五万元以上的;(二)伪造、擅自制造或者销售伪造、擅自制造两种以上注册商标标识数量在五万件以上,或者非法经营数额在十五万元以上,或者违法所得数额在十万元以上的;(三)其他情节特别严重的情形。

2.《中华人民共和国商标法》

第三条　经商标局核准注册的商标为注册商标,包括商品商标、服务商标和集体商标、证明商标;商标注册人享有商标专用权,受法律保护。

3.《商标印制管理办法》

第十五条第二款　本办法所称"商标标识"是指与商品配套一同进入流通领域的带有商标的有形载体,包括注册商标标识和未注册商标标识。

五、课后思考

当行为人非法制造注册商标标识,并将其用于与该注册商标核定使用的商品属于同一种的商品上,其行为触犯了刑法中的两个罪名,即非法制造注册商标标识罪和假冒注册商标罪。这种情形应如何定罪处刑?

六、延伸阅读

1. 庄绪龙,包文炯.论非法制造、销售非法制造的注册商标标识罪中"件数"的司法认定[J].中国刑事法杂志,2013(09):38-46.

2. 徐艳.正确认识注册商标标识中的"件"[N].江苏法制报,2011-10-24(03).

3. 王强军.非法制造、销售非法制造的注册商标标识罪的法理缺陷与应对[J].知识产权,2013(10):43-47+60.

第四节　假冒专利罪
——张某等假冒专利案

一、案情简介

被告人张某、朱某系江苏海安人,两人系夫妻,张某原为案涉专利权人陆某经营的南通恒维化工厂业务人员,后因故离开该公司。2007年9月25日,张某注册成立海安县江源机电公司,生产、销售锅炉清灰剂。2011年,江源机电公司因未接受年检被吊销营业执照。2008年始,为增加销售量,张某利用从南通恒维化工厂获取的产品宣传册,委托复印社以南通恒维化工厂的宣传册为蓝本,仅修改了发明专利号的字体、颜色、大小、布局,印刷了江源机电公司宣传册2 000本。

张某还委托当地一家网络公司为其制作江源机电公司网页。宣传册封面和互联网网页中载有的发明专利号与陆某于1997年4月7日申请的尚处有效期间的炉窑添加剂发明专利号完全相同。张某在销售锅炉清灰剂过程中,朱某协助其销售,以发放宣传册和通过互联网向客户宣传推介产品。2012年1月至2013年6月,张、朱二人共销售锅炉清灰剂65吨,销售金额共计491 750元。庭审中,被告人张某、朱某对公诉机关指控的犯罪事实和罪名无异议。

南通中院经审理认为,被告人张某、朱某未经专利权人许可,擅自在其生产的锅炉清灰剂产品的宣传册和公司网页上使用专利权人的发明专利号,将产品冒充为专利产品,易使社会公众产生误认,侵害了专利权人的合法权益,且危害国家对专利的管理制度,情节严重,其行为已构成假冒专利罪。[①]

二、主要问题

《刑法》中的"假冒专利"与《专利法》中的"假冒专利"是同一个含义吗?

三、法律分析

"假冒专利"最早发端于1984年《专利法》第六十三条的"假冒他人专利"。1992年《专利法》中又增加了"冒充专利",从而形成了"假冒他人专利"和"冒充专利"并立的行为模式。2000年《专利法》修订时继续延续此种行为的分野模式,并且通过第五十八条和第五十九条两个条款分别设置了行为人应承担的不同法律责任:假冒他人专利的行为人不仅要承担民事责任,还可能要承担行政责任和刑事责任;冒充专利的行为人仅规定了行政责任。2008年《专利法》中首次出现"假冒专利"一词,对之前专利法中的"假冒他人专利"和"冒充专利"进行了整合,但并未对何为"假冒专利"作出界定,并对其设置了民事责任、行政责任和刑事责任。随后修订的《专利法实施细则》第八十四条也将假冒他人专利和冒充专利行为合并为假冒专利,列举了5种假冒专利行为。

1997年修订后的《刑法》,针对假冒他人专利的行为,在第二百一十六条设立了假冒专利罪:"假冒他人专利,情节严重的,处三年以下有期徒刑或者拘役,并处或者单处罚金。"这一规定属于空白罪状,并未明确规定假冒他人专利的行为方式,而是适用2004年最高法、最高检发布的《关于办理侵犯知识产权刑事案件具体应用法律若干问题的解释》来认定和办理假冒专利罪。2008年《专利法》及其配套行政法规出台后,《刑法》及其司法解释并未及时调整,2010年发布的《立案追诉标准(二)》第七十二条仍然规定:"假冒他人专利,涉嫌下列情形之一的,应予立案追诉……"立法规定上的不明确和法律内容体系的

---

① 马超,顾建兵.江苏首例假冒专利罪一审宣判[DB/OL].[2015-04-09]. http://hassfw.ntfy.gov.cn/contents/49/2583.html.

逻辑自洽性的不足导致对于专利行政立法"不再区分假冒他人专利和冒充专利"是否波及刑法中的"假冒专利罪",存在较大的争议和困惑,即适当扩张假冒专利罪的外延范围,还是继续沿用基于旧专利法规范而作出的司法解释呢?

我们认为,既然现行《刑法》依旧明确假冒专利罪是侵犯现行有效的"他人"专利权且情节严重的行为,则其他专利侵权行为仍然不应以犯罪论处。

第一,罪刑法定下的解释原则。尽管1997年《刑法》从一开始就将此罪名确定为"假冒专利罪"而非"假冒他人专利罪"或其他罪名,在之后的司法解释中也一直使用"假冒专利罪"的罪名,但是从2004年《最高人民法院 最高人民检察院关于办理侵犯知识产权刑事案件具体应用法律若干问题的解释》第十条关于"假冒他人专利"行为的列举规定中可以看出,刑法中的"假冒专利罪"的行为方式并不包括冒充专利行为。因此,即便修订后的《专利法》将冒充专利行为与假冒专利行为统称为"假冒专利"行为,但此"假冒专利"的内容与《刑法》"假冒专利罪"中的"假冒专利"的内容并不一致。所以,假冒专利罪内涵界定仍应当坚持罪刑法定的严格解释原则。

第二,刑法谦抑性的要求。刑法的谦抑性,是指刑法应依据一定规则控制处罚犯罪范围与犯罪程度,即凡是使用其他法律足以抑制某种违法行为、足以保护合法权益时,就不要将其规定为犯罪;凡是使用较轻的制裁方法足以抑制某种犯罪行为、足以保护合法权益时,就不要规定较重的制裁方法。① 根据谦抑性的要求,若要把某一种专利侵权行为纳入刑法调整的范围,除了该行为需要具有一定的社会危害性,还要考虑现有的其他控制和制裁手段是否充分。假冒专利罪规定在《刑法》分则部分第三章"破坏社会主义市场经济罪"中的"侵犯知识产权罪"这一节中,因此其侵犯的法益必然是社会主义市场经济。而专利侵权行为通常并不侵害公共利益,仅侵犯专利权人的专利权。对这种侵犯私权行为,可以用民事、行政手段替代刑事手段来规范。因此,对于未经专利权人许可擅自实施其专利的行为和以非专利产品冒充专利产品、以非专利方法冒充专利方法的冒充专利行为等,无论情节是否严重,都不能依照《刑法》第二百一十六条的规定追究刑事责任。

第三,刑法保护并非最佳制裁手段。2008年修改《专利法》以后,行政法视域下假冒专利行为的外延得以扩张,不仅涵盖了假冒他人专利行为,也包括了各种各样的"冒充专利"行为。立法者用"假冒专利"统摄"假冒他人专利"和"冒充专利"的主要立法目的就在于提升对"冒充专利"行为的规制程度和惩治力度。例如,原《专利法》中"冒充专利"行为是可以处以"五万元以下的罚款";新《专利法》中"冒充专利"行为同"假冒他人专利"行为一样可以"并处违法所得四倍以下的罚款;没有违法所得的,可以处二十万元以下的罚款"。同时,还确定了惩罚性的赔偿数额。这些惩罚性民事和行政措施不仅可以实现对专利侵权行为的威慑,而且社会成本低廉,节约司法资源。"在引入专利侵权惩罚性赔偿制度、促进专利侵权损害赔偿制度科学化的前提"②下,没有必要通过专利侵权入罪的方式提高专利权的保护水平。

对于情节严重的专利侵权行为,虽然不能按照现行《刑法》第二百一十六条来定罪,但

---

① 张明楷.论刑法的谦抑性[J].法商研究,1995(04):55-62.
② 张鹏.知识产权惩罚性赔偿制度的正当性及基本建构[J].知识产权,2016(04):102-107.

如果其手段行为情节严重触犯了刑事法律的,可以符合《刑法》的"虚假广告罪""合同诈骗罪"等罪名来论处,从而有效遏制此类违法行为的发生。

四、法条链接

1.《中华人民共和国专利法》

第六十三条　假冒专利的,除依法承担民事责任外,由管理专利工作的部门责令改正并予公告,没收违法所得,可以并处违法所得四倍以下的罚款;没有违法所得的,可以处二十万元以下的罚款;构成犯罪的,依法追究刑事责任。

2.《中华人民共和国专利法实施细则》

第八十四条　下列行为属于专利法第六十三条规定的假冒专利的行为:(一)在未被授予专利权的产品或者其包装上标注专利标识,专利权被宣告无效后或者终止后继续在产品或者其包装上标注专利标识,或者未经许可在产品或者产品包装上标注他人的专利号;(二)销售第(一)项所述产品;(三)在产品说明书等材料中将未被授予专利权的技术或者设计称为专利技术或者专利设计,将专利申请称为专利,或者未经许可使用他人的专利号,使公众将所涉及的技术或者设计误认为是专利技术或者专利设计;(四)伪造或者变造专利证书、专利文件或者专利申请文件;(五)其他使公众混淆,将未被授予专利权的技术或者设计误认为是专利技术或者专利设计的行为。

专利权终止前依法在专利产品、依照专利方法直接获得的产品或者其包装上标注专利标识,在专利权终止后许诺销售、销售该产品的,不属于假冒专利行为。

销售不知道是假冒专利的产品,并且能够证明该产品合法来源的,由管理专利工作的部门责令停止销售,但免除罚款的处罚。

3.《最高人民法院　最高人民检察院关于办理侵犯知识产权刑事案件具体应用法律若干问题的解释》

第四条　假冒他人专利,具有下列情形之一的,属于刑法第二百一十六条规定的"情节严重",应当以假冒专利罪判处三年以下有期徒刑或者拘役,并处或者单处罚金:(一)非法经营数额在二十万元以上或者违法所得数额在十万元以上的;(二)给专利权人造成直接经济损失五十万元以上的;(三)假冒两项以上他人专利,非法经营数额在十万元以上或者违法所得数额在五万元以上的;(四)其他情节严重的情形。

五、课后思考

如何区分假冒专利行为和专利侵权行为?

六、延伸阅读

1. 李晓秋,喻志强.假冒专利罪内涵界定应坚持严格解释原则[N].检察日报,2016-11-28(03).
2. 崔会如.侵犯专利权犯罪被害现象描述及原因分析[J].山东警察学院学报,2007(05):91-96.
3. 李宗辉.论《刑法》专利犯罪制度之体系化重构[J].时代法学,2017,15(05):14-20.

4. 孙伟.假冒专利罪的立法现状与完善[J].人民检察,2016(08):26-28.
5. 刘少谷.刑法规制假冒专利行为的困境与对策[J].中州学刊,2019(03):55-59.

第五节 侵犯著作权罪
——张顺等侵犯著作权案

一、案情简介

2007年10月,被告人张顺购进盗版的《十七大报告辅导读本》2 300本、《十七大报告》单行本1 000本,其中销售给被告人陈瑞两种书籍各1 000本,销售给被告人赵党清《十七大报告辅导读本》1 300本。陈瑞将从张顺处购买的上述书籍销售给赵党清《十七大报告辅导读本》200本,销售给王红勤《十七大报告辅导读本》100本、《十七大报告》单行本100本,另卖给其他单位一部分。赵党清将从张顺、陈瑞处购进的《十七大报告辅导读本》1 500本,连同从他人处购买的此书卖给国家发展改革委2 300本。公安机关从国家发展改革委收回《十七大报告辅导读本》1 033本,其中1 031本经鉴定为侵权复制品。

被告人王红勤将从被告人陈瑞处购进的《十七大报告辅导读本》100本、《十七大报告》单行本100本,连同从他人处购进的《中国共产党章程》等相关图书,向北京市劳教局等单位销售。公安机关从北京市劳教局等单位收回《十七大报告辅导读本》211本、《中国共产党章程》369本。其中,579本经鉴定为侵权复制品。

北京市朝阳区人民法院认为,被告人王红勤以营利为目的,未经著作权人许可,发行其文字作品,但行为尚未达到情节严重的程度,故依照《最高人民法院关于执行〈中华人民共和国刑事诉讼法〉若干问题的解释》第一百七十七条之规定,裁定准许北京市朝阳区人民检察院撤回对王红勤的起诉。被告人张顺、陈瑞、赵党清以营利为目的,未经著作权人许可,发行其文字作品,情节严重,均已构成侵犯著作权罪,均应依法惩处。北京市朝阳区人民检察院指控罪名成立。故判决如下:被告人张顺犯侵犯著作权罪,判处有期徒刑1年6个月,并处罚金人民币15 000元;被告人赵党清犯侵犯著作权罪,判处有期徒刑1年3个月,并处罚金人民币13 000元;被告人陈瑞犯侵犯著作权罪,判处有期徒刑1年,并处罚金人民币1万元。一审宣判后,被告人张顺、陈瑞、赵党清、王红勤均未上诉,检察机关亦未抗诉,判决发生法律效力。①

二、主要问题

销售盗版《十七大报告辅导读本》的行为,是构成侵犯著作权罪还是销售侵权复制品罪?

三、法律分析

对于四被告人的行为是否构成犯罪以及构成何种犯罪,审判过程中有两种不同意见:

---

① 张顺等人侵犯著作权案[Z]//最高人民法院刑事审判第一、二、三、四、五庭.刑事审判参考(2011年第1集).北京:法律出版社,2011:131-132.

一种意见认为，被告人张顺、陈瑞、赵党清未经著作权人许可，发行其文字作品，均在 500 册以上，其行为均构成侵犯著作权罪；被告人王红勤销售侵权复制品不足 500 册，尚未达到情节严重的程度，不构成犯罪。另一种意见认为，四被告人仅销售侵权复制品，未实施侵犯著作权罪要求的复制发行或者出版行为，故性质上属于销售侵权复制品；如违法所得数额巨大，可以认定为销售侵权复制品罪；如违法所得达不到数额巨大标准，则不构成犯罪。

解决上述意见分歧的关键在于正确把握《刑法》第二百一十七条中的"发行"和第二百一十八条中的"销售"的含义。根据《刑法》第二百一十七条的规定，侵犯著作权罪是指以营利为目的，违反著作管理法规，未经著作权人许可，复制发行其文字作品等，且违法所得数额较大或者有其他严重情节的行为。在本条条文的表述中，侵犯著作权罪客观方面的行为表现是"复制发行"，且"复制"与"发行"之间没有标点符号，这就引发了理解上的争议：究竟是指复制或发行，还是复制和发行？发行是否包含销售？

由于侵犯著作权罪和销售侵权复制品罪的犯罪对象存在同一性，因此有观点认为，"《刑法》第二百一十七条中侵犯著作权罪的'发行'其意义相当于首次发行、首次出售，即第一次公之于众。立法用语中'复制发行'也暗示了这一点，复制在前，发行在后，复制是发行的前提，发行是复制的当然后果，复制为发行提供了可能，发行使复制的社会危害性得以现实体现。这样的理解与出版业的行业习惯，与我们的日常用语习惯相一致，当然，第二百一十八条的销售行为就是指发行之后的再次销售行为，属于侵犯著作权罪犯罪后果的进一步延伸，这样就可以将侵犯著作权罪与销售侵权复制品罪分离开来，不会造成司法实践中的混乱"①。

我们认为，这种观点值得商榷。刑法领域的"复制发行"理应是并列的选择关系，而非结合关系。

主要理由在于：

第一，从立法源流来看，1994 年全国人民代表大会常务委员会发布的《关于惩治侵犯著作权的犯罪的决定》第一条和第二条是现行《刑法》第二百一十七条侵犯著作权罪与第二百一十八条销售侵权复制品罪的前身，除了对销售侵权复制品罪的数额起点和法定刑进行了调整，二者的表述完全一致，同样规定了"复制发行"的行为方式。这样的行为方式被定性为犯罪，主要是缘于 1990 年颁布的《著作权法》第四十六条。②《著作权法》于 2001 年进行了修正，扩大了侵犯著作权的行为范围，即未经著作权人许可，复制、发行、表演、放映、广播、汇编、通过信息网络向公众传播其作品的，应当根据情况，承担民事责任。在这里，原来的"复制发行"被修改为"复制、发行"。2010 年《著作权法》修订基本没有影

---

① 李怀胜.论著作权犯罪中"发行"与"销售"的区别——兼论《刑法》第 217 条与第 218 条的关系[J].吉林公安高等专科学校学报,2008,23(06):95-98.

② 1990 年《著作权法》第四十六条规定："有列侵权行为的，应当根据情况，承担停止侵害、消除影响、公开赔礼道歉、赔偿损失等民事责任，并可以由著作权行政管理部门给予没收非法所得、罚款等行政处罚：（一）剽窃、抄袭他人作品的；（二）未经著作权人许可，以营利为目的，复制发行其作品的；（三）出版他人享有专有出版权的图书的；（四）未经表演者许可，对其表演制作录音录像出版的；（五）未经录音录像制作者许可，复制发行其制作的录音录像的；（六）未经广播电台、电视台许可，复制发行其制作的广播、电视节目的；（七）制作、出售假冒他人署名的美术作品的。"

响这一内容的表述。从法条修订的细节上看,复制与发行中间的顿号表明这二者之间是一种并列的选择关系,所以只要存在复制行为或发行行为或复制且发行行为,都可构成侵犯著作权罪,并未对行为的时间段进行限制。

第二,从法条解释的角度来看,《著作权法》第十条第六款对发行权的界定为"以出售或者赠与方式向公众提供作品的原件或者复制件的权利"。这表明,在著作权法意义上的发行是通过出售和赠与的方式实施的,销售是发行的一种重要方式。由于在实践中赠与的情况并不多见,所以从这个意义上讲,"发行"在多数情况下等同于"销售"。但在《著作权法》中未见将发行限定为第一次发行或总发行的规定。而源于保护著作权需要的刑法规定也没有明确对"发行"作出有别于《著作权法》的另外规定。"诚然,刑法规范与其他法律规范往往具有不同的目的,因此,对同一概念,刑法完全可能按照自身的目的进行理解,而不是原封不动地照搬其他法领域的解释。但是,刑法具有自身的固有属性并非'万金油',凡是对某一概念的理解与其他法领域不一致时,一'抹'即可。刑法理论仍然需要说明作此解释的正当性。"①比如 2007 年《最高人民法院 最高人民检察院关于办理知识产权刑事案件具体应用法律若干问题的解释(二)》第二条第二款规定:"侵权产品的持有人通过广告、征订等方式推销侵权产品的,属于刑法第二百一十七条规定的'发行'。"依此规定,侵权产品的持有人,无论以何种方式实施了推销侵权产品的行为,即可成立侵犯著作权罪,而并不要求行为人实施的推销是首次推销。因此,有理由认为《刑法》第二百一十七条中"发行"与《著作权法》第十条中的"发行"的含义是一致的,即无论是第一次销售作品、复制品,还是购入作品、复制品之后再销售,均属于"发行",而不应区分首次发行还是后续销售。

第三,这也符合体系解释的要求。我们在对"复制、发行"作出解释时,必须同时考虑《刑法》第二百一十七条的其他三项规定。比如第二百一十七条第四项规定的"制作、出售",现行的通说认为,只需具备制作行为或出售行为,即可构成本罪,而无需同时具备两种行为方式。如果对"发行"作出时间段的限制,那么"出售"也应有相应的限制。退一步说,即使"发行"可以解释为第一次销售或总发行,但无论是在日常意义上还是法律用语中"出售"都无法与"第一次"或其他限定语形成固定搭配,难免产生法条内部解释无法协调的情况。

第四,相关司法解释中的确认。如何理解"复制发行"与"销售"的关系问题,表面上肇始于司法解释的规定,实质上是对侵犯著作权罪的固有解释与扩大打击侵犯著作权犯罪的需要的紧张关系所致。详言之,随着我国经济的发展,一方面是侵犯著作权的行为激增,方式多样化,给侵犯著作权犯罪的司法认定带来了挑战;另一方面是我国对著作权日益重视并加大保护力度,尤其是近年来缔结了一系列国际条约,更是要求我国继续扩大和完善对著作权的保护。②为进一步保护著作权,加大对侵犯著作权行为的处罚力度,在立法未变的情况,司法机关不断进行调整以适用新的形势。根据 1998 年最高人民法院《关

---

① 王静.侵犯著作权罪与销售侵权复制品罪的关系——以"复制发行"与"销售"的关系为中心[C]//刑事法评论:第 31 卷.北京:北京大学出版社,2012:477.
② 王静.侵犯著作权罪与销售侵权复制品罪的关系——以"复制发行"与"销售"的关系为中心[C]//刑事法评论:第 31 卷.北京:北京大学出版社,2012:483.

于审理非法出版物刑事案件具体应用法律若干问题的解释》第三条的规定,"复制发行"是指行为人以营利为目的,未经著作权人许可而实施的复制、发行或者既复制又发行其文字作品、音乐、电影、电视、录像作品、计算机软件及其他作品的行为。2007年《最高人民法院 最高人民检察院关于办理侵犯知识产权刑事案件具体应用法律若干问题的解释(二)》第二条也对此作出同样的规定,《刑法》第二百一十七条侵犯著作权罪中的"复制发行",包括复制、发行或者既复制又发行的行为。最高人民法院、最高人民检察院、公安部2011年联合印发的《关于办理侵犯知识产权刑事案件适用法律若干问题的意见》则对"发行"作了进一步解释,即包括总发行、批发、零售、通过信息网络传播以及出租、展销等活动。由此可见,现行司法解释等规范性文件延续了《著作权法》对"发行"的界定。据此,行为人实施了销售侵犯他人著作权的复制品的行为,可以被认定为侵犯著作权罪中的"发行"。由于销售侵权复制品罪的定罪标准高于侵犯著作权罪,因此在司法实践中会形成销售侵权复制品罪的适用范围被压缩的错觉。

在本案中,四被告人销售侵权复制品的违法所得均没有达到销售侵权复制品罪的定罪标准(人民币10万元),不能认定为该罪。由于四被告人擅自销售的《中国共产党章程》或《十七大报告》单行本的数量不应当计入各自的犯罪数额,故被告人张顺、陈瑞、赵党清、王红勤的犯罪对象仅为盗版的《十七大报告辅导读本》,犯罪数量分别为2 300本、1 000本、1 500本和100本。其中,张顺、陈瑞、赵党清未经著作权人许可,发行其文字作品的数量均超过了500本的定罪标准,属于《刑法》第二百一十七条规定的"有其他严重情节",已构成侵犯著作权罪。而王红勤在未经著作权人许可的情况下,发行数量尚未达到500本的定罪标准,故从犯罪数额角度来看,不应追究其刑事责任。另一方面,四被告人之间系买卖关系,相互之间缺乏共同犯罪的故意和行为,不属于共同犯罪,应分别对各自的行为负责,故被告人王红勤仅应对其销售的100本盗版的《十七大报告辅导读本》负责,尚不构成犯罪,检察机关撤回对王红勤的起诉是正确的。因此,被告人张顺、陈瑞、赵党清的行为均构成侵犯著作权罪,被告人王红勤的行为不构成犯罪。①

四、法条链接

1.《中华人民共和国刑法》

第二百一十七条【侵犯著作权罪】 以营利为目的,有下列侵犯著作权情形之一,违法所得数额较大或者有其他严重情节的,处三年以下有期徒刑或者拘役,并处或者单处罚金;违法所得数额巨大或者有其他特别严重情节的,处三年以上七年以下有期徒刑,并处罚金:(一)未经著作权人许可,复制发行其文字作品、音乐、电影、电视、录像作品、计算机软件及其他作品的;(二)出版他人享有专有出版权的图书的;(三)未经录音录像制作者许可,复制发行其制作的录音录像的;(四)制作、出售假冒他人署名的美术作品的。

2. 1998年《关于审理非法出版物刑事案件具体应用法律若干问题的解释》

第二条 以营利为目的,实施刑法第二百一十七条所列侵犯著作权行为之一,个人违

---

① 张顺等人侵犯著作权案[Z]//最高人民法院刑事审判第一、第二、第三、第四、第五庭.刑事审判参考(2011年第1集).北京:法律出版社,2011:136-137.

法所得数额在五万元以上,单位违法所得数额在二十万元以上的,属于"违法所得数额较大";具有下列情形之一的,属于"有其他严重情节":(一)因侵犯著作权曾经两次以上被追究行政责任或者民事责任,两年内又实施刑法第二百一十七条所列侵犯著作权行为之一的;(二)个人非法经营数额在二十万元以上,单位非法经营数额在一百万元以上的;(三)造成其他严重后果的。

以营利为目的,实施刑法第二百一十七条所列侵犯著作权行为之一,个人违法所得数额在二十万元以上,单位违法所得数额在一百万元以上的,属于"违法所得数额巨大";具有下列情形之一的,属于"有其他特别严重情节":(一)个人非法经营数额在一百万元以上,单位非法经营数额在五百万元以上的;(二)造成其他特别严重后果的。

3. 2007 年《最高人民法院 最高人民检察院关于办理知识产权刑事案件具体应用法律若干问题的解释(二)》

第六条 单位犯罪按照相应个人犯罪的定罪量刑标准定罪处罚。

4. 2011 年《最高人民法院 最高人民检察院 公安部关于办理侵犯知识产权刑事案件适用法律若干问题的意见》

第十三条 以营利为目的,未经著作权人许可,通过信息网络向公众传播他人文字作品、音乐、电影、电视、美术、摄影、录像作品、录音录像制品、计算机软件及其他作品,具有下列情形之一的,属于刑法第 217 条规定的"其他严重情节",应当以侵犯著作权罪判处 3 年以下有期徒刑或者拘役,并处或者单处罚金:(一)非法经营数额在 5 万元以上的;(二)传播他人作品的数量合计在 500 件(部)以上的;(三)传播他人作品的实际被点击数达到 5 万次以上的;(四)以会员制方式传播他人作品,注册会员达到 1 000 人以上的;(五)数额或者数量虽未达到第(一)项至第(四)项规定标准,但分别达到其中两项以上标准一半以上的;(六)其他严重情节的情形。

实施前款规定的行为,数额或者数量达到前款第(一)项至第(五)项规定标准 5 倍以上的,属于刑法第 217 条规定的"其他特别严重情节",应当以侵犯著作权罪判处 3 年以上 7 年以下有期徒刑,并处罚金。

五、课后思考

在司法实践中,针对销售侵权音像制品行为,司法机关经常选择适用侵犯著作权罪。这种罪名选择方式是否符合立法本意?是否具有理论的正当性和合理性?

六、延伸阅读

1. 高铭暄,王俊平.侵犯著作权罪认定若干问题研究[J].中国刑事法杂志,2007(03):3-9.
2. 王迁.论著作权意义上的"发行"——兼评两高对《刑法》"复制发行"的两次司法解释[J].知识产权,2008(01):65-71.
3. 赵秉志.侵犯著作权犯罪研究[M].北京:中国人民大学出版社,2008.
4. 姚建军.网络服务提供者侵犯著作权的新探讨——兼议《侵权责任法》第 36 条的辨析及其延伸[J].法律适用,2011(02):68-73.

5. 林亚刚.析侵犯著作权行为与侵犯著作权罪的衔接[J].法学评论,2006(06):121-123.

6. 陈志鑫."双层社会"背景下侵犯著作权罪定罪量刑标准新构——基于306份刑事判决书的实证分析[J].政治与法律,2015(11):30-37.

第六节 销售侵权复制品罪
——霍国章销售侵权复制品案

一、案情简介

2016年5月,被告人霍国章(河北省保定市宏祥书刊发行有限公司原法定代表人)到河南郑州参加图书展销会,并从一刘姓男子手中购买了大量盗版图书,储存在其租用的保定市清苑区田各庄村某库房准备销售;同年6月16日被保定市文化广电新闻出版局在日常工作检查中发现,共计查获陕西人民教育出版社的"小学教材全解"系列图书8.1万册、山东省地图出版社出版的"北斗地图"系列图书1.7万余册,标价共计人民币270余万元。经河北省印刷产品质量监督检验站进行鉴定,上述图书均为非法出版物。2016年9月3日,霍国章被保定市公安局莲池分局抓获并刑事拘留。2016年9月14日,保定市莲池区人民检察院以涉嫌销售侵权复制品罪批准逮捕犯罪嫌疑人霍国章。2016年12月6日,该案被起诉至莲池区人民法院。2016年12月15日,全国"扫黄打非"工作小组、国家版权局、公安部、最高人民法院、最高人民检察院对本案联合挂牌督办。保定市莲池区法院判决被告人霍国章犯销售侵权复制品罪,判处有期徒刑1年,并处罚金20万元。被告人霍国章未提出上诉,判决已生效。①

二、主要问题

如何看待《刑法》第二百一十八条将"违法所得数额巨大"作为销售侵权复制品罪的定罪情节?

三、法律分析

现行《刑法》第二百一十八条规定,以营利为目的,销售明知是本法第二百一十七条规定的侵权复制品,违法所得数额巨大的,处3年以下有期徒刑或者拘役,并处或者单处罚金。此即销售侵权复制品罪的规定。在本罪客观要件的规定上,构成本罪需要达到特殊的数额标准,即"违法所得数额巨大"。在这里,一定的数额不仅是本罪的定罪情节,也是本罪的起刑点。根据2004年《最高人民法院 最高人民检察院关于办理侵犯知识产权刑事案件具体应用法律若干问题的解释》,构成本罪的门槛是"10万元以上"。

但是我们认为,这一数额标准的确定,可能影响着司法实践的可操作性。

---

① 最高检2016年度检察机关保护知识产权十大典型案例之六[EB/OL](2017-04-25)[2021-10-20].https://www.spp.gov.cn/xwfbh/wsfbt/201704/t20170425_188983.shtml#1.

首先，虽然司法解释明确了定罪的数额标准，但是违法所得的含义、计算方法与其他相关概念的区别和区分办法等均没有明确。甚至在不同的司法解释中关于"违法所得"的界定和认定都存在不同意见。一种观点认为，"违法所得"是指获利数额，即以违法生产、销售获得的全部收入（即非法经营数额）扣除其直接用于经营活动的合理支出后剩余的数额。这种观点得到了最高人民法院研究室的支持。最高人民法院研究室2012年在有关部门征求意见时答复认为，非法经营罪中的"违法所得"，应当是指获利数额。另一种观点认为，"违法所得"是指通过实施犯罪直接、间接产生、获得的任何财产，无需扣除生产、销售成本。该观点以《刑法》第六十四条的规定为依据。①

其次，用"违法所得数额巨大"衡量犯罪的标准存在操作上的难度。"违法所得数额"是在查清非法经营数额后再扣除成本后获得的收益，此数额必须在10万元以上才构成本罪。若达不到此标准只能按照一般的违法行为论处。因此，查证违法所得数额成为确定销售侵权复制罪的关键因素。但是实践中此罪的主体多数没有固定经营场地，通常采用沿街兜售的方式，不记账或者不记明账或者隐匿账目，难以查清非法经营数额，更遑论扣除相应成本后的违法所得数额。

最后，现行法律要求证明其能达到"10万元以上"的起刑点数额明显过高。销售侵权复制品的行为人这种沿街叫卖的销售方式、远低于正版产品的销售价格决定了很难在司法实践中实现这样的定罪要求。同时，在传统环境和网络环境中，侵权复制品的销售也有所不同。传统环境下的侵权复制品多数以文本、光盘等实物方式呈现，比较容易查获其在现场销售及库存的物品。但是在网络环境下，作品可能通过数字化的方式存在，其销售的渠道和途径不仅相对灵活多样，而且更具隐蔽性，对其所销售的数量、金额更是无从着手。

应当说，单纯以"违法所得数额"作为定罪处罚的标准无论是在确定性方面还是可操作性方面，都无法准确地反映和打击销售侵权复制品的行为。事实上，目前我国刑法所规制的销售类犯罪中，唯有销售侵权复制品罪是以"违法所得数额"作为定罪情节的。"在我国刑法中，涉及销售者刑事责任的条文主要有第一百二十六条的违规制造、销售枪支罪，第一百四十条至第一百四十八条生产、销售伪劣商品罪的9个罪名，第二百一十四条销售假冒注册商标的商品罪，第二百一十五条非法制造、销售非法制造的注册商标标识罪，第二百八十三条非法生产、销售间谍专用器材罪等。这些罪名中，除了一些危险犯和行为犯外，大多是以销售金额、情节严重、造成严重后果等作为定罪的标准，这些量刑情节相对而言比较灵活，便于司法解释及时调整。"②因此，我国学者对于该情节的立法完善提出了三种主张。

第一种主张是取消"违法所得数额巨大"的规定，直接按照《与贸易有关的知识产权协定》（TRIPs）的相关要求，但凡行为人主观上出于故意，客观上实施了具有商业规模的侵犯知识产权行为，即构成本罪。理由在于可以最大限度地避免纵容犯罪，也能避免司法机关在本罪的数额、情节认定上的困难。③

---

① 刘晓虎,赵靓."违法所得"概念的界定和司法认定[N].人民法院报,2018-07-04(06).
② 刘蔚文.销售侵权复制品罪的弃用现象与启用路径研究[J].政治与法律,2013(05)：43-49.
③ 韩志红.对我国侵犯知识产权犯罪构成的思考[J].知识产权,2003(06)：52-54.

第二种主张建议将本罪的"违法所得数额巨大"修改为情节严重犯。基本理由在于，只有将"情节严重"作为所有知识产权犯罪的共同性定罪标准，才能"比较合理、科学地解决知识产权犯罪的刑事立法、司法的统一性与协调性问题，维护法律公正"。至于如何理解"情节严重"，则可以通过立法、司法解释、法官裁量等多种途径解决。①

第三种主张是将本罪改为侵权数额犯，即以"侵权数额巨大"取代刑法本条的"违法所得巨大"。基本理由是以行为人的获利数额作为犯罪成立标准，说明立法保护的重心在于市场竞争秩序，而并非知识产权权利人的合法利益。若是以侵权数额取代违法所得数额，体现了"我国知识产权刑事立法保护重心从对秩序的优先偏重向着权利优先、兼顾秩序的方向转变"。②

我们比较赞同第三种主张的理由，但仍认为有可商榷之处。"侵权"的提法过于笼统和抽象，且未能对本罪的客观要件指明具体侵权的方式。因此，从规范的针对性角度出发，可以考虑直接以"销售侵权复制品数额或数量"来替代现有法律中的"违法所得数额"。之所以增加数量标准，主要原因在于可以加强对知识产权人所有权的保护，也有利于协调知识产权的国际刑事保护。"实际上我国已经有了类似的立法范例，如刑法第363条规定依据制作、复制、出版、贩卖、传播淫秽物品数量（以张、册、盒作为计量单位）定罪量刑，就很有借鉴意义。"③

四、法条链接

1. 1998年12月17日《最高人民法院关于审理非法出版物刑事案件具体应用法律若干问题的解释》

第四条 以营利为目的，实施刑法第二百一十八条规定的行为，个人违法所得数额在十万元以上，单位违法所得数额在五十万元以上的，依照刑法第二百一十八条的规定，以销售侵权复制品罪定罪处罚。

2. 2004年《最高人民法院 最高人民检察院关于办理侵犯知识产权刑事案件具体应用法律若干问题的解释》

第六条 以营利为目的，实施刑法第二百一十八条规定的行为，违法所得数额在十万元以上的，属于"违法所得数额巨大"，应当以销售侵权复制品罪判处三年以下有期徒刑或者拘役，并处或者单处罚金。

五、课后思考

以相关罪名处罚销售侵权复制品行为，是否要遵照特别法优于一般法的原则？

六、延伸阅读

1. 贺平凡,费晔.顾然地、库迪等人销售侵权复制品案[J].法律适用,2005(09):

---

① 梁华仁,朱平.知识产权犯罪若干问题的探讨[J].政法论坛,2000(01):53-61.
② 田宏杰.论我国知识产权的刑事法律保护[J].中国法学,2003(03):141-152.
③ 王东明,景娟,彩霞.关于销售侵权复制品罪有关问题的探讨[DB/OL].[2021-10-20]. https://www.chinacourt.org/article/detail/2006/04/id/204412.shtml.

87-90.

2. 侯艳芳,何亚军.侵犯著作权罪界限划定疑难问题探析[J].法学杂志,2008(06):155-157.

3. 杨帆,张海宏.销售侵权复制品罪虚置之争的再思考——基于功利主义知识产权刑事政策立场的评析[J].政治与法律,2014(03):49-59.

第七节　侵犯商业秘密罪
——伊特克斯公司、郭书周等侵犯商业秘密案

一、案情简介

北京米开罗那机电技术有限责任公司于1996年成立,2003年7月被告人郭书周向该公司应聘网络工程师一职,其后在该公司任网管。2004年1月,郭书周离职,并签订《离职协议》,约定郭书周离开公司后,有义务永远保守公司商业秘密和技术秘密,不得自行利用公司技术或商业信息从事生产经营活动。2006年4月,被害单位米开罗那公司聘请被告人杜开宁任其制造部下属设备厂经理,负责设备厂的生产、调度及管理工作,并约定杜开宁不得泄露公司机密,也不得将此用于自己开办公司使用,直至退休后3年之内。2006年11月3日,米开罗那公司制定的《图纸管理规定》对图纸的提供、发放、回收流程作了详细的规定。2007年3月27日,米开罗那公司制定的《保密制度》中规定,保密人员包括公司的高级管理人员、高级技术人员,以及所有涉及保密信息的人员。米开罗那公司2006年、2007年的《资料交接登记表》显示,杜开宁均在登记发出的图纸"接收人"一栏签名。2007年7月,杜开宁从米开罗那公司离职,于同年年底与被告人郭书周联系,并提供了从米开罗那公司带走的等离子火头及六通阀的图纸。2008年5月,杜开宁至伊特克斯公司工作,协助安排设备的生产。2008年3月至2008年8月,伊特克斯公司向海宁市映宇电子照明有限公司(以下简称海宁映宇公司)、海宁市新晨光源科技有限公司(以下简称海宁新晨公司)等7家单位销售特种灯生产线,包括手套箱、高温炉、等离子排气封接台等,价值在105万元至140万元之间,共计合同金额为792万余元。

后经鉴定,杜开宁的有关图纸中包含有和米开罗那公司相同的设备图纸,光盘资料相应文件夹中包含有和米开罗那公司相同或者基本相同的设备图纸;上述光盘图纸和纸件图纸中所包含的米开罗那公司的脱羟炉、等离子火头、手套箱等设备的零部件的设计尺寸、公差配合、表面粗糙度、装配关系、材质以及具体技术要求的确切组合,属于非公知技术信息。伊特克斯公司生产销售的有关汽车金卤灯生产设备和米开罗那公司的相关设备图纸所记载的对应技术信息相同或实质相同;伊特克斯公司的等离子火头的结构和集成阀块(多路通道分路器)的主要结构均与米开罗那公司图纸记载的主要结构和主要尺寸相同或者实质相同。

浦东新区人民法院认为,伊特克斯公司使用了米开罗那公司的技术秘密,以低价销售侵权产品,抢占了米开罗那公司的市场份额,故以伊特克斯公司的侵权产品的销售数量乘

以米开罗那公司被侵权前的产品利润计算权利人的经济损失。据此,浦东新区人民法院以被告单位伊特克斯公司侵犯商业秘密罪,判处罚金人民币 400 万元;以被告人郭书周侵犯商业秘密罪,判处有期徒刑 4 年 6 个月,罚金人民币 10 万元;以被告人杜开宁侵犯商业秘密罪,判处有期徒刑 3 年 6 个月,罚金人民币 4 万元;违法所得予以追缴。

二审法院即上海市第一中级人民法院认为,现有证据无法反映被害单位的损失,故依据检察机关的建议,参照《最高人民法院关于审理专利纠纷案件适用法律问题的若干规定》第二十条的规定,确定以被告单位非法获利为计算依据。最终确认,伊特克斯公司共对外销售 7 条氙气灯生产线,销售金额共计 792.46 万元,获利 158.492 万元,其中因非法获取并使用米开罗那公司等离子火头、真空脱羟炉技术秘密而非法获利 58.8 万元。①

二、主要问题

1997 年《刑法》有关商业秘密的条款除增加"造成权利人重大损失"的要件外,几乎全文沿用《中华人民共和国反不正当竞争法》(后简称《反不正当竞争法》)的规定。侵犯商业秘密罪中的"重大损失"的认定方式所计算的损失数额成为判断罪与非罪的重要依据。《刑法修正案(十一)》对本罪的修订之一即将"造成重大损失"修改为"情节严重"。这意味着损失数额不再是入罪的唯一标准,但"重大损失"依然可以成为情节严重的后果之一。那么,如何科学合理地认定侵犯商业秘密罪中的"重大损失"?

三、法律分析

本案中,一审法院以伊特克斯公司的侵权产品的销售数量乘以米开罗那公司被侵权前的产品利润计算权利人的经济损失。二审法院则以被告单位非法获利为计算依据。一二审法院的选择,突出地反映了侵害商业秘密的案件中法院应如何确定权利人的损失的问题。

所谓"商业秘密",是指不为公众所普遍知悉,能为权利人带来现实或潜在的经济利益,并经其权利人采取了合理保密措施的信息。② 根据《刑法》第二百一十九条规定,"有下列侵犯商业秘密行为之一,给商业秘密的权利人造成重大损失的,处三年以下有期徒刑或者拘役,并处或者单处罚金;造成特别严重后果的,处三年以上七年以下有期徒刑,并处罚金……"由此规定可知,侵犯商业秘密罪为结果犯,商业秘密的权利人存在重大损失是构成犯罪的要件。若行为人实施了侵犯商业秘密的行为,却未造成重大损失的,则不能以侵犯商业秘密罪论处。

不过,侵犯商业秘密罪中的"重大损失"由于缺乏法律明确规定而导致认定方法模糊不清。《反不正当竞争法》第十七条、《最高人民法院关于审理不正当竞争民事案件应用法律若干问题的解释》第十七条、《最高人民法院关于审理专利纠纷案件适用法律问题的若干规定》第二十条、《中华人民共和国专利法》(后简称《专利法》)第六十五条以及 2004 年

---

① 伊特克斯公司、郭书周等侵犯商业秘密案——如何理解和把握侵犯商业秘密刑事案件中"重大损失"的计算依据、方法及对象[Z]//最高人民法院刑事审判第一、二、三、四、五庭.刑事审判参考(2014 年第 4 集).北京:法律出版社,2015:114-118.

② 王先林.竞争法学[M].北京:中国人民大学出版社,2009:159.

最高人民法院、最高人民检察院《关于办理侵犯知识产权刑事案件具体应用法律若干问题的解释》第七条等分别从民事、刑事角度对"重大损失"的认定作了相应规定,但远未达成认识一致的程度。因此,导致司法实践中,侵犯商业秘密罪的"重大损失"的认定方法选择较为混乱。

在司法实务中,对于侵犯商业秘密罪中的"重大损失"存在多种认定模式。

"利益损失模式"的认定方式是源于《刑法》第二百一十九条的文义解读。将权利人由于商业秘密被不法获取、披露、使用而减少应得或可得的利益损失作为"重大损失"的确定方式,从因果逻辑上讲,是较能真实合理地反映商业秘密权利人的经济损失。本案的一审法院采用的就是这种计算方法。法律依据在于"权利人因被侵权所受到的损失可以根据专利权人的专利产品因侵权所造成销售量减少的总数乘以每件专利产品的合理利润所得之积计算。权利人销售量减少的总数难以确定的,侵权产品在市场上销售的总数乘以每件专利产品的合理利润所得之积可以视为权利人因被侵权所受到的损失"[①]。事实上,影响权利人获利状况的因素众多,比如市场行情稳定、权利人自身经营状态稳定、商业秘密的公开程度和商业价值相对稳定等,对证据的收集和认定要求过高,实践可操作性较差。

司法实务部门普遍适用的"非法获利模式"主要来源于《立案追诉标准(二)》第七十三条的规定。根据该规定,因侵犯商业秘密违法所得数额在50万元以上的、致使商业秘密权利人破产的以及其他给商业秘密权利人造成重大损失的情形,均属于"重大损失"的范畴。由此,商业秘密权利人的"重大损失"可以依照侵权人的违法所得数额来判定。这是基于对于商业秘密的收益通常是此消彼长关系的认识。本案二审法院则另行采用了侵权人获利的计算方法,原因在于"以权利人的损失来计算'重大损失'存在上述两个法律和事实的障碍,故而二审法院参照相关法律规范的规定,综合本案证据状况以及无商业秘密许可使用、商业秘密未对外泄露的事实,最终确定以侵权人获利作为计算方法"[②]。但毕竟,侵权行为人非法所获利益与商业秘密权利人所遭受的损失并不具有同一性,简单等同并不总是科学合理。

"商业秘密价值模式"则是通过间接的方式认定权利人的"重大损失",多数适用于被告人尚未生产出侵权产品或者已经生产出侵权产品,但未实际销售的情况。但这种认定方式的前提是,商业秘密可以进行估价,并且侵权行为致使商业秘密价值全损。主要是参考《最高人民法院关于审理不正当竞争民事案件应用法律若干问题的解释》第十七条第二款规定,因侵权行为导致商业秘密已为公众所知悉的,应当根据该项商业秘密的商业价值确定损害赔偿额。商业秘密的商业价值,根据其研究开发成本、实施该项商业秘密的收益、可得利益、可保持竞争优势的时间等因素确定。不过,这一标准属于民事案件的判断

---

① 伊特克斯公司、郭书周等侵犯商业秘密案——如何理解和把握侵犯商业秘密刑事案件中"重大损失"的计算依据、方法及对象[Z]//最高人民法院刑事审判第一、二、三、四、五庭.刑事审判参考(2014年第4集).北京:法律出版社,2015:119.

② 伊特克斯公司、郭书周等侵犯商业秘密案——如何理解和把握侵犯商业秘密刑事案件中"重大损失"的计算依据、方法及对象[Z]//最高人民法院刑事审判第一、二、三、四、五庭.刑事审判参考(2014年第4集).北京:法律出版社,2015:120.

标准,刑事领域并无相关的规定。司法实践中也的确有将这种计算方法予以采纳的相关案例。①

我们认为,虽然司法实务中已经较为习惯地将数额作为侵犯商业秘密犯罪结果的认定标准,但侵犯商业秘密罪并非单纯的数额犯。在侵犯商业秘密罪的立法表述上,"造成重大损失""造成特别严重后果"并不符合刑法对同一罪名不同刑档犯罪的表述习惯,比如常见的"情节严重""情节特别严重",体现了同向的程度加深,而"造成重大损失""造成特别严重后果"实际上为犯罪结果设置了多种判断尺度。体现在立案追诉标准上,除了权利人损失和侵权人获利,致使商业秘密权利人破产以及其他情形的兜底条款同样是"重大损失"的表现形式。根据上述规定的文义理解,"重大损失"应当包括与权利人损失、权利人破产程度相当的其他损失。鉴于其他损失的多元性和认定标准缺乏可操作性,现有立法和司法实践均未作过多涉及。我们认为,对于"重大损失"的理解,宜以直接损失为限,以物质损失为依据。一方面,权利人的损失应与涉案商业秘密直接相关,不包括致使企业经营策略变更、社会信誉降低等间接影响;另一方面,侵犯商业秘密使权利人竞争优势削弱或者丧失,直接体现为经济利益的损害,对于非物质性的损失或者不能进行物质量化的损失不宜纳入损失范围。② 在某些特殊情况下,权利人的损失数额和侵权人所获得的实际利润均难以查实,这就需要法官根据案件的具体情况,结合法律和司法解释的规定精神作出合理的认定,应充分考虑以下因素:首先是取得商业秘密的成本,如开发、研制商业秘密的成本,保护商业秘密的合理支出费用等;其次是侵权人使用商业秘密之前的获利状况与使用之后的获利大小;最后还应考虑商业秘密新颖性的程度、商业秘密的生命周期及其所处阶段、市场竞争状况和市场前景等因素,以确定合理预期的未来收益。

因此,应当重构"重大损失"的综合认定模式,分层次确定违法行为造成权利人的损失。在损失数额具体可查证的情况下,适用"利益损失模式";在损失数额难以估算或确定的情况下,对于造成权利人全部损失的行为适用"商业秘密价值模式",对于造成权利人部分损失的行为适用"非法获利模式"。③ 当采用前一种计算方式无法确定具体赔偿数额时,才适用后一种计算方式。法院应根据权利人的主张,依次从这几种计算方式中明确适用其中一种计算方式。

需要指出的是,2020 年 12 月 26 日通过的《刑法修正案(十一)》对侵犯商业秘密罪进行了大幅修订,修订之一在于修改了侵害商业秘密的入罪门槛,由"造成重大损失"修订为"情节严重"。通过这一调整,侵犯商业秘密罪由结果犯转变为情节犯,与侵犯知识产权犯罪的其他罪名在入罪标准上达到统一,即采用"情节严重"或"数额较大"的标准,也与《反不正当竞争法》等前置法相衔接。与此同时,这也符合《中美经贸协议》第 1.7 条关于分步取消任何将商业秘密权利人确定发生实际损失作为启动侵犯商业秘密刑事调查前提的要求。④

---

① 例如最高人民检察院于 2016 年 5 月 5 日发布的"2015 年度检察机关保护知识产权十大典型案例之宋斌侵犯商业秘密案"中被告人宋斌因侵犯商业秘密罪被判处刑罚。
② 高劲松,王凤.四个方面认定侵犯商业秘密罪"重大损失"[N].检察日报,2020-6-16(03).
③ 钱玉文,沈佳丹.侵犯商业秘密罪中"重大损失"的司法认定[J].中国高校社会科学,2018(01):72-84+158.
④ 汪东升.论侵犯商业秘密罪的立法扩张与限缩解释[J].知识产权,2021(09):41-55.

至于何为"情节严重",《刑法修正案(十一)》并未进一步指明,这也是立法体例的一贯做法,有待于未来司法解释的进一步细化。不过可以明确的是,"情节严重"的范围要大于"重大损失"。虽然2020年9月14日正式施行的《最高人民法院 最高人民检察院关于办理侵犯知识产权刑事案件具体应用法律若干问题的解释(三)》仍袭用此前刑法"重大损失"的标准,但从其内容来看,该解释认为的侵犯商业秘密的入罪门槛有3种情形,一是以"给商业秘密的权利人造成损失数额或者因侵犯商业秘密违法所得数额在30万元以上"。二是"致使权利人破产、倒闭的"。三是造成商业秘密权利人其他重大损失的。由此可见,未来在判断是否"情节严重"时,是对主体、客体、主观方面、客观方面的综合考量,实际损失的大小将不再是侵犯商业秘密罪的唯一判断标准。

四、法条链接

1.《中华人民共和国刑法》

第二百一十九条【侵犯商业秘密罪】 有下列侵犯商业秘密行为之一,情节严重的,处三年以下有期徒刑,并处或者单处罚金;情节特别严重的,处三年以上十年以下有期徒刑,并处罚金:(一)以盗窃、贿赂、欺诈、胁迫、电子侵入或者其他不正当手段获取权利人的商业秘密的;(二)披露、使用或者允许他人使用以前项手段获取的权利人的商业秘密的;(三)违反保密义务或者违反权利人有关保守商业秘密的要求,披露、使用或者允许他人使用其所掌握的商业秘密的。

明知前款所列行为,获取、披露、使用或者允许他人使用该商业秘密的,以侵犯商业秘密论。

本条所称权利人,是指商业秘密的所有人和经商业秘密所有人许可的商业秘密使用人。

为境外的机构、组织、人员窃取、刺探、收买、非法提供商业秘密的,处五年以下有期徒刑,并处或者单处罚金;情节严重的,处五年以上有期徒刑,并处罚金。

2. 2004年《最高人民法院 最高人民检察院关于办理侵犯知识产权刑事案件具体应用法律若干问题的解释》

第七条 实施刑法第二百一十九条规定的行为之一,给商业秘密的权利人造成损失数额在五十万元以上的,属于"给权利人造成重大损失",应当以侵犯商业秘密罪判处三年以下有期徒刑或者拘役,并处或者单处罚金。

给商业秘密的权利人造成损失数额在二百五十万元以上的,属于刑法第二百一十九条规定的"造成特别严重后果",应当以侵犯商业秘密罪判处三年以上七年以下有期徒刑,并处罚金。

第十五条 单位实施刑法第二百一十三条至第二百一十九条规定的行为,按照本解释规定的相应个人犯罪的定罪量刑标准的三倍定罪量刑。

3. 2007年《最高人民法院 最高人民检察院关于办理侵犯知识产权刑事案件具体应用法律若干问题的解释(二)》

第六条 单位实施刑法第二百一十三条至第二百一十九条规定的行为,按照《最高人民法院 最高人民检察院关于办理侵犯知识产权刑事案件具体应用法律若干问题的解

》和本解释规定的相应个人犯罪的定罪量刑标准定罪处罚。

4. 2007年《最高人民法院关于审理不正当竞争民事案件应用法律若干问题的解释》

第十七条 确定反不正当竞争法第十条规定的侵犯商业秘密行为的损害赔偿额,可以参照确定侵犯专利权的损害赔偿额的方法进行;因侵权行为导致商业秘密已为公众所知悉的,应当根据该项商业秘密的商业价值确定损害赔偿额。商业秘密的商业价值,根据其研究开发成本、实施该项商业秘密的收益、可得利益、可保持竞争优势的时间等因素确定。

5.《中华人民共和国反不正当竞争法》

第十七条 因不正当竞争行为受到损害的经营者的赔偿数额,按照其因被侵权所受到的实际损失确定;实际损失难以计算的,按照侵权人因侵权所获得的利益确定。

五、课后思考

2018年1月1日起施行的《反不正当竞争法》纳入和完善了商业秘密条款,考虑到法律规范的体系和分工,应如何调整针对侵犯商业秘密罪的刑事政策?

六、延伸阅读

1. 莫洪宪,刘峰江.法益转向:商业秘密私权确立之刑事应对[J].电子知识产权,2018(07):12-19.

2. 贺志军.法益论下商业秘密刑法保护问题研究[J].湖南社会科学,2014(05):108-111.

3. 郑淑凤.美国商业秘密保护最新立法阐释及其对中国的启示[J].电子知识产权,2016(10):44-52.

4. 陈兴良.侵犯商业秘密罪的重大损失及数额认定[J].法律适用,2011(07):32-34.

5. 庄绪龙.侵犯商业秘密罪危害结果认定标准新论——基于一种数学模型的考虑[J].政治与法律,2010(06):47-53.

第十六章 扰乱市场秩序罪

第一节 损害商业信誉、商品声誉罪
——訾某损害商品声誉案

一、案情简介

2007年6月,被告人訾某在担任北京电视台生活节目中心《透明度》栏目临时工作人员期间,为了追求收视率、实现转正,在未发现有人制作、出售肉馅内掺纸的包子的情况下,化名胡月并雇用他人一同冒充工地负责人,对早餐商家谎称需定购大量包子并要求商家按照其要求加工制作。其携带密拍设备、纸箱及购买的面粉、肉馅等,以喂狗为由,要求商家将浸泡后的纸箱板剁碎掺入肉馅,制作了20余个"纸馅包子",并拍摄下全过程,在后期制作中采用剪辑画面、虚假配音等方法,编辑制作虚假电视专题片《纸做的包子》并播出。该虚假电视节目于2007年7月8日在北京电视台播出并被境内外上百家媒体转载报道,整个行业销量急剧下降。2007年8月12日,法院经审理依法判决被告人訾某犯损害商品声誉罪,判处有期徒刑1年,并处罚金人民币1 000元。①

二、主要问题

"他人的商业信誉、商品声誉"应如何理解?如何区分损害商业信誉、商品声誉罪与非罪?

三、法律分析

损害商业信誉、商品声誉罪是1997年《刑法》修订时增加的罪名。根据《刑法》的规定,本罪是指捏造并散布虚伪事实,损害他人的商业信誉、商品声誉,给他人造成重大损失或者有其他严重情节的行为。司法实践中,"他人的商业信誉、商品声誉"作为本罪的犯罪对象应如何认定是一个争议较大的问题。

第一种观点认为,构成损害商业信誉、商品声誉罪的对象应当是特定人的他人的商业信誉、商品声誉,即行为人捏造并散布虚伪事实必须是针对特定的人或单位,②只有

---

① 北京市第二中级人民法院(2007)二中刑初字第1763号判决书。
② 张金玺,陈力丹.言论的刑事责任与商誉诽谤罪的宪法限制——关于訾北佳案的法律思考[J].中国青年政治学院学报,2008(1):112.

危害行为明确指向具体他人时，本罪才能成立。如果行为人的行为不针对特定的、具体的对象，社会公众无法确认行为人所指向的具体"他人"，则不能构成本罪。这种特定性并非明确地指名道姓，只要从捏造的虚伪的事实中能够推断出被损害的人或者单位是谁即可。

第二种观点认为，本罪对象既可以特指某一个企业、商品，也可以是一类企业、商品，当行为人捏造并散布的虚假事实针对的是特定范围内的某一类经营者，也应认定为符合特定性要求。①

我们认为，本罪的犯罪对象应当具有特定性，这种特定性并不要求必须指出所侵害的生产者或经营者的具体名称，但是并不赞同将某一类行业、产品评价为"他人"。

本罪保护的法益是商誉，根据我国法学界的通说，商誉是社会公众对生产者、经营者及其商品的认识和评价，是商誉主体的无形财产，也是法人名誉权的重要组成部分。商誉包括商业信誉和商品声誉，其中商业信誉，是指商誉主体因其从事商业活动、参与市场竞争而获得的积极评价与名誉；商品声誉，是指经营者所经营的商品因其质量、价格、性能、效用等在社会上获得的积极评价与名誉。商誉的建立和发展通常基于商誉主体在长期的商业行为中逐步建立的商业形象，其商品所一贯保持的品牌优势和质量水平等，它不仅能给权利主体带来良好的社会声誉，还能对其产生持续、可观的经济利益。可见，商誉是与经营者、商品紧密联系在一起的，离不开具体的经营者与商品本身，因此，本罪侵害的对象也应是特定的。其应具备以下两个特征：①归属性，即本罪中的商誉和商品声誉必须归他人所有；②明显的指向性，即在本罪中，行为人实施的行为应当有确切的指向，即某一种商品的生产者、经营者或某一实际存在的生产者、经营者。如果实行行为所侵害具体对象并非具体的生产者、经营者或无法明确实行行为针对的对象，因为被侵害方无法确定，故而不会构成本罪。② 这里"特定的他人"在司法实践中，若行为人未明确指出所损害具体生产者、经营者的名称或者其商品的名称，"对于这种不指名的行为所指对象的特定性，应依据社会一般大众的普遍认识进行判断"③。如果社会大众能凭借其捏造并散布的事实可以推测出行为指向的具体对象，即认为其损害了"特定的他人"的商业信誉和商品声誉。

由此可见，只有具体的个人或单位才谈得上商誉，只有危害行为损害到行业内具体的经营者，才谈得上损害整个行业"商誉"的损害；也只有具体化每一个经营者的损失，才能进一步将所有具体经营者的损失累计，从而评价其为对整个某类行业的损害，脱离开具体的经营者及具体经营者的损失而单论损害某一类行业、某一种产品的"商誉"并无实际意义。加之从可操作性上来讲，"行业范围太广，如何去取证也十分棘手，相反讨论受损害的具体经营者则是可行之举"④。

本案中，人民法院认为被告人虽然没有指明特定的经营主体，并非针对某一个或几个特定经营个人或单位，但是对于作为商品的"肉馅包子"构成了声誉的侵害，其行为导致整

---

① 于同志.损害商品声誉罪的司法认定——法院判决"纸馅包子"虚假电视节目案的法律分析[J].法学杂志, 2007(06)：104.
② 刘德全,黄祥青.最高人民法院司法观点集成——刑事卷[M].北京：人民法院出版社,2015：731-732.
③ 最高人民法院刑事审判庭.中国刑事审判指导案例：第3卷[M].北京：法律出版社,2017：422.
④ 杨绪峰.损害商业信誉、商品声誉罪的教义学检讨[J].政治与法律,2019(02)：60.

个北京市的包子业声誉受损。这里"他人"不再是某一个特定的主体而是相关产业或者某类市场主体的商品声誉,因而本案认定被告人訾某的行为成立损害商业信誉罪。相较于人民法院的裁判理由,我们更支持部分学者的观点,即本案应将受訾某欺骗制作"纸馅包子"的师傅、其工作的包子铺以及这些经营者附近的其他包子铺作为具体的被害人,将通过电视台予以播出,引发社会的广泛质疑和不安,评价为"其他严重情节",从而认定訾某构成损害商品声誉罪。①

根据《刑法》第二百二十一条之规定,捏造并散布虚伪事实,损害他人的商业信誉、商品声誉,给他人造成重大损失或者有其他严重情节的行为构成本罪,这里"给他人造成重大损失"或者有"其他严重情节",参照《立案追诉标准(二)》第七十四条,是指具有下列情形之一的:"(一)给他人造成直接经济损失数额在五十万元以上的;(二)虽未达到上述数额标准,但具有下列情形之一的:1.利用互联网或者其他媒体公开损害他人商业信誉、商品声誉的;2.造成公司、企业等单位停业、停产六个月以上,或者破产的;(三)其他给他人造成重大损失或者有其他严重情节的情形。"其中,在利用互联网或者其他媒体公开损害他人商业信誉、商品声誉的情况下,无数额及其他损害后果的要求的做法,客观上该罪与一般商业诋毁行为的界限难以划分。我们认为,此种情形下,本罪的认定应当参照我国相关其他法律法规,结合行为的社会危害性综合考虑。《反不正当竞争法》并未对损害商业信誉、商品声誉的行为类型进行限定,因此,无论行为人采用何种手段,其实施损害他人商业信誉、商品声誉的行为均应先适用《反不正当竞争法》。这里的重大损失,可以从以下几方面进行考虑:虚假信息被浏览、转发的次数;退货损失、滞销压库损失、因损害行为造成客商中止履行合同而减少的预期利益、权利人挽回影响恢复商誉的投入、实施损害他人商誉行为次数及社会影响、商誉主体因犯罪行为所可能遭受的商誉本身受到的侵害及竞争优势的减少或丧失等间接损失。

实践中还应当注意将本罪与正当的舆论监督行为相区分。《最高人民法院关于审理名誉案件若干问题的解释》明确规定:"消费者对经营者产品质量进行批评、评论,不应当认定为侵害他人的名誉权。但借机诽谤、诋毁,损害其名誉的,应当认定为侵害名誉权。新闻单位对经营者、销售者的产品质量或者服务质量进行批评、评论,内容基本属实,没有侮辱内容的,不应当认定为侵害其名誉权;主要内容失实,损害其名誉的,应当认定为损害名誉权。"当然,合法、正当的舆论监督行为应当遵循不虚构、不歪曲事实,不诽谤、诋毁、损害他人商誉的法律底线。

四、法条链接

1.《中华人民共和国刑法》

第二百二十一条【损害商业信誉、商品声誉罪】 捏造并散布虚伪事实,损害他人的商业信誉、商品声誉,给他人造成重大损失或者有其他严重情节的,处二年以下有期徒刑或者拘役,并处或者单处罚金。

---

① 杨绪峰.损害商业信誉、商品声誉罪的教义学检讨[J].政治与法律,2019,(2):60.

2.《中华人民共和国反不正当竞争法》

第二十三条　经营者违反本法第十一条规定损害竞争对手商业信誉、商品声誉的,由监督检查部门责令停止违法行为、消除影响,处十万元以上五十万元以下的罚款;情节严重的,处五十万元以上三百万元以下的罚款。

3.《最高人民法院　最高人民检察院关于办理利用信息网络实施诽谤等刑事案件适用法律若干问题的解释》

利用信息网络实施诽谤、寻衅滋事、敲诈勒索、非法经营犯罪,同时又构成刑法第二百二十一条规定的损害商业信誉、商品声誉罪,第二百七十八条规定的煽动暴力抗拒法律实施罪,第二百九十一条之一规定的编造、故意传播虚假恐怖信息罪等犯罪的,依照处罚较重的规定定罪处罚。

五、课后思考

1. 只是捏造了虚伪事实而本人并未散布的行为是否能构成本罪?
2. 如何把握合法的舆论监督行为与损害商誉行为的界限?

六、延伸阅读

1. 于志刚.全媒体时代与编造、传播虚假信息的制裁思路[J],法学论坛,2014(02):92-100.
2. 刘宪权.网络造谣、传谣行为刑法规制体系的构建与完善[J],法学家,2016(06):105-119+178-179.
3. 杨绪峰.损害商业信誉、商品声誉罪的教义学检讨[J],政治与法律,2019(02):53-65.
4. 卢建平,司冰岩.刑事一体化视野下网络商业谣言的法律规制——以损害商业信誉、商品声誉罪为例[J],法律适用,2020(01):102-113.

第二节　合同诈骗罪
——刘某合同诈骗案

一、案情简介

被告人刘某自2006年8月起承包上海某汽车修理有限公司(非国有),为该公司负责人。2008年7月,刘某以自己名义与顾某签订协议借用其"别克君威"轿车一辆。2009年2月7日,刘某对季某谎称该车是其从朋友处购得,尚未办理过户手续,并将其作为抵押骗取季某人民币10万元。2009年9月23日,刘某与顾某签订协议续借该辆轿车,后刘某逃跑。

2009年5月12日,刘某与伦某签订租车协议,向伦某租借"航天"GHT6470G型轿车一辆,租期一年。因刘某做生意欠徐某人民币5万元,徐某向刘某催讨,刘某遂于同年

8月将其从伦某处租借的车作为担保押给徐某。

2009年11月，刘某将魏某停放在汽修公司内的一辆"雪弗兰"牌轿车，对被害人王某谎称其拥有该车，以车辆为担保骗得王人民币5万元。①

二、主要问题

如何区分合同诈骗罪与普通诈骗罪？

三、法律分析

本案主要存在三种分歧观点：

第一种观点认为，刘某的行为构成职务侵占罪和合同诈骗罪。刘某作为公司的承包经营者，利用职务之便，将他人放在公司的车辆非法占为己有，数额较大，应以职务侵占定罪。其后，刘某将这些车辆作为担保获得借款后逃跑，构成合同诈骗罪。

第二种观点认为，刘某的行为构成诈骗罪。刘某与车主签订的车辆租赁协议中，租赁协议的主体均为公民个人，协议的产生并非基于生产经营目的，而是公民个人之间的借用车辆驾驶需要。刘某将租赁的车辆作为担保获取借款的行为也仅产生公民个人之间的借贷关系，刘某的行为侵犯的是被害人的财产所有权，因而其行为应构成诈骗罪。

第三种观点认为，刘某的行为应当构成合同诈骗罪。刘某以非法占有为目的，与他人签订汽车租赁合同取得车辆后，不履行合同义务，将汽车占为己有。其后，对出借人谎称这些车辆是其所有，继而以此作为担保获得借款后逃跑，刘某的行为侵犯了车主和出借人的财产所有权，构成合同诈骗罪。

我们认为，刘某的行为应当构成合同诈骗罪。我国刑法中在"侵犯财产罪"中规定了诈骗罪，同时在"破坏社会主义市场经济罪"中又规定了合同诈骗罪。刑法理论通说认为，合同诈骗罪从诈骗罪中派生而来，故具有诈骗罪的一般特征，两者之间是特别法与一般法的关系，即以合同作为手段，符合诈骗罪的犯罪构成的行为构成合同诈骗罪。因此，区分合同诈骗罪与普通诈骗罪的关键首先在于如何理解认定这里的"合同"。

关于合同诈骗罪中"合同"的范围，学术界主要有以下几种观点：第一，立法渊源标准说。这一观点立足于合同诈骗罪的立法渊源。1979年《刑法》中并未设立合同诈骗罪，后针对司法实践中频繁出现的利用合同行骗的行为，司法解释规定"利用经济合同诈骗他人财物数额较大的，构成诈骗罪"②。1979年《刑法》和相关司法解释关于利用"经济合同"的规定，成为1997年修订《刑法》设立合同诈骗罪中"合同"的立法渊源。第二，合同法标准说。该观点认为，应当根据《中华人民共和国合同法》（以下简称《合同法》）来认定合同诈骗罪中的合同，只要符合《合同法》规定的合同要件都属于合同诈骗罪中的"合同"。③ 这种观点坚持《合同法》是规制民商事合同领域的专门立法，作为保障法与后置法的《刑法》

---

① 侯倩倩.从刘某合同诈骗案看将租赁或者受托管理的车辆作为担保借款行为的认定[J].刑事法判解，2013（2）：79.

② 最高人民法院、最高人民检察院制定了包括《关于办理经济犯罪案件具体应用法律的若干问题的解答（试行）》以及《关于审理诈骗犯罪案件具体应用法律的若干问题的解释》等司法解释.

③ 莫开勤.合同诈骗罪问题研究[M].刑事法判解（第3卷），北京：法律出版社，2011：176.

应当汲取前置法《合同法》中关于合同的规定。第三,犯罪客体标准说。这种观点认为合同诈骗罪中的"合同"是指被犯罪行为人利用以骗取他人财物,而且扰乱市场秩序的合同。这种观点认为合同诈骗罪中的合同应具备以下特征,即首先不应局限于民法或合同法,还应包含其他法律部门制定的规范中认可的合同;其次,合同应体现合同当事人之间的财产关系,以财产为内容;最后,合同存在于市场活动中,具备与市场要素相一致的要素。① 这种观点一方面进一步扩大了本罪中合同的范围,另一方面指出合同诈骗罪中的合同应当存在于市场活动中,并能够体现财产关系。

我们支持犯罪客体标准说。1997年《刑法》修订时删除了1996年《最高人民法院关于审理诈骗犯罪案件具体应用法律的若干问题的解释》第二条规定的"根据《刑法》(1979)利用经济合同诈骗他人财物额较大的,构成诈骗罪"中的"经济"二字,可见立法上支持合同的内涵不应局限于经济合同的观点。市场经济被称为"信用经济""契约经济",市场主体的活动主要通过合同来进行,合同诈骗罪作为我国刑法分则中"破坏社会主义市场经济秩序罪"中第八节"扰乱市场秩序罪"中的个罪,其同类客体为市场经济秩序,可见刑法的立法本意不仅仅基于保护当事人的财产所有权的考虑,更重要的是合同诈骗的行为,使得市场经济主体对合同这一经济活动中交易和商品交换的重要媒介失去了信任,对正常的财产流转市场秩序和诚实信用的市场经济秩序造成破坏。既然合同诈骗罪的设立目的主要在于惩治破坏市场秩序的行为,构成该罪客观方面的犯罪行为也当然是发生在市场经济领域内、危及市场秩序的行为。因此,合同诈骗罪中的"合同",应当存在于市场经济活动中,能够体现动态的财产流转市场秩序②,其签订与履行也必须受市场秩序的制约。只有具有规范市场秩序功能,体现财产转移或交易关系,并能够为行为人带来财产或可期待性财产利益的合同,才属于本书论述的合同诈骗罪中的"合同"。从合同的内容来看,应当体现一定市场经济秩序——"即合同的文字内容是通过市场行为获得利润,这是由本罪性质决定的"。而国家合同、借款合同、赠与合同、身份合同等显然都不属于合同诈骗罪中"合同"的范畴。如果一个诈骗行为仅仅只是侵犯了他人的财产权益,则不能构成合同诈骗罪。

关于合同诈骗罪中合同的形式,有学者认为应仅包括书面形式,不包括口头形式及其他形式;③也有学者认为,既然《中华人民共和国民法通则》《合同法》等法律规定合同的缔结方式包括书面、口头及其他形式,那么口头形式符合本罪关于"合同"的要求。我们认为,作为民事主体之间设立、变更、终止民事法律关系的协议,《中华人民共和国民法典》(以下简称《民法典》)第四百六十九条明确规定订立合同可以采用书面形式、口头形式或者其他形式。民事法律的核心在于当事人双方平等自愿,意思自治,无论是书面合同还是口头合同,都是《民法典》所承认和保护的合同。在经济生活中,口头合同不仅大量存在,也常常被犯罪分子利用实施诈骗活动,利用口头合同进行诈骗与利用书面合同在所侵犯的客体方面并无本质区别,刑法也并未排除利用口头合同进行诈骗的情形,仅以合同形式来划分刑法中合同诈骗罪之"合同"未免失于机械。因此,无论合同采用何种形式,只要在

---

① 沙君俊.论合同诈骗罪的合同[J].国家检察官学院学报,2003(02):43.
② 喻贵英.《合同法》与合同诈骗罪之"合同"[J].河北法学,2004(06):66.
③ 于志刚.刑法问题与争鸣[M].北京:中国方正出版社,2001:402.

实质上能够体现市场交易关系和市场秩序,就可以成为合同诈骗罪之"合同",只要利用口头合同进行诈骗侵犯了市场经济秩序和他人财产权,完全可以构成合同诈骗罪。

合同诈骗罪与诈骗罪的另一个重要区别在于是否利用合同进行诈骗。合同诈骗罪是利用合同,即以签订合同、履行合同或者不完全履行合同为手段骗取财物,而普通诈骗罪则不具备这一特点。根据《刑法》第二百二十四条规定,合同诈骗罪客观方面表现为在签订、履行合同过程中,采用虚构事实、隐瞒真相的方法,骗取对方当事人的财物,数额较大的行为。其行为方式具体包括:①以虚构的单位或者冒用他人名义签订合同的;②以伪造、变造、作废的票据或者其他虚假的产权证明作担保的;③没有实际履行能力,以先履行小额合同或者部分履行合同的方法,诱骗对方当事人继续签订和履行合同的;④收受对方当事人给付的货物、货款、预付款或者担保财产后逃匿的;⑤以其他方法骗取对方当事人财物的。由此可见,行为人实施欺诈行为的时间既包括合同签订过程中,也可以是在合同履行的过程中。当然,并非在诈骗过程中存在合同就必然构成合同诈骗罪,核心在于行为人获得财物的方式是利用合同还是虚构其他事实或者隐瞒其他真相,若是后者则应当认定为诈骗罪。此外,若利用合同骗取他人财物,尚未达到合同诈骗罪追诉标准但已达到诈骗罪追诉标准的,也应认定为诈骗罪。

本案中,顾某、徐某等基于刘某作为某汽车修理有限公司负责人的身份及对某汽车修理有限公司这一从事市场经营活动的市场主体的认知与信任与刘某签订合同;合同内容为通过出租、承租及担保、借贷等市场交易行为获得利益。其所签订的"合同",应当认定为合同诈骗罪之"合同"。刘某虚构了车辆系自己所有,因故暂未办理过户手续的事实,将不属于自己的汽车以自己的名义转移给季某、许某等人占有,并向季某、许某等人出示借条写明将车辆作为借款的担保。其与季某、许某等出借人之间形成了质押合同关系,借条即刘某与出借人所订立的质押合同,刘某在事实上将车辆交付给出借人,出借人也实际交付了借款给刘某,这种基于刘某虚构事实所形成的合同实际上得到了履行。由此,被告人的行为符合合同诈骗罪的构成要件。刘某作为受托处理车辆报废事宜的代理人和汽修公司的负责人,将暂时占有和保管的车辆据为己有并进行处分的行为符合职务侵占罪的构成要件,其后将车辆作为担保获得借款,构成合同诈骗罪,前罪与后罪系牵连关系,因此应以法定刑较重的合同诈骗罪定罪处罚。

四、法条链接

1.《中华人民共和国刑法》

第二百二十四条【合同诈骗罪】 有下列情形之一,以非法占有为目的,在签订、履行合同过程中,骗取对方当事人财物,数额较大的,处三年以下有期徒刑或者拘役,并处或者单处罚金;数额巨大或者有其他严重情节的,处三年以上十年以下有期徒刑,并处罚金;数额特别巨大或者有其他特别严重情节的,处十年以上有期徒刑或者无期徒刑,并处罚金或者没收财产:(一)以虚构的单位或者冒用他人名义签订合同的;(二)以伪造、变造、作废的票据或者其他虚假的产权证明作担保的;(三)没有实际履行能力,以先履行小额合同或者部分履行合同的方法,诱骗对方当事人继续签订和履行合同的;(四)收受对方当事人给付的货物、货款、预付款或者担保财产后逃匿的;(五)以其他方法骗取对方当事人财物的。

2. 2010年5月7日《最高人民检察院 公安部关于公安机关管辖的刑事案件立案追诉标准的规定(二)》

第七十七条 以非法占有为目的,在签订、履行合同过程中,骗取对方当事人财物,数额在二万元以上的,应予立案追诉。

3. 2011年3月1日《最高人民法院 最高人民检察院关于办理诈骗刑事案件具体应用法律若干问题的解释》

第一条 诈骗公私财物价值三千元至一万元以上、三万元至十万元以上、五十万元以上的,应当分别认定为刑法第二百六十六条规定的"数额较大""数额巨大""数额特别巨大"。

五、课后思考

1. 如何区分合同诈骗罪与民事欺诈行为?
2. 合同诈骗罪客观行为方式有哪些?

六、延伸阅读

1. 张明楷.合同诈骗罪行为类型的边缘问题[J].东方法学,2020(01):34-48.
2. 陈兴良.合同诈骗罪的特殊类型之"两头骗":定性与处理[J].政治与法律,2016(04):39-51.
3. 陈少青.保贷款双重欺诈的犯罪认定——以担保的刑法评价为切入点[J].政治与法律,2019(01):52-66.

第三节 组织、领导传销活动罪
——唐某某等组织、领导传销活动案

一、案情简介

为成为美国"立新世纪"公司江西省代理,被告人唐某某、程某某、徐某某等25人共同出资200万元注册成立了江西精彩生活实业有限公司,后更名为江西精彩生活投资发展有限公司(以下简称为精彩公司),经营的业务主要有网络商城(含手机缴费、游戏充值、DIY商城)、BMP贷款、BMC电子商务师培训等。2008年12月18日,该公司开通电子商务平台"太平洋直购官方网",出售之前购买的美国"立新世纪"公司的保健品及其他商品。与此同时,精彩公司在该平台宣称为广大消费者打造一个"省钱+赚钱","就业+创业"的平台,推出所谓的"BMC"经营模式,以PV为计量单位对会员进行积分返利并形成了从普通会员、银卡会员、金卡会员、钻石会员到渠道商总共16个级别的会员制度,会员级别不同享受不同的返利比例。按照太平洋直购官方网规定的制度,成为普通会员只需在太平洋直购官方网填写资料免费注册,但升级到其他级别会员需要通过消费累积一定的PV消费积分或交纳相应的诚信保证金,累积的消费积分或者缴纳的保证金越多,会员级别就越高,享受的返利比例也越高。而通过消费成为渠道商花费的成本更高、时间更长,绝大多数会员选择交纳保证金成为渠道商,渠道商可以通过消费积累 PV 或发展下线获得保证金的返还。根据被告人唐某某等人设计的返利规则,银卡以上会员可以通过自己在太平洋直购官方网消费获得返利,其所发展的会员在太平洋直购官方网消费或者缴纳保证金其均可获得返利。渠道商可以通过消费积累 PV 来获得保证金的返还和相应的消费返利,交纳了保证金的渠道商也可以通过市场推广即发展下级渠道商的方式来获得保证金的返还和相应的推广返利。在该返利规则的引诱下,渠道商等会员纷纷选择继续发展其他人员加入,以达到快速获利的目的。经鉴定:截至 2012 年 4 月 9 日,江西精彩公司共发展渠道商 121 474 名、其他会员 6 767 553 名。截至 2012 年 4 月 9 日,江西精彩公司账面反映应发放返利 1 452 779 629.92 元,其中消费返利 65 673 171.00 元,推广返利 1 387 106 458.92 元;消费返利仅占总返利的 4.52%,推广返利占总返利的 95.48%。[①]

二、主要问题

如何认定区分正常的经营行为与传销行为?

三、法律分析

本案主要存在两种不同的观点:

第一种观点认为,本案中唐某某等人的行为系正常的经营行为。唐庆南等人设立的精彩公司进行了正常的经营活动,其在经营中采用的 BMC 电子商务模式是合法的商业模式,发展的渠道商都是企业而非个人,给会员提供的是 16 个返利折扣率而非传销,且其个人也不具有犯罪的主观故意,因此其行为不应构成犯罪。

第二种观点认为,唐某某等人的行为应该构成组织、领导传销活动罪。唐某某等人作为江西精彩公司的发起人、操纵人、高级管理人员等,以太平洋直购官方网为依托,以开展电子商务为名,要求参加者以购买商品或交纳保证金的方式获得加入资格,并按照一定顺序组成层级,间接以发展人员的数量作为返利依据,且太平洋直购官方网的会员中心页面显示的是自然人的网名、真实姓名、身份证号码、手机号码、银行卡号等个人信息,返还的保证金和发放的返利也是打入渠道商个人账户。实质上,江西精彩公司市场推广的对象是个人,因此其行为符合本罪的犯罪构成。

我们支持第二种观点,唐某某等人应当构成组织、领导传销活动罪。

一方面,该公司有正当的经营活动不意味着其行为均不能构成犯罪。根据《刑法》第二百二十四条之一之规定,传销活动本身就是"以推销商品、提供服务等经营活动为名",即行为人假借推销商品、提供服务为名,哄骗他人加入传销组织、掩盖其敛财的真实目的。本罪所称的传销活动虽然在本质上不是推销商品、提供服务等形式的经营活动,但并不意味着传销活动中不能有正常的推销商品或提供服务活动,也不能因存在着推销商品或提供服务的经营活动,就否定该运作模式传销活动的性质。事实上,随着国家打击力度的加大,传销活动的形式的隐蔽性也日趋增强,在传销活动中掺杂部分真实存在经营活动也成为行为人常见的手段。传销组织为了获取群众信任,将其传销行为形式"合法化",让

[①] 江西省高级人民法院(2013)赣刑二终字第 63 号刑事判决书.

加盟者深信自己从事的不是传销活动，躲避国家机关的打击，往往打着各类推销商品、提供服务等经营活动的旗号，且在传销活动中设立真实存在的商品交易、提供服务的经营活动，以掩盖其传销行为的本质。因此，虽然存在正当的经营活动，但其主要获利来源方式还是不断发展下线人员，通过持续新增加下线人员所缴纳费用或者购买商品、服务等方式获得加入资格、所交入门费获取非法利润的行为仍符合本罪的构成特征。

另一方面，该公司所谓的"BMC 电子商务的经营方式"符合传销活动的行为特征。根据《刑法》第二百二十四条之一关于组织、领导传销活动罪的规定，传销行为应当具备以下 4 个条件：以缴纳费用或者购买商品、服务等方式获得加入资格，按照一定顺序组成层级，以发展人员的数量作为计酬或者返利依据，骗取财物。简言之，刑法规定的传销行为的判断可以从加入资格、层级结构、计酬模式和骗取财物 4 个要素进行考察，即通过购买商品或服务后成为会员获得发展下线的资格；上线的收入来源于下线缴纳的费用，以返利或计酬方式从下线缴纳的费用中给予上线，即后进入人员给先进入人员输送利益，上下线之间形成利益输送的层级结构，"直接或者间接以发展人员的数量作为计酬或者返利依据"最终实现非法获利。行为符合上述特征即构成刑法中的传销行为。

本案中，该公司会员制度从普通会员、银卡会员、金卡会员、钻石会员到渠道商总共 16 个级别，绝大多数的渠道商户在加盟太平洋直购官方网时均以经人介绍后交纳保证金的方式取得渠道商户的资格，每个诚信渠道商向下推广发展自己的下级渠道商。各级诚信渠道商户往下发展下线渠道商户时，能够根据自己的级别按照不同的比例从精彩公司获取推广发展渠道商的返利，同时通过累计积分不断提升自己的等级，成为更高级别的渠道商，获取更高的返利比例。诚信渠道商户向下发展低级别的诚信渠道商户是各级渠道商收回保证金并获利的最快方式，绝大多数诚信渠道商户的保证金返还和获利均非发展的会员实体消费所得，而是通过不断往下按照层级发展诚信渠道商户，下线诚信渠道商户向精彩公司交纳保证金后，按照各自级别获得的返利。该公司渠道商户获取的业绩返利中 90% 以上来源于发展下线渠道商，只有极小部分来源于其自身和发展会员的消费返利。由此可见，该公司的行为完全符合传销行为的客观特征，唐某某等人作为该公司的负责人和公司的决策、领导者，应当构成组织、领导传销活动罪。

四、法条链接

1.《中华人民共和国刑法》

第二百二十四条之一【组织、领导传销活动罪】 组织、领导以推销商品、提供服务等经营活动为名，要求参加者以缴纳费用或者购买商品、服务等方式获得加入资格，并按照一定顺序组成层级，直接或者间接以发展人员的数量作为计酬或者返利依据，引诱、胁迫参加者继续发展他人参加，骗取财物，扰乱经济社会秩序的传销活动的，处五年以下有期徒刑或者拘役，并处罚金；情节严重的，处五年以上有期徒刑，并处罚金。

2.《最高人民法院 最高人民检察院 公安部关于办理组织领导传销活动刑事案件适用法律若干问题的意见》

一、关于传销组织层级及人数的认定问题

以推销商品、提供服务等经营活动为名，要求参加者以缴纳费用或者购买商品、服务等方式获得加入资格,并按照一定顺序组成层级,直接或者间接以发展人员的数量作为计酬或者返利依据,引诱、胁迫参加者继续发展他人参加,骗取财物,扰乱经济社会秩序的传销组织,其组织内部参与传销活动人员在三十人以上且层级在三级以上的,应当对组织者、领导者追究刑事责任。组织、领导多个传销组织,单个或者多个组织中的层级已达三级以上的,可将在各个组织中发展的人数合并计算。组织者、领导者形式上脱离原传销组织后,继续从原传销组织获取报酬或者返利的,原传销组织在其脱离后发展人员的层级数和人数,应当计算为其发展的层级数和人数。办理组织、领导传销活动刑事案件中,确因客观条件的限制无法逐一收集参与传销活动人员的言词证据的,可以结合依法收集并查证属实的缴纳、支付费用及计酬、返利记录,视听资料,传销人员关系图,银行账户交易记录,互联网电子数据,鉴定意见等证据,综合认定参与传销的人数、层级数等犯罪事实。

二、关于传销活动有关人员的认定和处理问题

下列人员可以认定为传销活动的组织者、领导者:(一)在传销活动中起发起、策划、操纵作用的人员;(二)在传销活动中承担管理、协调等职责的人员;(三)在传销活动中承担宣传、培训等职责的人员;(四)曾因组织、领导传销活动受过刑事处罚,或者一年以内因组织、领导传销活动受过行政处罚,又直接或者间接发展参与传销活动人员在十五人以上且层级在三级以上的人员;(五)其他对传销活动的实施、传销组织的建立、扩大等起关键作用的人员。以单位名义实施组织、领导传销活动犯罪的,对于受单位指派,仅从事劳务性工作的人员,一般不予追究刑事责任。

3.《最高人民检察院 公安部关于公安机关管辖的刑事案件立案追诉标准的规定(二)》

第七十八条 组织、领导以推销商品、提供服务等经营活动为名,要求参加者以缴纳费用或者购买商品、服务等方式获得加入资格,并按照一定顺序组成层级,直接或者间接以发展人员的数量作为计酬或者返利依据,引诱、胁迫参加者继续发展他人参加,骗取财物,扰乱经济社会秩序的传销活动,涉嫌组织、领导的传销活动人员在三十人以上且层级在三级以上的,对组织者、领导者,应予立案追诉。

五、课后思考

1. 如何认定传销犯罪中的"组织者""领导者"?
2. 如何区分组织、领导传销活动罪与集资诈骗罪?

六、延伸阅读

1. 印波.传销犯罪的司法限缩与立法完善[J].中国法学,2020(05):243-262.
2. 陈兴良.组织、领导传销活动罪:性质与界限[J].政法论坛,2016(02):106-120.
3. 潘星丞.传销犯罪的法律适用——兼论组织、领导传销罪与非法经营罪、诈骗罪的界限[J].中国刑事法杂志,2010(05):47-51.
4. 张明楷.传销犯罪的基本问题[J].政治与法律,2009(09):27-33.
5. 李翔.组织、领导传销活动罪司法适用疑难问题解析——兼评《中华人民共和国刑法》第224条之一[J].法学杂志,2010(07):92-95.

第四节　非法经营罪

——古某某等非法经营案

一、案情简介

2003年5月,同案人何某某(另案处理)得知朱某某(另案处理)需要盐酸氯胺酮注射液用于制造毒品,即决定联系货源购买。何某某找到被告人陈某某打听能否买到盐酸氯胺酮注射液,陈某某又联系了被告人古某某,向古提出要购买盐酸氯胺酮注射液。古某某见有利可图,便于5月下旬始至7月下旬,冒用广东省医药进出口有限公司的名义,分6次向山东省方明制药有限公司以每支人民币0.62元的价钱购入盐酸氯胺酮注射液共220箱(每箱3 000支,共660 000支)。每次货到后,古某某即与被告人古某霞一起到广州火车站提货,再将货运送至珠海市斗门县康鸣医药有限公司驻广州办事处,以每支人民币1.27元的价钱卖给陈某某。陈某某购入后以每支人民币1.78元的价钱卖给何某某,何某某购入后以每支人民币3.5元的价钱出售,并派同案人"阿蛇"(另案处理)将购买的盐酸氯胺酮注射液从广州运到东莞市长安镇交给被告人余某某,余某某重新加上外包装后将货物运送到深圳市及东莞市常平镇等地交给朱某某等人。古某某获利人民币50多万元,分给古某霞人民币13万元;陈某某获利人民币33.66万元,余某某获利人民币3万多元。朱某某购买盐酸氯胺酮注射液后,组织同案人施某某、叶某某(均另案处理)将盐酸氯胺酮注射液提炼成氯胺酮晶体。①

二、主要问题

如何认定非法经营罪的客观方面？

三、法律分析

第一种观点认为,本案中行为人违反国家毒品管制,实施毒品的贩卖、运输行为,其中古某某、陈某某构成贩卖毒品罪,被告人余某某、古某霞构成运输毒品罪。

第二种观点认为,行为人古某某、陈某某、余某某、古某霞等违反国家毒品管制,但其买卖物品并非毒品,而是制毒物品,因此均应构成非法买卖制毒物品罪。

第三种观点认为,四被告人违反了国家特定专营、专卖的市场管理制度,其行为应构成非法经营罪。

我们支持第三种观点,本案中四被告人应构成非法经营罪。

非法经营罪是指违反国家规定,进行非法经营活动,扰乱市场秩序,情节严重的行为。本罪的客观方面包含三个要素:一是违反国家的市场管理法规,具体来说,是违反了国家予以保护的市场准入制度和许可证制度;二是实施非法经营的行为;三是扰乱市场管理秩

---

① 《刑事审判参考》(总第57集)第448号.

序,情节严重。其中本案的认定核心在于行为人违反的是我国的市场管理法规还是毒品管制。

"违反国家相关规定"是非法经营罪成立的前提条件。认定某种行为是非法经营行为必须是该行为违反了"国家规定",对于"违反国家规定"以外的其他违反规章、地方性法规的行为,不得认定为构成非法经营罪。因此,如何理解这里的违反"国家规定"是判断行为是否违法、构成犯罪的关键。

这里的"违反国家规定"就内容而言,通常包括国家对特定物品专营、专卖、限制买卖的管理制度、对特定物品相关证明资料管理制度、对特定经营行为的许可证制度、对特定经营行为的特许经营管理制度以及对特定物品市场交易场所的管理制度等方面;从性质上看,一般表现为违反禁止性法律规范。经营行为如果没有违反国家规定,则为法律所允许,不应认定为犯罪。因此,只有在法律具有禁止性的明文规定的情况下,才能成为刑法意义上的非法经营行为。从范围上看,结合《刑法》第九十六条的规定,根据2011年4月8日最高人民法院发布的《关于准确理解和适用刑法中"国家规定"的有关问题的通知》(下文简称《通知》),这里的"国家规定"是指"全国人民代表大会及其常务委员会制定的法律和决定,国务院制定的行政法规、规定的行政措施、发布的决定和命令。其中,'国务院规定的行政措施'应当由国务院决定,通常以行政法规或者国务院制发文件的形式加以规定。以国务院办公厅名义制发的文件,符合以下条件的,亦应视为刑法中的'国家规定':(1)有明确的法律依据或者同相关行政法规不相抵触;(2)经国务院常务会议讨论通过或者经国务院批准;(3)在国务院公报上公开发布。"《通知》还规定,"各级人民法院在刑事审判工作中,对有关案件所涉及的'违反国家规定'的认定,要依照相关法律、行政法规及司法解释的规定准确把握。对于规定不明确的,要按照本通知的要求审慎认定。对于违反地方性法规、部门规章的行为,不得认定为'违反国家规定'。对被告人的行为是否'违反国家规定'存在争议的,应当作为法律适用问题,逐级向最高人民法院请示"。

根据原国家药品监督局2001年5月9日发布的《关于氯胺酮管理问题的通知》(国药监安〔2001〕235号),"氯胺酮原料药按第二类精神药品管理;氯胺酮制剂按处方药管理",随后国家食品药品监督管理局于2003年9月28日发布的《关于加强氯胺酮制剂管理工作的通知》(国药监安〔2003〕272号)中规定:"目前已经我局批准生产的氯胺酮制剂为盐酸氯胺酮注射剂(含注射液及冻干粉)。自2003年11月1日起,氯胺酮(包括其可能存在的盐)制剂按第二类精神药品管理。"根据上述规定,自2003年11月1日起,盐酸氯胺酮注射剂才属于精神药品,而2003年11月1日之前其作为氯胺酮制剂的一种,法律性质为处方药。本案发生于2003年5月至7月,由此可见,行为时本案中被告人非法买卖、运输盐酸氯氨酮注射液的行为不能构成贩卖、运输毒品罪。依据《刑法》第三百五十条规定,制毒物品是指"醋酸酐、乙醚、三氯甲烷或者其他用于制造毒品的原料或者配剂",对于"其他用于制造毒品的原料或者配剂"的种类并未作出明确规定。2004年4月30日最高人民法院研究室发布的《关于非法买卖盐酸氯胺酮行为法律适用问题的答复》中也仅明确"行为人在2003年2月原国家药品监督管理局发布《关于氯胺酮管理问题的补充通知》以前非法买卖盐酸氯胺酮,构成犯罪的,按照非法买卖制毒物品罪追究刑事责任",其中并未涉及盐酸氯胺酮注射液。由此可见,行为人的行为并未违反我国的毒品管制,基于罪刑法定原则,被告人的行为也不应构成非法买卖制毒物品罪。依据2001年原国家药品监督管理局《关于氯胺酮管理问题的通知》第九条之规定,"目前已批准的氯胺酮制剂有注射剂和粉针剂,按处方药管理,在医疗机构凭医生处方使用,零售药店不得经营氯胺酮制剂"。由此可见在本案案发期间,盐酸氯胺酮注射液属于《刑法》第二百二十五条第(一)项规定的"行政法规规定的专营、专卖物品",被告人未经许可非法经营盐酸氯胺酮注射液,扰乱了药品市场秩序,属于该项所列的非法经营行为。

本案中,被告人行为时违反国家物品专营、专卖、限制买卖的管理制度,经营的对象不仅涉及正常的药品市场秩序,更造成以其为原料制造的毒品流入社会的严重后果,且非法经营数额、违法所得数额均超过了公安部《关于经济犯罪案件追诉标准的规定》第七十条规定的个人非法经营数额在5万元以上或者违法所得数额在1万元以上的非法经营罪追诉标准,因此,其行为符合非法经营罪的"情节严重"的情形,应当以本罪论处。

四、法条链接

《中华人民共和国刑法》

第九十六条【违反国家规定之含义】 违反国家规定是指违反全国人民代表大会及其常务委员会制定的法律和决定,国务院制定的行政法规、规定的行政措施、发布的决定和命令。

第二百二十五条【非法经营罪】 违反国家规定,有下列非法经营行为之一,扰乱市场秩序,情节严重的,处五年以下有期徒刑或者拘役,并处或者单处违法所得一倍以上五倍以下罚金;情节特别严重的,处五年以上有期徒刑,并处违法所得一倍以上五倍以下罚金或者没收财产:(一)未经许可经营法律、行政法规规定的专营、专卖物品或者其他限制买卖的物品的;(二)买卖进出口许可证、进出口原产地证明以及其他法律、行政法规规定的经营许可证或者批准文件的;(三)未经国家有关主管部门批准非法经营证券、期货、保险业务的,或者非法从事资金支付结算业务的;(四)其他严重扰乱市场秩序的非法经营行为。

五、课后思考

如何理解非法经营罪中的"其他严重扰乱市场的非法经营行为"?

六、延伸阅读

1. 王作富,刘树德.非法经营罪调控范围的再思考——以《行政许可法》若干条款为基准[J].中国法学,2005(06):138-149.

2. 马春晓.非法经营罪的"口袋化"困境和规范解释路径——基于司法实务的分析立场[J].中国刑事法杂志,2013(03):43-47.

3. 陈兴良.违反行政许可构成非法经营罪问题研究——以郭嵘分装农药案为例[J].政治与法律,2018(06):13-25.

4. 王开军.非法经营罪中"违反国家规定"的理解[J].中国检察官,2016(11):3-7.

第五节 强迫交易罪
——孙某强迫交易案

一、案情简介

2001年2月2日,北京市丰台区某旅馆接站人员将曾某等4人接到该旅馆准备住宿,因4人见旅馆条件与接站人员所说出入较大,欲离开该店。此时,该旅馆服务员孙某出面阻拦,强行留宿曾某等人,并与之发生口角。后孙某在阻拦4人离店时,将曾某推倒在地,造成曾某尾骨骨折,经法医鉴定为轻伤。[①]

二、主要问题

如何认定强迫交易罪的犯罪既遂？如何区分强迫交易罪与故意伤害罪、敲诈勒索罪？

三、法律分析

本案存在三种不同的意见：

第一种观点认为,本案被告人构成强迫交易罪的犯罪未遂。被告人以强迫手段要求他人接受服务,符合强迫交易罪的犯罪构成,但是被害人曾某最终并未在该旅店留宿,被告人并未得逞,因此被告人构成该罪的犯罪未遂。

第二种观点认为,本案被告人构成强迫交易罪的犯罪既遂。该观点认为强迫交易罪的完成形态,应当结合行为侵害的法益综合予以考虑,虽然该笔交易并未达成,但是造成被害人轻伤的危害后果,自愿平等的市场交易秩序遭到破坏,因此被告人的行为构成强迫交易罪的犯罪既遂。

第三种观点认为,本案被告人的行为构成故意伤害罪。该观点主张强迫交易行为从危害后果上不应包含轻伤,因此应当以故意伤害罪论处。

我们支持被告人构成强迫交易罪既遂的观点。

首先,本案被告人应构成强迫交易罪。根据《刑法》第二百二十六条,强迫交易罪是指行为人采取暴力、威胁手段强迫他人交易,情节严重的行为。本罪客观方面包括以暴力、威胁手段,实施强买强卖商品;强迫他人提供或者接受服务;强迫他人参与或者退出投标、拍卖;强迫他人转让或者收购公司、企业的股份、债券或者其他资产的;强迫他人参与或者退出特定的经营活动5种行为方式。

从客观要件来看,本罪的实行行为具有复合性,即一方面,行为人实施了"暴力""威胁"的手段行为。本罪的暴力通常是指针对交易相对人的人身或者相关的物所实施的物理强制,如对人所实施的殴打、推拉、捆绑等以及对财产的控制等行为。我国刑法中虽然

[①] 伍红,向国慧.强迫交易罪若干问题研究——对两起强迫交易案件的分析[J].法律适用,2003(01):87.

有大量犯罪均可采用暴力手段构成,但是不同个罪中暴力的内容与程度不尽相同。就强迫交易罪而言,作为破坏社会主义市场经济秩序罪中的具体犯罪,结合其侵害的客体并考虑到本罪的手段行为与交易行为之间具有因果关系,其暴力的强度要低于抢劫罪、强奸罪等,行为人所采取的暴力手段不要求达到被害人不能、不知反抗的程度,只要足以达到阻碍被害人真实意愿的行使、侵犯他人的自主选择权即可。

关于本罪的暴力的上限程度,在学术界和司法界均存在不同看法。第一种观点认为,暴力手段以不导致他人身体、生命受到伤害为限,造成伤亡的即应按照故意杀人罪或故意伤害罪处理。① 第二种观点认为,对人的暴力不能达到人的轻伤。因为故意伤害的结果起点是轻伤,如果行为人以交易目的通过暴力致人轻伤,即使不考虑强迫交易行为对市场秩序这种法益的侵害,也完全可以构成故意伤害罪。② 第三种观点认为,暴力对人的伤害程度以轻伤为限,超出轻伤则不能构成强迫交易罪,而应按照相关犯罪论处。③ 第四种观点认为,强迫交易使用暴力致人重伤的应属于《刑法修正案(八)》所增加的强迫交易罪情节"特别严重"的情形,因此应以强迫交易罪定罪处罚。④ 我们认为,《刑法修正案(八)》虽然提高了强迫交易罪的法定刑,但是在造成被害人重伤、死亡的后果时仍然远远轻于故意伤害罪的法定刑。基于罪责刑相适应的原则,强迫交易罪的暴力也不应包括造成被害人重伤、死亡的后果。从刑法保护的社会关系来看,虽然强迫交易的行为除了侵害他人的身体权利外,还侵害了他人的财产权利和正常的市场交易秩序,但两者之间的界限不是绝对的,使用暴力手段强迫交易导致他人人身严重伤害时,同时具备了故意伤害罪和强迫交易罪的构成要件,属于想象竞合犯,应采取从一重罪处断的原则。最高人民检察院2014年4月17日《关于强迫借贷行为适用法律问题的批复》中也指出"以暴力、胁迫手段强迫他人借贷,属于刑法第二百二十六条第二项规定的'强迫他人提供或接受服务',情节严重的,以强迫交易罪追究刑事责任;同时构成故意伤害罪等其他犯罪的,依照处罚较重的规定处罚"。因此,在采用暴力强迫他人交易造成轻微伤但具有其他严重情节时仅构成强迫交易罪;行为造成被害人轻伤时,由于强迫交易罪的处罚较重,应当按照强迫交易罪论处;而若造成被害人重伤,由于我国刑法规定故意伤害罪致人重伤的法定刑为"三年以上十年以下有期徒刑",而强迫交易罪情节严重的法定刑仅为"三年以上七年以下有期徒刑,并处罚金",所以应当以故意伤害罪论处。由此可见,强迫交易罪中行为人的暴力程度应以轻伤为限。

另一方面,行为人实施手段行为的目的在于排除受害方自主选择、迫使市场主体屈从,从而与被害人进行交易。行为的交易性是强迫交易罪行为的基本特征。所谓交易,是指一方当事人提供商品、服务,另一方给付合理价款的活动。平等自愿和等价有偿是构建市场秩序的两大支柱,其中自愿性是交易的前提条件,公平性是交易的实质内容,刑法之所以将强迫交易行为入罪正是基于对自愿、平等交易的市场秩序的保护。经《刑法修正案(八)》的补充,我国刑法中的强迫交易行为不仅是指强买强卖商品、强迫他人提供或者接

---

① 王作富.刑法[M].北京:中国人民大学出版社,2007:498.
② 陶驷驹.中国新刑法通论[M].北京:群众出版社,1997:696.
③ 曹子丹,侯国云.中华人民共和国刑法精解[M].北京:中国政法大学出版社,1997:210.
④ 张勇.强迫交易及其关联罪的体系解释:以酒托案为例[J].中国刑事法杂志,2011(05):31.

受服务,还包括强迫他人参与或者退出投标、拍卖,强迫他人转让或者收购公司、企业的股份、债券或者其他资产的,强迫他人参与或者退出特定的经营活动等。因此,从目的上看为促成交易、阻止他人进入或退出交易领域而实施强迫行为均可构成本罪。就本案而言,被告人孙某为达成交易目的而对被害人曾某实施了将其推倒在地的暴力行为,符合强迫交易罪的构成特征。

其次,本案被告人不应构成敲诈勒索罪。敲诈勒索罪是指以非法占有为目的,使用威胁或者要挟的方法,强索公私财物,数额较大的行为。它与强迫交易罪客观上均要求行为人使用威胁等使他人畏惧的方法,主观方面又均表现出对被害人财产的需求,因此具有一定的相似之处。但两者之间也存在明显的差别,主要表现在:第一,危害行为发生场合不同。强迫交易罪要求危害行为发生在交易或服务过程之中,且危害行为完成之时,交易或服务亦随之完结;而敲诈勒索罪中行为人与被害人之间不存在交易关系。第二,手段不完全相同。强迫交易罪的手段包括暴力和威胁,而敲诈勒索罪中则仅采用"威胁""要挟"等手段进行一般性的精神强制。第三,犯罪目的不同。敲诈勒索罪中犯罪主体具有非法占有他人财物的目的,属于无偿占有的目的;而强迫交易罪的目的是在违背正常市场交易规范前提下获取不当利益,目的在于不对等的情形下有偿占有利益。本案中被告人使用了暴力的方式将孙某推倒在地,并造成其轻伤,这种现实的暴力行为显然不能是敲诈勒索罪的"威胁或要挟"等手段所能涵盖的,因此本案被告人应当构成强迫交易罪而非敲诈勒索罪。

最后,本案被告人构成强迫交易罪的犯罪既遂。关于强迫交易罪的犯罪既遂问题,主要的争议在于是要求交易行为必须实际发生改变还是只需行为人向他人提出了交易要求即可。学界有观点主张只有交易达成方能构成本罪既遂,认为强迫交易罪的行为表现为行为人通过施加暴力、威胁等手段行为促使交易这一目的行为完成,因此本罪的完成形态应以行为人实施了强迫行为,且实际发生了行为人所追求的、行为性质所决定的结果为标准。[①] 另一种观点则认为强迫交易罪是行为犯,只要行为人实施了强迫交易行为,无论受害人是否实际购买了商品或者提供、接受服务或者退出交易均构成既遂。[②] 我们认为,正如有学者所言,前述观点分歧"是我国刑法理论犯罪既遂诸多争论的反映"[③]。根据我国刑法理论通说,犯罪既遂的判断标准是行为是否具备刑法分则所规定的该罪的全部构成要件,犯罪是具有严重侵害法益的行为,而未遂与既遂的区分,归根到底是行为对法益的侵犯性程度之分,因此应当以行为是否发生了行为人所追求的、行为性质所决定的法益侵害结果为判断标准。[④] 从立法本意上来讲,刑法之所以规定强迫交易罪,旨在保护平等、自愿、公平的交易秩序和他人的人身、财产权,如果行为人采用暴力、胁迫等手段对被害人提出交易要求,则已经使得本罪的主要客体——正常是市场交易秩序和次要客体——他人的人身、财产权利受到现实的侵害,因此应当成立犯罪既遂。就本案而言,被告人孙某为达成交易目的,使用暴力将曾某推倒在地,造成曾某轻伤的危害后果,其行为不仅破坏

---

① 周啸天.论强迫交易罪中的若干问题[J].政治与法律,2011(08):57.
② 刘生荣,但伟.破坏市场秩序罪的理论与实践[M].北京:中国方正出版社,2001:847.
③ 孙国祥,魏昌东.经济刑法研究[M].北京:法律出版社,2005:581.
④ 张明楷.法益初论[M].北京:中国政法大学出版社,2000:426.

了公平的市场秩序,并且已经损害了他人的人身权利,因此构成强迫交易罪的犯罪既遂。

四、法条链接

1.《中华人民共和国刑法》

第二百二十六条【强迫交易罪】 以暴力、威胁手段,实施下列行为之一,情节严重的,处三年以下有期徒刑或者拘役,并处或者单处罚金;情节特别严重的,处三年以上七年以下有期徒刑,并处罚金:(一)强买强卖商品的;(二)强迫他人提供或者接受服务的;(三)强迫他人参与或者退出投标、拍卖的;(四)强迫他人转让或者收购公司、企业的股份、债券或者其他资产的;(五)强迫他人参与或者退出特定的经营活动的。

第二百三十一条【单位犯扰乱市场秩序罪的处罚规定】 单位犯本节第二百二十一条至第二百三十条规定之罪的,对单位判处罚金,并对其直接负责的主管人员和其他直接责任人员,依照本节各该条的规定处罚。

第二百三十四条【故意伤害罪】 故意伤害他人身体的,处三年以下有期徒刑、拘役或者管制。犯前款罪,致人重伤的,处三年以上十年以下有期徒刑;致人死亡或者以特别残忍手段致人重伤造成严重残疾的,处十年以上有期徒刑、无期徒刑或者死刑。本法另有规定的,依照规定。

2.《最高人民检察院 公安部关于公安机关管辖的刑事案件立案追诉标准的规定(一)的补充规定》

第五条 以暴力、威胁手段强买强卖商品、强迫他人提供服务或者强迫他人接受服务,涉嫌下列情形之一的,应予立案追诉:(一)造成被害人轻微伤的;(二)造成直接经济损失二千元以上的;(三)强迫交易三次以上或者强迫三人以上交易的;(四)强迫交易数额一万元以上,或者违法所得数额二千元以上的;(五)强迫他人购买伪劣商品数额五千元以上,或者违法所得数额一千元以上的;(六)其他情节严重的情形。以暴力、威胁手段强迫他人参与或者退出投标、拍卖,强迫他人转让或者收购公司、企业的股份、债券或者其他资产,强迫他人参与或者退出特定的经营活动,具有多次实施、手段恶劣、造成严重后果或者恶劣社会影响等情形之一的,应予立案追诉。

五、课后思考

1. 如何区分本罪与抢劫罪?
2. 如何区分本罪与寻衅滋事罪?

六、延伸阅读

1. 张勇.强迫交易罪及其关联犯罪的体系解释——以酒托案为例[J].华东政法大学学报,2011(03):38-44.
2. 周强,罗开卷.强迫交易罪司法实务问题探讨[J].法治论丛,2011(02):56-62.
3. 周啸天.论强迫交易罪中的若干问题[J].政治与法律,2011(08):51-59.
4. 汪承昊,吴静.强迫交易罪行为模式研究[J].中国检察官,2013(24):3-6.